新时代证券投资书系

复利王子　海天　◎　著

大道至简

大师投资说

上海财经大学出版社
SHANGHAI UNIVERSITY OF FINANCE & ECONOMICS PRESS

图书在版编目(CIP)数据

大道至简：大师投资说 / 复利王子, 海天著.
上海：上海财经大学出版社, 2025.1. -- (新时代证券投资书系). -- ISBN 978-7-5642-4530-6
Ⅰ.F830.91
中国国家版本馆 CIP 数据核字第 2024V13H80 号

□ 策划编辑　王永长
□ 责任编辑　王永长
□ 封面设计　贺加贝

大道至简
——大师投资说

复利王子　海 天　著

上海财经大学出版社出版发行
（上海市中山北一路 369 号　邮编 200083）
网　　址:http://www.sufep.com
电子邮箱:webmaster@sufep.com
全国新华书店经销
苏州市越洋印刷有限公司印刷装订
2025 年 1 月第 1 版　2025 年 1 月第 1 次印刷

710mm×1000mm　1/16　27.25 印张（插页:2）　432 千字
印数:0 001—10 000　　定价:128.00 元

反观历史

是为了更好地展望未来

序

在金融市场的浩瀚星空中,每一位投资者都在寻找着那颗指引方向的北极星。有人追逐热点,试图在市场的波涛中捕捉每一个闪耀的瞬间;有人则选择了一条更为稳健的道路——价值投资,他们相信时间会赋予真正的价值以光芒。今天,我非常荣幸地应邀为我的朋友复利王子先生所著的《大道至简:大师投资说》一书作序,共同探索价值投资的本质规律,以及投资者在这条道路上所需具备的各类条件。

价值投资,这一理念的核心在于寻找并投资于那些市场价格低于其内在价值的资产。正如巴菲特所言:"价格是你所付出的,价值是你所得到的。"内在价值,是一个企业未来现金流的折现值,它反映了企业真正的盈利能力、成长潜力和风险水平。而市场价格,则往往受到市场情绪、宏观经济环境等多种因素的影响,常常与内在价值发生偏离。价值投资者的使命,就是识别出这种偏离,并在合适的时机进行投资,等待市场纠正这种偏离,从而获得长期稳健的回报。然而,要做到真正的价值投资,并非易事。

第一,它要求投资者具备深厚的投资知识、敏锐的市场洞察力和坚定的投资信念。投资者需要掌握财务分析、行业研究等多方面的投资知识,能够准确评估企业的内在价值。这需要投资者不断学习、积累经验,不断提升自己的认知水平。正如格雷厄姆所说:"投资是一门艺术,而不是一门科学,但它需要基于事实的判断和严谨的逻辑。"

第二，投资者需要具备敏锐的市场洞察力，能够及时发现市场的机会和风险。这需要投资者保持对市场的关注，不断跟踪行业动态，及时捕捉投资机会。同时，投资者还需要具备独立思考的能力，能够穿透市场的迷雾，抓住真正有价值的信息。彼得·林奇曾言："不进行研究的投资，就像打扑克从不看牌一样，必然失败。"

第三，价值投资者需要坚定的投资信念，能够坚守自己的投资理念，不为市场的短期波动所动摇。这需要投资者具备强大的心理素质，能够在市场的波动中保持冷静，坚持自己的投资原则。正如索罗斯所说："市场总是错误的，但市场总是可以自我纠正的。"价值投资者相信，只要坚守价值投资的理念，长期下来必然能够获得丰厚的回报。

复利王子先生的这本书，正是对价值投资理念的一次深刻阐述和全面解读。他不仅详细阐述了价值投资的理论基础和方法论，还通过丰富的案例和实战分析，展示了价值投资在实际操作中的应用和效果。这本书不仅适合初学者入门，也适合有一定投资经验的投资者进一步提升自己的投资水平。

在我看来，本书的出版对投资者教育、价值投资理念的宣传推广，以及资本市场的健康发展，都具有重要的意义。它有助于提升投资者的整体素质，推动投资者更加理性、成熟地参与市场。同时，它也有助于推动价值投资理念的传播和普及，让更多的投资者认识到价值投资的重要性，从而推动资本市场的健康发展。

我要感谢复利王子先生为本书所付出的辛勤努力和心血。我相信，本书将成为广大投资者的良师益友，陪伴他们在价值投资的道路上越走越远。同时，我也期待更多的投资者能够加入到价值投资的行列中来，共同推动资本市场的健康发展，为社会的繁荣和进步做出更大的贡献。

让我们携手共进，在价值投资的道路上不断探索、不断前行！愿每一位投资者都能找到属于自己的那颗北极星，照亮自己的投资之路。

东方创新基金 庞晓斌

2024 年秋

前　言

观照历史，看见未来

所有对历史的观照，最终都是为了帮助我们更好地看见未来。

——著名历史学家 许倬云

有关价值投资的书籍已经有不少了，而我们依然热衷于整理挖掘其理论精华，依然痴心不改而心向往之，其缘由正如许倬云所说："所有对历史的观照，最终都是为了帮助我们更好地看见未来。"我们总结世界著名投资大师的经验教训，以之为史，以史为鉴，最终是为了帮助读者能够预见未来而成为投资大师。

一、理解价值投资

价值投资是一条长期主义之路，其道既阻且艰，但其路却闪耀着人性的光辉与永恒。在纷繁复杂的现实世界中，唯有变化才是永恒的不变。作为价值投资者如何才能在多变的世界保持一份内心的宁静？作为价值投资者怎样才能找到穿越股市周期的迷雾而找到股海航行的指针？作为价值投资者又怎样才能持续不断地创造复利的价值？

要回答以上问题，其实不难。那就是坚守"长期主义"——把时间和信念投入那些能够长期产生价值的事情与思考当中去。努力学习最有效率的思维方式和行为标准，遵循第一性原理，永远探求如何实现长期主义的真知灼见。

长期主义是行稳致远之路。其实，投资之路千万条，但是投资的目的是为了丰富人生，让自己和家庭过上幸福生活。投资理念的选择不仅是一次次投资标的的判断，也是各种各样的社会价值观念的判断，而每一次判断都来源于社会经济的认知与基本信念的坚守。在社会、经济、科技、人文迅速变化的当下，我们要保持对各种机会主义和所谓"风口"的警惕，同时要保持对社会经济基本规律和文明道德的坚守，既要把握无常又要懂得事物阴阳变化。长期主义不仅是一种价值投资的方法论，更是一种人生观与价值观。上善若水，"流水不争，却能滔滔不绝"。只要着眼于长远，躬耕于价值，就能够经受时间的考验，迎接任何挑战，就能够行稳致远。价值投资如此，工作和事业也是如此。

长期主义是越走越宽之路。在百年未有之大变局的当下，人心浮躁，人性使然。证券市场投机之风盛行，价值投资者似乎成了孤独的夜行者，有人甚至喊出价值投资者是傻瓜，更有甚者，说价值投资过时了。长期主义不仅是价值投资者应该遵循的内心法则，更应该成为我们认清当下世界的一个绝佳视角，冷眼旁观，才能有"众人独醉，我独醒"的"世外高人"的理性。长期主义不仅是一种理解当下的清醒剂，更是帮助我们建立理性的认知框架的润滑剂，不受短期诱惑和繁杂噪声的影响，钟情于企业的内在价值。长期主义有助于企业家精神在社会经济发展中随风飘扬，有助于社会文明的进步，有助于社会民众汇聚磅礴的力量，让更多的人关注社会教育、科学创新和人文价值，形成一个投资、社会进步和文明提升的生生不息、持续发展的正向循环。因此，长期主义是把个人、企业与社会联系在一起共同创造价值，一起享受价值增长，在一条康庄大道上行走。长期主义不是孤独之路，而是一条越走越宽的康庄大道。

长期主义是一条长寿之路。在100多年世界证券投资史中，已经有巴菲特、芒格等一众投资大师为我们蹚出了一条康庄大道——坚守价值投资。非但如此，在"长期主义"胜利的案例中，不仅关乎投资业绩的结果，更重要的是在投资的旅途中发现了创造价值的路径，且与志同道合之人，跟踪并拥有伟大格局观的创业者，同心同德，为社会进步创造最有益的价值。更令人欣喜的是，长期主义因为专业而专注，因为创造价值，而人生也变得丰富多彩、妙趣横生，因此，长期主义之路就是长寿之路。

二、研究价值

既然价值投资是一条长期主义之路，那么如何研究企业并发现其价值，就成了非常重要的事情。可以说，研究企业的价值，是价值投资成功的首要条件。研究企业价值有三个视角：一是实业的视角；二是金融的视角；三是风险的视角。要做好二级市场的价值投资，就必须从实业的视角、金融的视角、风险的视角三个维度来认知和理解股票。实业视角是本质，金融视角是现象，风险视角是强基。

如果认为股市是赌场，那么从事投资就是投机博弈；如果认为股市代表的是一家家的企业，则必须研究企业的内在价值，这是价值投资者所侧重的维度。这是研究价值的实业视角。股票投资不仅仅是可以买卖的证券，更是公司所有权的证书，也就是拥有公司的部分所有权。所谓实业的视角就是认清企业的价值是什么，有多大，未来如何。正如电影《教父》的经典台词："花一秒钟就能看透事物本质的人，和花一辈子也看不清本质的人，注定是截然不同的命运。"本杰明·格雷厄姆认为："投资是件最需要智慧的事情，就像运营企业一样。"价值投资的第一性原理告诉我们，价值投资就是与上市公司合伙一起做生意，我们就要看这个生意自己能不能看懂，是不是好生意，这就是实业的视角。所谓金融的视角，是指上市公司的股票价格在二级市场的涨跌波动。股价的涨跌波动，是价值投资的表面现象。股票价格的涨跌波动是金融的常态，是股票的先天属性。格雷厄姆说："我们一直努力告诫学生，切记不可以只看表面和眼前现象，这些都是金融世界的梦幻泡影与无底深渊。"巴菲特也说过："市场是为你们服务的，不是来指导你们的。"只有在金融市场动荡不安的时候，价值投资理念的优势才能凸显出来。波动性是金融市场的固有属性，犹如"春夏秋冬"轮回不已。作为价值投资者不仅必须坦然接受它、面对它，而且要利用它，等待"好价格"买入。如此，我们方能领悟价值投资的真谛，抵达幸福的彼岸。

所谓风险的视角，就是如何防范风险。根是参天大树的根本，基是高楼大厦的地基。风险防范的研究与防控，是价值投资的根基，无论怎样强调都不过分。《孙子兵法》曰:"先为不可胜,以待敌之可胜。"这句话用在价值投资中,就是必须预先做好风险的研究与防控,使我们立于不败之地,而不是买入之后,因为股价下跌,以割肉止损的方式来防控风险,从而造成本金的亏损。电视剧《亮剑》中李云龙说:"赔本的买卖咱不干!"巴菲特在1992年致股东的信中说:"投资人不需要做很多正确的决定,只要他能够避免重大错误。"价值投资的风险,主要以实业视角和金融视角两个方面来研究。它是建立在"好公司与好价格"的基础上,只要研究透了是不是好公司和现在是不是好价格,才能做好风险防范。

三、实现价值

我们对价值投资的理念和研究有了正确的认知,剩下的就是如何实现价值了。巴菲特说:"我之所以能有今天的投资成就,是依靠自己的自律和别人的愚蠢。"投资成功的秘诀在于我们的内心,只要秉持自己的纪律和勇气,就不会让他人的情绪波动左右我们的投资命运。价值投资既要有正确的态度、严格的自律和乐观的情绪,还要建立正确清晰的策略体系。一旦确定了自己的策略体系,内心就有了观照,大方向就不会错,如果道路曲折而已(功力还不够),那就只有加强修炼了。价值投资知易行难。其过程有许多噪声与杂音,需要始终如一,遵守纪律,培养有耐心和判断力,避免那些扔过来的毫无吸引力的"投球",而是耐心等待合适的投球机会,准确地挥棒"击球"。

关于如何实现价值,这既是一个理论问题,也是一个现实问题,因为不管你如何理解和研究价值投资,最终是要实现价值,即实现自己的价值投资账户的复利增长。我们认为只有认真、严格执行成长价值策略86体系和成长价值策略39体系,至少为你实现价值提供了较大的概率。

正如沃伦·巴菲特所说:"我们的股票投资集中在少数几个公司上。我们的选股标准是:公司拥有良好的经济特征,有诚实的品质和有能力的管理层,以及一个有吸引力的价格(以私人股权投资者的标准来看,也就是以PE的价格买二级市场的股票)。当这样的目标满足之后,我们的目的是要持有很长时间。""投资的精髓,不管你是看公司还是看股票,都要看企业本身,看这个公司未来5~10年的发展情况,看你对公司的业务了解多少,看你是否喜欢并且信任公司的管理层,如果这些条件都具备,同时股票价格合适,你就应当长期持有。"这也是我们提出的成长价值策略86体系的精髓所在。

而成长价值策略39体系,在86体系的基础上,提出了价值投资的选股和择时问题,这也是困扰价值投资者的核心问题。价值投资并非一辈子不卖,而是当企业价值发生了根本性变化,不再符合价值投资标的的原则要求时,就要果断地卖出。39体系还告诉我们,宇宙有成、住、坏、空循环,世界经济有康波周期,自然界有四季交替的周期。不管宇宙规律还是自然规律抑或是经济规律,都是相通的,万法通理。自然界显而易见的规律是春、夏、秋、冬的周而复始,股票价格的涨跌也是"春、夏、秋、冬"之别。自然界的春、夏、秋、冬四季变化,就是成长价值策略39体系最佳注脚。

此外,我们根据中华优秀文化而归纳的"中式投资理论"也会为我们实现价值提供很好的理论支撑。

四、拥抱价值

其实如何拥抱价值很简单,那就是坚守长期主义。研究并看好的公司即使有"眼前的苟且",如果相信未来,对于企业创造价值的事情从不怀疑,就坚持长期的投资机会,与他们同行,做时间的朋友,找到价值的"诗和远方"——享受复利增长。关于复利增长,巴菲特曾经说过:"人生就像滚雪球,最重要的是发现很湿的雪和很长的坡。"同时,他回答贝索斯的疑问时又说:"因为没有人愿意慢慢变富。"复利投资中收益率不要求太高,要求的是确定和持续,做时间的朋友。爱因斯坦也说过,复利是世界第八大奇迹,比原子弹更可怕,是宇宙中最强大的力量。巴菲特用自己的一生,证明了复利的奇迹,年均20%的投资复合增长率,让他登上了世界财富之巅。

复杂的事简单做,简单的事重复做,重复的事做到极致。把一件事情做透,是人生成功的一条捷径。千万不要以为机会遍地都是,人一生真正的机会只有几次。当手上抓住一个机遇时,不要轻易松手,也许完成这一件事,就奠定了一生的价值。重要的不仅是决定做什么,而是决定不做什么。

自然界的复利现象也比比皆是,如滴水穿石、竹子定律、荷花定律、金蝉定律等等,我们只要认清其本质,守正出奇,拥有价值投资的复利增长就非难事。

五、本书结构

本书的结构安排分为上、中、下三篇。

上篇为"价值投资:认知与理念"。无论做何事,要想做对或做成功,长期来讲对其认知清楚明白且合乎常识是基础和前提。人的每一段经历,每一次蜕变都是一次认知的突破,也是一次关键的成长。对未知事物的认知存在不断学习而提高对事物认识的深化,它有三个递进的层次:一是不知不行;二是知而不行;三是知行合一。可以说,认知的境界高低决定了你的财富的多寡。无论我们目前有多厉害、有多成功,随着事物和环境的不断变化,我们必须不断地学习,才能提高对事物的认知。

本篇分为三章。第一章 认知决定财富;第二章 价值投资的三个定解;第三章 研究股票的三个视角。

中篇为"价值投资:策略体系"。对投资派别的划分最普通的分法就是价值派和投机派,不管你属于哪个流派的投资者,建立自己的投资策略体系非常重要,只有这样才能行稳致远,而避免"脚踩西瓜皮,滑到哪里算哪里"的尴尬局面。巴菲特在为《聪明的投资者》写的序言里说道:"投资成功只需要两个因素:一是有一个正确合理的思考框架,让你能够做出正确的投资决策;二是有一种能力让你控制住自己的情绪,以避免破坏这个思考框架。"巴菲特认为,价值投资有四大基石:其一,"市场先生"比喻;其二,股票是企业的一部分;其三,安全边际。其四,能力圈。价值投资者,需要的是捕鱼的网和捕鱼的技术,而不是一条鱼。所谓"授人以鱼,不如授人以渔","授人以鱼"只救一时之急,"授人以渔"则可解一生之需。这个"渔"就是价值投资的策略体系。

本篇分为五章。第四章 价值投资策略体系:思想与原则;第五章 成长价值策略86体系;第六章 成长价值策略39体系;第七章 卖与不卖的烦恼;第八章 价值投资的"三不"原则。

下篇为"价值投资:人性与常识"。对于普通人来说,股市貌似逆天改命触手可及的地方,但也是人性最难以突破超越的避难所。约翰·博格说:"在市场的波动中,最容易遗忘的往往是常识。"拼多多的创始人黄峥,在参加完巴菲特2006年的饭局后感慨道:"这顿饭对我最大的意义,是让我意识到简单和常识的力量。人的思想是很容易被污染的，当你对一件事做判断的时候，你需要了解背景和事实。"价值投资最需要的是理性与常识。之后你需要的不是睿智，而是面对事实时是否还有勇气用理性、常识来判断。也许有人觉得巴菲特年复合19％的收益率没有什么了不起的，但是，拉长时间来看，却是证券投资史上的唯一奇迹。常识才是这个世界上最贵的东西。事出反常必有妖！"一九"铁律，千年不变，人性使然。因此，做任何事情都要了解和认清常识，价值投资也是一样。

本篇分为五章。第九章 投资收益率：理性与常识；第十章 价值投资与耐心；第十一章 循道而行：做个好人，投资好生意；第十二章 中式投资理论；第十三章 复利效应。

著书立说是中国传统士大夫阶层的理想。"立功、立德、立言"既是中国古代读书人追求的崇高理想，也是现代知识分子追求的重要目标。尽管当下写书好像也不是一件新鲜事儿，但是能够出版一本书，还是成功人士或文人的美好愿望。写书需要长期的积累，需要耐心，也是享受孤独的心路总结——是把自己长期积累的知识和经验碎片通过合理的逻辑结构串联成一串美丽项链的奇妙过程。这既是一种快乐的分享，也是一次艰辛劳动的"折磨"，而一旦出版以后获得了读者的认可，那份愉悦犹如享受上帝的恩赐。

六、致 谢

我们要感谢在写作与投资过程中关心和帮助过的良师益友。有些观点和理论的形成，归功于所引用的先辈的著作与观点，有些网络的图片和观点也给我们的写作很大的帮助，是他们的勤奋和努力给予了我们写作的源泉和力量，在此深表谢意。我们还要感谢东方创新基金管理公司的庞晓斌先生，在百忙中为本书倾情作序，庞先生的序言为本书增添了亮丽的色彩。我们要感谢八柳资产邵健先生的帮助。

同时，作为价值投资者，我们要感谢那些坚持长期主义的上市公司，那些与我们拥有同样的价值观而矢志不渝地创造价值的创业者、企业家和科学家，与他们共同创造价值是人生最快意的事情。

当然，亲人们的长期支持和关心，才有我们在写作中不顾家务而"忘乎所以"的可能性，致敬亲人们：你们是我们事业前行的不竭源泉和前行的动力。

一个人成长最快的时期，其实就是人生当中最难熬、最黑暗、最抑郁的那段时光。而一旦熬出来，那就再也不是从前那个自己了。时光不负有心人。致敬那些含泪忍耐和咬牙坚持的人，本书将为你提供"信仰的力量"和不竭的源泉，因为万法通理。

无论是写作还是投资，我们无法尽善尽美，永远走在探索的路上。本书的一些观点和提法都是一家之言，难免有些偏颇或错误之处。这也是我们今后继续努力和前进的动力。

本书所引用的数据和案例只是作为论据以说明观点，不作为投资的指引，据此投资，后果自负。股市有风险，投资需谨慎！

谨以此书献给通过价值投资来改变命运的人们！

复利王子 海天
2024年10月18日

目 录

▶ 上篇　价值投资：认知与理念 ◀

第一章　认知决定财富　/　003
　第一节　哥伦布成功地"套路"了牙买加人　/　003
　第二节　邓宁—克鲁格效应　/　004
　第三节　认知指导行动　/　006
　第四节　认知的缺陷与跃升　/　008

第二章　价值投资的三个定解　/　011
　第一节　无信仰，不价投　/　011
　第二节　价值投资很简单，但不容易　/　018
　第三节　价值投资的第一性原理　/　034

第三章　研究股票的三个视角　/　047
　第一节　实业的视角　/　048
　第二节　金融的视角　/　090
　第三节　风险的视角　/　124

▶ 中篇　价值投资:策略体系 ◀

第四章　价值投资策略体系:思想与原则 / 153
第一节　"戒、定、慧"与价值投资 / 154
第二节　价值投资赚三种钱 / 161
第三节　巴菲特的投资进化史 / 164

第五章　成长价值策略86体系 / 180
第一节　86策略体系九字箴言 / 181
第二节　86体系之好企业 / 185
第三节　86体系之好团队 / 227
第四节　86体系之好价格 / 233
第五节　86体系的定性分析 / 274
第六节　与卓越企业共同成长 / 275
第七节　大格局才配有大财富 / 279

第六章　成长价值策略39体系 / 284
第一节　"瘦鹅理论" / 285
第二节　股市"四季"理论 / 287
第三节　39体系的渊源与概要 / 290
第四节　39体系的三个根本变量 / 295
第五节　39体系的定性表述:王子落难 / 296
第六节　巴菲特和芒格对39体系的"背书" / 298
第七节　君子可立"危墙"之下 / 301
第八节　投资大师如何"等冬天,待三九" / 305
第九节　39体系的本质:逆向投资 / 308
第十节　破解"不可能三角" / 313
第十一节　青蛙"陷阱" / 314
第十二节　39体系分析法之演示 / 316

第七章　卖与不卖的烦恼 / 329
　　第一节　好生意一直不卖出 / 329
　　第二节　该出手时就出手 / 333

第八章　价值投资的"三不"原则 / 339
　　第一节　不借钱 / 339
　　第二节　不做空 / 346
　　第三节　不懂不投 / 349

▶ **下篇　价值投资：人性与常识** ◀

第九章　投资收益率：理性与常识 / 359
　　第一节　巴菲特收益率的遐想 / 359
　　第二节　1年翻倍者众，3年1倍者寡 / 361
　　第三节　降低收益预期，追求合理回报 / 363

第十章　价值投资与耐心 / 365
　　第一节　耐心是禅"定" / 366
　　第二节　耐心九解 / 367
　　第三节　股神是"熬"出来的 / 368
　　第四节　做时间的朋友 / 369
　　第五节　波士顿的"先知" / 371

第十一章　循道而行：做个好人，投资好生意 / 372
　　第一节　做好投资，先要做个好人 / 372
　　第二节　成功和被信任的快乐 / 374
　　第三节　万变不离其宗 / 375

第十二章　中式投资理论　/ 377
第一节　万法通理　/ 377
第二节　道与术：顿悟与渐修　/ 382
第三节　道的十一大规律　/ 383
第四节　国学经典中的投资之道　/ 395

第十三章　复利效应　/ 402
第一节　复利奇迹　/ 402
第二节　自然界的复利　/ 403
第三节　人生复利　/ 405
第四节　实现投资复利　/ 407
第五节　时光不负有心人　/ 412
第六节　10 000 小时定律　/ 414
第七节　投资大师们的复利观　/ 415

参考文献　/ 418

上篇

价值投资：认知与理念

如果你的想法都是对的，
为什么你的口袋里没有你想要的？
正确的认知，是价值投资成功的前提。

第一章

认知决定财富

小米科技创始人雷军在2023年8月14日的演讲中说:"只有认知的突破,才会有真正的成长。这是我近10年来最大的收获。"

人的每一段经历与每一次蜕变都是一次认知的突破,也是一次关键的成长。

对未知事物的认知有三个层次:第一层是不知不行;第二层是知而不行;第三层是知行合一。

第一节 哥伦布成功地"套路"了牙买加人

人类股票的渊源与哥伦布有直接的关系。1503年,哥伦布的儿子经父亲的口授,记录了一件往事。1492年,由西班牙女王投资,哥伦布率领船队沿着大西洋航行,想开辟一条通往中国和印度的海上丝绸之路。船队航行到牙买加的时候,就断粮了。哥伦布希望当地人为他们提供饮食,但是,提供了几天之后,哥伦布的船员就与当地人发生了矛盾——有些船员偷了当地人的东西,当地人盛怒之下断绝了食物的供应。

为了摆脱困境,哥伦布想出了一个妙招。他随身带着一本万年历,在日历上标注着某年某月某日会出现日食、月食等天文信息。哥伦布就把当地部落首领找来,说因为你们不提供食物,已经得罪了上帝,上帝发怒了,月亮会变红,然后上帝就会把月亮收走。

现代人都知道,发生月全食的时候,也就是地球还没有完全挡住月亮的时候,月亮确实是红的,这就是天文学上所说的"血月",但当时的牙买加人并不知道这一天文知识。

到了晚上,牙买加人发现月亮果然变红了,然后慢慢地一点点消失了。当地人陷入一片恐慌,纷纷说这是上帝在惩罚他们。

当地的部落首领赶忙祈求哥伦布,承诺答应哥伦布的所有要求。哥伦布说,我去帐篷里向上帝祷告,让他不要惩罚你们。然后,哥伦布就走进了帐篷。其实,进入帐篷之后,哥伦布拿着一个沙漏,在计算时间。

懂天文学知识的人知道,月全食的时间会维持约48分钟,之后月亮就会重新出现,但牙买加人不知道这是自然现象。他们眼睁睁看到哥伦布从帐篷里出来,月亮也出来了。哥伦布说,上帝已经听了我的劝解,答应宽恕你们,但是你们必须给我们好好地提供食物。

哥伦布成功地"套路"了牙买加人,牙买加人却对他千恩万谢,给他供应了大量的食物,使哥伦布船队脱离了断粮的险境。

第二节 邓宁－克鲁格效应

一、认知的四重境界

通常来说,认知有四重境界:

第一重 不知道自己不知道,这是自以为是;

第二重 知道自己不知道,开始心存敬畏;

第三重 知道自己知道,抓住了事情的规律;

第四重 不知道自己知道,永远保持空杯心态。

这个世界绝大多数人处在第一重境界,他们"不知道自己不知道",参见图1—1。

与此相对应,股票投资的修悟也可以大致分为四个阶段:

第一阶段 乱买乱卖,几乎没有章法;

第二阶段 吃过很多亏之后,开始思考找寻正确的投资理念和方法;

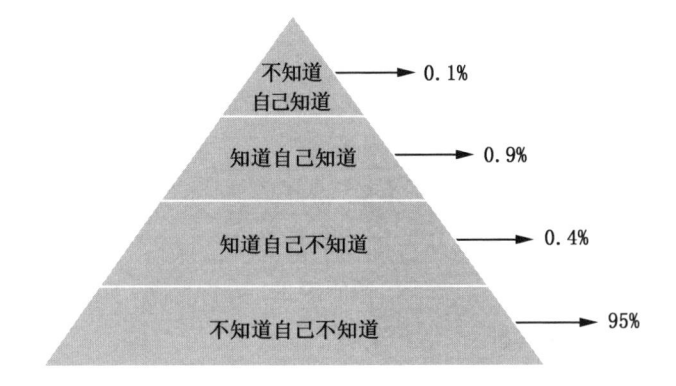

```
        不知道       → 0.1%
        自己知道
      知道自己知道     → 0.9%
     知道自己不知道    → 0.4%
    不知道自己不知道   → 95%
```

图 1-1　人类认知的四重境界

第三阶段　开始悟到"戒、定、慧"(本书后续章节会讲解"戒、定、慧"),并知行合一,不断升级、提升段位,能够在股市常年稳定赢利;

第四阶段　进阶为投资大师,"从心所欲,不逾矩",如巴菲特 5 分钟内就可以做出一项投资决策。

但有两种人例外:一是真正的投资天才;二是一开始就努力向大师学习的投资者,他们可以快速跨越阶段。

二、邓宁—克鲁格效应与认知的四重境界

爱因斯坦把人的认知能力分为五个等级:机灵、聪明、卓越、天才、简单。最后的简单,其实也就是大家常说的智慧。

邓宁—克鲁格效应揭示了人们认识事物的成长之路,它可以分为如下四个阶段:

一是愚昧山峰。随着本领的增长,一个人的自信会迅速攀升到高峰,然而,此刻也是其最愚昧之时。不爱学习的人大多处于这个阶段,对自己没有清醒的认识。世间 90% 的人都被困在了这座愚昧山峰之上。正如哲学家罗素所言:"这个世界的麻烦就是傻瓜非常自信,而智者总是充满疑虑。"

二是绝望之谷。如果人肯再努力一步,跨过这道坎,又会迅速跌入绝望之谷。他认为自己是个弱智,什么都不懂,什么都不会。在现实面前,意识到了自己知识技能的欠缺,自信心却受到严重打击。人生越早醒悟,后期发展越平顺。

三是开悟之坡。求知过程如同在画一个圈,圈里面是你的知识量,圈外面是你的未知。你的知识越多,圈越大,同时你会碰到的未知就越多,但此时,才是人蜕变的关键。这个阶段的人最愿意接受新事物,从而积累经验和升华智慧。这就是人的"戒、定、慧"阶段。

四是平稳高原。只要能持续积累,不断练习,通过开悟之坡,我们就能成为这个领域真正的高手,成为这一领域的佼佼者。这时人会意识到生命的价值,达到度己度人的境界,也就是孔子所说的"从心所欲,不逾矩"境界。

这四个阶段可以用图1—2来说明。

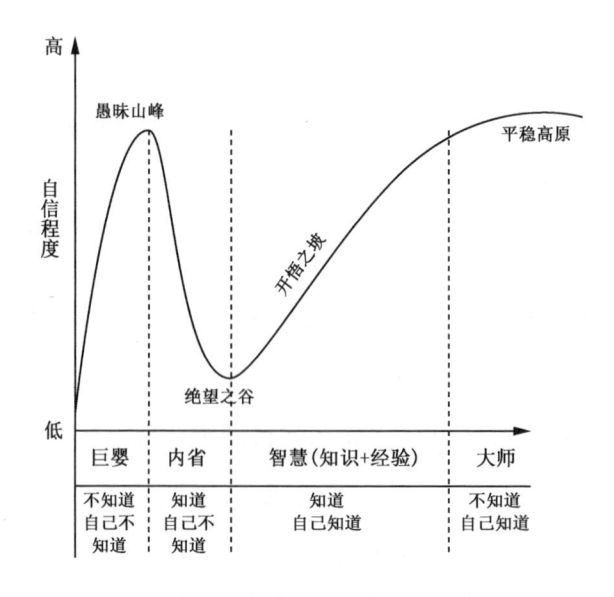

图1—2 邓宁—克鲁格心理效应与认知的四重境界

"邓宁—克鲁格效应"在价值投资中的应用有异曲同工之妙。价值投资者需要经历愚昧山峰、绝望之谷、开悟之坡、平稳高原这四个阶段,才能到达成功的彼岸。之后,就可以像巴菲特等投资大师一样,在股市里通过投资稳定赢利,并享受投资的复利。

第三节 认知指导行动

最好的投资,不是为了几两碎银追着股市的波动跑,而是静下心来,去认识这个世界的运行规则,旁观财富流转的底层逻辑,春播秋收,做时间的朋友,最后成为最丰盈的自己。这个丰盈第一性是对世界认知的更进一步,其作用是能给你带来财富。

一、人赚不到超出认知范围的钱

网上有个段子:"认知于人生究竟有多重要? 平民子弟,真正明白社会真相,普遍已经40岁左右了,已经进不了圈子、挤不上桌子了。富贵子弟,最多25岁上下就已洞若观火,杀伐果断。人生最大的浪费,不是金钱,而是奋斗了半生,发现自己拼命跑的路错了,方向偏了,再回头,为时已晚。普通人常走弯路,还是因为他的认知有局限性,尤其身边能影响和帮助他的人,认知存在巨大的局限。"

俗话说,人永远赚不到超出他认知范围外的钱,除非靠运气,但是靠运气赚到的钱,最后往往又会靠实力亏掉。人所赚的每一分钱,都是对这个世界认知的变现;同样,人所亏的每一分钱,都是因为你对这个世界认知有缺陷。世界是公平的。当一个人的财富大于其认知的时候,这个世界有100种方法收割他,直到其认知和财富相匹配为止。

二、投资是认知能力的变现

关于认知能力,有许多至理名言穿越时空,影响甚广。

洛克菲勒说:"财富是对认知的补偿,而不是对勤奋的奖励。"

爱因斯坦说:"所有困难的问题,答案都在更高层次。同一层次的问题,很难靠同一层次的思考来解决。只有当你自己的认知层次提高后,才能顺利解决低层次的问题,就好像大学生做小学生的数学题。"

新东方创始人、"中国最富的老师"俞敏洪说:"人一辈子最大的差距是认知上的差距。"

字节跳动创始人张一鸣说:"我现在越来越觉得,对事情的认知是最关键的。人对事情的理解就是自己在这件事情上的竞争力,因为理论上其他的生产要素都可以构建……所以对这个事情的认知越深刻,你就越有竞争力。"

人类的任何行为实践都遵循着这样的次第:认知指导行动,行动产生结果。二级市场的价值投资,概莫能外,投资完全是认知能力的变现。

人最大的运气不是捡到钱,而是某天你遇到了一个人,他打破了你原来的思维,提高了你的认知,带你走向更高的境界。这样的人,才是人生的"贵人"。

正确的实践,首先要有正确的认知,而要有正确的认知,就要抛弃原来错误的认知。菲利普·费雪从自己长期的投资经验中得出一个结论:"在投资这个问题上,很多让我们信以为真的教义,很多让我们从不怀疑的哲理,归根到底,只不过是一个骗局而已。而那些拥有火眼金睛的离经叛道者,总会因为直面真理而被厚待。"

投资最关键的是认知;最难的,是认知能力的跃升。

"认知指导行动,行动产生结果。"这句话用在股市投资里,就是"理念指导策略,策略产生收益"。

重阳投资创始人裘国根先生说:"投资是一场反人性的游戏。"要想通过证券投资成功积累财富,必须改造自我,其中核心便是改造自己的认知。股市的成功者,首先拥有的是正确的投资认知;股市的失败者,首先需要反省认知方面的问题。

如果在股市兢兢业业地努力打拼了10年以上,还没有赚到钱,可以确定是认知方面出了问题。

不管是学习价值投资,还是提升价值投资的能力,都须要从价值投资的认知开始。

第四节 认知的缺陷与跃升

一、鸽子的错误认知

著名的哈佛大学心理学家斯金纳做过一个有趣的实验。斯金纳选用一个食品箱,食品箱会自动掉下食物,每隔15秒食物就会掉下来。刚好在食物掉下来前,有的鸽子在点头,鸽子就感觉到是因为自己点头,食物才掉下来的,所以它就继续点头,过了15秒,食物又掉下来了。鸽子的认知于是就得到强化,认为只要自己点头,食物就会掉下来。

二、市场经常会"重奖"错误的行为

巴菲特强调,"投资很简单,但不容易"。不容易的主要原因,是市场经常会"重奖"错误的行为,以鼓励他们下一次加大赌注慷慨赴死。

本杰明·格雷厄姆认为:"投机者的心理状态会严重妨碍其成功之路。因为投机者会在价格高点时变得极度乐观,而在价格低点时又极度悲观。"

A股历史上曾多次经历泡沫的形成与破灭。在泡沫形成初期,股价上涨吸引更多人入场,这时候无论好公司还是差公司,只要被贴上某某标签或属于某某概念,短期内就有可能获得惊人的估值溢价。于是乎,遍地都是听消息、看K线、看量价等炒股的"股神"。有的人把正式工作辞掉,专职炒股;有的人抵押房子,甚至动用杠杆配资炒股。如果企业没有业绩支撑,一旦逻辑证伪或者业绩证伪,就会泡沫破灭,价值回归。

2015年6月15日股灾开启,上证指数从5 170点高位突然掉头向下,趋势转弱,股灾正式降临;市场进入恐慌,个股更是恐慌不止,连续跌停。从2015年6月15日至8月26日,共计52个交易日,其中有21个交易日指数大幅下跌或暴跌,有17次千股跌停,甚至出现过几次两千只个股跌停的。

泡沫不断兴起和不断破灭的背后原因,大多是缺乏底层逻辑。逻辑在投资中至关重要。如果违背逻辑,投资将等同于赌博,虽然有可能因为运气而在某个阶段取得好成绩,但从长期来看,一定会输得一塌糊涂。

彼得·林奇说:"不做研究就投资,和玩扑克牌不看牌面一样盲目。不少投资者选购股票的认真程度竟不如日常的消费购物。如果把购物时货比三家的认真程度用于选股,会节省更多的钱。"

价值投资首先应该要做正确的事。巴菲特告诉我们,理解并坚信可持续的投资收益主要来自企业的成长,而不是市场参与者之间的互摸腰包,这就是正确的事。一旦你以这种思路考虑投资问题,股市绝大多数亏损都会与你无关。

市场经常会"重奖"错误的行为,鼓励他们继续犯错。而坚持做且只做正确的事,并愿意为此放弃市场颁发给错误行为的"奖金",就是股市长久盈利的核心秘诀,是投资的核心之"道"。与之相比,研究公司、财务估值,只能算是"术"。

三、提高认知能力

在 2016 年伯克希尔·哈撒韦公司(Berkshire Hathaway)股东大会上,有股东提问:"如何获得比别人更高的认知能力?"

巴菲特回答说:"我一生都在研究生意,哪些能成功,哪些会失败,这叫做'模式识别'。正如尤吉·贝拉(美国职业棒球历史上的传奇人物)所说,'仅仅通过观察,你就能发现很多'。"

巴菲特、芒格之所以取得这么大的成就,很大程度上是因为数十年如一日不断地阅读、思考和观察,对企业经营、对人性弱点、对投资规律等都有深厚的积累、深刻的洞察。他们在短短几分钟内就能知道一家企业有没有投资价值,这是因为他们已经具备强大的投资模式和对生意的识别能力。

第二章

价值投资的三个定解

"定解",是指真理并且奉行的那些东西。定解非常重要,它决定了价值投资的策略体系。价值投资有三个定解,如图2—1所示。

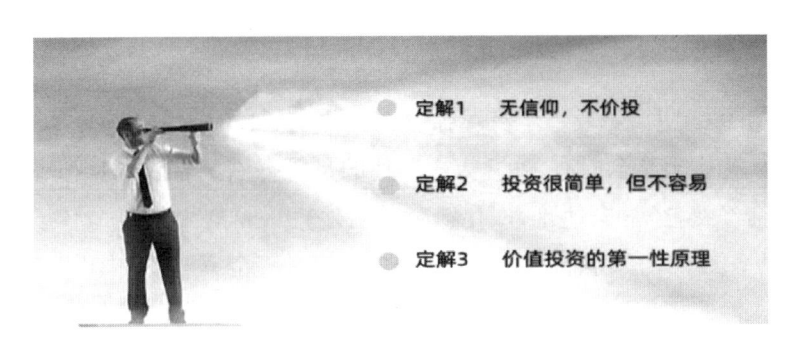

- 定解1　无信仰,不价投
- 定解2　投资很简单,但不容易
- 定解3　价值投资的第一性原理

图2—1　价值投资的三个定解

第一节　无信仰,不价投

一说起价值投资,人人都能想起巴菲特,好像都知道价值投资。但是,知道≠悟到≠真懂≠知行合一,更别说通过价值投资获得长期投资收益。

价值投资的"知"与"行"之间有多大距离？中间差了整整一座珠穆朗玛峰！这是为什么呢？因为对价值投资没有产生真正的定解和信仰。

什么是信仰？信仰就是对事物的认知深入到骨头和血液里面去了,深入到了灵魂的最深处,以这样的认知指导行动。

一、儒家的信念及信仰

"杀身成仁"语出《论语·卫灵公》:"志士仁人,无求生以害仁,有杀身以成仁。"其意思就是,有志向有仁义的人,不愿意因为保全生命而损害仁义,宁愿舍去生命来保全仁义。

"舍生取义"语出《孟子·告子上》:"生,我所欲也;义,亦我所欲也。二者不可得兼,舍生而取义者也。"其意思是指,生命是我所珍惜的,正义也是我想要去珍惜的,如果生命和正义不可以同时得到,我宁愿舍去生命而去争取正义。

《孟子》说:"穷则独善其身,达则兼济天下。"这些是儒家的道德标准,有了这样的信仰支撑,就有了许多通过科举走入仕途的官员,豁出身家性命,向皇帝冒死进言。

二、"三民主义"的信仰

1911年10月,爆发了辛亥革命。在此之前,孙中山已经领导了10次革命起义。孙中山是当时有名的"穷人",他的哥哥孙眉经营农场。孙中山为了筹募革命经费,经常向他哥哥"化缘",并给他哥哥养的牛起了个名字,叫"革命牛"。辛亥革命成功后,孙眉找到孙中山,想讨一个官当,孙中山没有答应,只是挥毫题写了四个字送给孙眉:"天下为公。"

发生于1911年4月的广州黄花岗起义是第10次,起义失败。在黄花岗起义牺牲的七十二烈士中,有一个叫林觉民,他是一代才女林徽因的叔叔。林徽因参与设计了人民英雄纪念碑和中华人民共和国国徽方案。林觉民,家庭条件优越,在参加黄花岗起义前,给妻子写了一封绝笔信——《与妻书》。在这封绝笔信中,林觉民表达了自己对妻子的深情,和对处于水深火热中的祖国深沉的爱。他把家庭幸福、夫妻恩爱和国家前途、人民命运联系在一起,把对妻子亲人的爱和对国家人民的爱连为一体。这蕴含了一个深刻的道理:没有国家的强大和人民的幸福,就不会有个人的真正幸福。

黄花岗起义失败,林觉民负伤被捕。面对清廷广州将军张鸣歧、水师提督李准的会审,林觉民"侃侃而谈,畅论世界大势,以笔立言,立尽两纸,书至激烈处,解衣磅礴,以手捶胸"。他告诉两人,"只要革除暴政,建立共和,能使国家安强,则死也瞑目"。李准甚至动了恻隐之心,觉得可以留下林觉民为清政府所用。张鸣歧则认为,这个"面貌如玉、心肠如铁、心地光明如雪,称得上奇男子"的林觉民,如果留给了革命党,实为后患。1911年5月3日,林觉民在广州被枪杀,年仅24岁。被害之日,林觉民大笑地说道:"吾今日登仙矣!"

这就是"三民主义"的信仰。

三、若无真信仰,岂能得复利

> 对于总和为零的事情来说,就算重复10亿次,结果还是零。在投资的路上,如果没有坚实的信仰基础,再怎么研究,做得再怎么复杂,终归毫无价值。
> ——那西姆·尼古拉斯·塔勒布

(一)叶公好龙与价值投资

为什么要讲这些悲壮的历史公案呢?为什么要说这些题外话呢?因为股市的门槛很低,但是二级市场价值投资的门槛却非常高。

价值投资知易行难。知道很容易,但信、解、受、持很难。没有正确、坚定的认知和理念,不能升华到信仰的高度,只是叶公好龙。如此,想要做好价值投资,是绝不可能的。对于价值投资来说,若无真信仰,就无法得复利!

(二)巴菲特的好心被婉拒

在1999年7月的一次演讲中,巴菲特讲了这么一件往事:"基奥一家是非常好的邻居,我们的关系非常好。有一次,我妻子苏珊去他们家,以中西部人众所周知的方式想借一勺糖。基奥的妻子米基给了苏珊一整袋。我知道之后,当天晚上亲自过去拜访他们。我对基奥说:'你为什么不拿25 000美元入股投资呢?'基奥一家当时都愣了,我的建议被拒绝了。我之后又找他们,提出'你为什么不拿10 000美元入股投资呢?'结果还是一样,但我并不觉得被伤了自尊。因此,我后来又去找他们,提出5 000美元的投资额,但再一次被拒绝。1962年的一个晚上,我又去基奥家。我还没想好自己要不要把投资额降低到2 500美元,但是,我到他们家的时候,整栋房子里没有光亮,一片寂静,屋里什么都看不见,但我知道这是怎么回事。我知道,基奥和米基躲在楼上,所以,我没有离开。我按门铃、敲门,都没人应我。但是,基奥和米基就在楼上,而屋子漆黑一片。时间太早,还不到睡觉时间。我记得那一天,当时的情景历历在目。那是1962年6月21日。"

笔者认为,巴菲特感觉邻居人很好,想通过价值投资,帮他赚取复利的财富,但事与愿违。可以设想一下,如果当时(1962年),邻居真的投了巴菲特2 500美元,年复利收益19%,累计到2022年,是多少呢?0.85亿美元!如果邻居投了巴菲特10 000美元,年复利收益19%,到2022年,累计收益是3.4亿美元。

俗话说:"近水楼台先得月,向阳花木易为春。"但是,就像巴菲特的邻居一样,如果不懂价值投资,或者懂价值投资,却没有上升到信仰的高度,即使关系亲密且与世界股神巴菲特为邻,也会与价值投资的巨额复利收益擦肩而过。

(三)持有伯克希尔·哈撒韦A股票30年的老奶奶

20世纪60年代,奥思默夫妇每人向巴菲特投资了2.5万美元。到70年代,他们收到了伯克希尔·哈撒韦的股份,彼时伯克希尔的股价为每股42美元。1995年,唐·奥思默去世,享年91岁。1998年4月,夫人米尔德·奥思默去世,享年90岁。此时伯克希尔的股价高达每股77 200美元,夫妇俩的投资获得了巨大的成功。由于奥思默夫妇没有子嗣,因此,他们捐赠了8亿美元遗产中的大部分。巴菲特在《纽约时报》上评价奥思默夫妇:他们不但投资的水平高,而且非常友善,他们没有子嗣,希望将自己的财富转化为对社会有益的东西。

笔者的一位朋友参加了2018年伯克希尔股东大会,她写了篇文章《莘莘巴菲特股东大会见闻》,其中有一段是这样的:"股东大会结束后,在门口遇到了一位老奶奶,她竟然持有伯克希尔·哈撒韦A股票30年了,问她为何能持有这么长时间,她只是轻描淡写地说,know nothing about investment just believe Warren Buffett(对投资一无所知,只是相信沃伦·巴菲特)。这位老奶奶对我的投资影响很大,每次市值遇到大回撤时我都会想起她。"

(四)成功的路上并不拥挤,没有人愿意慢慢变富

价值投资,知易行难。巴菲特纵横美国股市几十年,美国人一直看得到,但很少有人做得到。《道德经》:"大道甚夷,而人好径。"巴菲特最喜欢说的一句话"就请选择大道,因为那里没那么拥挤"与《道德经》的这句话有异曲同工

之妙。的确如此,成功的路上并不拥挤,因为能坚持的人不多。

中国有名的价值投资者吴正和老师(网名老吴,截至2022年,持有伊利股份26年,其间一股未卖,获得了巨额的投资收益)说:"平庸的交易者用技术交易,顶尖的交易者用信念交易。"这句话充分说明平庸的交易者和交易大师的差别不在于技术的高低,而在于交易信念和交易内功的不一样。

在为《穷查理宝典》作的中文版序言中,李录讲述了一段他与查理·芒格的对话:"我也向他请教我遇到的烦恼。谈到最后,他告诉我,我所遇到的问题几乎就是华尔街的全部问题。整个华尔街的思维方式都有问题,虽然伯克希尔·哈撒韦公司已经取得了这么大的成功,但在华尔街上找不到任何一家真正模仿它的公司。"

巴菲特投资70多年,大规模带人投资50多年,前前后后跟随他、投资他的,至少有5 000万人,但最终只有大约1 000人成为亿万富翁。99.99%的人嫌弃跟他赚钱慢而离开了他。

巴菲特曾经说过,他的老师格雷厄姆公开教学价值投资课程很多年,听过他投资课的人非常多,但其中90%以上的人没有做价值投资。

四、价值投资者的画像:强者与智者

> 很显然,价值投资需要坚定的信念,以不同于常人的方式思考做事,而且需要耐心等待遥遥无期的机遇。　　——本杰明·格雷厄姆

(一)想要做长期的投资冠军,就要长期投资冠军企业

沃伦·巴菲特说:"伯克希尔就像是商业界的大都会美术馆,我们偏爱收集当代最伟大的企业。"

在1991年的致股东信中,巴菲特把他投资成功的秘诀总结为一句话——寻找超级明星企业。"我们始终在寻找那些业务清晰易懂、业绩持续优异、能力非凡并且为股东着想的管理层来经营的公司。我们不仅要在合理的价格上买入,而且我们买入公司的未来业绩还要与我们的估计相符。但是,这种投资方法——寻找超级明星企业——给我们提供了走向真正成功的唯一机会。"巴菲特如是说。

的确如此,价值投资要做投资冠军,就必须投资冠军企业。

(二)要成为一个赢家,就要与赢家一起共事

巴菲特在2002年的致股东信中,提到伯克希尔的管理之道时写道:

想要成为一个赢家,就要与其他赢家一起共事!

提到管理模式,我个人的偶像是一个名叫埃迪·贝纳特(Eddie Bennett)的球童。1919年,年仅19岁的埃迪开始他在芝加哥白袜队的职业生涯,当年白袜队打进了世界大赛。隔年他跳槽到布鲁克林道奇队,果不其然,又让布鲁克林道奇队赢得世界大赛。之后不久,这位传奇性的人物发现苗头不对,接着转换跑道到纽约洋基队,此举又使得洋基队在1921年赢得队史上的第一个世界大赛冠军。

自此,埃迪仿佛预知接下来会发生什么事,决定安顿下来,果不其然,洋基队在往后的七年间,五度赢得美联赛的冠军。或许有人会问,这跟管理模式有什么相干?很简单——那就是想要成为一个赢家,就要与其他赢家一起共事。

举例来说,1927年,埃迪因为洋基队赢得世界大赛(当年棒球界传奇人物贝比鲁斯也在阵中)而分到700美元的奖金,这笔钱相当于其他球童一整年的收入,结果埃迪总共只工作4天就拿到手(因为当年度洋基队四连胜横扫对手)。埃迪很清楚地知道他如何拎球棒并不重要,重要的是他能为球场上最当红的明星拎球棒才是关键。

我从埃迪身上学到很多,所以在伯克希尔,我就经常为美国商业大联盟的超级强打者拎球棒。

(三)真正的价值投资者就是强者与智者

尝试着为价值投资者画一幅像:他们与最卓越的、具有核心竞争力的、最长寿的上市公司合伙做生意,投资优秀卓越的团队与企业文化。这完全是强者思维,真正的价值投资者本身就是强者与智者。

真正的价值投资者永远是极少数,因为人群中,强者与智者的占比是很微小的。价值投资不是通过学习就能做到的,而是你本来就是这样的人。

五、巴菲特的信仰

巴菲特说："恐惧气氛反而是优秀投资者的好朋友。"

价值投资者最重要的是性格，不是智力。他应该具有什么样的性格呢？他应该具有一种能够坚持真理的勇气，具有别人都说你是错的，别人都嘲笑你、奚落你、讽刺你，而不认可你，但你还能有敢于坚持真理的坚毅，并且能在极度困难的时候，拥有希望和光明的乐观主义精神。这是做好价值投资最需要的性格。

1974年，格雷厄姆在《巴伦周刊》上发表文章，其中有一段肺腑之言："如果你相信价值投资的方法是正确的，那么请专一地奉行这一原则，不要被华尔街多变的幻象和暴利的欲望所迷惑。成为一名成功的价值投资分析师，并不需要特殊的天赋或者超常的才能，需要的只是常人应有的知识、原则以及坚定的性格。"

巴菲特在2017年的致股东信中有一个比喻："大概每十年，乌云总会遮住天空，经济前景不明朗，这个短暂的时间点，股市也会骤降一场'黄金雨'。当这种事情发生时，你必须扛着浴缸冲出去，而不是带一把勺子。"

巴菲特之所以能够在金融危机的暴跌中如此淡定地大规模投资，关键在于他对于价值投资的坚定信仰："恐惧气氛反而是优秀投资者的好朋友。那些只在根据市场分析人士做出乐观分析评价时才买入的投资者，为了毫无意义的保证付出了严重高估的价格。"

六、段永平的信仰

有网友问段永平："大道（段永平的网名）有信仰吗？"段永平回答："我的信仰就是买股票就是买公司。"

巴菲特也曾说过，这个市场90%的参与者都期望买入后马上上涨，但我们不这样想，我们买的是企业，更关注10年、20年后的企业价值，跌了我们可以买多点；90%的市场参与者如果在其他领域干可能会很成功，但在股市很难有好的表现。

选择做价值投资，关键在于对这种理念是否真的相信，是否能够一如既往地坚持。一个投资者成熟的标志之一，就是他清晰地了解自己投资方法的局限性，放弃完美，能够从容地执行自己的投资策略，不因市场的短期波动或喜或悲。

只有内心真正相信的投资策略，才有助于投资者平静地度过市场动荡期，而不至于使自己的理念策略被市场情绪所打败。

第二节　价值投资很简单，但不容易

巴菲特有一句投资名言："投资很简单，但并不容易。"很多人记住了前半句，高估了自己对"简单"的认识，却低估了后半句所隐含的巨大挑战。

一、牛顿一生唯一的一次炒股：惨败

牛顿的一生可以用一个字来概括，就是"牛"。他是近代经典力学的开山祖师，提出了著名的万有引力定律和牛顿运动三定律。他曾任英格兰皇家造币厂厂长，不过他平生唯一的一次炒股却赔惨了。

牛顿于1720年1月入手南海公司股票的时候，南海公司的股价仅为128英镑。之后短短半年时间，南海公司的股价就飙升到了1 050英镑。此时，牛顿敏感地意识到，南海公司的股票短期涨幅过大，已经严重高估。于是果断清仓离场，这一笔投资让牛顿大赚7 000英镑，获利超过100%。有人向他请教，未来股市会涨还是会跌？牛顿说出了那段千古名言："我能计算出天体运行的轨迹，却难以预料到人们的疯狂。"也就是说，牛顿说这段话的时候，不但是投资赢家，而且已经意识到了投资者的狂热，并决定远离这种狂热。

牛顿清仓之后，南海公司的股票继续高歌猛进，一天一个价。南海公司的股票是谈资与时尚，妇女们卖掉自己的首饰来购买股票。所有投资者都坚信南海公司会替英国偿还全部国债，这样的公司怎么可能允许它不赚钱呢？结果，继续留在场内的投资者都赚翻了，牛顿眼看着人家的账户日益增值，最后实在扛不住诱惑，又携重金杀了回来。1720年9月，南海股票泡沫正式破裂，股价跌破200英镑，相比高点跌去了近80%（见图2-2）。牛顿在这场价值回归之旅中，亏损了20 000多英镑，是他之前盈利的3倍，相当于他干10年造币厂厂长的薪水。

巴菲特在2005年致股东的信中说："很久以前，牛顿发现了三大运动定

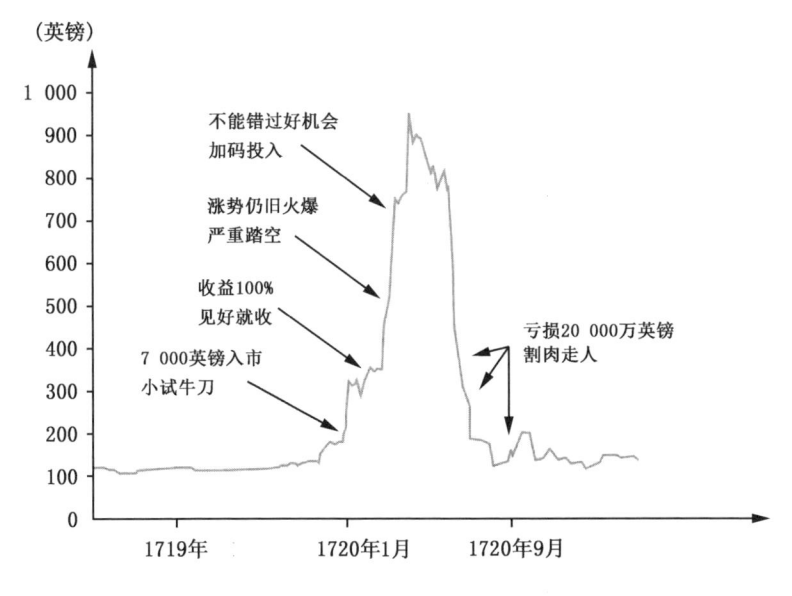

图 2-2　牛顿进入和退出南海股票的时间点

律,这的确是天才的伟大发现,但牛顿的天才并没有延伸到投资中。牛顿在南海股票泡沫中损失惨重,如果不是这次投资损失造成的巨大创伤,也许牛顿就会发现第四大运动定律——对于投资者整体而言,运动的增加导致了收益的减少。"

二、蒋介石的"炒股经历"

在辛亥革命与反对袁世凯的年代,蒋介石在中国同盟会及之后的国民党党内属于边缘人物。连汪精卫、胡汉民这些人,蒋介石都攀附不上。不过当时在国民党中有一个大佬愿意做蒋介石的靠山,他就是陈果夫、陈立夫的叔叔陈其美。蒋介石早年基本上是跟着陈其美在上海混。在陈其美的帮助下,蒋介石在上海初步建立了自己的人脉圈。1916 年,陈其美被袁世凯暗杀,蒋介石一下子成了"无根之木"。随着孙中山的不断失败,蒋介石对革命也丧失了信心。就在这时,中国最早的股票风潮在上海出现。蒋介石便与张静江、戴季陶等人开始做股票生意。起初,蒋介石发了大财,一年的个人花销高达七八千银元(毛主席当时在北大图书馆每月工资 8 银元),连蒋经国都被他送进了当时上海收费最高的贵族学校。几年后,股市泡沫破裂,蒋介石一夜之间负债六十多万银元,蒋介石的操盘手洪善强自杀。蒋介石高利贷缠身,除了跳黄浦江,没有其他出路。好在青帮大佬黄金荣出手救了蒋介石一命,命保住了,但蒋介石在上海也待不下去了,这才南下重新投奔孙中山,逐渐在军界、政界脱颖而出。

三、做好投资与智商无关

格雷厄姆在《聪明的投资者》第八章中写道,市场是为你服务的,而不是指导你,这是非常重要的。当人们谈论股票的势头或任何类似的东西时,他们总是在说市场在指导我们。其实市场不会指导我们,市场是为我们服务的。

巴菲特经常重复相同的建议:"《聪明的投资者》第八章对我的帮助相当于把其他教科书全都加在一起。也就是说,一定要有正确的态度,不是高超的技巧,也不是微积分,而是一种从根本上就很端正的态度。它不要求硕士学位,但是要有深入到投资的本质中去的信心和决心。"

《聪明的投资者》评论者贾森·兹威格的说法,格雷厄姆在该书第一版时曾给出关于书名的讨论,"聪明的投资者"这个词其实"与 IQ(智商)或 SAT(考试成绩)毫不相干"。

(一)做投资不需要高智商

股市一直是一个神奇的地方。英国前首相丘吉尔,早年带着数万美元杀入股市,输得一干二净。在买股票上,美国大文豪马克·吐温曾经买过一个俄勒冈铁路公司,他成功地在 78 美元高点买入,然后在 12 美元低点卖出,输光了自己所有积蓄。后来在其短篇小说《傻头傻脑的威尔逊》中有一句名言:"十月,这是炒股最危险的月份;其他危险的月份有七月、一月、九月、四月、十一月、五月、三月、六月、十二月、八月和二月。"

许多极度高智商的人,都栽倒在股市。马克·吐温、牛顿等都曾因为股票导致倾家荡产。投资与人性有关,与智商无关。即使你能写出一部经典的小说,充满了对于世界的洞察,但是依然无法摆脱投机,甚至在破产之后,马克·吐温还告诉朋友,如果有好的股票,给他推荐。

也不要以为懂经济学、懂会计学、学历高、上流社会消息灵通,就可以做好投资。投资股票,不需要太高智商,太聪明反而有害。

做好价值投资,对于智商的要求并不是很高,但对情商的要求极高。百岁老人查理·芒格的投资智慧值得我们做价值投资的人认真体会,参见图2—3。

> 我并不比别人聪明多少,只是在少犯傻这方面,我比别人做的稍微好一些。
> ——查理·芒格

图2—3 查理·芒格的投资智慧

巴菲特说:"我告诉学生们,如果你智商150来做这一行,你可以卖20或30给别人,因为你并不需要这么高的智商,你需要稳定的情绪。当市场极端的时候,得能抑制住自己的恐惧和贪婪,你得有自己的见解,忽略其他人的声音。你真的不需要有多聪明的头脑。""做投资不需要多高的智商,我常说,如果你智商160,在投资上也没用,还不如给别人30,你需要的是情绪稳定以及独立思考的能力,根据事实和推理得出结论,不被别人的看法所干扰。这一点其实对很多人来说很难。"

格雷厄姆给了巴菲特投资的知识基础——安全边际,以及帮助他掌控情绪并利用市场的波动。费雪教会巴菲特更新的可执行的方法论,让他发现长期的优秀投资对象,以及集中的投资组合。芒格帮助巴菲特认识到购买并持有好企业带来的回报。当我们了解了巴菲特思想是这三个人的智慧的结合之后,对于他很多投资上看似令人迷惑的做法自然就有了答案。笛卡尔说:"拥有好的心智并不足够,更重要的是如何好好运用。"运用之妙将巴菲特与他的同行区分开来,一些同辈人非常聪明、自律、专注,巴菲特之所以高于他们,是因为他整合了三位智者的智慧,并凝聚提炼成自己的投资世界观和方法论。

(二)价值投资最大的风险是投资者的情绪

股票市场的涨跌波动,这本来是自然现象,不是风险。但是,如果因此导致投资者情绪失控而做出错误的操作,就变成了可怕的风险。

巴菲特因为阅读了《聪明的投资者》一书之后,皈依了价值投资。格雷厄姆在为读者提供了一套系统分析框架外,还花费大力气构建独特的"股市心理学"。格雷厄姆认为,影响投资成败的最大因素不是数据、逻辑或知识,而是投资者的情绪。

格雷厄姆说,他写作《聪明的投资者》的目的"主要是指引读者,不要陷入可能的严重错误,并建立一套能放心的投资策略",为此,"我们将以大量篇幅讨论投资者的心理,因为投资者最大的问题甚至最大的敌人,很可能就是他们自己"。

聪明的投资者——"它只意味着要有耐性、纪律,并有渴望学习的态度,还必须能够掌控自己的情绪,并且懂得自我反省"。格雷厄姆解释说,"这种'聪明'(intelligent)是指性格方面的特质,而不是指智力"。

据此,我们可以勾勒格雷厄姆心目中"理想投资者"的画像如下:

● 有耐性;
● 有纪律;
● 渴望学习;
● 掌控自己的情绪;
● 懂得自我反省。

对于情绪管理,格雷厄姆说:"那些在投资操作过程中做好情绪管理的'普通人',比那些没有做好情绪管理的人更有机会赚大钱,也更能够保留住钱财——虽然那些没有做好情绪管理的人,可能拥有比较多的金融、会计和股票市场的知识,但终究比不上情绪管理来得重要。"

就如他反复劝诫的那样:"亲爱的投资者,问题不在于我们的命运,也与我们的股票无关,而是在于我们自己……"这就是程子所说的"君子求其在己者而已矣"。

大部分股票书籍均如此,它们热衷于传授一些赚高收益的神奇方法,明示或暗示你"投资很容易""你也可以击败大盘"。

这令我不由地想起芒格的一句名言:"投资并不容易,认为投资很容易的都是傻瓜。"

格雷厄姆在传授投资策略的同时,花费了同等(甚至更多)的力气来告诫读者:不要低估投资的难度,不要高估自己的能力;这个领域困难重重,危机四伏,尤其是当你试图投机、预测股价、自以为是的时候。

这就是《聪明的投资者》这本书的奇特之处:当某些人告诉你投资很容易,格雷厄姆告诉你投资很难;当某些人告诉你怎样在股市里赚钱,格雷厄姆告诉你怎样在股市里不亏钱;当某些人说让我们来痛揍"市场先生"吧,格雷厄姆却说让我们小心翼翼地活下去吧。这也是《聪明的投资者》全书的一条隐含主线:投资者如何学会保护自己。

对于那些学习过并遵从格雷厄姆投资理论的投资者来说,大部分损失是可以避免的。格雷厄姆指出:"虽然热情在其他行业是一项必不可少的品质,但在华尔街总会招致灾难。"有些投资者一次又一次地重蹈牛顿爵士的愚蠢错误,他们任由其他投资者的判断来左右自己的看法。他们无视格雷厄姆的警告:"'可怕的损失'总是由于'投资者在买入时忘了问一下价值几何'而造成的。最令人痛心的是,这些投资者总在最需要自制力的时候失控。"这恰恰证明了格雷厄姆"投资者的最大问题,甚至最可怕的敌人,很可能就是他们自己"的论断是多么的正确。

(三)李录谈投资成功的关键能力

投资成功的关键能力与智商没有太大的关系,也与学历的高低没关系,与有没有显赫的履历或家族背景都无关,投资成功的关键能力与人天生的秉性有最重要的关系。李录把这些天生的秉性梳理为以下四点:

1. 内心的原则重于一切,独立的、内在的尺度重于一切

一个买奢侈品皮包让别人认同自己的人不适合做价值投资。一个想穿什么就穿什么,想吃什么就吃什么,根据自己内心喜好行动的人才有价值投资的禀赋。和群体打成一片的人不太容易做成投资,特立独行的人才有可能成功。

2. 内心对事物的真相有一种执着的追求

客观理性地面对问题,而不是以感性去认识事物。有艺术天赋的人恐怕

做不了投资。价值投资者都有一些哲学家气质,他们希望寻求事物背后的本质规律。

3. 极其有耐心同时又极其果断

在没有机会的时候,能等很长时间;在找到机会买入后可以承受长时间的不挣钱甚至被套牢。如果不赚钱就焦虑,是做不了投资的,大钱需要等待很长的时间。

在有超强耐心的同时,还必须具有果断的性格,一旦出现大的机会就要大手笔饿虎扑食般地扑上去,在真正的机会面前不犹豫,不彷徨。

4. 对商业的逻辑十分喜好和敏感

总体而言,投资的核心思想是——"投资是做人"。一个人不可能脱离道德而投资成功。

(四)沃尔特·施洛斯

巴菲特的师兄——沃尔特·施洛斯一生经历过18次经济衰退,但他执掌的基金在近50年的漫长时间里长期跑赢标杆股指。他曾得到"价值投资之父"本杰明·格雷厄姆的亲传,与"美国股神"巴菲特共事,并被后者赞誉为"超级投资人"。他长期坚守简单的价值投资原则,在90岁高龄时仍保持着高度机敏的投资嗅觉。

在2006年致股东的信中,巴菲特曾特别提到施洛斯,称他是"华尔街最优秀的人物之一"。在巴菲特看来,施洛斯的投资原则之一是"不会冒真正的风险,也就是永久资本损失的风险"。

施洛斯曾在接受采访时表示,自己和巴菲特的共同点是都很理性,即便在非常不利的情况下也不会情绪化。他的儿子埃德温在谈到父亲的投资理念时也表示,"很多投资者担心一个季度的盈利表现,但我父亲从不在乎这一点"。

在近50年的投资生涯中,施洛斯为WJS(沃尔特·施洛斯有限合伙公司)的所有股东赢得了20%的年复合回报率。在1955年至2002年期间,他管理的基金在扣除费用后的年复合回报率达到15.3%,远高于标准普尔500指数10%的表现。其间累计回报率更是高达698.47倍,大幅跑赢同期标准普尔500指数80倍回报率的水平(见表2—1)。

表 2—1　　　　　　华尔街投资大师的收益率（1977—1989 年）

年份	彼得·林奇	沃伦·巴菲特	沃尔特·施洛斯
1977	14.46%	31.90%	34.40%
1978	31.71%	24.00%	48.80%
1979	51.73%	35.70%	39.70%
1980	69.94%	19.30%	31.10%
1981	16.45%	31.40%	24.50%
1982	48.06%	40.00%	32.10%
1983	38.59%	32.30%	51.20%
1984	2.03%	13.60%	8.40%
1985	43.11%	48.20%	25.00%
1986	23.74%	26.10%	15.90%
1987	1.00%	19.50%	26.90%
1988	22.76%	20.10%	39.70%
1989	34.58%	44.40%	2.90%
年化收益	29.22%	29.34%	28.52%

沃尔特·施洛斯1916年生于纽约一个犹太移民家庭，幼时家庭遭遇变故，施洛斯高中毕业后没有继续读大学，而是成为华尔街"波尼快递"经纪公司中的一员，在街上跑来跑去传递信息。其间，他参加了纽约证券交易机构赞助的、由格雷厄姆执教的夜间课程，师从本杰明·格雷厄姆。他在1942年12月8日入伍当兵，上升到少尉军衔。1946年第二次世界大战结束，施洛斯从军队退役后加入了"格雷厄姆·纽曼公司"，成为一名证券分析师。1955年，格雷厄姆解散了自己的投资公司，施洛斯自立门户，成立了自己的投资管理合伙企业——沃尔特·施洛斯有限合伙公司，简称WJS。

2002年，87岁的施洛斯宣布退休。2012年2月19日，施洛斯病逝，享年95岁。在听闻这一消息后，巴菲特表示，施洛斯是与自己相交61年的朋友，"他的投资纪录辉煌，但更重要的是，他树立了正直的投资管理典范。他信仰的道德标准与他的投资技巧同样出色"。

四、价值投资既复杂又简单

投资很简单,但是并不容易。说简单,是指投资的四大基石等,理解起来比较简单。但想做好投资很难,就像用简单的公式来解一道非常复杂的数学题一样,公式大家都知道,但能解答这道难题的人很少。因为每一个因素都存在多种变化,能不能有效并灵活运用,考验的是能力圈与投资经验。

"成为优秀的投资人需要很长的时间,长期学习、长期积累经验非常重要。"价值投资在于逆人性,在等待价值回归或陪伴企业成长的过程中,伴随着难受、煎熬、延迟满足,需要耐心等待,还要心甘情愿地这样做,但成功确定性高……所以投资成功没有容易一说。

段永平也曾说过,投资很简单,但不容易。投资理念的东西非常简单,明白了这个道理后就不要动摇,但具体怎么理解未来现金流折现,还是要不断有新的体会。简单,指的是原则——就是不懂不做;不容易,指的是理解搞懂生意不容易。

同样的一家企业,不同的价值投资者应对的方向可能是完全相反的,给出的结论也是完全相反的。复杂就复杂在这里,但不影响他们彼此成功。比如,微软公司不是巴菲特的投资标的,但是,很多投资者从微软公司赚了大钱。

约翰·邓普顿说:"创造一份出色的投资记录,需要做大量的研究和工作,这比绝大多数人想象的要难得多。"

对于有价值投资能力(能看懂公司和行业)和价值投资品质(合适的性格和情绪管控)的人来说,价值投资是非常简单的事情。对于不具有以上两点的人来说,劝他们去做价值投资是在害他们,因为这不仅关上了他们进步的窗,还给他们留下了愚蠢和固执的门。

五、真正的投资高手,靠的绝不是运气

自然界有个法则,叫生命的浪费法则。春天到了,水塘里的小蝌蚪黑压压一大片,但最后能成为青蛙的只有大约3%,超过90%的小蝌蚪都是陪葬品。

据统计,全世界创业成功的概率也是大约3%,100个人创业,97个要失败。

股市里有"一九"铁律,不到10%的人赚钱,超过90%的人亏钱。笔者怀疑,

拉长周期看,股市里赚钱的人,也只有大约3%。因为没有看到过类似的统计,所以这是笔者个人的猜测:100个人进入股市,有97个是给股市送钱的。

投资是认知能力的变现。有些人通过运气,在股市里赚了钱,但这只是暂时的,之后不久,就会通过自己的"实力",再还给股市,甚至加倍还给股市。

尤其是有些股市新人,恰逢牛市入市,很容易赚到钱,就误以为自己是不世出的股神。但是,等牛市结束进入熊市、震荡市,往往会把牛市赚到的利润连同本金,甚至借款,全部亏掉,有的甚至会倾家荡产。此时,他们才发觉自己不过是股市众多"韭菜"中的"新韭菜"而已。

股市常说的那句谚语:"一年翻倍者如过江之鲫,五年翻倍者凤毛麟角。"

此时我想起内森·梅耶·罗斯柴尔德的一句话:"获得巨额财富需要极大的胆识和谨慎,当你一旦拥有大量财富,则需要有10倍的智慧来留住它。"

2022年上半年做过一个统计,中国有3 000多位基金经理,其中年化收益能做到10%以上,又经过10年时间考验的"双十"基金经理只有30多位,比例为1%。

真正的投资高手,靠的绝不是运气!

六、价值投资适合中国吗

(一)中国A股不适合价值投资吗

查理·芒格说:"价值投资适合任何一个国家,而且永远不会过时。用比较低的价格,买到比较高的价值,这就是价值投资的本质。要想做投资赚钱,任何时候的买入价格都要低,买到的价值都要高。这个最常见、最通俗的道理,永远不会过时。"

当下很多人认为中国A股(以下简称A股)不适合也不存在价值投资了。而事实是价值规律自人类有经济活动以来就存在,且从未被颠覆。价值规律是所有股票市场的唯一波动规律。

据统计,A股诞生30多年以来,市场的年化波动率约36%,同期美股标准普尔500的年化波动率约18%,中国股票市场波动率是美股的2倍。在一个高波动的市场环境中,人性的弱点会成倍地暴露在外面,因此,投资者很容易追涨杀跌,而忘记长期主义。中国A股市场近20年来的年化回报约8%,若去掉涨幅最高的10个交易日,年化回报率直接减少50%,只有4%。如果去掉涨幅最大的20个交易日,它的年化回报率会进一步降到1%。在A股想要做到精准择时是非常困难的,做得越多,错得越多。

股票市场客观真实的事实是,股票投资不合适绝大多数人,真正懂得投资真谛、坚持投资原则的人,凤毛麟角。

大多数人在人声鼎沸时买了大白马,以为就是"价值投资",结果被深套而大骂价值投资。真正的价值投资者从来只会在市场极度疯狂时远离,而永远会在市场极度恐慌时进场。好价格,是价值投资的两个核心要素之一。

(二)美国股市与中国股市的异同

目前,中、美是全球两大经济体,比较其股市10年、20年来的涨幅榜,也许能得到某些启示(见表2—2至表2—5)。

表2—2　　　　　A股市场20年涨幅榜(2003—2022年)

排名	证券代码	证券简称	上市日期	累计涨幅(%)	年化涨幅(%)
1	600519.SH	贵州茅台	2001—08—27	46 307	35.9
2	600809.SH	山西汾酒	1994—01—06	21 867	30.9
3	000568.SZ	泸州老窖	1994—05—09	14 497	28.3
4	600276.SH	恒瑞医药	2000—10—18	12 707	27.5
5	000651.SZ	格力电器	1996—11—18	10 117	26.0
6	600309.SH	万华化学	2001—01—05	10 012	26.0
7	000858.SZ	五粮液	1998—04—27	7 910	24.5
8	000596.SZ	古井贡酒	1996—09—27	6 904	23.7
9	000661.SZ	长春高新	1996—12—18	5 988	22.8
10	600887.SH	伊利股份	1996—03—12	4 975	21.7

资料来源:仙童私募基金投资公司官网。

表2—3　　　　　美股20年涨幅榜(2003—2022年)

排名	证券代码	证券简称	上市日期	累计涨幅(%)	年化涨幅(%)
1	MNST.O	怪物饮料(MONSTER BEVERAGE)	1992—07—20	115 357	42.3
2	SBAC.O	SBA通信	1999—06—16	70 059	38.8
3	AAPL.O	苹果(APPLE)	1980—12—12	59 466	37.6

续表

排名	证券代码	证券简称	上市日期	累计涨幅(%)	年化涨幅(%)
4	UVE.N	万全保险	1992—12—16	59 407	37.6
5	AXON.O	AXON ENTERPRISE	2001—06—07	49 186	36.3
6	LNG.A	CHENIERE能源	1999—11—05	47 367	36.1
7	NFLX.O	奈飞(NETFLDX)	2002—05—23	37 397	34.5
8	TPL.N	TEXAS PACIFIC LAND	1980—07—28	34 563	34.0
9	BKNG.O	BOOKING	1999—03—29	20 893	30.6
10	ISRG.O	直觉外科(INTUITIVE)	2000—06—13	19 284	30.1

资料来源：仙童私募基金投资公司官网。

表2—5　　　　A股市场10年涨幅榜（2013—2022年）

排名	证券代码	证券简称	上市日期	累计涨幅(%)	年化涨幅(%)
1	601012.SH	隆基绿能	2012—04—11	6 479	52.0
2	300014.SZ	亿纬锂能	2009—10—30	6 249	51.5
3	300059.SZ	东方财富	2010—03—19	5 619	49.9
4	300274.SZ	阳光电源	2011—11—02	4 762	47.5
5	300033.SZ	同花顺	2009—12—25	3 075	41.3
6	002460.SZ	赣锋锂业	2010—08—10	3 070	41.3
7	300015.SZ	爱尔眼科	2009—10—30	2 646	39.3
8	300347.SZ	泰格医药	2012—08—17	2 202	36.8
9	300316.SZ	晶盛机电	2012—05—11	2 097	36.2
10	300124.SZ	汇川技术	2010—09—28	1 826	34.4

资料来源：仙童私募基金投资公司官网。

表2—5　　　　美股市场10年涨幅榜（2013—2022年）

排名	证券代码	证券简称	上市日期	累计涨幅(%)	年化涨幅(%)
1	ENPH.O	ENPHASE ENERGY	2012—03—30	7 159	53.5
2	TSLA.O	特斯拉(TESLA)	2010—06—29	5 355	49.2
3	NVDA.O	英伟达(NVIDIA)	1999—01—22	5 062	48.3

续表

排名	证券代码	证券简称	上市日期	累计涨幅（%）	年化涨幅（%）
4	HZNP.O	HORIZON THERAPEUTICS	2011—07—28	4 784	47.5
5	TPL.N	TEXAS PACIFIC LAND	1980—07—28	4 654	47.1
6	CPRX.O	CATALYST PHARMACEUTICALS	2006—11—08	4 176	45.6
7	MGPI.O	MGP INGREDIENTS	1988—11—01	3 270	42.2
8	DXCM.O	德康医疗（DEXCOM）	2005—04—14	3 233	42.0
9	AMD.O	超威半导体（AMD）	1972—09—01	2 599	39.0
10	RGEN.O	雷普里根（REPLIGEN）	1986—06—03	2 596	39.0

资料来源：仙童私募基金投资公司官网。

从美股的历史看，股息收益是美股最稳定且贡献最大的长期回报率来源。企业盈利增速是美股收益率的第二大来源。如果进一步拆分，通胀对盈利增速的贡献超过了企业实际盈利增速，且实际盈利增速具有很大的波动性；估值对美股长期收益率的贡献最小，却也是最大的波动来源。

从美国股市与中国股市比较而得出的主要历史特征看，股息率是美股长期回报的主要来源。这可以从图2—4反映出来。

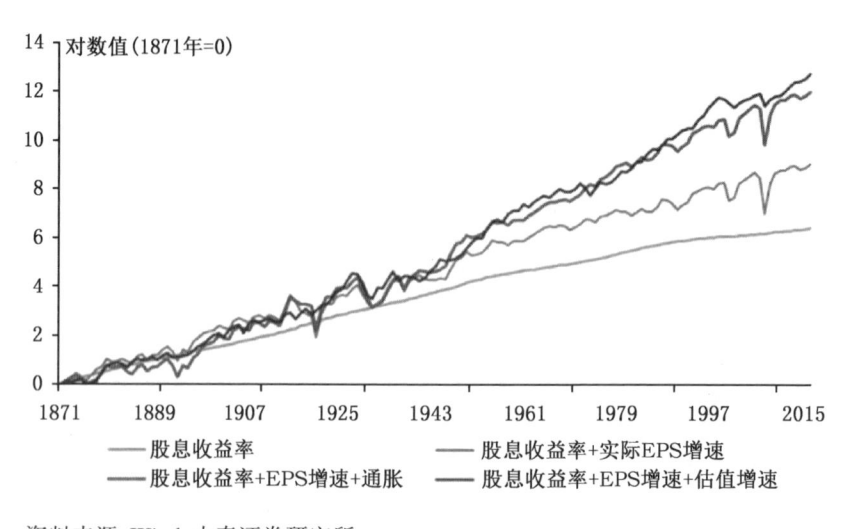

资料来源：Wind，中泰证券研究所。

图 2—4 美股标准普尔 500 的长期走势

从历史上看,估值对 A 股长期回报率的贡献为负值,主要是因为 A 股早期的估值水平较高而导致的。同样地,估值的大幅波动导致了 A 股收益率的波动水平显著高于美股。企业盈利增速才是 A 股收益率的最大来源。与美股不同的是,通胀对盈利增速的贡献远远低于实际盈利增速;与美股相同的是,盈利增速都具有很强的波动性。估值对 A 股的长期回报率贡献为负(Wind 全 A),如图 2-5 所示。

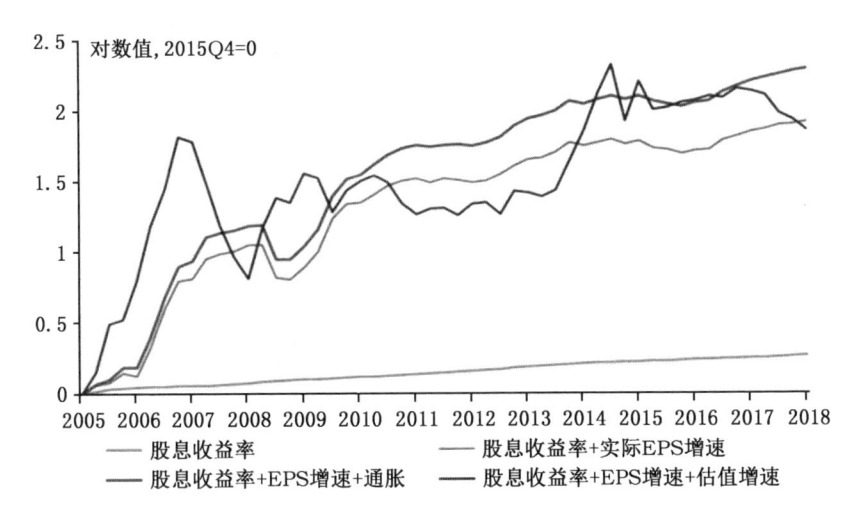

资料来源:Wind,中泰证券研究所。

图 2-5　中国 A 股长期走势特征

(三)价值投资在中国的优势

A 股只是在博傻的想法是大错特错的。其实,A 股中最后真正赚大钱的还是那些价值投资者,同别的任何市场一样。我们不要被表面的东西所迷惑。从长期而言,没价值的股票是不被"填权"的,填了也会回归本原,A 股和美股的差别可能是系统性风险大一点而已。A 股的系统性风险会更大一些,但这却带来一个优势,就是波动幅度大:跌的时候,会跌入尘埃;涨的时候,会涨到云霄。这与 A 股的存续时间、所处的大环境及投资人的构成有关系。

股价跌入尘埃的时候,好企业可以买到低估的好价格;股价涨到云霄的时候,好企业高估,可以卖一个好价格。这也正是 A 股做价值投资的最大好处。任何事情都有两面性,这要看我们如何利用其优势而规避其劣势。

巴菲特曾说:"波动对于真正的投资者而言,是一个巨大的优势。事实上,如果波动越大,我们赚到的钱就越多,因为波动可以制造出更多市场中的错误。"

从长期看,高波动率的 A 股市场基本面的作用也是非常有效的。系统性风险对企业价值的影响都没有那么大,原因是系统性的估值在长期只是一个波动的区间,但企业主动创造的价值可能远远超过这个波动。从更长期来看,对于研究基本面的投资者来说,如果中短期市场定价错误的程度足够大,则可能正是逆向投资之际。

A 股中价格与价值的偏离程度也许比国外更大,价格回归价值所需的时间也许更长,这既是挑战也是机会。因此,我们应该始终相信,在 A 股市场中价值投资是适用的。

(四)实践比理论更难

2023 年 3 月 18 日,睿远基金创始人陈光明现身上海交大校友会 2023 年会,分享了自己的投资思考。以下择要摘录,以飨读者。

大概在 2014 年,我曾在公开场合非常确定地告诉大家,在中国做价值投资行得通。现在已经过去 10 年了,我更加有信心地告诉大家,价值投资可行。

整体而言,价值投资者在成熟市场也不会特别多,李录(喜马拉雅资本创始人、芒格家族财富管理者)判断占比大致在 5% 以内,我也比较认可他的看法。

在市场整体参与者占比中,价值投资者越少,这一方法就越有效;反之,价值投资者越多,这一方法就会越偏向无效。

根据自己的观察和对人性的一些思考,我认为,在可见的很长一段时间之内,做价值投资的只是少数人。

根据过往的投资实践总结,价值投资方法之一就是选择最优秀的企业,陪伴它一路成长。在它失落的时候或者说被人看不起的时候重仓持有,用最简单的话叫做"便宜买好货",基本上是行之有效的。

过去 20 多年证券市场确实提供了一些年化增长超过 20% 以上的上市公司,若是在它明显被低估的时候买入,最终也会受益于其价值回归。观察很多身边的人以及海外的投资者后认为，价值投资是一条康庄大道，但是知易行难。我想鼓励大家，特别是适合做价值投资的人，无论碰到什么样的困难，一定要有信念坚持下去。

稍微补充一下，我认为与过往相比，价值投资的基本原理放在现在来看也几乎没有什么变化，只是随着社会、行业的变迁，以及投资者结构的变化，它需要不断调整，但大的原理并没有太大变化。

坦率地说，投资确实是一门更偏实践的学科，实践比理论更难。

巴菲特也曾说，投资的基本原则非常简单。他坚持到95岁还在坚持，不容易，真不容易。

七、价值投资的渐修与顿悟

《楞严经》中有句话说："理可顿悟，事须渐修。"意思是说，禅定虽然是渐修，但也离不开顿悟，就像释迦牟尼在修行了许多年之后，才在菩提树下瞬间顿悟成佛。

价值投资也是如此，需要学习—思维—实战，如此反复，直到开悟，其时间通常需要10年时间。

开悟的类型分为两种：一种是顿悟型，很有天赋，一下子就明白了，这是天才类型的人。就像巴菲特说的，有的人听到价值投资的理念和方法，10分钟就明白了。另一种是渐悟型的，也就是说，他们在经历了许多事情之后逐渐开悟，大多数人属于这种类型。

价值投资的道理许多人能明白。投资道理都懂，未必就能做好投资。投资本质上是一门实践的学问，光知道理念原则，大部分人是难以成熟的。只有不断地进行投资实践—总结经验—再实践，价值投资者才能走向成功的彼岸。所谓投资过程，就是不断踩坑，踩的坑够多了，又有总结的能力，最后才能毕业。

第三节 价值投资的第一性原理

时下的人们都喜欢说"平常心"这个词。平常心就是在任何时候,尤其是在有诱惑的时候,能够排除所有外界的干扰,回到事物的本质,辨别事情的是非对错。平常人难有平常心,平常心是成功者的"外挂"。

埃隆·马斯克奉行第一性原理,在解决问题时将事物解构成基本要素,从头开始寻找最优解,不轻易相信已有的做法。

第一性原理,其实是一种思维方式:思考和行动时,从最基本的原理和常识展开推理;又或是将假设倒推至源头,去除噪音,以洞察本质或本质规律。如果一个问题很难找到解决办法,不妨跳出问题本身,回到问题的原点去寻找答案。

一、股票溯源

(一)股票兴起

追根溯源,股票的源头可以追溯到 500 多年前的哥伦布发现新大陆。欧洲人一直很喜欢中国、印度的茶叶、丝绸、瓷器、香料、黄金,但土耳其奥斯曼帝国崛起之后,丝绸之路被阻断,这些商品的利润空间巨大,却运输不到欧洲去。

哥伦布认为,可以从西面开辟一条海上通道,到达东方的印度和中国。远航探险耗资巨大,需要政府的支持和资助。哥伦布到处游说十几年,游说过英国、法国、意大利和葡萄牙,但都被拒绝,许多人把哥伦布看成江湖骗子。

直到1492年,西班牙女王伊莎贝拉力排众议,同意投资哥伦布的计划。女王伊莎贝拉出资约 3 万美元,据说为了筹措远航资金,女王甚至卖掉了自己王冠上的珠宝。哥伦布提出并获得女王同意的条件是:担任其所发现之地的总督,获得发现地所得一切财富和商品的 10%一概免税,对于以后驶入这一属地的商船,哥伦布可以收取其利润的 12.5%。

1492 年 8 月 3 日,哥伦布带着西班牙女王写给印度君主和中国皇帝的国书,率领三艘帆船,从西班牙出大西洋,向西航行,横渡大西洋,到 1492 年 10 月 12 日凌晨终于发现了陆地,也就是现在中美洲加勒比海的巴哈马群岛。

哥伦布上岸后遇到一群赤身裸体的土著人。哥伦布当时误以为到达了印度，故称当地居民为"印第安人"，并把那块区域命名为西印度群岛。其实，哥伦布只横穿了大西洋，距离印度、中国，还隔了一个太平洋。因为当时哥伦布信奉的是"地圆说"，认为地球是标准的圆球，却没有想到地球是椭圆。

要组织远航贸易，就必须组建船队，需要巨额的资金；同时，远航船队经常会遭遇海洋飓风和土著居民的袭击。当时，极少数人能拥有这样巨额的、组建船队的资金和强大的风险承受能力。

为了筹集远航资本和分摊风险，就出现了股份筹资，即在每次出航之前，寻找资金源，并形成按份入股的形态。航行结束后，将资本退给出资人，并将所获利润，按所出股金的比例进行分配。这就是股票的最初形态，远洋航海筹资的方式是股票最早出现的形态之一。

航海生意的规模越做越大，高风险、高回报、高投入。国王的钱不够投入了，于是扩展到贵族、大臣，继而扩展到普通平民甚至全社会成员，都有机会以股份的方式参与投入资本。

李录对此讲述得更加生动。他说："现代的股市大概出现在400年前，其历史不算太长，在此之前商业机会不多，不需要股市的存在。那个时期发生的最大一件事是500年前新大陆的发现，这为整个欧洲带来了此后一两百年经济上的高速发展。伴随着殖民时代的到来，出现了一些所谓的现代公司。公司这个概念是怎么来的呢？因为当时的殖民商业活动和远洋贸易需要大量资金且风险很高，所以最早的殖民商业活动都是由最有钱的欧洲各国的国王支持资助的，但很快国王的钱也不够用了，必须去和贵族等一起合组公司。于是，就出现了最早的现代股份公司，用股权的方式把公司所有权分散开来。因为这些公司的发展速度比较快，需要的钱很多，国王和贵族的钱也不够用了，便想办法让普通人的储蓄也能够发挥作用，于是产生了把股权进一步切分的想法。……股市最早的设计迎合了人性中赌性的部分，所以股市一发展起来就获得了巨大的成功。"

从李录的讲述中，我们可以发现，股市天然具有两种属性：投资做生意和投机赌博。

(二)股票及证券交易所诞生

在哥伦布发现新大陆110年后的1602年，荷兰东印度公司诞生，其设计与现代公司基本相同,董事会是最高领导层,由七十多人组成,但真正握有实权的只有 17 人,被称为 17 人董事会。这是世界上最早的股份有限公司制度,也是世界上第一家跨国公司,还是世界上第一家正式发行股票的公司(见图 2—6)。

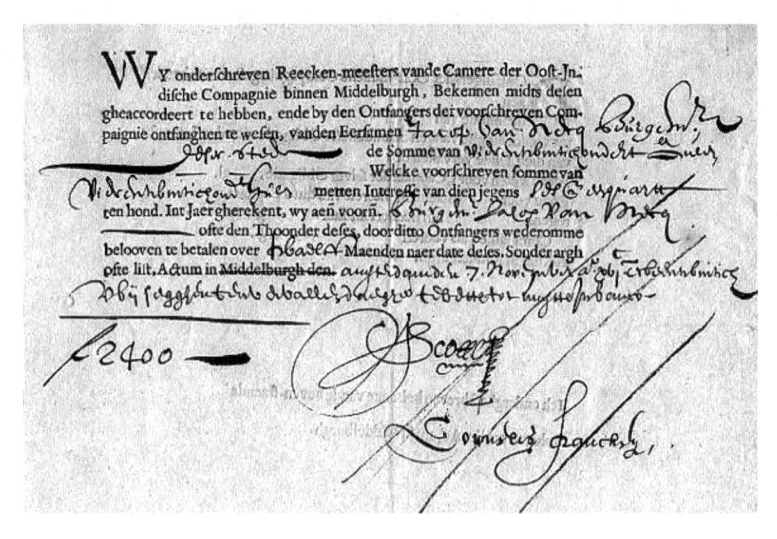

资料来源:百度图片。

图 2—6　荷兰东印度公司的股票

荷兰东印度公司权利很大,可以自组佣兵、发行货币,并被获准与其他国家订立正式条约,拥有对该地实行殖民与统治的权力。通过股票的发行,东印度公司的股东们将资产长期储存在公司中,循环使用,并不针对某次航海进行募资。因此,东印度公司始终有充足的资金,可以应对频繁的远航,滚动的资金为股东们带来巨额收益,并形成良性循环。

据说,当时东印度公司第一次分红金额就高达 57%,在近 200 年的时间里,平均每年分红高达 18% 以上。由此可见,最初的股票很单纯:发现稳定的盈利模式,集资扩大规模,形成垄断提高利润,根据股份进行分红。大家没想到吧?第一只股票的股民都是价值投资者,而且投资了一个长期回报率很高的价值股。

发行股票后,由于股东甚多,中途有急用钱的人肯定不少,所以出现了二级市场交易的需求。1609 年,为股票提供交易的平台在荷兰的阿姆斯特丹应运而生,世界上出现了第一家证券交易所:阿姆斯特丹证券交易所(见图 2—7)。

资料来源：百度词条。

图 2—7　17 世纪的阿姆斯特丹证券交易所

1773 年，英国第一家证券交易所（伦敦证券交易所的前身）成立，并在 1802 年获得英国政府的正式批准和承认。

美国的证券市场在费城、纽约、芝加哥、波士顿等大城市开始出现，逐步形成全国范围的证券交易局面。1792 年，纽约的 24 名经纪人在华尔街 11 号共同创办了纽约证券交易会，这就是后来闻名于世的纽约证券交易所。1884 年，道琼斯公司的创始人查理斯·亨利·道，编制了反映股票行情变化的股票价格指数雏形——道琼斯股票价格平均数，后来演变成了道琼斯指数。

茶文化是中国民族文化的特色之一，茶楼成为人们休闲和传播商机的重要场所。中国近代证券交易所最早诞生于上海，早期的证券交易通常在茶市上形成，又称茶会市场。

(三)中国股票发展简史

中国股票发行经历了清政府、北洋政府、国民政府、中华人民共和国政府。

1872 年（清同治十一年）12 月 26 日，清朝廷批准李鸿章关于成立轮船招商局的奏折，并于 1873 年 1 月 17 日在上海永安街挂牌开业，中国近代第一家轮船公司——轮船招商局成立，并且公开向社会发行了股票。这是我国历史上公开发行的第一只股票,从而揭开了我国近代证券市场股票发行、上市的大幕。该公司由唐廷枢任总办,朱其昂、徐润、盛宣怀、朱其诏先后任会办。抗日战争期间,轮船招商局总局一度迁往香港,1945年回迁上海,并于1948年9月再次改组为股份有限公司,著名商人刘鸿生担任董事长,徐学禹担任总经理。"招商局轮船股份有限公司股票"(见图2—8)发行于1948年9月10日,票面额为5股,总金额为金圆500元,在股票上的董事栏里有一串"上海滩"赫赫有名的名字:董事长刘鸿生(火柴大王)、常务董事杜月笙、总经理徐学禹(宋子文的心腹)、常务董事李景潞、常务董事包可永。2006年12月1日,"招商轮船"股票在上海证券交易所隆重上市,证券代码是"601872",该代码蕴含着非同寻常的历史意义。

图2—8 轮船招商局股票①

1916年,孙中山与沪商虞洽卿共同建议组织上海交易所股份有限公司,拟具章程和说明书,呈请北洋政府农商部核准。1920年2月1日,上海证券物品交易所在总商会召开创立会,选举虞洽卿为理事长。1920年7月1日,上海证券交易所开业,采用股份公司制形式,交易标的分为有价证券、棉花等

---

① 陈伟国编著:《稀珍老上海股票鉴藏录》,上海远东出版社2007年版,第194页。

7类。

1933年,方志敏在苏区首创了股份制,在闽浙赣苏区成功发行了闽浙赣省苏维埃银行股票。这是红色政权正式发行的第一只股票。

改革开放后,1990年上海证券交易所、深圳证券交易所相继开业,拉开了新中国股票交易的序幕。1992年,中国证券监督管理委员会正式成立,从而使中国的股票交易逐渐走上了正规化和法制化的轨道。

(四)K线诞生及本质

K线图起源于日本德川幕府时代,被当时日本米市的商人用来记录米市的行情与价格波动,后因其细腻独到的标画方式而被引入股市及期货市场。K线是很多人接触的第一个指标,也叫日本线、阴阳线、酒井线等。

为什么叫"K线"呢?实际上,在日本的"K"并不是写成"K"字,而是写做"罫"(日本音读 kei),K线是"罫线"的读音,K线图称为"罫线图"。

K线的形态类似于蜡烛,最初被称为蜡烛图。因为英文 candle(蜡烛)前面的字母发"K"的音,西方直译为"K"线,由此发展而来。

在18世纪的日本德川幕府时代,日本想要寻求发展,大力扶持商业和金融中心。17世纪下半叶,大米交易市场发展成为大阪的一个正式机构——堂岛大米会所。1710年之后,堂岛大米会所诞生了世界上最早的期货合约——"大米库券"。

在这样的背景下,18世纪中叶的一天,一位名叫本间宗久的年轻人在烛光下聚精会神地绘制着神秘的图形,似乎这些长长短短、形状如同蜡烛一般的图形里面蕴藏着重大的秘密。不知过了多久,他神色激动地站起来,一脸兴奋地说道:"大米库券的价格已经见底了,明天就可以大笔买进!"

公认的K线发明人,就是日本的本间宗久。据说,本间宗久作为大米商人,开始小本经营,生意规模实力并不强,在米市交易战绩并不出彩,后通过参悟中国古典的《易经》阴阳之道,开始用阴阳线来标注米市价格的波动。

时间推移到20世纪80年代,日本经济迈向巅峰。在1989年时买下了美国10%的不动产。也是这一年,K线由一位美国证券分析师史蒂夫·尼森介绍传入美国,是他把K线第一次系统地介绍到了西方世界,引起了一股学习蜡烛图的热潮。K线与美国的竹节图汇合,并称为"两大主图"。随后K线由美国传入中国台湾,然后由中国台湾传入大陆,至此中国人开始了解并应用

K线。

从K线的起源可以知道，K线仅仅只是记录价格的工具，与企业内在价值无关。

二、第一性原理

价值投资就是与上市公司合伙做生意。追本溯源，不难发现，股票是做生意的需要而诞生的产物，延续到今天，已经有500多年历史了。

我们一定要善于透过现象看本质。二级市场价值投资的本质，就是与优秀的上市公司合伙做生意，核心是商业模式。这是价值投资的第一性原理。

在1983年伯克希尔·哈撒韦公司的股东大会上，巴菲特对股东们说："虽然我们的形式是企业的，但我们的态度是伙伴关系。查理和我认为我们的股东是所有者——合伙人，而我们自己是管理合伙人（由于我们的持股规模，无论好坏，我们都是控股合伙人）。我们并不认为公司本身是我们商业资产的最终所有者，而是将公司视为我们的股东拥有资产的渠道。"

经济学家米尔顿·弗里德曼说："企业诞生的使命就是创造价值。"价值投资的本质，就是参与企业创造价值的过程，提供风险资本以获得回报。在二级市场选上市公司，本质上是选择生意合作伙伴，找到一家优秀卓越的企业，就相当于找到一位德才兼备的生意合作伙伴，就可以在"睡后"赚钱。

这就是人们常说的，巴菲特多才多艺，一边玩着就把钱赚了。

又有人说，既然价值投资是做生意，为什么不选择自己创业，而选择比较无聊的价值投资呢？这是因为我做电器整不过格力电器、美的集团，开酒厂开不过贵州茅台、五粮液，做互联网打不赢腾讯，做牛奶做不过伊利股份，做光伏干不赢隆基新能……竞争不过，当然可以选择加入它们。这就是把优秀的上市公司变成自己的生意合作伙伴，让伙伴为我们赚钱。

举个例子，你感觉娃哈哈公司很好，你想成为它的股东，但它没有上市，你没有这样的机会。农夫山泉就不同了，它是上市公司，你想成为它的股东，可以通过二级市场购买它的股票，这样就可以达成心愿。

价值投资的本质是创业，如果创业伙伴选得好，也能创造财富。从逻辑上来说，这种创业的方式，比自己白手起家、从零开始，成功的概率要大得多。

做过生意的人对投资的理解或许会比其他人要快一些。从生意的角度去买股票才是股票投资的大道。股票投资就是投资生意,这和几个人合伙开一家餐馆没有什么本质的区别。

我们选择的生意合作伙伴——某上市企业,如果越能赚钱,我们就越会成功,并且久而久之就会越富有。

拿电视剧《乔家大院》来打个比方,乔家就相当于一家上市公司,乔致庸就是董事长。乔家的生意里有很多的入股股东,这些股东就相当于二级市场的价值投资人。

价值投资的第一性原理,就是与优秀的上市公司一起合伙做生意。股票的本质,是入股的凭证,是股份公司所有权的一部分,也是发行的所有权凭证,是股份公司为筹集资金而发行给各个股东作为持股凭证,并借以取得股息和红利的一种有价证券。二级市场买入的本质,是入股与上市公司合伙做生意。而买入后持股的本质,是与上市公司继续合伙做生意。而卖出股票的本质,是撤股而不与上市公司合伙做生意了。

二级市场股票价格的涨跌波动只是表面现象,不是股票的本质。关注现象(股价),赚钱很难;关注本质(企业),亏钱很难。

关于价值投资的第一性原理,许多成功的投资者都较好论述。

任俊杰在《奥马哈之雾》中把第一性原理以形象的塔层作了说明(见图2—9):

塔层1 将股票视为生意的一部分;

塔层2 正确对待股票价格波动;

塔层3 安全边际;

塔层4 对"超级明星"的集中持股;

塔层5 选择性逆向操作;

塔层6 有所不为;

塔层7 低摩擦成本下的复利追求。

塔层"将股票视为生意的一部分"为整个塔(投资框架)的承重点(基石),换句话说,投资者在上塔顶之前,一定要十分扎实地研究分析不同股票的生意运作,并将自己的投资操作建立在"购买生意"这一基础之上。

2006年,段永平花了62万美元拍下巴菲特的慈善午宴,因此有了与巴菲特面对面交流的机会。段永平说他向巴菲特学到最重要的一条真经就

资料来源：任俊杰、朱晓芸著：《奥马哈之雾》，机械工业出版社2019年版。

图2-9 价值投资之塔

是——买股票就是买公司。此后段永平投资水平突飞猛进，甚至被冠以"中国巴菲特"的称号。

段永平关于价值投资的第一性原理是与巴菲特一脉相承的。他们的观点，与价值投资第一性原理的内涵也是一致的。

格雷厄姆在《聪明的投资人》最后一章的"最后的话"中写道："把有价证券当做一项生意去投资是最聪明的投资。"

总之，价值投资第一性原理，是指买入上市公司的部分股权，与上市公司合伙做生意，而不是指收购了上市公司的全部股权。

三、规避噪音和风险

卓越的企业，有时也会被市场的热钱炒作。理解了价值投资的第一性原理，我们就知道，投资不能仅靠炒概念。市场上总会听到许多动听的故事，每年都会炒作一些新概念。股价炒得再高，如果没有实际业绩的支撑，只是出于想象来炒作，迟早要价值回归，这样投资的风险就非常大了。

第一性原理还告诉我们，与上市公司合伙做生意，是需要赚钱的，也就是需要公司的业绩落地。没有成长空间，没有未来现金流持续增长的企业，无论股价涨得多好，都不是我们的投资标的。

有了这样的认知，无形中就会帮助我们规避价值投资的很多噪音和风险。

《股票大作手操盘术》的作者是杰西·利弗莫尔。1940年利弗莫尔自杀的时候，他的资产依旧有500多万美元，同时还有利弗莫尔证券以及利弗莫尔家族信托基金留在这世上。在1929年，利弗莫尔以一人之力战胜了整个华尔街，赚了整整1亿美元，要知道当年美国全年财政收入也才约42亿美元，而当时的1亿美元相当于现在的1700多亿美元。利弗莫尔是有名的股票操作手，三次暴富，三次破产，最后饮弹自尽。据说他并不是因为失去了金钱而崩溃，而是因为他发现自以为可靠的投资方法最后证明是失败的，他承受不了这个打击。

有人说，利弗莫尔是因为不知道投资的第一性原理而走偏的人。"仁者见仁，智者见智。"时势造英雄，一个时代总有一个时代的"烙印"。

国际销售大师格兰特·卡登说："不要当老板，也别当CEO，只有投资人知道，老板并不赚钱，可口可乐CEO一年赚了5 000万美元，很多钱，对吗？但那是收入，仅税收就会收走一半。沃伦·巴菲特投资可口可乐，他一年赚了5.08亿美元，那是被动收入不交税。巴菲特做了什么呢？他很长时间都在购买，以合理的价格购买优质的股权，他从来没有管理过任何东西，他不是任何公司的首席执行官，也不需要去解雇那里的员工。"

格兰特·卡登的观点可能有些偏激，但某种程度上，也能说明一些客观事实，并且道出了价值投资的优越性。格兰特·卡登这里说的老板，指的是不拥有企业股权的职业经理人。

价值投资者必须学会的本领是坐在那里，静静等待卓越的上市公司帮我们赚钱的创富模式。在大多数情况下，我们什么都不需要做，因为上市公司在帮我们做。只有学会享受这份宁静、自在和寂寞，我们才能慢慢变富。

价值投资第一性原理，就像一把金钥匙，将会帮助我们的读者解开价值投资的一道道难题，帮助读者打开财富之门。

四、找寻好生意：以第一性原理为指导

从价值投资第一性原理的角度来选企业，简而言之，就是这个生意模式不需要大量的投入支出，就能产生长期持久的高毛利、高净利，也就是本钱尽量小、利润尽量大。本小利大，自然是好的生意。最好的生意就是投入有限，而产出无限大，参见图2—10。

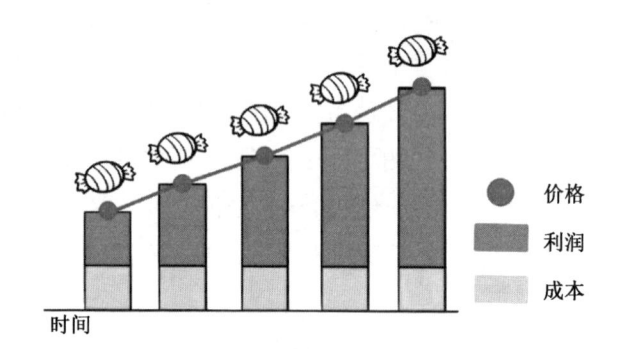

图2—10 好生意的价格、利润与成本比

五、价值投资关注的重点

价值投资第一性原理告诉我们，投资者应该关注企业有没有赚钱，能不能创造可供股东分配的自由现金流。

什么是自由现金流？所谓自由现金流（Free Cash Flows），是指真正剩余的、可自由支配的现金流。也就是企业经营赚到的钱，去掉那些为了维持企业盈利能力必须再投入的钱，是股东在不伤及企业获利能力的前提下，可以从企业拿走的回报，是企业唯一真实的价值。

巴菲特认为，我们应该非常清楚10年之后公司的情况将是什么样的，其实企业也有息票，这些息票未来会发生变化，只不过没有印在股票上。企业未来的息票要由投资者自己来估计。内在价值完全与未来的现金流有关，投资者的工作就是弄明白未来的现金流是什么样的。

比如，在现实生活中，几个人合伙开了一家饭店，大家都希望能分到现金红利，分到真金白银，又不影响饭店的正常运营，而且能够继续盈利。这就是

自由现金流。

价值投资是做生意。在股市做价值投资，与实体开饭店，在道理上是完全一样的。如果说有区别，则表现为以下两点：其一，价值投资者不参与企业生意的具体经营，也就是出钱不出力；其二，发现一家企业的生意模式非常好，是一台妥妥的印钞机，自己也想拥有这台印钞机，但企业如果没有上市，就没有机会入股成为股东，只能干瞪眼……有了二级市场，就可以轻松地介入进去，成为这家企业的股东，与其合伙做生意，且投资者的入股与撤股非常方便，而实体经营者则没有这么便捷。

如果投资的企业一直赚不到钱，一直亏损，生意就失败了；或者说，如果生意一直需要不断地融资投钱，那么这生意就是资本的"绞肉机"，股东会苦不堪言。总之，这一生意模式就始终没有产生供股东分配的现金流。这类生意模式是值得警惕的，因为它不能产生自由现金流，很有可能把股东的本金都损失掉。

还有一种情况，企业利润一直增长，但企业就是没有现金流。这家企业我们就要提高警惕，要研究企业有没有在财务上弄虚作假，如果财务没有作假，就要仔细分析企业把钱都花到哪里去了。

六、中国适合价值投资吗

在巴菲特的 2008 年股东大会上，中央电视台记者问什么是价值投资的精髓？巴菲特回答说："在价值投资中，买的不再是股份，而是生意的一部分，买入公司股票的意义，不是为了在下一个星期、下一个月或者下一年卖掉它们，而是要成为它们的拥有者，利用这个好的商业模式来挣钱。"

在 2022 年致股东的信中，巴菲特说："查理和我都不是选股者，我们是生意人。"

2023 年下半年，股市异常寒冷，尤其是第四季度，绝大多数投资者悲观茫然。2023 年 11 月 16 日，笔者登门拜访一位私募基金经理。此前，他的公众号写了许多关于价值投资的文章。当笔者问他是不是还在坚持价值投资风格的时候，他说："现在谁还说自己是价值投资呀？价值投资，这是骂人的话。"

在"重农抑商"的中国古代社会阶层中，士、农、工、商四个层级，商是最贱之业，没有社会地位，但即便在那样恶劣的大环境下，杰出的商贾仍然代代辈出。

作为价值投资者，重要的是不断提升自己对价值投资的认知，认知实业与金融之间的关系，认知金融市场的运行规律，管控好情绪，修炼好自己的心性……

价值投资第一性原理告诉我们投资是做生意，是与优秀的上市公司合伙做生意。

归根结蒂，价值投资就是做生意。什么时候中国不需要做生意的人了，那个时候价值投资就不适合中国了。

第三章

研究股票的三个视角

一名优秀的价值投资者研究分析股票要有三个视角,即实业的视角、金融的视角和风险的视角,参见图 3—1。

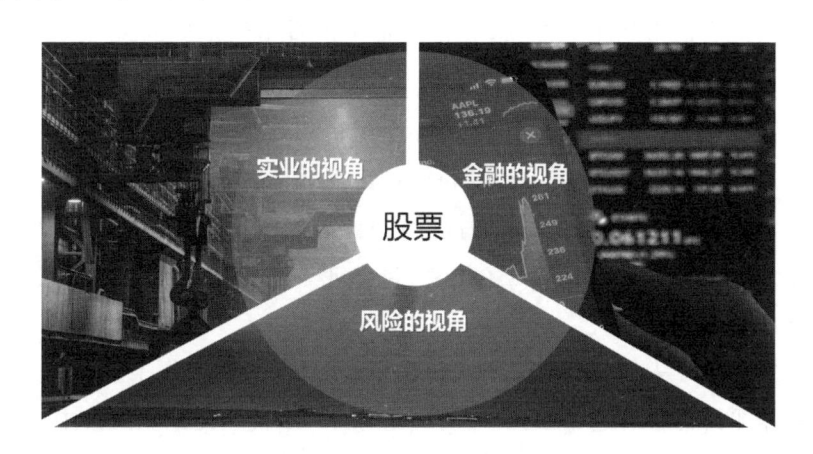

资料来源:杭州八柳资产管理公司网站。

图 3—1 股票的三个视角

认知指导行动。价值投资唯有以正确的理念和策略,才能成为时间的朋友,并产生长期的复利财富。

在二级市场做价值投资,是通过买入或卖出股票的方式来实现的。价值投资是通过拥有股票而拥有企业。价值投资者应该怎么理解股票呢?境由心生,你把它当做什么,它就是什么。

若认为股市是赌场,那么从事股市的行为就是投机博弈。A股市场约90%的人,属于这个范畴。若认为股市是经济晴雨表,则必须研究宏观经济,做商品期货的人,侧重于这个角度。如果认为股市代表的是一家家的企业,则必须研究企业的内在价值,这是价值投资者侧重的维度。从价值投资者的视角来看,股票不仅仅是可以买卖的证券,更是公司所有权的证书,也就是拥有公司的部分所有权。

要做好二级市场的价值投资,就必须从实业的视角、金融的视角、风险的视角来认知和理解股票。实业的视角是本质,金融的视角是现象,风险的视角是根基。

第一节 实业的视角

实业的视角是价值投资的本质。电影《教父》里有一句经典的台词:"花一秒钟就能看透事物本质的人,和花一辈子也看不清本质的人,注定是截然不同的命运。"

在《聪明的投资者》一书中,本杰明·格雷厄姆写道:"投资是件最需智慧的事情,就像运营企业一样。"巴菲特说:"这句话道出了投资的真谛。"

既然价值投资的第一性原理告诉我们价值投资就是与上市公司合伙一起做生意,那么,我们就要看这个生意,自己能不能看懂,是不是好生意,这就是实业的视角。

1998年10月15日,巴菲特在佛罗里达大学商学院作了一次重要的演讲。段永平强烈推荐这个演讲,坦言看过不下10次。在此次演讲中,巴菲特强调如下:

> 我喜欢我能看懂的生意。先从能不能看懂开始,我用这一条筛选,90%的公司都被过滤掉了。我不懂的东西很多,好在我懂的东西足够用了。世界如此之大,几乎所有公司都是公众持股的。所有的美国公司,随便挑。首先,有些东西明知道自己不懂,不懂的,不能做。有些东西是你能看懂的。可口可乐是我们都能看懂的,谁都能看懂。可口可乐这个产品从1886年起基本没变过。可口可乐的生意很简单,但是不容易。我不喜欢很容易的生

意，生意很容易，会招来竞争对手。我喜欢有"护城河"的生意。我希望拥有一座价值连城的城堡，守护城堡的公爵德才兼备。有的生意，我看不出来10年后会怎样，我不买。一只股票，假设从明天起纽约股票交易所关门5年，我就不愿意持有了，这样的股票，我不买。我买一家农场，5年里没人给我的农场报价，只要农场的生意好，我就开心。我买一幢房子，5年里没人给我的房子报价，只要房子的回报率达到了我的预期，我就开心。人们买完股票后，第二天一早就盯着股价，看股价决定自己的投资做得好不好。买股票就是买公司，这是格雷厄姆教给我的最基本的道理。买的不是股票，是公司的一部分所有权。只要公司生意好，而且你买的价格不是高得离谱，你的收益也差不了。投资股票就是这么简单。要买你能看懂的公司，就像买农场，你肯定买自己觉得合适的，没什么复杂的。这个思想不是我发明的，都是格雷厄姆提出来的。我特别走运。19岁的时候，我有幸读到了《聪明的投资者》。我六七岁的时候就对股票感兴趣，11岁时第一次买股票。我一直都在自己摸索，看走势图、看成交量，做各种技术分析的计算，什么路子都试过。后来，我读到了《聪明的投资者》，说买股票，买的不是代码，不是上蹿下跳的报价，买股票就是买公司。我转变到这种思维方式以后，一切都理顺了。道理很简单。所以说，我们要买能看懂的公司。

一、能理解的好生意

（一）选择能理解、能看懂的生意

格雷厄姆说："把股票当作一项生意去投资是最聪明的投资。"

段永平也认为，买股票就是买公司，买公司就是买公司的未来净现金流折现。未来有多远？未来就是公司的整个生命周期。

理解价值投资不等于就能在股市上赚到钱，就像知道要"做对的事情"的人不一定具备"把事情做对"的能力一样，"把事情做对"需要有多年辛苦积累，不是看一两本书或者上几个"高手"博客就能学会的。其实，任何东西要做好都需要扎实的功底。所谓"价值投资"，就是买企业未来利润的意思，不懂企业就根本没办法做到这点。

在一次股东大会上,有投资者向巴菲特请教:"当你们考虑一项潜在的投资时,你和查理问自己的第一个问题是什么?"巴菲特答道:"当我在做投资前,我不会问查理是否喜欢这项生意,因为那将很难(查理总是反过来想)。我会问自己的第一个问题是:我能理解吗?除非是一个我能理解的生意,否则没有任何意义去看它。骗自己说,我能理解一些软件公司、生物技术公司或诸如此类复杂的生意,我到底要知道什么。我的意思是,这就是投资一家公司前的第一个问题。我问的第二个问题是,它看起来有好的经济效益吗?它的资本回报率高吗?它的哪些方面让我心动?然后,我就从让我心动的部分开始研究。"

看懂企业,从价值投资第一性原理的角度,就是要搞明白我们与上市公司合伙做的这个生意未来能赚到多少钱,本质就是这个。"真传一句话,假传万卷书。"

巴菲特喜欢买消费品,因为这些公司的产品都是生活中看得见、摸得着的,它们的业务也非常容易理解和计算。

巴菲特说,全世界每天消费8盎司的可口可乐6.6亿份,如果持有7%的股份,相当于4 600万份的消费量。如果每份饮料涨一分钱,那他就可以多赚46万美元。

巴菲特还经常想,从晚上睡觉到第二天醒来8个小时的时间,全世界又消费了超过2亿份可口可乐,想想是多么让人兴奋的事情。拥有一家大众熟知的消费品公司的一小部分股权,实际上就拥有了属于自己的"睡后收入"。这就是财富增长的秘密。

(二)选择有"护城河"的好生意

在1998年给佛罗里达大学商学院的演讲中,巴菲特提到了"护城河"和城堡。

> 我不喜欢很容易的生意,生意很容易,会招来竞争对手,我喜欢有"护城河"的生意。我希望拥有一座价值连城的城堡,守护城堡的公爵德才兼备,而且这座城堡周围有宽广的护城河。
>
> 我经常对伯克希尔子公司的管理者说,加宽"护城河"。往护城河里扔鳄鱼、鲨鱼,把竞争对手挡在外面。这要靠服务、靠产品

质量、靠成本，有时候还要靠专利或营业地点。我要找的就是这样的生意。在哪儿能找到这样的生意呢？我从那些简单的产品里寻找好生意。

其实很容易理解，当前的经济状况良好，管理层德才兼备，这样的生意，我能大概看出来它们10年后会怎样。有的生意，我看不出来10年后会怎样，我不买。

像甲骨文、微软等这些科技公司，我就搞不懂它们的"护城河"10年之后会怎样。盖茨是我遇到过的最优秀的商业奇才，微软也拥有巨大的领先优势，但我真的不知道微软10年后会怎样，也无法确切地知道微软的竞争对手10年后会怎样。

不过，我知道口香糖生意10年后会怎样，互联网再怎么发展都不会改变我们嚼口香糖的习惯，好像没什么能改变我们嚼口香糖的习惯。肯定会有更多新品种的口香糖出现，但白箭和黄箭会消失吗？不会。

我自己设想，要是我有10亿美元，能打败这家公司吗？给我100亿美元，让我在全球和可口可乐竞争，我能打败可口可乐吗？我做不到。这样的生意是好生意。"

（三）永远都不需要卖出的好生意

巴菲特常说："最好的生意当然是永远都不需要卖出。这也是我们一直努力做的，我们买入整个公司的时候也是如此，我们买了盖可保险（Geico）……我们不是为了卖才买它们的，我们希望买入的是可以一辈子都乐意持有的生意。有价证券也是一样的原则，对于有价证券有额外的选择，你可以不断增持，而且这更容易，但我们不可能买入一家公司100%的份额。如果我有公司2%的股份，在股价低的时候，我们可以加注到4%~5%。当我们需要钱投其他股票的时候，我们会在已有持仓中进行减持，但这不代表我就不看好这些公司了。如果这些公司不好，我们当初就不会买了，当我们需要买其他股票的时候才卖。"

二、买的不是股票，而是生意

在1993年致股东的信中，巴菲特写道：

看到今年所列的投资与去年竟如此的相似，你可能认为本公司的管理阶层实在是昏庸到无可救药的地步了。不过，我们还是坚持相信离开原本就熟悉且表现优异稳定的公司，实在是不明智，这类公司实在是很难找到更好的替代。有趣的是，企业经理人在认定何者才是自己本业时，从来就会搞清楚母公司是不会单纯因为价格因素就将自己旗下最优秀的子公司给卖掉。公司总裁一定会问，为什么要把我皇冠上的珠宝变卖掉？不过，当场景转换到其个人的投资组合时，他却又会毫不犹豫地，甚至是情急地从这家公司换到另一家公司，靠的不过是股票经纪人肤浅的几句话语，其中最烂的一句当属："你不会因为盈利而破产。"你能想象要是一家公司的总裁用类似的方式建议董事会将最有潜力的子公司卖掉时，后者会如何反应。就我个人的观点，适用于企业经营的原则也同样适用于股票投资，投资人在持有一家公司的股票所展现的韧性应当与一家公司的老板持有公司全部的股权一样。

（一）不是 K 线，也不是趋势……而是企业

股票在价值投资者的眼中，不是一张纸，不是 K 线，不是均线，不是 MACD，不是量价关系，也不是趋势……而是 K 线背后的企业。

股票不仅仅是一个交易代码或电脑屏幕上的曲线，而是代表一个实实在在企业的拥有权；而企业的内在价值，大多数时间不等于其股票价格。

我们从二级市场买的不是股票，买的是公司，是公司的股权，是公司的生意。股票的本质不是买卖和交易，股票的本质是生意、是实业。做股票就是做生意。这个需要形成定解。

当你研究股票的时候，问一问自己："这是一个有吸引力的生意吗？如果我买得起的话，我会买下整个公司吗？"如果回答是否定的，那么放弃这只股票——不管你是多么喜欢这家公司的产品。

巴菲特在 2022 年致股东的信中说："查理和我不做选股高手，我们选择的是商业模式。持有股票是基于对企业长期经营业绩的预期，而不是将其视为熟练买卖的工具，要对具有长期良好经济特征和值得信赖的管理者的企业进行有意义的投资。"

巴菲特传给段永平的投资窍诀,其中的核心就一句话:第一原则是你要把投资股票当成生意来看,而不是把它当作上下波动的有价证券。

(二)活学活用价值投资

1."芒格式"投资

实际上,当我们买入某个价值投资标的时,不考虑是否有人再买入的,我们要考虑的是,如果这不是一家上市企业,这个价钱我还买不买。如果明白这一点了,价值投资的最基本的概念就有了;反之亦然。

对于"格雷厄姆式"投资来说,股市是一个市场,可以在股市里捡到便宜货,静待估值修复后卖出。对格雷厄姆来说,股价低依然是很重要的,因为"估值修复"是格雷厄姆的最终目的。

但是,对于"芒格式"投资来说,股市只是一个渠道,想投资一家公司,纯粹是看好公司本身,但总得找个渠道去买入,或找到老板,说我要给你钱,或二级市场买入。

也就是说,芒格投资的是公司本身,不在乎是一级市场还是二级市场。我投资你,是因为看好你,只是刚好有个二级市场可以方便买入而已。所以,阅读历年的巴菲特致股东的信后会发现,伯克希尔·哈撒韦公司进行过大量的一级市场并购,很多并不经过股市,甚至只是朋友推荐买入,或者是自己打电话上门收购,股市只是其中一个交易渠道而已。巴菲特要的是公司本身,哪怕在二级市场买了可口可乐股票,他要的是可口可乐这家公司本身。

2."分配成两种相关的所有权形式"

巴菲特在2022年致股东的信中指出:

> 查理和我将股东在伯克希尔的储蓄分配成两种相关的所有权形式。

> 首先,投资于我们的全资控股企业,通常购买公司100%的股权。伯克希尔在这些子公司进行资本配置,并挑选负责日常运营决策的首席执行官。当管理大型企业时,信任和规则都是缺一不可的。伯克希尔对前者的强调达到了不同寻常——以至于有人会说是极端的程度。失望是不可避免的,我们可以理解商业错误,但我们对个人不当行为的容忍度为零。

> 其次,在我们的第二类所有权中,我们购买公开交易的股票,

通过购买这些股票,我们被动地拥有部分业务。持有这些投资时,我们在管理方面没有发言权。

我们在这两种所有权形式中的目标,都是对具有长期良好经济特征和值得信赖的管理者的企业进行有意义的投资。

请特别注意,我们持有股票是基于我们对企业长期经营业绩的预期,而不是将其视为熟练买卖的工具。这一点很关键:查理和我不是选股高手,我们是选择商业模式的人。

3. 优质资产,包括但不仅限于上市公司

2011年7月12日,《华尔街日报》记者劳伦斯在太阳谷采访巴菲特。访谈中,巴菲特说道:"世人认为我在做价值投资,其实我是在投资价值。"

劳伦斯大吃一惊,问:"投资价值和价值投资有什么区别吗?"

巴菲特停顿了一下说:"它们的区别在于,价值投资被演绎为教条和崇拜,而投资价值是独立的判断和行动,这才是投资的精髓。希望在你的这篇报道中,使用投资价值这个词。投资是动词,价值是名词。"

股市里的优质资产,带给投资人的是未来利润增长、估值修复、股息分红的收益。

没有上市的公司,如果未来发展的空间很大、质地很好、管理层和企业文化很优秀,并且估值非常便宜,完全可以投资买入其股权。巴菲特买入许多个这样的公司,赚得盆满钵满,喜诗糖果就是其中之一。

城市繁华地段的商业地产,如果因为某种特殊的原因出现了"白菜"价,经过深度评估之后,完全可以买进。

价值投资的精髓,是以低估或者合理的价格,购买高价值的优质资产。优质资产会给我们带来源源不断的自由现金流,与上市与否没有必然关系,与股票交易所也没有必然关系。

巴菲特所指的优质资产,包括但不仅限于上市公司。

三、与卓越的企业合伙做生意

从投资的第一性原理出发,我们应该选择与什么样的企业合伙一起做生意呢?价值投资者如果与劣质的企业合伙做生意,大概率要赔钱的,只能选择与卓越的企业合伙做生意。这与我们在现实生活中找合伙人或创业开公司,道理上是完全相通的。

在《像大师一样投资:极简价值投资策略》一书中,作者田测产(Charlie Tian)指出:"如果你从这本书中只学到了一点,我想那应该是'只投资优质公司'!"

巴菲特曾说:"我宁愿以合理价格购买优质公司的股票,也不愿以低廉价格购买平庸公司的股票。"他的策略就是《像大师一样投资:极简价值投资策略》一书所说的优质是价值投资的核心。

(一)只研究那些最赚钱的公司

什么样的企业是价值投资者青睐的卓越企业呢?谁是赚钱机器,它就是厉害的企业。我们应该只研究那些最赚钱的公司。

唐纳德·雅克曼说:"在我看来,价值存在于现金流中,而不是资产中,资产产生的现金流是终极的价值。"

段永平说:"投资就是买未来现金流;所谓能看懂公司就是能看懂其未来现金流;所有有关投资的说法实际上都是在讨论如何看懂现金流的问题。""看不懂未来现金流的意思是看不懂公司未来到底能赚多少钱。投资是要花钱的,所以你需要知道你投资的公司未来能赚多少钱,是不是能赚的比你投的多,不然就不应该投。大部分公司我看不懂,腾讯我有点懂,但不是那么透。"

价值投资最关键的是买好企业。1倍以下空间的企业,我们不感兴趣;我们感兴趣的,是至少3倍、5倍以上,甚至10倍以上的企业。皇冠还不够,要皇冠上的明珠,就像芒格所说的那样,"我从来不追求平庸的机会"。

截至2022年底,中国有约5 000万家企业,但最终能够登陆A股的公司目前只有5 000多家,仅占万分之一。这5 000多家上市公司中,真正能够成为10年10倍的股票不到50家,比例不到1%。

价值投资的核心问题就是:所投资的企业能不能挣到钱,以及未来能挣多少钱?

贵州茅台,为什么是一家好公司呢?看看表3-1也许就能懂了。

表 3-1　　　　　　　　　贵州茅台的净利润指标变动

报告期	归属净利润(亿元)	同比增长(%)
2019—12—31	412.06	17.05
2018—12—31	352.04	30.00
2017—12—31	270.79	61.97
2016—12—31	167.18	7.84
2015—12—31	155.03	1.00
2014—12—31	153.50	1.41
2013—12—31	151.37	13.74
2012—12—31	133.08	51.86
2011—12—31	87.63	73.49
2010—12—31	50.51	17.13
2009—12—31	43.12	13.50
2008—12—31	37.99	34.22
2007—12—31	28.31	83.25
2006—12—31	15.45	38.11
2005—12—31	11.19	36.32
2004—12—31	8.21	39.85
2003—12—31	5.87	55.97
2002—12—31	3.76	14.59
2001—12—31	3.28	31.55

(二)少决策，要做大决策

巴菲特说："查理说，你找不到20个好机会，但你也不必找20个，你只需要找到一个，真的，在这个行业中，你不需要有太多的好点子，你只需要偶尔有一个很有价值的好点子。"

1. 一生中有几次机会就够了

大格局者长时间等待机会，这个机会可以改变一个人的命运，一生中有几次就够了，这样的机会才值得等待。

影响股价的变量很多。菲利普·费雪一针见血地指出，影响长期投资收益的根本要素只有一个：企业本身。除此之外，其他都居于次要地位，不重要，不可知。费雪说："大部分投资人终其一生，依靠有限的几个公司长时间持有，就可为自己或者后代打下成为巨富的基础。"因此，投资的一般规律是出手越多，赚得越少或赔得越多。

2. 一生只打20个孔

巴菲特说："认为自己应该对所有事情都有看法，是一个非常可怕的错误想法。你只需要对几件事有态度就够了。"他在与商学院的学生交流时说，我用一张考勤卡就能改善最终的财务状况。这张卡片上有20格，你只能有20次打卡的机会——这代表你一生中所能拥有的投资次数。当你把卡打完之后，你就再也不能进行投资了。在这样的规则之下，你将会真正地慎重考虑你做的事情，你将不得不花大笔资金在你真正想投资的项目上。这样你的表现将会好得多，可能不需要20个投资机会，就可以富裕起来了。

巴菲特的总结道出了价值投资者一生的投资机会。如果一个人的投资生涯中只出手20次（大致比喻），他的成绩单会比更多次出手要好得多。我们的读者如果能抓住一次机会就可以了，而没有必要盲目操作。"一张可以打20个孔的卡片，每一次动手（投资）就打一个孔，一生中只有20次机会。""我觉得我的出手次数也太多了，以后要尽量少些。"这是段永平先生看了巴菲特的演讲后总结的。

（三）企业发展往头部集中

1. 顶端优势

植物学有个顶端优势名词，与行业竞争类似。顶端优势实际上是自我适应的，因为它可以帮助植物覆盖在较高的高度，获得充足的阳光。这样的高树拥有长根，有助于深深地扎根土壤，更容易获取地下水源，也能通过顶端优势，碾压其他周边植物。

最终拔得头筹的植物会把身边的矮小植物全部干掉，因为它们得不到阳光、土壤、营养、通风等……

企业竞争也是如此，头部企业最终占据市场大部分份额，没有竞争力的小公司，要么倒闭要么转行，活着的也只能分点残渣剩饭。

从长期看，可以确定中国经济增速会慢慢稳定下来，长期会走到3%～4%甚至更低的增速。一个经济体的增速越低、越稳定，带来的结果是企业逆袭的机会就更难。

未来企业发展还是往头部集中,行业集中度越提升,我们就越要选好公司进行投资。以前宏观经济快速增长的时候,翻石头找黑马公司尚且行得通,现在翻石头大多是砸自己的脚,因为经济形势发生了深刻变化。

对此,芒格总结道:"在商业领域中,我们发现,胜出的系统通常都会在一个或者几个变量方面处于极端水平,要么最大化,要么最小化,就像开市客(Costco)的打折仓库。好的生意模式有'护城河',构建'护城河'的要素多见于规模效应、品牌、垄断等。在某些行业,天时地利会很自然地涌向一家具有压倒性竞争优势的公司,往往形成'赢者通吃'的局面。而且这种规模优势非常巨大,比如搞垮美国运通要比搞垮可口可乐或吉列公司更容易。"

2. 卓越企业的优势

当行业正常的时候,卓越的头部企业能获得高于行业平均的收益,即使当行业困难的时候,对头部企业来说,仍然是利好、是机会。劣质企业在行业危机时,可能会撑不下去,甚至倒闭,从而把市场份额供手让出;对于卓越的企业来说,行业危机,危中有机,危即是机。

整个行业处于低谷时,要看头部企业的核心竞争力有没有提升,管理团队有没有越来越优秀,如果答案"Yes",则行业正常后,会迎来更加强劲的发展。

巴菲特在1999年给《财富》杂志撰写的文章中认为:"投资的关键是要看这家企业是否具有竞争优势,并且这种优势是否具有持续性。只有该企业提供的产品和服务具有很强的竞争优势,才能给投资者带来满意的回报。至于该公司所在行业对社会的影响力有多大或整个产业将会增长多少,倒不是最关键的。因为归根到底,投资的是一家具体的上市公司,而不是整个行业。"

四、价值投资的核心收益:企业的业绩成长

(一)只有6%的收益来自估值变化

美股在1980—2007年涨了9倍,但有75%的公司市值没涨。其余25%的公司创造了所有的新增市值,新增市值的80%更是由其中10%的公司创造。拉长时间周期后才知道,选择的公司决定了投资的胜败,而不是这一波行情还能不能再涨10%,或者跌下来还能不能再抄个底。

据《股市真规则》一书统计,100年以来投资收益94%的贡献来自企业分红和利润增长,只有6%来自估值变化。从投资策略层面来看,长期投资杰出企业与波段操作是不同数量级的投资策略。

从长期来看,我们获得的收益主要是企业盈利的增长。投资时间越长,估值变化所贡献收益的占比就越低。尽可能一直待在市场中,长期投资的大部分收益是由少数时间贡献的。以万得全A指数为例,从2005年至2020年末,长期投资获得的收益是由涨幅最高的30天贡献的,只占0.76%的交易时间。

对于每一笔投入来讲,如果持有周期足够长,不必苛求买到低估,但决不能高估买入。如果牛市的估值太贵,要卖出,或者卖出一部分,可以大幅提高长期收益率。

(二)看懂生意赚大钱

巴菲特1998年在佛罗里达大学商学院演讲中说:"可口可乐是1919年上市的,当时它的股价是每股40美元。一年后,它的股价是19美元,一年内下跌了近50%。你可能把这当成天大的事,担心蔗糖价格上涨或者担心装瓶商发难等。你总是能找到各种理由,说当时不是买入的最佳时机。几年后,又出现了大萧条、第二次世界大战、蔗糖定量配给、核武器危机等,总有不能买入的理由。但是,要是你当年花40美元买了一股并把股息再投资,现在都值约500万美元了。只要是好生意,别的什么东西都不重要。只要把生意看懂了,就能赚大钱。只要是好生意,我就不管那些大事小事,也不考虑今年明年如何之类的问题。美国在不同时期都实施过价格管制,再好的生意都扛不住。但是,政府实施价格管制不会把喜诗糖果变成烂生意,价格管制总有结束的一天。好生意,你能看出它将来会怎样,但是不知道会是什么时候。看一个生意,你只要一门心思琢磨它将来会怎么样即可,别太纠结什么时候。把生意的将来会怎么样看透了,到底是什么时候,就没多大关系了。"

(三)投资标的的业绩表现不能降预期

成长股,年化净利润增长率应该大于20%。价值股,年化净利润增长率小于10%,但更要看重股息率。伟大的企业,年化净利润增长率在10%~20%之间,关注其"护城河"与业绩的长期持续性、稳定性,看重动态股息率。价值投资者,对于投资收益可以放低预期,但对所投资企业的业绩表现不能降预期,这种不能降预期不是季度周期,而是 5~10 年的时间考量。

五、如何研究价值投资标的——企业

彼得·林奇说:"股票投资很有趣、很刺激,但如果你不下功夫研究基本面的话,那就很危险。"

价值投资的本质就一点:买股票就是买公司,买公司就是买公司未来现金流的折现。所有其他的关于价值投资的说法,其实都是在讨论如何确定这个未来现金流折现到底会有多少的问题。

(一)研究企业与研究人是相通的

在中国的股市中有很多习惯于常年做投机交易的朋友不花功夫研究企业,甚至会质疑:企业那么复杂,能研究得清楚吗?

其实研究了解企业,与研究了解人是相通的。据《史记》记载,刘邦开始在沛县做泗水亭长时,吕公喜欢给人相面,看见刘邦器宇轩昂,与众不同,就把女儿吕雉许配给刘邦为妻,后来刘邦果然得了天下。当然,像吕公这样第一次见面就能把人看准的识人高手,非常稀有。但我们如果想了解一个人,只要用心,随着时间的推移,还是可以了解清楚的。

李鸿章的老师曾国藩,很擅长识人用人。有一次,李鸿章带着三个人去见曾国藩,碰巧曾国藩出去散步,李鸿章便让此三人在门口等候。当曾国藩回来的时候,看到门口有三个人,他左边看一眼,右边看一眼,中间看一眼,什么话也没说就走了进去。李鸿章请教老师对此三人的评价,曾国藩回答道:"左侧之人可用,但只可小用;右侧之人万万不可用;中间之人可用,且可大用。"李鸿章问其原因,曾国藩说:"左侧这个人,我看他一眼,他也看我一眼,我再看他一眼,他就把眼皮顺了下来,不敢再与我对眼神了。这说明他心地比较善良,但是气魄不够,所以可用,但只可小用。右侧这个人,在我看他的时候,他不敢看我,当我不看他的时候,他又偷偷地看我,很明显这个人心术不正,所以万万不可用。然而,中间这个人,我看他一眼,他也看我一眼,我上上下下扫他一眼,他又堂堂正正地打量了我一番。说明此人心胸坦荡,气魄宽广,不仅可用而且可以大用。"李鸿章幡然领悟,并遵照老师的指点派用此三人。事实证明,曾国藩看得很准,中间那个人就是后来在台湾保卫战中闻名于世的淮军将领刘铭传,台湾首任巡抚。

研究企业,亦是同理。拿出"铁杵磨成针"的功夫和耐心,铁杵都可以磨成针,何况研究企业?

(二)定性研究+定量分析

1."为学日益"与"为道日损"

《道德经》讲到"为学日益",又讲到"为道日损"。这两句话应用在价值投资中,是指研究企业既要广泛、全方位地研究,又要善于找到企业最核心的竞争力。当然,我们也可以理解为,既要全方位的定量研究,又要善于纲举目张的定性分析。这有点像读书一样,先把书读厚,再把书读薄。

研究一家企业一般要经历三个阶段:一是先定性研究,找到企业成长价值的底层逻辑;二是再全面定量研究;三是再回到定性研究。其实就是"86策略体系"与"39策略体系"的反复交替应用(86策略体系与39策略体系会在中篇策略体系中详细说明)。

在做定性研究的时候,我们需要忘记PE和ROE而寻找利润来源。大多数投资者紧盯公司目前的销售额和利润,观察公司每季度的状况,并将注意力集中于净资产收益率(ROE),这是"只见树木,不见森林"的做法。拉克什·金君瓦拉(被誉为"印度巴菲特")研究企业"重点应该是公司利润的来源。投资者需要弄明白企业在中期和长期利润增长的原因,明白企业在自身领域中存在的机会"。

巴菲特提出,"我们投资的不是股票,而是股票背后公司的商业模式和未来的盈利能力,以及持续的竞争优势",这才是我们进行定性研究的根本宗旨。

定量研究达到足够的广度和深度之后,自然而然就能形成深入浅出、纲举目张地梳理出企业核心的竞争力(核心投资逻辑),即企业长期盈利并获得现金流的最核心、最关键要素。一般来说,我们要关注企业的三个核心要素,不要多于三个,也不要少于三个,"少则得,多则惑"。如果三个核心的投资逻辑变化了,价值投资的主要风险也会随之发生变化。

2. 找到具有长期竞争优势的企业

我们要始终寻找那些业务清晰易懂、业绩持续优异、能力非凡并且为股东着想的管理层来经营的大企业。这种目标公司并不能充分保证我们投资盈利:我们不仅要在合理的价格上买入,而且买入的公司的未来业绩还要与我们的估计相符。这种投资方法——寻找超级明星——给我们提供了走向真正成功的唯一机会。巴菲特强调，投资者要长期投资具有持续竞争优势的企业。因为对于长期投资来说，股价最终取决于公司内在价值，而具有持续竞争优势企业的经济命运要远远优于那些一般企业，它们能够持续创造更大的价值增值，从而为股东带来更大的财富增值。

公司是否具有长期竞争优势，也就是优秀的商业盈利模式，是价值投资者需要始终考虑的重要因素，但在股市中，这类公司寥寥无几。正如芒格所说："在投资生涯中，你或许能够遇到寥寥数家公司，这些公司可以仅仅通过提高产品定价就能够大幅提高公司营收——但它们没有这样做，即便它们有强大的定价能力。投资这种公司应该是每个投资者所向往的，这是一种稳赚不赔、最简单的投资方式。"

具有长期竞争优势的企业，通常在产业链中有话语权。所谓的"话语权"，是指产品具有极强的自主定价、提价能力，能够抵御原材料涨价和通货膨胀，从而有利于投资者保值增值的一种能力。

（三）求真务实，发现真相

在二级市场价值投资的第一性原理，是与上市公司合伙做生意。我们可以学习被称为"超人"的李嘉诚是怎么做好生意的。李嘉诚曾经说："我从1950年开始做生意，一直做到上市公司，未曾有一年亏过本。你要攻中有守、守中亦有攻。如何使所有掌握的信息是正确的？这些是你平时要做好的功夫。当今世界的经济环境复杂多变，你只要信息是正确的，你的判断是正确的，没有走错路，还是可以条条大路通罗马的。"

对于企业的研究了解，一定要求真务实，发现客观真相。资本市场"机可失、时再来"，并不缺乏机会。如果对企业的研究深度不够，甚至一知半解、是似而非就贸然买入，最终会带来灾难性的结果。

六、价值投资的盈利路线

价值投资的盈利路线，要遵循以下公式：

$$总市值 = 市盈率(\alpha_1) \times 净利润(\alpha_2)$$

（一）关注企业的盈利情况，不要关注股票价格波动

90%以上的投资者都习惯看盘面的涨跌波动，并以此做出交易的决策，

这是零和甚至负和的博弈。这些人能长期赚钱者寥寥无几,但人性就是如此地可爱而又可悲。股市投资,到底怎么赚到钱?怎么赚到越来越多的钱呢?

围绕价值投资的第一性原理,投资中所有问题几乎都可以找到答案。我们做价值投资是与上市公司合伙做生意,做生意是需要赚钱的。其实,做价值投资需要关注企业的盈利情况,而不要关注股票价格波动。从长周期看(比如10年),股票的上涨幅度与企业的扣非净利润大体一致。我们用表3—2说明投资收益与市场波动的关系。

表 3—2　　　　　　　　投资收益与市场波动

序列	估值(倍)	扣非净利润(亿元)	股票市值(亿元)	股价涨跌幅度与投资收益(%)
A	20	10	200	0
B	5	10	50	−75
C	5	100	500	+150
D	10	100	1 000	+400
E	20	100	2 000	+900

比如,投资者在买入某企业股票时,这家企业的估值是PE20倍,净利润是10亿元,则股票市值为200亿元(表格序列A)。

之后,市场出现了非理性的极端下跌,下跌了75%,导致这家企业的市值变成了50亿元。此时,这家企业的净利润仍然是10亿元,杀下去的是估值,变成了5倍(表格序列B),投资的浮亏是−75%。

这家企业经过多年后,净利润增长到100亿元,如果估值仍然是PE5倍,则股票市值是500亿元,此时的投资收益为+150%(表格序列C)。

如果这家企业的估值有所修复,达到了PE10倍,则股票市值为1 000亿元,投资收益为+400%(表格序列D)。

如果该企业的估值继续修复,达到PE20倍,则股票市值为2 000亿元,投资收益为+900%(表格序列E)。

当然,最理想的情况是50亿元市值时买入(表格序列B),一直拿到了2 000亿元市值(表格序列E),从而实现了"戴维斯双击",则投资收益为900%。在现实投资实践中,这种情况能够实现的概率较低。我们追求理性的投资,获得稳健的复利收益,就已经算是成功了。最理想的投资,不是没有,但往往是可遇而不可求的。

我们不要总是刻意追求完美的投资,那是神仙才能做到的事情。价值投资者坚持正确的投资,拉长时间周期,复利的收益已经不菲了。

(二)"10年同向波动"理论

价值投资者在股市的"吃饭本事"究竟是什么呢?

格雷厄姆说:"市场短期是投票机,长期是称重机。"也就是说,市场短期是无效的,长期是有效的。价值投资者就是依靠这个"称重机""吃饭"的。但是,这个"称重机"的作用何时才能够发挥作用呢?

从10年周期看,股票的上涨幅度与企业的扣非净利润大体一致。给这个现象取个名字,就叫"10年同向波动"理论。

相关的研究表明,在中国股票市场,持股1年,股价与业绩的关联度为0.3左右,5年的关联度为0.5左右,10年的关联度为0.8以上。

(三)远望方觉风浪小,凌空乃知海波平

时间周期越长,这个"称重机"的作用就会越明显。短期内,估值的剧烈波动常常搅动着投资者的情绪,然而随着时间的推移,终将会让一家优秀企业的价值"浮出水面",到那时,甚至所谓的牛熊市都不在话下了。

大书法家欧阳中石先生有句名言:"远望方觉风浪小,凌空乃知海波平。"这就是股市投资最根本的规律:内在价值决定股票价格,股票价格围绕企业内在价值上下波动。这个规律,堪称股市的"万有引力定律"。

根据这一"万有引力定律",我们就可以归纳出投资盈利的三条基本原则:

第一,总市值等于市盈率乘以净利润,公式如下:

$$总市值 = 市盈率(a_1) \times 净利润(a_2)$$

$$股价(P) = PE \times 每股收益(EPS)$$

第二,股价由企业真实盈利和市盈率两个变量决定,主要选择"企业真实盈利确定增长+市盈率位于偏低或合理位置"的企业投资。核心是获取企业盈利增长推动的股价上升,市盈率变动视为意外之财。

第三,企业盈利真实可靠,其增长"一定"会推动股价上升。如果真实可靠的盈利增长,股价却一味下跌,将给投资者带来"便宜买好货"而获取巨额财富的买入机会。

优秀企业上市以来,买它股票的人成千上万,但真正能够几经波折而巍然不动,坚定地伴随企业一路成长的投资者寥如晨星。

投资研究的核心,从本质或第一性原理来说,是研究如何与企业合伙做生意,做生意需要赚到钱,且需要持续赚到钱。企业欲长期盈利,就得有可持续的核心竞争力,这是好企业或者好生意的关键。核心竞争力是企业未来现金流的源头,是企业做强做大并提升内在价值的源泉,是企业之船渡过一切艰难险阻、乘风破浪的动力引擎。归根结蒂,投资研究工作关键的关键,是纲举目张,研悟出企业可持续的核心竞争力,即"护城河",用一句或几句话就能说清楚。从某种意义上来说,绝大多数的平庸企业,不具有投资价值。

(四)实现10年10倍的首要原则

价值投资者如何实现10年10倍的收益呢?那就需要找到10年内扣非净利润复合增长率年化25%的企业。这个要求相当难,如果能找到,就等于找到了一台印钞机。

我们与企业合伙做生意,应当知道企业赚到利润是需要时间的,是急不得的。如果我们选择的企业没有看错,那就需要耐心等待企业把利润做出来。

彼得·林奇曾经说过:"当你持有好公司股票时,时间站在你这一边,你要有耐心。"

(五)指数高位买了好企业的结果:以伊利股份和贵州茅台为例

卓越的好企业如伊利股份和贵州茅台,买在股价高位,如2007年10月买在最高上证指数6 100点,到2008年10月1 664点,指数跌幅73%;或2015年6月,买在上证指数最高5 178点,跌到2019年1月2 440点,指数跌幅53%。期间经历了巨大的回撤,忍受了极大的煎熬和痛苦,但如果坚持熬过来,持股到现在,已经翻了好多倍了。

在2007年大牛市的最高位,以38元的价格买一手伊利股份,采用分红复投的方式一直持有,初始投入是3 800元。第一年浮亏48%,到2008年"毒奶粉"事件爆发,伊利又跌去了60%,3 800元的本金只剩下了可怜的774元,此时浮亏为80%。但是,到2011年,投资盈利为3%,到2021年6月分红复投后持有900.65股,共计34 459元,盈利807%。14年间平均年化17%。在这

14年间第四年就开始盈利，前两年将忍受金融危机、"毒奶粉"事件的双重打击，一度回撤80%（见图3—4）。

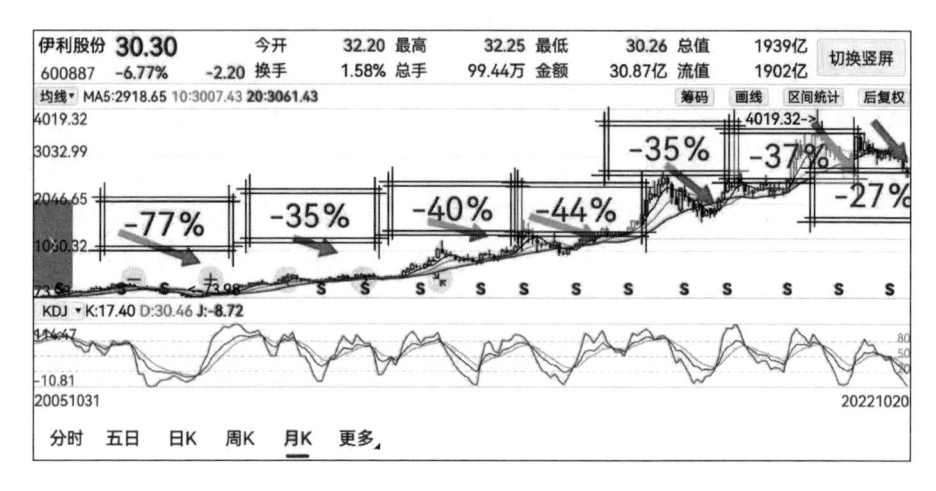

图3—2　伊利股份17年的7次回撤

据粗略的统计，2005年10月—2022年10月17年间，伊利股份一共经历7次大跌。笔者的圈子里有两位朋友，一位投资伊利股份近20年，获得了巨大的收益。他经历了2007—2008年那次80%的大跌回撤；另一位投资伊利股份26年，收益更高。

2008年1月15日，以牛市最顶部的价格230.55元买了一手贵州茅台，采用分红复投的方式一直持有。第五年（2012年）才开始盈利。到2014年，分红复投后持有134.99股，共计19 200元，又浮亏17%，七年持股颗粒无收。第八年（2015年），分红复投后持有151.08股，共计34 489元，盈利50%。第十四年（2021年7月13日），分红复投后持有164.6股，共计344 436元，盈利1 394%，平均年化收益率约为19%。这个收益率对于全球最顶级的对冲基金而言，也算是一个很亮眼的业绩了。但在这14年间，要忍受金融危机、塑化剂、"三公"禁令等重大利空事件，最大回撤为63%。

（六）A股涨幅超过100倍的上市公司共有46家

很多投资人总说A股不好，其实大A股很多家上市公司上市以来涨了几倍、几十倍、几百倍、上千倍，能够赚取到这个利润的投资人，少之又少，但并不是没有。

统计显示,A 股 1990 年 12 月—2021 年 4 月涨幅超过 100 倍的上市公司共有 46 家(见表 3—3),涨幅 10 倍以上的就更多了。

表 3—3　　　　　上市至今涨幅超过 100 倍的 46 家公司

股票代码	股票简称	总市值(亿元)(截至 2021 年 4 月 23 日)	动态市盈率(截至 2021 年 4 月 23 日)	上市日期	所属同花顺行业	区间涨跌幅:后复权(倍)(1990 年 12 月 20 日—2021 年 4 月 23 日)
000002.SZ	万科 A	3 152.16	63.13	1991 年 1 月 29 日	房地产—房地产开发—房地产开发	4 466.33
000651.SZ	格力电器	3 598.01	19.70	1996 年 11 月 18 日	家用电器—白色家电—空调	3 690.54
600660.SH	福耀玻璃	1 169.90	35.68	1993 年 6 月 10 日	交运设备—汽车零部件—汽车零部件Ⅲ	2 050.08
000568.SZ	泸州老窖	3 656.17	56.95	1994 年 5 月 9 日	食品饮料—饮料制造—白酒	1 100.45
000538.SZ	云南白药	1 482.94	26.88	1993 年 12 月 15 日	医药生物—中药—中药Ⅱ	670.24
000661.SZ	长春高新	1 943.35	63.79	1996 年 12 月 18 日	医药生物—生物制品—生物制品Ⅲ	529.68
600887.SH	伊利股份	2 464.07	30.68	1996 年 3 月 12 日	食品饮料—食品加工制造—乳品	523.75
600795.SH	国电电力	432.31	16.42	1997 年 3 月 18 日	公用事业—电力—火电	484.43
600886.SH	国投电力	725.15	10.44	1996 年 1 月 18 日	公用事业—电力—水电	445.37
600809.SH	山西汾酒	3 403.23	103.71	1994 年 1 月 6 日	食品饮料—饮料制造—白酒	429.47
600519.SH	贵州茅台	26 492.46	56.73	2001 年 8 月 27 日	食品饮料—饮料制造—白酒	391.12
600276.SH	恒瑞医药	4 425.33	73.93	2000 年 10 月 18 日	医药生物—化学制药—化学制剂	341.55
600879.SH	航天电子	187.63	39.22	1995 年 11 月 15 日	国防军工—国防军工—航天装备	332.83
600674.SH	川投能源	510.94	19.77	1993 年 9 月 24 日	公用事业—电力—水电	329.79
000858.SZ	五粮液	10 868.50	56.04	1998 年 4 月 27 日	食品饮料—饮料制造—白酒	305.83
600309.SH	万华化学	3 488.89	13.17	2001 年 1 月 5 日	化工—化工新材料—聚氨酯	265.07
600635.SH	大众公用	98.50	21.03	1993 年 3 月 4 日	公用事业—燃气水务—燃气Ⅲ	251.74
600881.SH	亚泰集团	94.54	46.07	1995 年 11 月 15 日	综合—综合—综合Ⅲ	245.92

续表

股票代码	股票简称	总市值(亿元)(截至2021年4月23日)	动态市盈率(截至2021年4月23日)	上市日期	所属同花顺行业	区间涨跌幅：后复权(倍)(1990年12月20日—2021年4月23日)
000671.SZ	阳光城	255.87	4.90	1996年12月18日	房地产—房地产开发—房地产开发Ⅲ	234.09
600436.SH	片仔癀	2 080.30	117.40	2003年6月16日	医药生物—中药—中药Ⅲ	223.40
600641.SH	万业企业	131.43	41.69	1993年4月7日	房地产—房地产开发—房地产开发Ⅰ	212.68
600717.SH	天津港	115.04	16.76	1996年6月14日	交通运输—港口航运—港口Ⅲ	209.23
600662.SH	强生控股	101.44	173.72	1993年6月14日	交通运输—公交—公交Ⅲ	207.47
600882.SH	妙可蓝多	301.43	427.81	1995年12月6日	食品饮料—食品加工制造乳品	205.62
600741.SH	华域汽车	844.30	15.63	1996年8月26日	交运设备—汽车零部件—汽车零部件Ⅲ	203.16
600763.SH	尖峰集团	47.38	6.88	1993年7月28日	建筑材料—建筑材料—水泥制造	177.19
600668.SH	通策医疗	970.74	147.59	1996年10月30日	医药生物—医疗器械服务—医疗服务Ⅲ	177.18
600690.SH	海尔智家	2 840.64	34.20	1993年11月19日	家用电器—白色家电—冰箱	152.76
600089.SH	特变电工	437.92	17.61	1997年6月18日	机械设备—电气设备—输变电设备	143.58
000672.SZ	上峰水泥	167.04	8.27	1996年12月18日	建筑材料—建筑材料—水泥制造	140.74
600745.SH	闻泰科技	1 202.25	39.91	1996年8月28日	电子—电子制造—电子零部件制造	133.14
600079.SH	人福医药	512.62	62.75	1997年6月6日	医药生物—化学制药—化学制剂	125.69
600779.SH	水井坊	534.15	79.83	1996年12月6日	食品饮料制造—白酒	124.72
600570.SH	恒生电子	921.93	162.57	2003年12月16日	信息服务—计算机应用—软件开发及服务	124.40
600415.SH	小商品城	269.55	18.22	2002年5月9日	商业贸易—零售—商业物业经营	118.75
600132.SH	重庆啤酒	673.98	109.67	1997年10月30日	食品饮料—饮料制造—啤酒	118.42
000547.SZ	航天发展	289.30	51.89	1993年11月30日	国防军工—国防军工—地面兵装	117.96
000703.SZ	恒逸石化	489.29	15.93	1997年3月28日	化工—化工合成材料—涤纶	115.84

续表

股票代码	股票简称	总市值(亿元)(截至2021年4月23日)	动态市盈率(截至2021年4月23日)	上市日期	所属同花顺行业	区间涨跌幅:后复权(倍)(1990年12月20日—2021年4月23日)
600118.SH	中国卫星	378.87	107.17	1997年9月8日	国防军工—国防军工—航天装备	115.28
000009.SZ	中国宝安	270.82	40.92	1991年6月25日	综合—综合—综合Ⅲ	114.15
000516.SZ	国际医学	364.38	−54.83	1993年8月9日	医药生物—医疗器械服务—医疗服务Ⅲ	106.82
000403.SZ	派林生物	277.51	149.23	1996年6月28日	医药生物—生物制品—生物制品Ⅲ	104.46
002271.SZ	东方雨虹	1 476.28	149.23	2008年9月10日	建筑材料—建筑材料—其他建材	103.61
600705.SH	中航资本	351.45	10.73	1996年5月16日	金融服务—保险及其他—多元金融	102.64
600111.SH	北方稀土	751.68	90.28	1997年9月24日	有色金属—有色冶炼加工—小金属	102.56
600161.SH	天坛生物	450.97	68.08	1998年6月16日	医药生物—生物物品—生物制品Ⅲ	101.68

这就是价值投资中持有好企业的一种投资方式。

(七)抱着"印钞机"颠簸

研究企业,要么成为产业专家,要么找到产业专家。我们研究企业要达到敢于重仓、越跌越敢买的深度。若对公司的研究深度不够,则在股价波动时,不足以坚定持有。买到真正优秀的好企业被套,会有抱着"印钞机"颠簸,或套着钻石项链的喜悦。

把企业的内在价值搞清楚,对企业了如指掌,做投资时心里就很笃定。剩下的,就是做时间的朋友,慢慢地以复利的方式变富。

(八)最致命的是选错企业,最可怕的是恐慌杀跌

投资真正的好企业,追高被套并不可怕,追高承受的只是回撤、波动的风险,不会造成实质性的本金亏损,好企业会不断地创新高,只是需要克服人性的妄想和恐惧,以足够的耐心,用时间换空间。最可怕的是恐慌杀跌,杀跌会造成本金的实质性亏损。

彼得·林奇说:"在过去70多年历史上发生的40次股市暴跌中,即使其中39次我提前预测到,而且在暴跌前卖掉了所有的股票,我最后也会后悔万

分的。因为即便是跌幅最大的那次股灾,股价最终也涨回来了,而且涨得更高。"

一定要买真正优秀卓越的企业,哪怕买贵了,时间可以换得空间,只不过是耽误点时间而已,但是买错了企业,谁也救不了。时间是卓越企业的朋友,同时时间也是平庸企业的敌人。

价值投资最致命风险之一是选错企业。从第一性原理来说,是选错了生意合作伙伴。

价值投资的核心窍诀,一言以蔽之:找到真正伟大卓越的好企业,长期持有。前者需要商业洞察力,百里挑一;后者需要信心＋耐心,也是百里挑一。价值投资原理简单,要做到是需要很多年修炼的。

七、巴菲特对股票的认知

巴菲特认为,股票不过是穿着股票外衣来参加华尔街化妆舞会的、长期资本回报率为12%的债券。

(一)投资股票的本质

20世纪80年代末期,巴菲特在哥伦比亚大学的演讲中说,那些具有持续性竞争优势的公司,有如此强大的、可预测的利润增长,使其股票变成一种息票利率不断增长的股权债券。这种债券就是公司的股票,而它的"息票利率"就是公司的税前利润,它不是公司派发的红利,而是公司实际的税前利润。它能给公司带来持续的利润增长,当股票市场承认公司的内在价值时,利润的持续增长最终将使公司股票价格上扬。

对巴菲特来说,一家具有持续性竞争优势的公司,其股票相当于一种股权债券,公司的税前利润就是债券所支付的息票利率。但不同于普通债券,股权债券所支付的息票利率不是固定的,而是年复一年地保持增长态势,股权债券的价值自然也在不断地攀升。

从长期来看,不论是道琼斯指数、欧洲各国股指,还是A股指数,都能获得年均10%的收益,从而超越理财产品的收益。

如果真正理解股票投资的本质,则可以在长期股票投资中获得比股指10%更高的收益。

四十多年前巴菲特就告诉全世界:"股票是一个永续的债券,它的票息为

12%。"只可惜大多数股票投资人并没有透彻理解巴菲特的投资精髓。

1977年5月,时年46岁的巴菲特在《财富》杂志发表了题为《通货膨胀如何欺诈股票投资者》的万字长文,系统阐述了通货膨胀对股票投资的影响。

巴菲特认为,股票从短期看,上上下下,一会儿上天,一会儿降到谷底,没法把握,但是你站在一定的高度,从长期的视角来看,股票是一种税前利息12%的债券。

如果有了这样的认知,并产生定解,那么,只要不乱做,股票投资就是稳赚不赔的好行当,因此,巴菲特可以每天早上跳着踢踏舞去上班。

巴菲特的这篇万字长文,写得非常专业,普通投资者看起来有些困难,至少那些动辄说巴菲特不懂宏观经济的人可以闭嘴了。对巴菲特的文章进行分析梳理,可以总结以下13个方面的要点:

(1)在通胀中,债券投资者将遭受重大损失,而股票投资者也好不到哪里去。

(2)股票的分析思路与债券类似。

(3)在低通胀环境下,股票的净资产收益率相比债券收益率有更好的吸引力。投资者在低通胀环境下,获得了三重好处:一是公司的净资产收益率远大于基准利率;二是归属于投资者的未分配利润继续留在公司内部,这部分能够获得与净资产收益率相当的回报;三是在利率不断走低的过程中,股票的估值得以提高。

(4)投资者要求的权益回报率比债券回报要高,但实际上,综合考虑五种提升股票净资产收益率的方法,巴菲特发现股票的净资产回报率并没有在通胀环境中得到提高。

(5)在相同的净资产收益率下,低杠杆水平公司的盈利质量要远好于高杠杆水平公司。

(6)绝大多数公司并没有在通货膨胀环境下转移成本、扩大或维持利润率的能力。

(7)在通货膨胀下,低估值是对价值投资者的一种保护。

(8)和平时期的通货膨胀更多的是政治问题而非经济问题。没有人能够准确预测通货膨胀。

(9)通货膨胀是一种隐形的税收,即便是股票投资者,在高通胀环境下,实际购买力也是下降的。

（10）个人应对高通胀最好的办法，在于提升自己的议价能力。

（11）"劫富济贫"无法给贫困人群提供哪怕是暂时性的帮助，正确的做法是引导资本投入现代生产力，提高经济生产效益。

（12）高通胀提高了企业资本支出的代价，从而抑制了企业回馈股东的能力。

（13）在高通胀环境下，政府往往会对资本施加干预，以刺激资本流向工业部门。

（二）通货膨胀与股票投资

考虑到有助于价值投资者对股票的深度理解，也因为下文深度地影响了一代又一代价值投资者，因此，全文转载巴菲特1977年发表于《财富》杂志上的署名文章。

通货膨胀如何欺诈股票投资者

沃伦·巴菲特

现时股票市场的核心问题是资本回报率没有跟随通胀率上升，回报率好像定格在12%上。在通货膨胀环境中，股票的表现如同债券一样糟糕，这已经不再是秘密。

在过去10年的绝大多数日子里，我们就是在这种环境下度过的，这段时间可以说是股票投资的黑暗时期，但股票市场表现之所以如此糟糕，其中的原因至今未能得到诠释。

置身于通胀中的债券持有人会遭遇麻烦，这是路人皆知的事实。

随着美元价值月复一月的衰减，无须拥有经济学博士头衔，你也可以非常肯定地指出，以美元计价和支付的证券不再可能成为大赢家。

股票一直被认为是另当别论的，许多年来，传统观点坚持认为股票是通胀的一种对冲，但事实告诉我们，股票并不能抵御美元的贬值，它和债券一样只是代表了具有生产能力的公司的所有权。

投资人坚信，政客们也许可以按他们的意愿印制纸币，但资产必须体现其真实的价值。

为什么不会出现其他结果呢？我认为最主要的原因是，股票就其经济特性而言，其实非常类似于债券。

我知道许多投资人对这种理念感到难以理解，他们也许会指出，债券的回报（利率）是固定的，而股权投资的回报（也可称为公司盈利）按跨年度对比，变化相当明显。

太正确了！但如果有人审视一下自第二次世界大战以来公司赚取的所有利润，就会发现这样一个不同寻常的事实——公司的净资产回报率这么多年来变化并不大。

稠性的收益率

截至1955年的战后头10年，道琼斯工业指数的成分公司以每年年底的净资产值计算，平均年净资产回报率为12.8%，在其后10年中，这一数字是10.1%，在第三个10年里，回报率为10.9%。

从范围更大一点的《财富》500强（它的历史可追溯到20世纪50年代中期）的数据看，结论很相似——截至1965年的10年回报率是11.2%，截至1975年的10年回报率是11.8%。

在一些异常的年份里，可能出现一些明显偏高的数值（《财富》500强的回报率最高值为1974年的14.1%）或偏低的数值（回报率最低值为1958年和1970年的9.5%），但如果以数年计，净资产回报的平均值回归到12%的水平线。

即便是在通胀的年份里，也没有任何迹象表明该数字能大幅超越这个水平（在价格平稳的年份里也是如此）。

到此先暂停一下，让我们思考一下那些未上市的但仍然具备生产能力的企业，我们假设这些企业的所有人是以净资产值收购它们的，在这种情况下，他们的回报就应该是同样的12%。

由于回报是如此的稳定，好像有理由将该回报视为一种"权益债券"。当然，在真实世界里，股票市场中的投资人并不仅仅是买入和持有，许多投资人为了在公司盈利中分得最大比例的份额,试图以智谋战胜其他投资人。

这种行为在总体上并不能增加收益,对公司净资产的增减没有明显的影响。更糟糕的是,由于这种行为导致产生了大量的摩擦成本,如顾问费和经纪费用,实际归属投资人的那部分收益反而减少了。

如果再加上活跃的期权市场,这个对美国企业生产力毫无帮助但需要众人参与的赌博市场,其摩擦成本会更高。

终身的股票

在真实世界里,一个确定的事实是,股票投资人通常无法按净资产值购买股票。

虽然有时他们能以低于净资产的价格买入,但在大多数时候,他们只能以净资产的溢价买入,如果是溢价买入,获得12%的回报就有些困难了。稍后我再谈论它们之间的关系,现在还是让我们回到主题上来:随着通胀率的上升,净资产回报率并没有随之提高。

事实上,对那些购买股票就是为了要拥有固定回报的投资人而言,他们与那些购买债券的投资人并没有什么不同。

当然,从形式上看,股票和债券之间还是有一些明显的不同点的。

首先,债券有一个终止日,虽然要经历长时间的等待,但债券的持有人终会等到重新选择合同条款的那一天。如果现时的或未来的通胀率不能让他持有的老债券令人满意,如果债券利率不做调整的话,他完全可以拒绝再玩下去。这种行为在最近几年时有发生。

其次,股票却是终身的,它有着无限长的到期日。无论美国公司的盈利状况如何,股票投资人都只能和公司不离不弃。如果美国公司命中注定只能赚12%,股票投资人就必须学会适应这个收益水平。

股票投资人作为一个整体,是无法中途退出或重新谈判的。

因而总的来说,他们的委托数额确实在不断增加。某个具体的公司也许能被出售、清算或者回购自己的股票,但一般而言,新股票的发行以及保留盈余都会确保留在公司内部的权益资本不断增长。

就这一点而言,债券占优。债券收益率可以重新谈判,而权益债券则不能。当然,对于一个长期利率为12%的债券而言,的确没有调整的必要。

债券持有人得到现金

我们这个新颖独特的利率为12%的权益债券,它是身披着股票的结业证明出现在华尔街的化妆舞会上的,它和债券大家庭的其他成员有一个重要的不同点。

在通常情况下,债券投资人是以现金的形式回收到期利息,然后再尽其所能地将这些利息投资出去;与之相反,股票投资人的权益利息则部分地被公司保留,并以公司当时所能赚到的收益率再投资出去。换句话说,从公司的角度看,每年12%的利息,一部分以分红的方式派发,其余则被保留在公司内部,继续赚取12%的利息。

昔日的好时光

股票的这种特性,即将赚到的利息中的一部分进行再投资,可以是好事,但也可能变成坏事,到底是好事还是坏事,取决于那12%收益率的相对吸引力。

在整个20世纪50年代和60年代早期,它简直就是一件美妙无比的好事,在债券利率只有3%~4%的环境中,自动地以12%的收益率将息票中的一部分进行再投资,这个权利的价值是巨大的。

需要提醒的是,投资人不可能在投入自有资本后就自然而然地获取那12%的回报,因为在这个时期里,股票价格已大大超过了它的净资产值,所以,不论公司赚取的收益是多少,溢价使得投资人不可能完整地获得那部分收益。毕竟,你不可能为12%收益率的债券支付了过高的价格后,依然能赚12%的利息。但投资人依然可以享有保留盈余所带来的12%的利息。事实上,保留盈余意味着投资人可以按净资产值买下这家企业的一部分,而在当时的那种经济环境下,购买所要支付的价格会远高于净资产值。

在这种情况下,人们自然对现金分红敬而远之,而对盈利留存山呼万岁。想以12%的利率进行再投资的钱越多,这种投资特权就会显得愈加珍贵,投资人愿意为此付出的价格也就越高。

在20世纪60年代早期,投资人心甘情愿地为坐落于经济成长地区的电力股支付高溢价,因为人们知道这些公司有能力将赚得的绝大部分利润进行再投资。而那些受经营环境所迫只能大量派发现金的公用事业股,它们的定价就相对较低。

如果在同一时期,有一只高级别的、不可提前赎回的、收益率为12%的长期债券存在,它肯定能以远高于面值的价格出售。此外,如果这只债券还附有另一种不同寻常的特性——该债券的大部分利息可以按面值购买同一品种的债券,这些债券必将享受更高的发行溢价。

从本质上讲,保留大部分盈利的成长股正代表了此类证券。

如果普通利率为4%左右,而追加的权益资本的投资回报率是12%,投资人的情绪肯定会十分亢奋,当然,他们也不得不为此而支付"亢奋"的价格。

准备退出

回顾历史,股票投资人可以认为自己在1946—1966年间享受到了异常丰厚的三重优惠。

第一,得益于公司的净资产回报率远高于基准利率;

第二,他们所获得的回报以在其他地方无法获得的高利率再投资出去;

第三,由于前两点得到了日益广泛的认同,因此公司的权益资本受到了日渐升级的好评。

第三点带来的好处是,在获取12%的基本利息或者被称为公司的权益资本盈利的基础上,投资人还获得了额外的奖励。道琼斯工业指数的平均PB从1946年净值的1.33倍增长到1966年的2.2倍,这个PB递升的过程让投资人获得的回报暂时性地超过了他所投资企业的原生盈利能力。

20世纪60年代中期,众多大型投资机构终于发现了这个人间天堂,但就在这些金融大象们相互践踏着冲入股权市场的时候,我们恰好进入了一个通胀加速和高利率时代。

理所当然,这个价升的过程开始转向,上升的利率无情地削减着所有利息固定的投资品种的价值。随着公司长期债券利率的上升(最终升到了10%),12%的权益回报和再投资特权也开始遭人白眼了。

人们又理所当然地认为股票的风险高于债券,虽然这种权益债券收益在一段时间内是相对固定的,但在不同的年份里,它还是会有波动的。

这些数字的年度变化虽然是错误的,却非常明显地影响了投资人看待这些数字的态度。股票的相对危险性在于它的到期日遥遥无期[即便是热情的经纪人也不会将一个100年的债券(如果他有的话)当作一个"安全品"来兜售]。

由于这个附加的风险,投资人本能的反应是认为权益回报如果要令人满意的话,必须高于债券回报。例如,12%的权益回报对比10%的债券利息,假设它们是由同一家公司发行的,这样的比例关系不能令人满意。随着息差的不断缩小,权益投资人开始寻找退路。

可想而知,他们无法全体退出,他们得到的全部东西可能是更多的价格波动、巨大的摩擦成本、不断刷新低点的估值,这些只不过是12%权益债券在通胀条件下吸引力降低的反映。

在过去的10年里经历了接二连三的打击后,债券投资人认识到任何高利率都不保险,不论是6%、8%或者是10%利息债券,其价格照样会崩溃。股票投资人由于没有完全意识到自己持有的也是一种"债券"，依然在接受教育。

改善盈利的5种方法

这种权益债券12%的收益率注定会一成不变吗？是否存在着某条法律禁止公司提高其净资产回报率以应对似乎永远在不断攀升的通货膨胀率？

当然，这条法律是不存在的，但同时，美国公司的盈利也不能由期望和政府指令来设定。

为了增加净资产回报率，公司必须至少做到下列中的一项：(1)提高周转率，例如，在企业内部采用销售和总资产的周转率；(2)更廉价的杠杆；(3)更多的杠杆；(4)更低的所得税；(5)更高的销售利润率。就这么多，应该没有其他的方法能够提高净资产回报率。

现在让我们看看能做哪些事。让我们从周转率开始。在做这项检查时，有三类资产我们不得不详查，它们是应收账款、存货以及工厂设备代表的固定资产。

应收账款应和销售额等比例地上升。不论销售额的增长是因为销售产品数额的增加还是因为通货膨胀，改进的余地几乎没有。

至于存货，情况就没有这么简单了。从长期看，存货数量会随着销售额的变化而变化。但在短时期内，实际的周转率可能因为某些特殊的原因(如成本预期等)出现些许波动。

在通胀期内，采用"后进先出"存货估值方法将有助于增加报表上的周转率。

当销售额增加是因为通货膨胀时，采用"后进先出"存货方法的公司(如果产品的销售量没有上升)将能维持现有的周转率水平，或者(如果产品的销售量增加)随着销售额的增加而增加。在任何情况下，周转率都会提高。

在20世纪70年代早期，虽然"后进先出"的会计原则会降低公司报表上的盈利和税率，但还是有众多公司宣布采用该原则。

目前这种趋势有减缓的迹象，但那些已经采用这个原则和那些即将采用这个原则的公司，足以进一步提升报表上的存货周转率。

收益趋向平庸

对于固定资产来说，通货膨胀率的任何增长，假设它对所有产品的影响是均等的，从一开始就会提高周转率。这是因为销售额马上就能反映出新的价格水平，而固定资产账户的调整则是渐进的。比如，只有在现有设备被淘汰后，才能以新价格购买设备取代它。

很明显，公司的设备更新过程进展得越缓慢，周转率提高得越快。只有当更新周期完成后，这个趋势才会停止。假设通货膨胀率不变，销售额和固定设备会以通胀的节奏增长。

总结一下，通胀所带来的收益会体现在周转率上。由于采用"后进先出"的原则，其中的一些改善将变得十分确定（如果通胀加速导致），销售增长的速度快于固定资产更新的速度，获得一些额外的好处也是有可能的，但总体收益将趋向平庸，而且这些收益不足以大幅提高权益资本的回报。

截至1975年的10年间，虽然总体上通胀是在不断地加速，但由于"后进先出"原则的推广和使用，《财富》500强公司的周转率仅仅从1.18上升到1.29。

更廉价的杠杆？不可能。高通胀率只会导致借款更加昂贵。飞速上涨的通胀率会催生出更多的资本需求。由于贷款人对长期合约的不信任感日渐加深，因此他们开始索要得更多。

即使今后利率不再进一步上升，由于现在的借债成本远高于公司账上的那些旧债务，因此当债务发生更新时，杠杆不可避免地变得更贵了。这种债务更新将发生在现有债务的到期日上。总之，未来杠杆成本的变化将对净资产回报率产生负面影响。

更多的杠杆？美国公司早已消耗了太多（如果不是全部）能使用的"杠杆型"子弹。要证明这一论点，可在《财富》500强的另外一组统计数据中找到：在截至 1975 年的 25 年间，《财富》500 强公司的股东权益占总资产的百分比从 63％下降到了 59％以下。

换句话说，权益资本中的每 1 美元所承受的杠杆力量已经远超往昔。

放贷者的教训

在所有因通胀而引发的融资需求中，有一条铁律，即高获利公司通常是那些信用等级最好的公司，它们对债务的需求也相对较少，而盈利较差的公司似乎永远欲壑难填。

放贷者对这个问题的理解要比 10 年前深刻多了。他们不允许那些低利润的渴求资本的企业的杠杆大幅增长。

然而，在通胀的环境下，许多公司似乎别无选择，只能增加更多的杠杆，这无疑会对净资产回报提供支撑。公司的管理层出此对策是因为他们需要比往日更多的资本才能维持公司的业务规模。

在不能减少分红以及无法增发新股（因为通胀的关系，股权的吸引力大大减小）的情况下，要想得到额外的资本，一个自然的选择就是增加债务，而几乎无暇顾及债务的成本。

他们的行为慢慢地变得与那些公用事业公司相似，在 20 世纪 60 年代，为小数点后的每个数字争论不休，而到了 1974 年，为了能得到 12％的债务融资而感激涕零。

然而，以当前利率增加的债务对净资产回报的贡献要小于那些在 20 世纪 60 年代早期以 4％利率增加的债务，高利息债务将导致信用等级下降，这无疑会进一步增加未来的利息成本。

这一点再加上前面讨论的几点，未来的杠杆成本必将上升。

总的来看，杠杆成本的升高很可能抵消因杠杆规模扩大而带来的好处。

另外，与一般的资产负债表相比，美国公司早已债台高筑。许多公司还承担着大量的养老金债务，当他们公司的员工退休时，任何数目级别的支付都会带来实际的影响。

在低通胀的 1955—1956 年，这种养老计划所带来的债务多少还能够预测，但今天已经没有人能确切地知道公司的最终债务量。

如果未来通胀率平均为 7%，一名 25 岁的年薪为 1.2 万美元的员工，仅仅为了满足生活成本的增长，当他 65 岁退休时，他每年需要领取 18 万美元。当然，每一年在许多公司的年报中都会出现这样一个神奇的数字，用来表明养老金债务的亏空数额。

如果这个数字是真实可信的，这家公司完全可以将亏空的总数累加起来，再加上现有的养老基金的资产，然后将这笔钱移交给某一家保险公司，让这家保险公司对公司现有的养老责任提供担保。

不幸的是，在真实世界里，找到一家保险公司来倾听一下这种想法都是一种奢望。

事实上，对于这种不可赎回的、收益率与物价挂钩的"生活成本"债券，任何一家美国公司的财务主管都会在它的发行问题上打退堂鼓，但美国公司自身所拥有的养老金系统在事实上承担了与上述"生活成本"债券性质相同且数量可观的债务。

股东们应该以怀疑的眼光审视那些隐藏在普通型债务之中、隐藏在未报账的债务之中或隐藏在与物价指数挂钩的养老金债务之中的杠杆量。一家无债务公司所创造的 12% 回报，其价值远高于另一家资产已被抵押的公司所创造出来的相同回报。

这也就意味着，今天所获得 12% 的回报的真实价值，相比 20 年前已经大为逊色。

纽约滑稽多

降低公司的所得税看来是不可能了，投资人现在所拥有的美国股票实际上是所谓的 D 类股票。A、B 和 C 三类股票分别代表着联邦、州和城市所得税权利，虽然这些"投资人"对公司的资产没有索取权，但他们有权在收益中分享一大块，即使这些收益是 D 类股东的保留盈余所创造出来的也不例外。这些神奇的 A、B、C

三类股票更令人着迷的特性在于,它们在公司盈利中分享的份额可以突然地、大幅地增加,"利益均沾"的任何一方无需单方面支付这笔额外的增加额,比如,来自 A 类股东方面的国会新提案。

更加滑稽的是,任何一类"股东"都可以回溯性地增加自己在公司享有权上的份额。比如,1975 年在纽约的公司就遭遇了此类"好事",无论 A、B、C "股东"何时想增加他们在公司的份额,留给通常意义上的股东的剩余部分就不可避免地减少了。

展望未来,假设那些控制着 A、B、C 三类股票的人投票减少自己的份额似乎是不明智的,D 类股东不得不为保住自己的份额而奋斗。

来自联邦贸易委员会的坏消息

提高净资产回报中的最后一点是提高收入中的经营利润,这是有些乐观主义者寄予厚望能获取收益的地方。现在还不能证明他们是错误的,但销售所得在变为税前利润之前,先要满足许多需求,主要的需求来自工资、原材料、能源以及非收益型的税收。

在通胀期间,这些相对重要的成本几乎不可能下降。

最新的统计也不能进一步加强人们在通胀环境下憧憬利润扩大的信心。截至 1965 年年底的 10 年是一个通胀率相对较低的时期。联邦贸易委员会的季度报告显示,制造业公司的平均税前利润占销售额的 8.6%。而截至 1975 年年底的 10 年间,平均利润率是 8%。也就是说,在通胀率出现了相当可观的增长以后,利润率却下降了。

如果企业能基于置换成本指定其价格,在通胀期内利润将扩大。但实际状况是,尽管绝大多数企业对他们的市场地位深信不疑,但他们依然无法转嫁成本,报表上置换成本一栏无一例外地显示出企业盈利在过去的 10 年间明显下降。

如果说在主要的工业部门,诸如像石油、钢铁以及制铝行业,确实有寡头力量可以归咎,那么在其他行业,我们只能说企业的定价能力已经被大大地压缩了。

现在你已经全部了解了 5 种可以改善净资产回报率的方法，但根据我以上的分析，没有哪一种能在通胀的环境下达到改善回报的目的。当然，你也许会在类似的考察中得出更为乐观的结论，但请不要忘记，12% 回报率已经伴随我们相当长时间了。

投资人的美元公式

即使你已大致同意 12% 的权益回报会保持不变，你可能依然希望在未来的几年里能有所作为。你当然可以做到，毕竟已经有许多投资人在相当长的时间里做到了这一点。但你未来的回报可能会受到三种变数的影响，即净值和市值的相对关系、税率以及通货膨胀率。

让我们先花些力气在净值和市值上作些计算。如果股票总是按净值出售，事情就变得非常简单。如果一只股票的净值是 100 元，其价格均值也是 100 元，企业 12% 的盈利就会转化为投资人 12% 的回报（当然要减去摩擦成本，我们暂时不去考虑它）。

如果分配比例是五五开，投资人将得到 6 元的现金分红，由于企业的净值也将增加 6 元，所以，投资人在市值上得到了另外一半的 6 元。

如果股票是按净值的 1.5 倍出售的，情况就会有所不同。投资人获得的现金分红依旧是 6 元，但相对于购买成本 150 元，股息率只有 4%。这时公司的净资产也增加了 6% 而至 106 元。如果 1.5 倍净资产的定价不变，投资人所持有的市值也会增加相同的比例，即 6% 而至 159 元。虽然企业的盈利依旧是 12%，但是此时投资人总回报即市价增值和股息之和仅仅只有 10%。

如果投资人的买价低于净资产值，情况正好相反。举例而言，如果股票价格只有净资产的 8 折，在相同的盈利和分配条件下，股息率将达到 7.5%（6 元现金分红/80 元股价），市价增值为 6%，两项之和总回报为 13.5%。换句话说，和我们的直觉相同，如果能以折价而不是溢价买进，我们将干得更出色。

在战后的这些年间,道琼斯工业指数的市值最低是其净资产值的 8 折(1974 年),最高是其净资产值的 2.32 倍(1965 年)。在其间多数时间里,这个比率都超过 100%(今年早春,这个比率是 110%)。

让我们假设未来这个比例大致接近于 100%,即股票投资人可以足额得到那 12% 的盈利。至少,在税收和通胀扣减之前,能在纸面上得到这个数字。

税后仅有 7%

在这 12% 的回报中,税收会抽走多少呢?对于个人投资者而言,如果将联邦、州和地方的税收相加,可以确信将征收红利的 50% 以及资本利得的 30%。多数投资人的适用税率可能低于此税率,但那些大投资者将会承受高得多的税率。

随着新税法的颁布,根据《财富》杂志的报道,在高税收的城市中,高收入者的资本利得的适用税率高达 56%。

让我们作出一个符合现状的假设,在公司净资产 12% 的盈利中,5% 是以现金分红的形式派发(税后降为 2.5%)。如果保留 7% 的盈利,这部分盈余的保留将使得对应的股票市值相应地增长(30% 所得税后实得 4.9%),这时,全部税后所得为 7.4%。

如果考虑到摩擦成本,则回报会下降到 7%。如果要将我们的股票即债券的理论阐述得更准确一些,我们得说,对个人而言,股票可以认为是利率 7% 的免税永久债券。

无人了解的数字

回到关键性的问题——通胀率,没有人知道这个问题的答案,包括那些政治家、经济学家以及有名望的科学家。就在几年前,他们还认为那些在各地出现的失业和通胀的表现将会像受过训练的海豹一样温和。

但许多信号对价格稳定不利:此次通胀的范围是世界性的,我们社会中的一些重要团体习惯于将他们的精力用于转嫁经济问题,而不是解决经济问题;如果能够推延,当权者甚至不愿着手处理那些生命攸关的问题(如能源、核扩散);现在的政治体系会让那些能带来短期利益的国会议员反复当选,尽管他们的决定会招致长期的痛苦。

这就可以解释为什么在办公室里的那些政客们一边顽固地反对通胀,一边又在顽固地制造通胀(这种人格分裂并没有导致他们现实意识的丧失,议员们早已确保他们自己的养老金的发放形式完全不同于私有部门。议员退休后,他们的养老金将随着生活成本的变动而变动)。

普遍的观点认为,金融和财政政策的精妙之处将会反映在未来的通胀率上,但在各种通胀公式中都存在着众多变量,每一个变量都能左右最终的结果。但就其根源而言,和平时期的通胀是政治问题而不是经济问题,问题的关键是人类行为而非经济行为。如果你在下届选举之前改变政客们的选择,会发生什么就不言自明了。

这种大范围的综合统计并不能得出正确的数字。我认为,未来几年里通胀率非常有可能将维持在7%左右,我希望这个预测值是错的,但它可能是对的。预测能告诉我们更多的是关于预言家的而不是关于未来的,你完全可以将自己认定的通胀值替换到投资公式中去。但如果你的预测值只有2%~3%,你戴的有色眼镜会有别于我。

现在我们得到的结论是:通胀调整和税前的回报为12%,税后和通胀调整前的回报为7%;税后和通胀调整后的回报为零。它听上去不是一个会让人们惊慌失措的公式。

作为一名普通投资人,你也许能得到更多的纸币,但是不能得到更多的购买力。这与本杰明·富兰克林所说的不同(节省1美分等于赚了1美分),但与米尔顿·弗里德曼所说的一致(被大众消费的资本等同于投资)。

寡妇们的疏忽之处

这些计算表明,通货膨胀要比立法机构颁布的所有税法更具破坏性,"通胀税"的非凡力量就在于它能吞噬资本。

现时的状况就好比一个寡妇拥有利率为5%的银行存折,在通胀率为零的时候,被征收了100%的利息所得税;在通胀率为5%的情况下,利息所得税为零。这意味着经过课税以后,她的实际收入为零,她所花出去的每一分钱都是资本的本金。她无疑会注意到令人讨厌的120%的所得税,但未必会注意到6%的通胀率,而两者在经济上其实是等价的。

如果我的通胀预估值差是准确的,令人失望的结局不仅会出现在市场下跌之时,即便是在市场上升时,情况也是如此。上月初,道琼斯指数为920点,比10年前的点位高了55点。但经通胀调整的道琼斯指数实际上增长了-345点,从865点到520点,即使是这样的结果,还是从股东手中截留了一半的盈余。

在未来10年里,综合12%的权益回报、40%的分配率以及1.1倍的市净率这三种因素,道琼斯指数有望翻番。如果通胀率是7%,即使投资人是在道琼斯指数1 800点时清空其股票,在支付了资本利得税之后,他们的处境也要比今天糟糕得多。

无论在新的投资时代里有何种困难,可以断言,他们都会想方设法地为自己谋划一个超级回报。这种愿望实现的可能性不大,如果作为一个整体,完全是不可能的。如果你认为可以以某种方式,通过买卖证券来击败通胀税,我很乐意做你的经纪人而不是合伙人。

即便是那些所谓的免税投资人,如养老基金和大学捐赠基金,也无法回避通胀税。如果我估计的每年7%的盈利仅仅能弥补购买力的流失,捐赠基金在追赶上通胀的脚步之前将一无所得。在7%通胀的环境下,如果投资回报总体上为8%,这些自认为是免税的机构投资人实际上是被课以了87.5%的"收益税"。

社会公式

不幸的是，高通胀所带来的主要问题总体上是针对全社会而不是投资人的，投资收入只占国家收入的一小部分。如果在投资真实收益为零的同时，人均实际收入依然能以一个健康的比率增长，社会公平也许能得到改善。

市场经济会在参与者中制造非对称收益。那些在音乐、身材、力量以及智力等方面拥有天赋的人会在未来国家总产出上拥有大量的清偿所有权（股票、债券以及其他资本形式）。

那些挑了一个好祖先含着"金钥匙"出生的人的情况也相似。如果真实投资回报为零，会有更大比例的国家财富从这些票据持有人的手中转移到那些具有同等价值、辛勤工作但是缺乏"赌博"天分的公民的手中，如此一来，就不太可能对这生来平等的世界平添一份羞辱，以至于冒着被神惩罚的危险。

由富裕的股票持有人承担费用，提高工人福利的潜力并不大。现在雇员的薪资总额已经是红利总额的 28 倍，且这些红利中的大部分流入了养老基金、非营利性机构（如大学）以及并不富裕的个人投资者手中。

在这种环境下，如果现在将属于有钱的股票持有人的分红转变为工资，其性质有点像一次性买卖，如杀鸡取卵。这会导致未来实际工资的增加额小于我们原本能从经济增长中分得的份额。

俄罗斯人也知道这一点

将通胀的影响力施加于富裕人士的投资品上，进而削减他们的财富，并不能对贫穷人士提供哪怕是暂时性的帮助，他们的经济福祉将随着整个经济受通胀的影响程度而上下波动。一般而言，这种影响都是负面的。

那些投入现代生产力中的真实资本，在获得丰厚回报的同时，也会带来巨大的经济上的福利。如果在整个业界没有新的资本支出，也就没有了持续性的创造力和就业率，庞大的就业需求、巨大的消费需求以及高调的政府承诺最终都将是一场空。

俄罗斯人熟知这一点，洛克菲勒也一样，这也是联邦德国和日本经济奇迹的成因之一。尽管我们在能源方面的优势明显，但高度的资本累积确保了这些国家在生活水准的提高幅度上远远超过我们。

为了理解通胀对真实资本累积的影响，有必要稍作一些计算。先回到12%的净资产回报率上，这些盈利被认为是在折旧之后获得的。如果这些工厂和设备能在未来以近似原始成本的价格再购买进来，这些盈利就等于现有生产能力被置换之后的盈余。

这种方法曾经如此

我们假设盈利中的一半用于红利分配，留下权益资本的6%收益用于未来增长。如果通胀率较低，比如2%，保留盈余的大部分能够转变为生产力的真实增长。在这种环境下，为了保持今年的生产能力，2%的盈余将会在来年投入诸如应收账款、存货以及固定资产上，另外4%的盈余作为资产投资，用来增加新的生产能力。

2%的盈余用于弥补反映通胀的美元贬值，剩余的4%盈余则用于资助真实增长。如果人口增长率为1%，实际生产力的4%增长将转化为人均净收入3%的提高。这就是我们国家经济过去的大致情况。

现在将通胀率调整为7%，再计算一下，在扣除了通胀因素后，还剩多少盈余可用于投资真实增长。如果股息政策和杠杆率保持不变，答案是零。在12%盈利的一半被分配出去后，另外同等大小的6%盈余被保留了下来，但仅仅为了维持去年的产量而必须在今年追加资本额，这就将这些保留盈余消耗殆尽。

在扣除常规分红后，没有真正的盈余可用于资助真实的扩张。有鉴于此，许多公司谋求改变，他们扪心自问，怎样才能在不触怒股东的情况下减少甚至停止支付股息？我给他们带来了一些好消息:现在已经有这样的方案了。

近几年公共电力行业早已丧失了支付红利的能力,除非股东们同意购买其增发的股票,否则他们无法继续分红。1975年,电力企业在支付了33亿美元分红的同时,向股东们索取了34亿美元的资本。

当然,电力企业实施这种把钱从左口袋移到右口袋的技巧并不是为了面子。也许你还记得,1974年,电力企业不明智地告诉它们的股东,企业再也没有钱可用于分红了。市场对这种坦诚给予灾难性的回答。现在,变得更聪明的公用企业继续分红,甚至还增加季度分红,但要求(新、老)股东返还这些钱。换句话说,公司会增发新股。这个流程导致大量资本流向税收机构和股票承销人,每一方看上去都是兴高采烈的(尤其是承销人)。

AT&T的更多快乐

受这些成功案例的启发,许多公用企业发明了更方便的方法,公司将分红决定、股东纳税以及股票增发三事并举,没有真正交换过现金,但税收机构、损人利己者都会参与其中,就好像现金流动真的发生过一样。例如在1973年,AT&T公司创立了一种"分红再投资"计划,据说这家公司是非常关心股东利益的,考虑到金融界的风气,这种计划的实施是完全可以理解的,但这个计划的内容仿佛出自童话《爱丽丝梦游仙境》。

1976年,AT&T向它的290万名普通股股东发放了23亿美元现金红利。该年年底,共有64.8万名股东(前一年是60.1万)在公司直接发行的增发股上再投资了4.32亿美元(前一年为3.27亿美元)。仅仅是为了娱乐,让我们假设所有的AT&T股东都参与了这项计划,如果是这样的话,股东们将看不到一分钱,而电力公司至少还寄了一份股息过来。

不仅如此,290万名股东被要求为他们被保留在公司里的那份盈余支付所得税,因为在那一年保留盈余被改名为"分红"。

假设1976年的"股息"总额为23亿美元,股东们为此支付的所得税率平均为 30%，为了这份不可思议的计划，他们最终将向税务机关支付约 7 亿美元。此情此景，想象一下，如果董事会决定将分红加倍，股东们会有多么快乐？

政府将试图这么做

可以预计，由于公司开始处理真实资本的累积问题，我们必将看到各种变着花样降低股息的做法。但这种截流股东利益的做法并不能完全解决问题，7%的通货膨胀率和 12%的回报率的叠加效应将使公司失去原本用于投资真实增长的资金。

同样，由于私人公司在通胀情况下资本累积缓慢，政府将越来越渴望对资本施加干预，以刺激资本流向工业部门。这样做，既可能像英格兰一样失败，也可能像日本一样成功。我们缺乏形成这种日本式的政府、企业和劳工之间的密切关系所必需的文化和历史传统。如果够幸运的话，我们将避免走英国之路——在英国，所有部门争夺自己的那份蛋糕，而不是合力把蛋糕做大。

总的来说，如同这几年的情况一样，我们将听到更多有关投资不足、滞胀以及私有部门无法满足人们需求的事例。

第二节　金融的视角

金融的视角，是指上市公司的股票价格在二级市场的涨跌波动。股价的涨跌波动，是价值投资的表面现象，其本质是实业。

打雷是一种自然天象。笔者至今还记得，小时候，一遇到打雷，就吓得大哭，找地方躲。后来渐渐长大，也就不怕了。

股票价格的涨跌波动，是自然现象，就像打雷、下雨、出太阳，我们不能说接受不了吧？！价格波动是金融的常态，是股票的先天属性。

格雷厄姆说："我们一直努力告诫学生，切记不可以只看表面和眼前现象，这些都是金融世界的梦幻泡影与无底深渊。"

巴菲特对投资者说："市场是为你们服务的，不是来指导你们的。"只有在金融市场动荡不安的时候，价值投资理念的优势才能凸显出来。

波动性是金融市场的固有属性,"春夏秋冬"轮回不已。作为投资人的内心,坦然接受它、面对它,然后超越它、放下它。如此这般,我们方能领悟价值投资的真谛,抵达幸福的彼岸。价值投资者对于股价涨跌波动,正确的做法是接受、忽略、利用和穿越。

一、"奖励"错误与"惩罚"正确

股市如此多娇,引无数英雄竞折腰。乱花渐欲迷人眼,多少个行业的优秀精英,进入股市后,犹如进入了迷宫,晕头转向,惨遭失败。

这是因为人们习惯于看表面现象,"镜里看花,水中望月"。外行看热闹,内行看门道。股市里90%以上的人都在关注现象,不具备透过表面现象看到本质的能力。股市里有"一九"铁律,10%不到的人赚钱,90%以上的人亏钱。

股市会阶段性地"奖励"错误的做法,也会阶段性地"惩罚"正确的做法。这是因为,股市里有"春夏秋冬"的规律。短期有效的投资策略(趋势投资)长期无效;长期有效的投资策略(价值投资)短期无效。市场永远不存在"短期有效+长期有效"的投资策略。因此,绝大多数参与其中的人,莫衷一是,晕头转向,找不到北。

既要、又要、还要,是一种想象的思维,是完美主义的通病。在现实中,不同的方法必然存在冲突矛盾,鱼和熊掌无法兼得。反过来讲,做出选择,最核心是一个考验自己"舍得"的能力。舍是一种能力,更是一种智慧,它是认知到一定高度后的自然结果。

股市里绝大多数人会被表面现象迷惑,而忽略或无视本质。往往一根阳线改三观,三根阳线改观点,这是人性的弱点,以致股市里的投资人,绝大多数是苦海也无边,回头也无岸。

长期有益的事情往往在短期都很痛苦。短期很爽的事情,往往在长期看来都是无益或者有害的。投资也是如此。

二、南辕北辙与猴子捞月

(一)南辕北辙

战国时期,有个人要去楚国。他驾着马车在大路上急驰。路上,他遇到一个同路人,两人攀谈起来。当同路人得知他要去楚国时大吃一惊,问他:

"楚国在南方,你怎么朝北走啊?这样走,什么时候能到楚国呢?"这人不慌不忙地说:"没关系,我的马跑得快,不愁到不了楚国。"同路人提醒他:"这样走会离楚国越来越远的。"这人指指自己的行李说:"我带的路费、干粮很多,能用好多天,路远不要紧。"同路人着急地说:"你走错了,这样走你到不了楚国。"那人很自信地说:"我的车夫驾车技术非常好,不用担心。"同路人见这人如此糊涂,无可奈何地摇摇头,叹了口气。

人们为了赚钱进入股市,但股市里绝大多数人却在反反复复地演绎"南辕北辙"的故事。

(二)猴子捞月

有只小猴子在井边玩。它往井里一看,里面有个月亮。小猴子叫起来:"糟啦,糟啦!月亮掉在井里啦!"大猴子听见了,跑过来一看,跟着叫起来:"糟啦,糟啦!月亮掉在井里啦!"老猴子听见了,跑过来一看,也跟着叫起来:"糟啦,糟啦!月亮掉在井里啦!"附近的猴子听见了,都跑过来看。大家跟着叫起来:"糟啦,糟啦!月亮掉在井里啦!咱们快把它捞上来!"猴子们爬上了井旁边的大树。老猴子倒挂在树上,拉住大猴子的脚。大猴子也倒挂着,拉住另一只猴子的脚。猴子们就这样一只接一只,一直挂到井里头,小猴子挂在最下边。小猴子伸手去捞月亮,手刚碰到水,月亮就不见了。老猴子一抬头,看见月亮还在天上。它喘着气,说:"不用捞了,不用捞了!月亮好好地挂在天上呢!"结果,老猴子脚下一松,这群猴子都掉到水里了。月亮没有捞到,反而洗了个冷水澡,冻了个透心凉。

井水里的月亮,只是现象,月亮在天上,并不在井里。做投资亦是同理,股票价格的涨跌波动只是现象,这个不应该成为关注的重点;否则,就像猴子一样看到水中有月亮,却捞不到月亮。投资的本质不是研究 K 线,而是研究 K 线后面的企业。

三、现象与本质

认清事物的现象和本质,是做任何事情获得成功的关键问题。

(一)"开好车的就一定是好人吗"

表面现象,往往带有欺骗性。罂粟的花朵,表面看非常艳丽诱人,实质却是害人的毒品。毒蘑菇,也是如此。

为什么人们都习惯于看表面现象,不善于透过现象看本质呢?这是人性使然。

冯小刚执导的电影《天下无贼》有这么一段戏:当刘德华饰演的江洋大盗王薄在骗取宝马车驱车逃离高档小区时,被岗亭的保安肃然敬了一个礼,王薄倒车回到岗亭,寻衅地问了一句:"开好车的就一定是好人吗?"

职业行骗的人往往十分注重外在的仪表、穿着、打扮,一般都是光鲜亮丽的,说话也很动听、诚恳,很容易打动人心而获得信任。这是骗子行骗成功的必修课。如果邋邋遢遢、不修边幅,说话粗声粗气,行骗必定会失败。

电影《可可西里》里面,保护藏羚羊的日泰队长说:"你见过磕长头的人吗?他们的手和脸很脏,但心特别干净。"

电影《阿甘正传》,从表面现象来看,阿甘就是个智商低的傻子。但整部电影看完后会发现,阿甘其实一点不傻,是个有大智慧的人,是个极其优秀的人。好看的皮囊众多,美丽的灵魂稀少。

(二)口蜜腹剑与犯颜直谏

"口蜜腹剑"这个成语说的是唐朝的宰相李林甫。大唐王朝最鼎盛时期,唐玄宗李隆基任命李林甫为国家宰相整整19年,是唐朝在位时间最长的宰相。李林甫大权独揽、闭塞言路、排斥贤才,使得朝纲紊乱,又建议重用胡将,使得安禄山势力坐大,被认为是唐朝由盛转衰的关键人物之一。

"犯颜直谏"说的是唐朝的谏官魏征,在朝堂上喜欢提意见,且经常让皇帝下不了台。李世民上台后,任命魏征为尚书左丞。魏征直言不讳,前后上书谏言两百多件事,其次数之多、言辞之激切、态度之坚定,是其他大臣没法相比的。魏征死后,李世民经常说:"夫以铜为镜,可以正衣冠;以史为镜,可以知兴替;以人为镜,可以明得失。魏征没,朕亡一镜矣。"其意思是说,用铜镜可以端正自己的衣冠,以古史作为镜子,可以知晓兴衰更替,以人作为镜子,可以看清得失。我经常用这样的方式防止自己犯错,但现在魏征去世,我少了一面镜子。

关于魏征还有一个典故轶事:态度妩媚。李世民曾对人说:"人言魏征举止疏慢,朕视之更觉妩媚,正为此耳。"其意思是说,别人说魏征做人疏慢,可是我看他的态度,只觉得是妩媚。

魏征因直言进谏,辅佐唐太宗共同创建"贞观之治"的大业,被后人称为

"一代名相"。

再来看一个更有意思的人,初唐名臣裴矩在隋朝做官时,曾经阿谀逢迎,溜须拍马,想方设法满足隋炀帝的要求。可到了唐朝,他却一反故态,敢于当面跟唐太宗争论,成了忠直敢谏的诤臣。司马光就此评论说:"裴矩佞于隋而诤于唐,非其性之有变也。君恶闻其过,则诤化为佞;君乐闻其过,则佞化为诤。"

唐玄宗李隆基,不善于透过表面现象看清本质,硬是把一手好牌打了个稀烂。唐太宗李世民,善于透过表面现象看清本质,把一个危机四伏的新建王朝带入了大唐盛世,把一手并不那么好的牌打成了满堂彩,缔造了中国古代王朝第一个真正意义上的空前盛世。

(三)马斯克的第一性原理

美国的"钢铁侠"马斯克,在他的领域是一个智者,在金融投资领域却未必是。马斯克曾经指出,像巴菲特依靠看财报和金融数据,通过资本配置(Capital Allocation)获利的投资工作完全是枯燥无趣、毫无挑战性,也不会为社会创造价值。其潜台词是,只有通过企业创新才能为社会创造价值,才是真正具有意义的工作。

的确,很少有人像马斯克一样横跨多个领域,而且每个领域都做出了颠覆式的产品。马斯克声称自己惯用的思维模式是"First principle thinking",翻译成中文就是"第一性原理"思维。

马斯克第一性原理思维的说法是:"第一性原理是超越因果律的第一因,且是唯一因,同时第一性原理是抽象的。"也就是说,一定要看透事物的本质,要把事物分解成最基本的组成部分,从源头上去解决疑难问题,其实,就是透过现象看本质。

隔行如隔山。马斯克运用第一性原理思维模式,获得了许多领域的成功,但对于价值投资,马斯克的认知仍然停留在现象层面,没有看清本质。

(四)查理·芒格对特斯拉认识的进化

2022年11月,伯克希尔·哈撒韦公司的副主席查理·芒格(Charlie Munger)高度评价了特斯拉,他称特斯拉的成功是美国汽车产业的"小奇迹"。

芒格接受采访时表示:"特斯拉如此成功,我真的有些惊讶。我不会把特斯拉和比特币画等号,特斯拉为文明做出了一些真正的贡献。马斯克做了一些其他人做不到的好事。"

在过去很长一段时间里，美国没有出现一家成功的新汽车公司，特斯拉取得成功可以说是小奇迹。不过，芒格称赞特斯拉及马斯克还是比较令人意外的，因为在2009年，芒格和马斯克共进午餐时，芒格曾告诉马斯克，他并不看好特斯拉。他认为不论从哪个角度来讲，特斯拉都会失败。

马斯克后来回忆起这件事时，称当时他非常伤心，但是他觉得，不管怎么样，依然没有理由不去做尝试。

芒格在修正自己对马斯克的看法，也在修改对特斯拉的看法，虽然他曾经看不上特斯拉，但是特斯拉用自己的成绩证明了自己，也扭转了芒格的看法。

芒格不断地优化自己，修正自己错误的看法，也是与时俱进。这是芒格先生人性的光辉。

价值投资者就是要不断地自我进化、自我否定、自我超越。

在2023年股东大会上，关于马斯克的评价，93岁的巴菲特说："马斯克是一个非常出色的企业家，他有很多梦想，而且他的这些梦想就是他现在所做事情的基础。"99岁的芒格说："他如果没有去做一些很极端的事情、设立极端的目标，他也不会取得今天的这些成绩，他喜欢去完成一些不可能的任务。我和沃伦则喜欢去做一些容易的事。"以前巴菲特对马斯克没有如此正面肯定的评价，这次肯定了马斯克是"一个非常出色的企业家"。巴菲特不会自我设限，观点会随着认知加深而改变。

投资也是一样，我们不要提前设定结论，然后不断寻找论点支持，而是要不断地探寻新的答案。

四、股市的表象

战略目标以外的都是细枝末节，但是战略失误，战术基本就是瞎忙乎。

格雷厄姆曾经说过，大部分投资者失败的原因在于，过于在意股市的短期运行情况，经常对短暂且无关紧要的日常信息做出反应。人类有即时满足的心理特性，这就决定了短期的股价变动会影响投资者的心态，也最容易导致投资失败。

巴菲特在2022年致股东的信中说："公开交易市场的一个优势是，偶尔可以很容易地以极好的价格买进一些极好的企业股权。重要的是要明白,股票交易的价格往往非常离谱,有可能是高得离谱,也有可能是低得离谱。'有效'市场只存在于教科书中。事实上,市场上的股票和债券价格常常令人困惑,投资者的行为通常只有时过境迁后才能理解。"

本杰明·格雷厄姆和大卫·多德一直认为,金融市场是狂躁的,应该把它当作一个反复无常的交易对象,而不是判断自己的投资是否正确的仲裁者。

(一)庄家"骗线"

牛市、熊市的波动,大家都知道。从坐庄的角度,说明如果投资者只关注现象,会无所适从。

价值投资者李剑说:"曾经到做庄的朋友那里看盘,亲眼看见他们在那里做K线,也叫'骗线'。庄家告诉我,你看,我今天让收盘价停在某某价位,结果就停在某某价位,这给我印象很深。"只关注股价这个表面现象,忽略K线后面的实业本质,投资者越努力就离赚钱越遥远。

(二)价值投资的天赋是什么

做价值投资,需要一定的性格天赋。在现实生活中,我发现一个现象:那些喜欢及时享乐的人,总喜欢听好话、被人夸奖赞美、被人阿谀奉承、被人拍马屁、被人捧着哄着,而不喜欢听真话、不愿听到逆耳忠言、不愿听不同意见的人,以及性格急躁、情绪不稳定、自控力差、随波逐流、缺乏主见、急于求成、缺乏耐心、爱凑热闹等。这些人是做不好价值投资的。

大家看这个"贪"字,很有意思,上面是个"今"字,下面是个"贝"字,指钱币、财富。等不及了,今天就要赚大钱,一夜暴富。巴菲特说,绝大多数人不愿意慢慢变富,没有耐心,都想着短期暴富,这就是"贪"了。再看"贫"字,与"贪"字,两个字就差一个点,它意味着贪心重的人,利令智昏,离贫穷越来越近了。

真正的价值投资者,不喜欢热闹,喜欢独处,意志力顽强,有独立思维,独具慧眼,崇尚简单,不喜奢华,真正的兴趣不是猎物而是捕猎的过程……这跟人格特征相关,与学习无关,如果没有天赋,学习没有多大作用。

股市"一九"铁律,千年不变,即10%不到的人赚钱,90%以上的绝大多数人亏损。

在股市中，一定要注意"绝大多数人"行为特征。他们的行为热度是市场转向的重要指标；他们的特点是每一个成功的投资者都需要竭力避免的；他们忽略的正是投资者应该重视的；他们难以忍受的正是我们需要坚持的；他们感到舒适快乐的反而是需要我们警惕的；他们狂热聚集的时候我们远离；他们黯然神伤并发誓再也不碰股票的时候，千载难逢的投资机会往往就在眼前。

有的投资者对于价值投资，几分钟听完就懂了，听不懂的人一辈子也搞不懂。价值投资是一种悟道，是一生的修行。

(三) 股市往往很极端

物极必反包含两层意思：盛极而衰和否极泰来。这是自然界和人类社会的一个普遍规律。意思是说，好的事情到了极致就会向坏的方向转化；反之，坏的事情到了极致也会向好的方向转化。物极必反，在股市中表现得特别明显，尤其是投机盛行的新兴市场。

"物极必反"在股市中有两层意义：一是股市有涨就有跌，十分正常。没有只涨不跌的股市，也没有只跌不涨的股市。但涨过头了，必然会跌；跌过头了，必然要涨。这就是我们常说的"机会是跌出来的""风险是涨出来的"。二是股市喜欢走极端，就像格雷厄姆所说的"股票市场总是过度反应"，往往是涨就涨个够，跌也跌个透。涨，你觉得涨高了吧，不，非要涨到你"头晕目眩、蠢蠢欲动"去高位接盘；你觉得跌多了吧，不，非要跌到你"痛不欲生、麻木绝望"不可。很多人以为跌多了抄底，却总是抄在半山腰。

(四) 羊群效应

在股市里通过短期、阶段性的股价涨跌波动来判断一家企业的好坏，来决定投资决策，是一种比较普遍的现象。

全通教育，曾经在1年多的时间里上涨了几十倍。这是一家好企业吗？贵州茅台，有7年多的时间横盘不涨。这是一家不好的企业吗？

从现象层面看，上证指数2007年至今跌了50%。从本质层面来看，很多企业利润增长了N多倍，对应的股价也涨了N多倍。

太关注市场的人都是跟随主流，因为跟主流的心理包袱是最小的。投资做得好的都是反人性的，但（投资者）大多是顺着人性要让自己开心，那就得付点学费（亏钱）。这就是股市里的"羊群效应"。

菲利普·费雪说:"股票市场本质上具有欺骗投资人的特性。跟随他人当时在做的事去做,或者依据自己内心不可抗拒的呐喊去做,事后往往证明是错的。"

金融投资,从贤不从众,"一九"铁律千年不变。正如本杰明·格雷厄姆所说:"即便是聪明的投资者也可能需要坚强的意志才能置身于'羊群'之外。"

在股市做投资要取得成功,同样需要分清楚,谁是我们的"朋友"？谁是我们的"敌人"？估值合理,或低估的卓越企业,是我们的"朋友",要坚持拿住;听消息,随意频繁买卖交易,是我们的"敌人",要坚决摈弃。

五、股市的"万有引力定律"

股市的涨跌波动是无序的吗？是无规律可循的吗？其实,未必如此。从长期来看,股价的走势还是有规律的,参见图3—3。

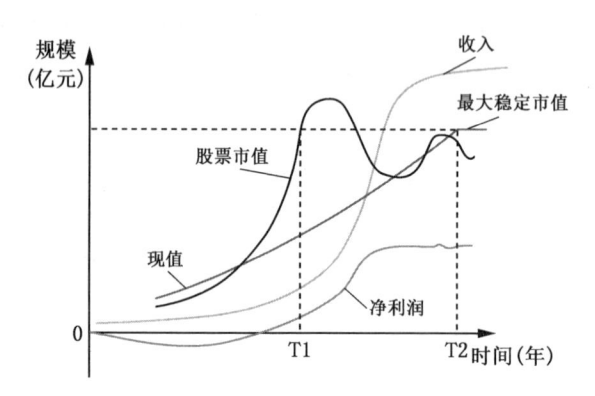

注：股市涨跌有三个不同步,一个同步：
(1)宏观经济与大盘不同步；(2)大盘与个股不同步(3)基本面与股价不同步；
(4)从长期而言,股价与利润增长同步。

图3—3　行业生命周期、内在价值与股价

沃伦·巴菲特先生,生于1930年8月30日。1941年,11周岁时购买了第一只股票。1963年,30岁遇到了查理·芒格。1983年,芒格正式加入伯克希尔·哈撒韦公司,共同创造了投资史上的奇迹。1967年,37岁的巴菲特首次收购国民保险公司(NICO)、国家消防和海洋保险公司,到1996年收购盖可(Geico)保险公司,再到1998年收购通用再保险。

1956年5月1日,巴菲特合伙基金成立,基金总资本10.51万美元,其中巴菲特象征性地出资100美元。巴菲特的合伙基金就是从这微不足道的10.51万美元开始,巴菲特几乎白手起家,到现在的伯克希尔·哈撒韦公司,2008年成为世界首富,一手把伯克希尔·哈撒韦公司带入世界500强的前10。

如果股市投资没有规律可循,仅靠碰运气,一个人连续幸运80年是不可能的。

企业内在价值决定股票价格,股票价格围绕企业内在价值上下波动。这就是股票市场的规律。

(一)万事万物,都有规律可循

银河系有无数颗恒星,貌似无序、杂乱无章,实际上整体呈现螺旋状排列运行,非常有序。

老中医,三根指头把脉,可以知病、治病,中医看病能传承5 000年,是因为有规律可循。

冬天总会过去,夏天总会到来,规律不会改变。万事万物都是有规律可循的。

同理,股市也是如此,熊市总会过去,牛市也总会过去,规律不会改变。

(二)股票市场的"万有引力定律"

股市投资的规律是什么呢?长期来讲,企业内在价值决定股票价格。企业内在价值与二级市场股票价格的关系是:企业内在价值决定股票价格,股票价格围绕企业内在价值上下波动,参见图3—4。

换言之,价值投资者研究的重点不是K线,而是K线后面的这家企业。K线只是价格,K线是表面现象;企业创造价值,才是股票的本质。K线与企业的关系,就像超市商品的价格标贴与商品本身的关系。标贴没有价值,像是K线;商品本身有价值,像是企业。企业价值决定价格K线,价格K线围绕企业价值上下波动。

这就是股市的规律,堪称是股票市场的"万有引力定律"。价格围绕价值上下波动正是价值规律作用的表现形式。商品价格虽然时升时降,但商品价格的变动总是以其价值为轴心。从较长时期和全社会来看,商品价格与价值的偏离有正有负,可彼此抵消。因此,总体上商品的价格与价值还是相符合

价格围绕价值波动

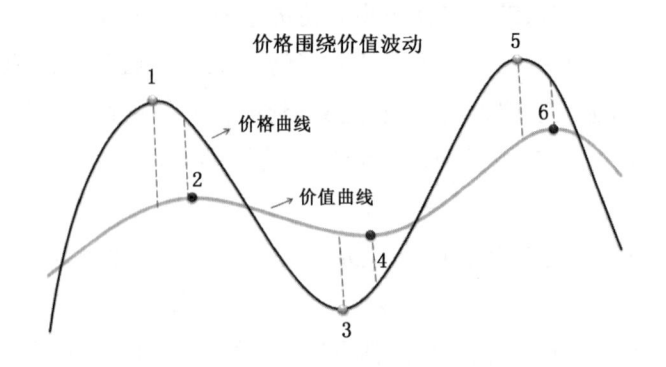

图3—4 股票价格与企业价值的关系

的。也就是说，拉长时间周期来说，价格就是价值。

一位A股上市公司的老板，股票价格大幅下跌之后，非常焦虑沮丧，因为股票市值就是他的身家。这是因为他没有把实业和金融两端的关系打通。其实，如果这位老板理解了股市的"万有引力定律"就会知道，股市长期是称重机。企业内在价值决定股票价格，应该专注于做好企业，一门心思搞好企业经营，让企业长期不断增长的利润来反映股票的市值。

估值理论告诉我们，股价围绕公司的内在价值波动，公司的内在价值是公司未来利润或现金流的折现。这个基本原理就像"万有引力定律"一样，不会因为国别不同、市场不同而有任何差异（见图3—5）。这个原理全世界都是相通的。

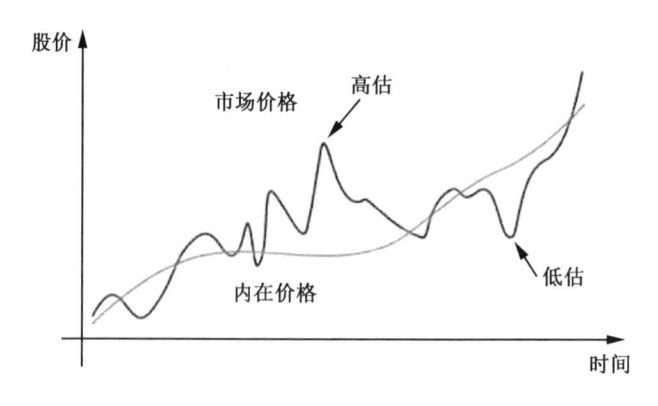

图3—5 市场价格与内在价值的关系

股票的价格本质上是由其内在价值决定的。越是成熟的股市,越是注重股票的内在价值。企业的价值越大,相对的股票价格就越高。股票的市场价格会受到供求关系的影响,而围绕价值上下波动。在一个健康的股市中,股价围绕价值波动的幅度都不大。

短期内,市场可能会对格雷厄姆的原则嗤之以鼻,但这些原则最后总会再次得到印证。如果只为某只股票股价一直上涨就去买进,而不是因为公司的价值上升,迟早会后悔。这种事情不是有可能发生,而是必然会发生的。

短期由情绪主导股价变化;长期由价值主导股价变化。你选择什么,自然就关注什么。选择赚波动的钱,必然关注短期涨跌;选择赚企业发展的钱,必然关注企业价值。

"选择决定路径,方向大于努力。"只有把焦点集中在行业研究和价值研究企业,而不是盯着二级市场股价波动的时候,投资才会变得轻松,且有机会享受"时间+复利"的魅力。

巴菲特在1991年致股东的信中写道:"当然无可否认,就长期而言,投资决策的绩效还是要建立在股价表现之上,但价格将取决于企业未来的获利能力。投资就像是打棒球一样,想要得分大家必须将注意力集中到场上,而不是紧盯着计分板。"

从长期来看,股价最后与长期业绩是基本一致的,因此,价值投资选好了标的,就是要做时间的朋友。

(三)历史数据统计

耶鲁大学的金融学教授罗伯特·希勒(Robert Shiller)称他的估值方法源自格雷厄姆:他把标准普尔500指数现在的价格水平,与过去10年公司的平均利润(扣除通货膨胀因素后)进行比较,见表3—4。

表3—4　　　标准普尔500指数与过去10年公司的平均利润比较

年份	市盈率	此后10年的总回报平均数
1898	21.4	9.2
1900	20.7	7.1
1901	21.7	5.9
1905	19.6	5.0

续表

年份	市盈率	此后10年的总回报平均数
1929	22.0	−0.1
1936	21.1	4.4
1955	18.9	11.1
1959	18.6	7.8
1961	22.0	7.1
1962	18.6	9.9
1963	21.0	6.0
1964	22.8	1.2
1965	23.7	3.3
1966	19.7	6.6
1967	21.8	3.6
1968	22.3	3.2
1972	18.6	6.7
1992	20.4	9.3
平均数	20.8	6.0

资料来源：百度百科。

通过对历史数据的检验，希勒指出，当市盈率高于20倍时，股市此后的回报率通常会较低；当市盈率降到10倍以下时，股票此后的回报率则会相当出色。

六、投资大师说规律

(一)格雷厄姆：市场会自我纠偏

格雷厄姆有一个关于股价的形象比喻：主人遛狗，狗围绕主人前后、左右奔跑，但有主人和牵引绳的束缚，狗一般不会跑得太远，而且最终都会回到主人身边。价值和价格的关系就像主人和狗的关系：股票的价格始终都是围绕着内在价值上下波动。

格雷厄姆在《证券分析》中指出："当证券分析家在寻找那些价值被低估或高估的证券时，他们就更关心市场价格了，因为此时他们的最终判断很大程度上必须根据证券的市场价格来做出。这种分析工作有以下两个前提：第一，市场价格经常偏离证券的实际价值；第二，当发生这种偏离时，市场中会出现自我纠正的趋势。"

格雷厄姆认为，内在价值是影响股票市场价格的两大重要因素之一，另一个因素即投机因素。价值因素与投机因素的交互作用，使股票市场价格围绕股票的内在价值不停地波动，价值因素只能部分地影响市场价格。价值因素是由公司经营的客观因素决定的，并不能直接被市场或交易者发现，这需要通过大量的分析才能在一定程度上近似地确定，通过投资者的感觉和决定，间接地影响市场价格。由于价值规律的作用，市场价格经常偏离其内在价值。

分析格雷厄姆关于价值投资的论述，我们会发现，格雷厄姆价值投资的基本思想是对股票市场价值规律的合理利用。

格雷厄姆将价值投资成功的根本原因，归于股票价格波动形成的投资机会："从根本上讲，价格波动对真正的投资者有一个重要意义：当价格大幅下跌后，提供给投资者低价买入的机会；当价格大幅上涨后，提供给投资者高价卖出的机会。"

格雷厄姆说："短期内，市场会忽视格雷厄姆的原则，但最终这些原则总会再次得到证实。如果你仅仅因为股价一直在上涨，就去购买该股票，而不管公司的价值是否在增加，那么，你迟早会懊悔。这并不是有可能发生的事，而是必然将发生的事。"

（二）安德烈·科斯托拉尼：股价与狗

德国大投资家安德烈·科斯托拉尼也有一个几乎与格雷厄姆相同的比喻，将这个问题说得很清楚、很透彻，即股价与一家公司的关系，就像狗与主人的关系一样。从表面上看，这只狗有时跑到主人前面，甚至跑得离主人很远，有时跑到主人后面，甚至也会离开主人很远，但是这只狗总是要跟主人回家的。这个主人就是公司的内在价值；而这只狗，就是涨涨跌跌的股价，即"市场先生"的每日报价。

（三）彼得·林奇：长期来看股票的波动情况还是取决于公司的收益

彼得·林奇认为："通常，在几个月甚至几年内公司业绩与股票价格无关。但长期而言，两者之间100%相关。这个差别是赚钱的关键，要耐心并持有好股票。"

彼得·林奇这样总结股票价格波动的规律:"股票的价格线与收益线的变动趋势是相关的,如果股票价格线的波动偏离了收益线,它迟早会恢复到与收益线的变动相关的趋势上。"人们可能关心日本人在做什么、韩国人在做什么,但是最终决定股票涨跌情况的还是收益。人们可能判断出市场上股票短时间的波动情况,但从长期来看股票的波动情况还是取决于公司的收益。

(四)巴菲特:股价与企业价值终究会同步

巴菲特在1981年致股东的信中说,市场价格和内在价值的路径常常不同,有的时候是时期延长,但长期而言,市场价格终将会与企业价值同步发展。

尽管"最终会交汇",但这个"最终"的过程,恰恰就是做投资最难的部分,这需要强大的定力和自律能力。

巴菲特在1973年致股东的信中提到:市场或许有一段时间对于企业的实际运营成果视而不见,但最终将会肯定它。企业成功被市场认可的速度并不重要,只要公司能以令人满意的速度提升内在价值(盈利增长的确定性)。实际上,被认可的滞后性也有一个好处:它会给我们以便宜的价格购买更多股票的机会。

无怪乎,巴菲特在给《聪明的投资者》写的序中说:"要想获得投资成功,并不需要顶级的智商、超凡的商业头脑或内幕消息,而是需要稳妥的知识体系作为决策基础,并且有能力控制自己的情绪。本书能够准确而清晰地提供这种知识体系,但对情绪的约束是你自己必须做到的。"

如果我们有坚定的长期投资期望,那么短期的价格波动对我们来说毫无意义,相反,它们还能让我们有机会以更便宜的价格增持股份。巴菲特常常这样教导他的投资者。

卓越的企业,内在价值不断地增长,股票价格也会不断地上升,就像春天到夏天,气温不断升高。股价涨跌波动,就像天气会下雨、出太阳一样正常。但无论怎么下雨、出太阳,从春天到夏天,气温依然会逐步升高。内在价值决定股票价格,股票价格也会跟随内在价值呈现上行走势,参见图3—6。

与上述相反,劣质的企业,内在价值不断地稀释,就像秋天到冬天,气温不断地降低。股价的涨跌波动,就像天气下雨、出太阳,但无论怎么下雨、出

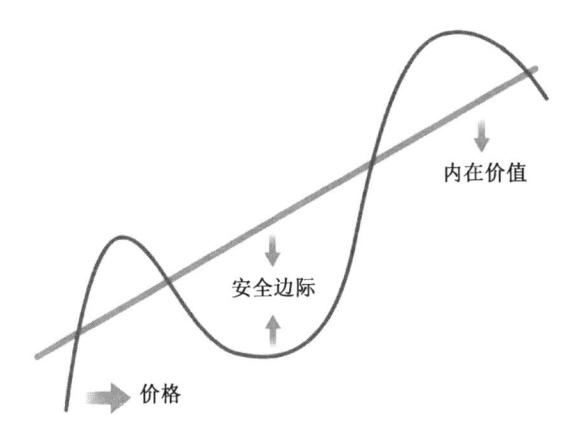

图 3-6　股价与内在价值（一）

太阳,从秋天到冬天,气温依然会逐步降低。内在价值决定股票价格,价格也会跟随内在价值,呈现下降走势,参见图 3-7。

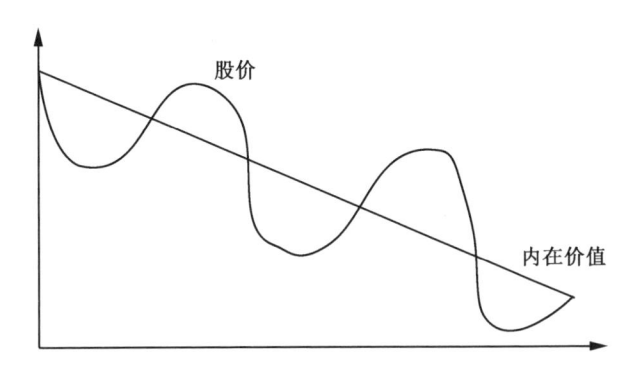

图 3-7　股价与内在价值（二）

七、马克斯:"钟摆理论"与估值

这里之所以把霍华德·马克斯的"钟摆理论"单独提炼出来,是因为其"钟摆理论"与经济周期的论述十分精妙。

一个钟摆,一会儿朝左,一会儿朝右,周而复始,来回摆动。钟摆总是围绕着一个中心值在一定范围内做有规律的摆动,所以被冠名为"钟摆理论"。

霍华德·马克斯认为,"现实世界中的事物往往在'较好'与'没那么好'之间波动,而投资者的感知却在'完美无瑕'与'毫无希望'中摇摆"。马克斯在其《周期》一书中提出了投资的钟摆理论,见图3－8。

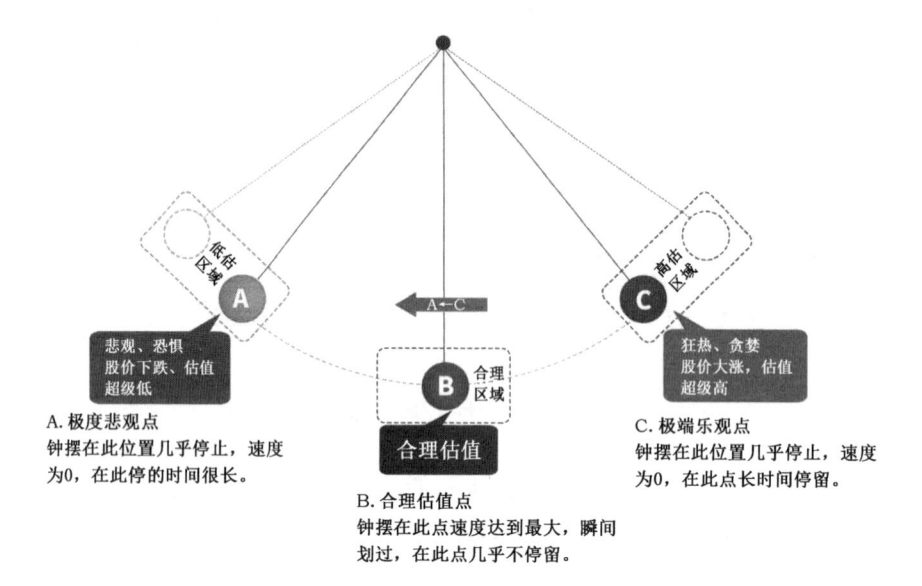

A.极度悲观点
钟摆在此位置几乎停止,速度为0,在此停的时间很长。

悲观、恐惧
股价下跌、估值超级低

B.合理估值点
钟摆在此点速度达到最大,瞬间划过,在此点几乎不停留。

合理估值

C.极端乐观点
钟摆在此位置几乎停止,速度为0,在此点长时间停留。

狂热、贪婪
股价大涨,估值超级高

图3－8　投资钟摆理论

霍华德·马克斯是巴菲特非常欣赏的价值投资家。他对市场有效论与市场无效论的讲解也很经典。他认为,市场大部分时候是有效的,所以不要与大势为敌,不论是浮亏还是真亏。在情绪的推动下市场也是无效的,总是从理性走向极端,这就是入场和退场的时机,见图3－9。

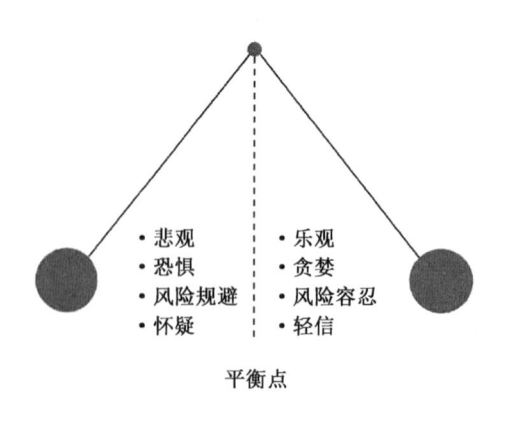

- 悲观
- 恐惧
- 风险规避
- 怀疑

- 乐观
- 贪婪
- 风险容忍
- 轻信

平衡点

图3－9　投资者情绪钟摆

市场就像一个钟摆,永远在极度乐观(使股票变得过于昂贵)与极度悲观

(使股票变得过于便宜)之间摆动。智慧型价值投资者是现实主义者,他们会在市场极度乐观时卖出股票,并在市场极度悲观时买进股票。

霍华德·马克斯认为:"估值就像钟摆,时而向左,时而向右,向某个方向摇摆的力度和时间不好把握,但是总有一天向钟摆的中央摆去,即实现估值的价值回归。""最重要的不是市场心理钟摆的中点,而是终点的反转。"

《聪明的投资者》的核心观点就是,"在理想条件下,聪明的投资者只会在价格便宜时购买股票,在价格涨高时将其出售;然后以债券和现金的形式持有这些资金,直到股价再一次变得便宜时再去购买"。2024年下半年,巴菲特手中持有美国国库券和现金创历史新高,我国投资者应该高度重视。

八、万变不离其宗

约翰·邓普顿:"股票价格比价值波动更大。"

两百多年的股市历史表明,受价值规律的影响,股票价格会围绕股票价值上下波动,有时候波动非常激烈。这是因为金融证券的价格受一些影响深远但又变幻莫测的因素支配。格雷厄姆形象地把这种影响证券价格波动的非人力因素称为"市场先生"。"市场先生"每天都现身来买卖金融资产,它是一个奇怪的家伙,它根据各种各样难以预料的情绪波动,使价格落在其所愿意成交的位置上。

企业内在价值与股票价格的关系,也可以用一句古语"万变不离其宗"来表达。这句古语在此处可以有两层意思:其一,"万变"代表股票价格的涨跌波动,需要关注的变量、头绪很多;"宗"代表企业内在价值,需要关注的变量、头绪比较少。价格的"万变"不离内在价值这个"宗"。其二,股市里面红红绿绿,千变万化,但其内在的规律,不会改变;短期是无效市场,长期是有效市场。

这个"宗"就是规律,就是常识。在投资实践中,人性的贪婪和恐惧是需要自己去克服的。熊市有多么恐惧,牛市就会有多么贪婪,最终沦为炮灰。无论是熊市还是牛市,价值投资赚钱的理念和方法始终没有改变。

巴菲特在2022年致股东的信中说,股票会不时地以愚蠢的价格交易,可能是高也可能是低,"有效市场"只存在于教科书中。

我们应该如何应对股市的动荡变化呢?其实,股票的操作是要"以不变应万变"！

"不变"是我们应该把关注重点放在企业的内在价值上；"万变"指的是股票价格的涨跌动荡。价值投资者，以低估的价格买入好企业后，应该怎么样呢？应该坐等——"以不变应万变"。

据说，比尔·盖茨从1994年开始减持微软的股票，从45%的持股比例减持到了3%，由其财富管家迈克尔·拉森打理股票变现的资产，其个人财富从1994年的50亿美元，增长到了2017年的900亿美元。但是，如果这些微软股票不卖，按照2017年微软的股价计算，市值约2 900亿美元。

理想的丰满与现实的骨干，同样发生在马化腾早早地减持腾讯控股的股票上。

九、关注现象，赚钱很难；关注本质，亏钱很难

《聪明的投资者》中写道："最有条不紊的投资就是最明智的投资。许多有能力的企业家通过稳健的原则在自己的业务领域取得了成功，但是，我们惊讶地发现，他们在华尔街的业务却完全违背了所有的稳健原则。每一种公司证券都应该首先被看成是针对特定企业的一部分所有权或债权。如果某人一心想通过证券的买卖获利，那么他是在从事自己的风险业务。如果他想有成功的机会，那么就必须按照公认的商业准则去行事。"

投资是认知的变现。伴随着认知的不断提升，投资之路就会渐渐地变得宽阔了。

如果市场是完全有效的，那么格雷厄姆的价值投资将不会有用武之地。因此，市场的愚蠢行为才是格雷厄姆价值投资者获利机会的根本来源。

格雷厄姆说："股市从短期来看是'投票机'，从长期来看，则是'称重机'。"

菲利普·费雪说："股票市场上到处都是只知价格、不知价值的人。"

股价的涨跌波动，迷惑了90%的股市参与者。市场投资者能过股价涨跌波动这一关的人，不多。也就是说，能透过现象看到本质的人，很少。

"一九"铁律，千年不变，股市常年赚钱的，不到10%。大多数人，进入股市是送钱的。股市中90%以上的人亏钱，其中绝大多数是投机交易者。拉长时间周期看，为什么投机交易者很难盈利？因为股市短期是无效的，短期的

规律变幻不定很难把握。股市长期是有效的,这就是价值投资者占尽优势的原因。

股市长期有效的规律是,企业内在价值决定股票价格,股票价格围绕内在价值上下波动。

试图通过股票的短期买卖赚取超过企业经营性收益的投资回报时,由于企业价值与股票价格之间的复杂关系,会使自己处于一个冒险的境地。

巴菲特认为:"股票市场根本不在我所关心的范围之内。股票市场的存在只不过是提供一个参考,看看是不是有人报出错误的买卖价格做傻事。我希望自己能够预测股市走势和预测经济衰退,但这是根本不可能的!"

菲利普·费雪说:"短期的价格波动本质上难以捉摸、不易预测,因此玩抢进杀出的游戏,不可能像长期持有正确的股票那样,一而再、再而三地获得巨大的利润。"

金融是现象,实业是本质。关注现象,简单事情复杂化,化简为繁,千头万绪,本末倒置,是聪明;关注本质,复杂事情简单化,化繁为简,大道至简,追根溯源,是智慧。老子在《道德经》中说:"大道甚夷,而人好径。"

十、不看盘的本质

即使认知到位了,股市里的绝大多数人也做不到"知行合一",要真正实现认知引导行动,还需要克服人性的弱点。人性的修炼是价值投资的基本功。

看盘,也就是关注现象,痛苦吗?很痛苦,苦海无边!不看盘,是非常重要的窍诀。不看盘,就是不关注现象,关注本质。

看盘,容易被现象所迷惑,眼见心还乱。想看盘的时候,就去研究企业的基本面,研究行业,重点复盘企业的核心投资逻辑,研究企业的商业模式、核心竞争力以及企业的核心团队、企业的内在价值。

价值投资即股权投资,是用金钱购买卓越公司的股权。卓越公司是一群优秀员工的智慧与能力的结晶升华。用金钱购买公司,就相当于购买了一群聪明人的智慧和时间。从理论上讲,这种智慧可以永续迭代,时间也可以永恒向前,所以股权投资的财富可以永续。我们睡觉和休假,卓越公司都还在帮我们赚钱。

我们需要对股市"万有引力定律"形成定解,逐渐变成深度了解行业、企业的专家,能触摸到企业脉搏的跳动。

十一、远离什么样的企业?重仓什么样的企业?

做股票要透过现象看本质。二级市场的股价涨得很好,但基本面不好,或变坏,竞争力越来越弱,这样的企业要远离;二级市场的股价涨得不好,或者一直下跌,但基本面很好、越来越好,竞争力越来越强,这样的企业要敢于重仓。

许多成功的价值投资者是不会关注技术指标的。他们不属于技术分析人士,也不关注技术指标,只在乎股票的基本面,很少看股价的走势,因为股价走势会对持股的心态产生干扰,不利于保持良好的心态。他们的原则就是基本面没有问题的股票,即使股价走势不好,也坚决持有;如果公司基本面出了问题,股价即使走得再好,我也会卖出。

十二、价值投资大师如何看待股价波动

(一)菲利普·费雪

菲利普·费雪认为,影响长期投资收益的根本要素只有一个——企业本身。费雪果断地选择无视宏观、无视大盘、无视下跌的长期持股,称"如果能发掘出真正优秀的企业,然后与这些公司一起度过市场周期的波动,最终获利实际上要远大于那些趁低买入、高价卖出的炫目手法"。

(二)巴菲特

如果人们不能承受股价下跌50%,那么就不适合做股票投资。2020年新冠疫情爆发的时候,伯克希尔·哈撒韦公司迎来了有史以来第一次线上直播大会。而就在这场股东大会之前,美股短短10天之内经历了4次熔断。疫情爆发、经济停摆、石油价格暴跌……绝望的雾霾笼罩在每一位投资者头上。比这还绝望的是,伯克希尔·哈撒韦公司当时刚公布的一季报,股票投资亏超545亿美元。面对这场席卷全球的危机,全世界的投资者都期待巴老爷子给出走出困境的答案。

71天之前,伯克希尔·哈撒韦公司2019年的净利润还是814亿美元,71天之后就巨亏545亿美元。71天的时间里,这个世界就貌似发生了巨变,但在老爷子眼里,好像一切从未改变。

美国中部时间 2020 年 5 月 2 日,89 岁的股神对着镜头,足足讲了 5 个多小时。老爷子云淡风轻地说道:

> 你买股票必须带着这种预期:持有周期非常长,且已经在经济上和心理上做好了准备。你不用尝试抄底,没有人可以告诉你什么时候是底部。你必须做好准备,股价会下跌 50% 甚至更多,能够适应这种波动才适合入市。
>
> 我在历史上经历过三次伯克希尔股票的价格下跌了 50%,这三次下跌发生的时候,伯克希尔本身并没有什么问题,但如果你盯着股票的价格,或者整天听别人说的话,可能会出于种种原因想做点什么。
>
> 你必须保持恰当的心理状态,坦率地说,有些人并不是很认真细心,有些人比其他人更容易感到恐惧。恐惧就像病毒一样,它对有些人的影响比其他人大很多。
>
> 有些人可以从心理上接受(股价波动),如果你不能从心理上应对这些,那么你真的不应该持有股票,因为你会在错误的时间买入。你不应该指望别人告诉你,你应该做一些你自己理解的事情。如果你自己都不理解,就会被随便一个人所影响。
>
> 我不知道今天是不是买入的好时机,我也不知道两年后会怎么样,但是二三十年后,再回过头来看,现在买入肯定是成功的。
>
> 我并不是建议大家,今天、明天、下周就去买入股票,什么时候买完全取决于你的情况。

在 1994 年的伯克希尔·哈撒韦股东大会上,巴菲特几乎也说过一模一样的话:"如果下个月市场下跌 50%,你问伯克希尔是不是情况更好了,我们会告诉你,若真的下跌 50%,伯克希尔的情况会更好,因为我们是股票的长期买方。"

(三)李录

李录认为,成功投资者需要具备以下秉性:

第一,内心的原则重于一切,独立的、内在的尺度重于一切,一个买奢侈品皮包让别人认同自己的人,不适合做价值投资,和群体打成一片的人不太容易做成,那种特立独行的人是有可能成功的。

第二,有一种先天的对事实对真相的追求,能够客观理性地面对问题,并坚持追求客观与理性。很多做价值投资的人都有一些哲学家气质,希望寻求事物背后的本质规律。

第三,有极端的耐心同时又极其果敢。在没有机会的时候,能等很长时间,在找到机会的时候买入股票可以承受长时间的不挣钱和被套牢。如果不赚钱就焦虑而等不及是做不好价值投资的,投资者的财富需要等待很长很长的时间。这是一种规律,你必须要有超强的耐心。在有超强耐心的同时,还必须具有果断的气魄,一旦出现大的机会就大手笔像饿虎扑食般地扑上去,在真正的机会面前毫不犹豫。

(四)段永平

段永平认为,专注公司生意,忽略短期的波动,眼前的这些事10年后都不是事。

价值投资必须关注企业的内在价值,需要从股价涨跌波动的表面现象中解脱出来,摆脱对情绪的干扰。如果不能解脱出来,就无法实现价值投资能力的质变。能够坦然接受股市的波动,突破波动对情绪的影响,拿着好企业穿越牛熊,就突破了股市"一九"铁律的桎梏,从而跑赢市场上90%以上的投资者。

段永平曾经指出:"股票是由每个买家自己'定价'的,到你'自己'觉得便宜的时候才可以买,实际上和市场(别人)无关。啥时你能看懂这句话,你的股票生涯基本上就有机会持续赚钱了。如果看不懂其实也没关系,因为大概85%的人永远看不懂这句话,这也是有些人早晚会亏在股市上的根本原因。非常有趣的是,我发现其实大部分从事'投资'行业的'专业'人士也不是真的很明白这句话。你们只要把公司想象成一家非上市公司,没有股价变化就明白了。不过,绝大多数人大概做不到这点。客观来讲,没办法将一家公司看成非上市公司来投资的话,最后多数会亏钱。"

股市的涨跌波动,甚或是牛熊,除了会影响极少数具有明显"反身性"特征的企业之外,对绝大多数企业的生产经营、核心竞争力、利润增长都没有直接影响。

股票的价格会在1年内上涨1倍、2倍,也会下跌50%,甚至下跌80%。

但正常情况下,企业的基本面都是渐变的,企业的内在价值不可能在短短 1 年内有这么大的变化。

股价的涨跌波动,并不会影响企业的内在价值,只是企业的估值会随之震荡起伏而已。

十三、巴菲特的"顿悟"

许多价值投资做的很成功的人,大多数有过这样的经历:从关注表面现象——股市的涨跌波动,到关注股票投资的本质——企业内在价值的质变。

2008 年,巴菲特坐上了世界首富的宝座。2008 年 2 月 25 日,巴菲特接受访问,当被问及:"虽然您公开了自己的投资方法,但很少有人能模仿您取得成功,请问这是为什么?"巴菲特回答道:

> 我问过格雷厄姆同样的问题。很多人都去哥伦比亚大学听他讲课。他用当时的股票作为例子讲课。听完一学期的课,用格雷厄姆讲的例子,学生们都能做出一个肯定赚钱的投资组合了。
>
> 格雷厄姆的一生是分享的一生。因为他分享,或许他聚集的财富少了,但是他活得更幸福。钱只不过是纸面上的一串数字,一个人去世时拥有 8 600 万美元还是 4 200 万美元,没多大区别。在听过格雷厄姆讲课的学生中,最后 90% 都干别的去了。
>
> 我从 11 岁开始投资,第一次买股票买了 3 股 Cities Service 的优先股。我把奥马哈图书馆所有关于投资的书都读了。
>
> 我开始的时候研究走势图、学技术分析。我很痴迷技术分析,但用技术分析根本没赚到钱。
>
> 20 岁的时候,我读了格雷厄姆的《聪明的投资者》,这本书改变了我的一生。因为我读了这本书,格雷厄姆是不是有什么损失呢?或许吧,我们在投资中相互竞争,格雷厄姆因此赚得钱少了,但是格雷厄姆不在乎。
>
> 格雷厄姆讲的理念,能听进去的人,一听就听进去了;听不进去的人,怎么给他讲都没用。归根结底在于人们性格的差异。
>
> 人人都想要赚钱快,钱不是这么赚的。许多人想要的东西,格雷厄姆讲的理念给不了他们。按格雷厄姆讲的,投资者做不到

能掐会算,只是坚守自己的能力圈,等待明显的好机会。

与赌股票第二天的涨跌相比,格雷厄姆的方法不够刺激。大多数买互联网公司的人,连市值多少都不清楚。他们买,是因为自己觉得能涨。你让他们写下来,'我买市值60亿美元的XYZ公司,是因为……',他们根本写不出来。

还是龟兔赛跑的道理,最后一定是乌龟胜利。查理和我两个人讲怎么投资,我们是培养了竞争对手。然而,大多数人不和我们竞争。有和我们竞争的,也没关系,我们的钱早就花不完了。

大多数价值投资者都会经历以下三个阶段:初始阶段求多,什么都信、什么都想买、什么都敢买;中间阶段求好,买好的,这阶段逐渐做减法,对好的判断还在表层,不知为何好,不知好与更好、最好的区别;最终阶段求独,在好的基础上追求最好,即最赚钱的商业模式。

十四、市场波动与价值投资

(一)利用好"市场先生"

对于价值投资者来说,股价涨跌波动的唯一意义是提供了低估买入、高估卖出的机会。市场波动幅度越大,价值投资者会赚得越多。

巴菲特说:"'市场先生'是你的仆人,而不是你的向导。""我宁要模糊的正确,也不要精确的错误。"

绝大多数人对"市场先生"这个概念是理解不清楚的,这也是巴菲特一直强调的"别上杠杆""别做空"。因为"市场先生"短期是癫狂的状态,有时会给你一个不可思议的价格——可以高到云霄,也可以跌进尘埃。

我们要关注的是生意。当我们以合理的价格买入企业的股票,短期内价格的波动跟我们没有太大的关系,除非企业的基本面出现重大的变化,否则最重要的就是两件事——想清楚和坚持住。

对价值投资者来说,金融市场股价波动的唯一意义,是利用"市场先生"的非理性而逆向操作:价格低估时买入,价格高估时卖出,使价值投资者赚得更多。

巴菲特认为,"波动对真正的投资者而言是一个巨大的优势。比起12%的平稳回报,我们更喜欢15%的波动回报"。巴菲特在1997年伯克希尔股东大会上说:"波动对于真正的投资者而言,是一个巨大的优势。事实上,如果波动越大,我们赚到的钱就越多,因为波动可以制造出更多市场中的错误。格雷厄姆举了'市场先生'的例子。他说,当你买入一只股票,实际上你买下了这个企业的一部分,同时你拥有了一个乐于助人的伙伴,他每天都会出现在你面前,并向你提供买入或者卖出这只股票的报价,而且这两个报价几乎是一致的。而在非上市企业中,没有人能够得到这样的每日报价。但在股市中,你却能得到这一信息,所以我觉得这是一个巨大的优势。如果你的这位伙伴是一个嗜酒如命的狂躁症精神病患者,那这个优势就更大了。因为他越疯狂,你能赚到的钱就越多。所以,作为一名价值投资者,你应该喜欢波动。"

《聪明的投资者》认为,从根本上讲,价格波动对真正的投资者只有一个重要意义,即当价格大幅下跌后,给投资者买入的机会;反之亦然。在除此之外的其他时间里,投资者最好忘记股市的存在,更多地关注自己的股息回报和企业的经营结果。

投资者和投机者之间最现实的区别在于,他们对待股市变化的态度。投机者的主要兴趣在于预测市场波动,并从中获利;投资者的主要兴趣在于按合适的价格购买并持有合适的证券。

(二)金融危机是普通人改变命运的最好机会

中国有句古话:"祸福相倚。"值得一提的是,普通人改变命运的最好机会,就是金融危机。

股市大跌,金融资产随之暴跌,大多数人沉浸在恐惧之中,只有少部分人能意识到,此时就是人生的分岔路口,分分钟足以改变命运。能够理解市场涨跌波动规律的价值投资者就会利用这样的机会。

从价值投资第一性原理来讲,股价跌或涨是入股或撤股的绝佳时机。因此,我们要感谢市场波动。市场越疯狂,波动幅度越大,价值投资者占的便宜就越多。这是投资公开上市的优秀公司的巨大优势,而投资非上市公司就没有这个优势。

(三)不要让猜测或情绪指导自己的投资

巴菲特在1966年致合伙人的信中写道:"一个公司,长期投资的话,我们会有优势,但是如果我们根据猜测或情绪决定是否投资,那就完了。无论是我们投资的公司,还是买的股票,价格低廉的时候,就算某些算命的说价格会继续跌,我们也不会卖,虽然它们肯定有蒙对的时候。同样的道理,有的股票价格已经很高,就算某些'专家'宣称还会涨,我们也不会买。如果公司是自家的,怎么可能听信股市上别人的猜测来决定买卖？别人给你的股权(股票)报价,这是好事,要善于利用。什么时候看到报价高或低得离谱,你就从中获利。别让频繁失常的报价左右了自己的判断,别把本来的优势变成羁绊自己的劣势。在《聪明的投资者》这本书的第二章中,本杰明·格雷厄姆强有力地阐述了这个理念。我个人认为,在所有关于投资的著述中,这个章节的重要性无出其右。"

A股的市场波动幅度极大,投机交易氛围浓厚,但也为价值投资者提供了更多低估买入、高估卖出的好机会。

十五、知行合一才能获得成功

(一)像与女朋友相处,忍一忍就过去了

在资本市场,有的人做研究员很成功,但做基金经理却做不好。有的人自己账户做得很好,但为别人理财,管别人的钱,却做得一塌糊涂。做不到真正的理性,做不到真正的知行合一,这是人性层面的问题。

巴菲特说:"我之所以能有今天的投资成就,是依靠了自律和愚蠢两个东西,即自己的自律和别人的愚蠢。"

格雷厄姆说,投资决策25%取决于智慧,75%取决于心理因素。其实,短期股价往往是一种情绪的发泄,等情绪发泄得差不多了,就会逐步回归价值。这有点像与女朋友相处,不要在她发泄情绪时做出不理智的选择,其实忍一忍就过去了。

何为理性？人在不理性的时候会做错误的事情,因为控制不住情绪；人们明知错误的事情还去做,因为错误的事情给人短期的诱惑,两者的危害都挺大。

因为恐惧而在低价卖出好公司的筹码,原因是情绪失控。为短期利益的诱惑而买入,可能短期确实可以获利,最终却导致在投资的歧路上渐行渐远。

股市往往会下跌一年、两年,甚至更久,股民恐慌卖出,基民赎回,市场再下跌,股民、基民更悲观,市场进一步下跌,循环往复。面对市场的恐慌,价值投资者需要做的,不是跟着市场一起陷入恐慌的情绪中,而是要保持清醒的头脑,抓住买入优质公司的机会。也许股市还会下跌,可能还会下跌不少,价值投资者不是神仙,不做神仙才能做的事,预测不了底在哪里,买好股票,剩下的就是静静的耐心等待。只要买对股票,下跌只是波动,只是暂时的账面损失,时间会成为价值投资者的朋友。

(二)股票是所有权凭证,而不是交易凭证

当被问及如何评估企业内在价值时,巴菲特认为,内在价值与现金流有关;投资唯一的原因是通过投资的企业获得现金流,而不是把股票出售给其他人;股票交易是负和博弈;购买农场,可以出售农作物产生现金流;购买公寓,可以通过出租产生现金流;购买企业,可以通过经营产生现金流。我们对企业的认知是正确的,就能赚钱,是错误的,就会亏钱。买股票就是买公司,股票是所有权凭证,而不是交易凭证。

我们作为价值投资者,应该有这样的认知:投资是与上市公司合伙做生意,我是股东,无论股票价格怎么涨跌波动,无论宏观形势怎么动荡,我的关注点是,我所投资的企业核心竞争力还在吗?生产经营正常吗?社会和民众对这家企业的产品、服务还有需求吗?我的企业还有创造价值的能力吗?我的企业有风险吗?如果这些问题的答案是正向的,就一切OK了,剩下的就是自己把情绪管控好。有句网络语"咬定价值不放松,立根原在现实中,只要企业不变坏,任尔东南西北风"恰好地作了总结。

用投资而非投机的视角,股票投资成为许多人追求的事业。它不再是兴奋或焦虑不安,不再是杀机四伏的博弈,而是一种对社会趋势的观察、对商业模式的理解、对优秀企业家的欣赏、对复杂人性的洞察、对自己性格的再认知、对世界的好奇心、对喧嚣的远离和对孤独的享受,以及对偶遇同行者的欣喜。投资需要逆向而行,独立思考,需要耐心、果敢,这些修炼会将我们带向更高的境界。

十六、价值投资者如何应对投资收益的回撤

如果

如果所有人都失去理智,你仍能保持清醒;
如果你能等待,不要因此厌烦;
如果你是个爱思考的人,光想不会达到目的;

> 如果所有人都怀疑你，你仍能坚信自己，让所有的怀疑动摇；
>
> 那么，你就可以拥有一个世界，这个世界的一切都是你的。

这是巴菲特在每次股市深跌时最爱引用的箴言。

(一)"我从不试图通过股市(交易)赚钱"

巴菲特从不控制回撤吗？论回撤幅度，巴菲特绝对榜上有名。

1987年10月19日，这一天美股遭遇黑色星期一，道琼斯指数下跌22.6%，而巴菲特的伯克希尔当天就损失了3.42亿美元，一周之内伯克希尔股价暴跌了25%。而巴菲特什么都没做，只是淡淡地回应：也许是因为股价涨太多了。

事实上，巴菲特买入的很多股票都出现过大幅回撤，买入华盛顿邮报、高盛、比亚迪等股票后，回撤幅度都曾一度超过50%。

巴菲特为何不控制回撤呢？股价产生回撤，一般缘于两种情况：一是股价进入高估泡沫区域，此时的回撤比较危险，很有可能跌下去就回不来，从而损失本金；二是股价仍处于低估区间，受各种外部因素影响而使股价回撤，这种情况只是短暂的回调，股价会迅速拉回，并创新高。

巴菲特显然不是第一种情况。巴菲特深受格雷厄姆的影响，他所有的投资都是在股价腰斩、市盈率极低时买入，安全边际足够高。

1973年，美股"漂亮50"下跌15%。两年后，巴菲特在道琼斯指数下跌40%以后才入场，此时大批蓝筹股市盈率只有个位数。

2000年，科技股泡沫破灭，巴菲特一直到5年后才抄底。巴菲特买入的股票上涨空间足够大，回撤仅仅是窄幅波动。巴菲特赚的是企业业绩增长、估值修复、企业分红的确定性的钱，而不是股市波动的钱。用巴菲特自己的话说："我从不试图通过股市(交易)赚钱。"

(二)巴菲特如何应对回撤

股市大幅回撤是自然现象，即便是巴菲特执掌的伯克希尔·哈撒韦公司，历史上也经历过几次大幅回撤，但这些没有影响到伯克希尔公司后续的辉煌。

在2020年的股东会上，巴菲特说："我经历过三次伯克希尔股票的价格下跌50%以上。如果你是借钱买的股票，那你就会被清零了。这三次下跌发生的时候,伯克希尔本身并没有任何问题。如果你看了股票的价格,你会认为必须采取行动了,因为它总会有这样或那样的原因。"

任何人做事都有可能经历至暗时刻,没人支持,别人都觉得你不行了,熬过去就是柳暗花明,熬不过去就是天下笑柄。巴菲特劝投资者,不用尝试抄底,没人能帮你选股票,要做好可能跌50%甚至更多的准备,能够适应这种情况,坦然自若,才适合介入股市做价值投资。

伯克希尔公司历史上5次大幅回撤时,巴菲特是怎么应对的呢?回顾巴菲特在市场极端情况下说出来的经典之语,以及他的实际操作,对于价值投资者会有所启发。

第一次 1973—1975年,伯克希尔股价跌幅达到56%。

1973年和1974年是美股大熊市,芒格这两年连续亏损31.9%和31.5%,深受重创。伯克希尔·哈撒韦股价从1973年的每股90多美元,跌到1975年10月的每股40美元左右,跌幅达到56%。在经历了市场暴跌之后,估值变得很便宜。

在此之前,也就是1972年,美国股市刚刚经历了一个大牛市,股价大幅上涨,市场全部在追捧"漂亮50",如施乐、柯达、宝丽来、雅芳和得克萨斯仪器等。投资者普遍认为这些股票是"安全的",而且在任何价位都是安全的。由于大家疯狂追捧买入,1972年50只股票的平均市盈率上涨到80倍,市盈率变成了"市梦率"。

当时的巴菲特,认为伯克希尔公司无法买到股价合理的股票,为此非常苦恼:"我觉得我就像一个性欲旺盛的小伙子来到了一个荒凉的岛上。"

1973年,"漂亮50"的股价大幅下跌,道琼斯指数也不断回落。那些1969年上市的公司眼睁睁看着自己的股票市值跌去了一半。

1974年,美国股市已经处于很低的估值,几乎每个公司的市盈率都是个位数,这是华尔街少有的时期:美国企业正在被抛弃,没有人想再继续持有股票,每个人都在抛售股票。在这一期间,伯克希尔的股价也经历了惨烈的下跌。

面对回撤,巴菲特和之前完全相反。到了1974年10月初,道琼斯指数从之前的1 000点狂跌到580点。80岁的格雷厄姆认为,华尔街的股价又便宜了,年轻人正面临着这代人一生中最伟大的买入机会之一,鼓励年轻人不要绝望。在市场一片悲观声中，巴菲特接受《福布斯》记者的访问。他说："我就像一个非常好色的小伙子闯进了女儿国，这是有史以来第一次能够以格雷厄姆的价格购买费雪的股票，投资的时候到了。"

巴菲特历史上著名的投资案例——华盛顿邮报就发生在那一段时间。

1973年，巴菲特斥资1 000万美元，以每股5.63美元买入华盛顿邮报的股票。在巴菲特看来，这是一个不可思议的价格，不到当时内在价值的1/4。

虽然在随后的两年时间里，市场继续下跌，连带华盛顿邮报股价继续下行，但巴菲特并不在意。他在致股东的信中说："1973到1974年间，华盛顿邮报表现依旧良好，使得内在价值持续增加。尽管如此，我们在该公司的持股市值却由原始成本的一千多万美元减少了25%变成800万美元，本来我们觉得已经够便宜的东西，没想到在一年之后，市场将它的标价又向下调整了两成。"

巴菲特在买入时，认为华盛顿邮报价格不到当时内在价值的1/4，而事后证明，这笔投资远远不止4倍的收益。

第二次　1987年，伯克希尔股价跌幅达到25%。

1987年，爆发全球股灾，伯克希尔·哈撒韦公司股价从每股4 000美元迅速跌到每股3 000美元，跌幅达到25%。

据当时美国媒体报道，在暴跌那一刻，巴菲特可能是整个美国唯一没有关注股市的人。巴菲特的办公室里没有电脑，也没有股市行情机，他根本不看股市行情。整整一天，他和往常一样安安静静地待在办公室里，打电话，看报纸，看上市公司的年报。

有记者问巴菲特：这次股灾，意味着什么？巴菲特的回答只有一句话：也许意味着股市过去涨得太高了。

巴菲特没有恐慌地四处打听消息，也没有恐慌地抛售股票，面对大跌，面对自己的财富大幅缩水，面对他持有的重仓股大幅暴跌，他非常平静。

1987年，在白宫的宴会上，巴菲特遇到了可口可乐公司的总裁，奥马哈的老乡基奥，基奥建议巴菲特放弃百事可乐，尝尝可口可乐新品樱桃可乐。巴菲特尝了之后感觉不错，从此改喝可口可乐。

但巴菲特并没有立即买可口可乐，而是一直等到第二年秋天才开始大手笔买入。

《巴菲特传》记录了巴菲特买入可口可乐的过程：

1988年秋天，可口可乐公司突然发觉有人在大单买入它的股票，当时公司董事长郭思达和总裁基奥都感到很惊奇，因为这个时候可乐的股价从股市崩盘前的最高点，已经下跌了25%。

当基奥发觉是中西部的某位经纪人在买的时候，他突然想起了自己过去的邻居，他赶紧给巴菲特打了一个电话，问他是不是在大单买入可口可乐的股票？

巴菲特回答说，没错，是我。

巴菲特请基奥在自己公布持股之前，不要说出去，同时，巴菲特还在不断地建仓。

到了第二年春天，伯克希尔·哈撒韦已经买下了可口可乐价值10.2亿美元的股票，占总股本的7%。

仅仅过了3年，巴菲特在可口可乐的投资涨到了差不多37.5亿美元。

在1991年致股东的信中，巴菲特高兴地写道："三年前，当我们大笔买入可口可乐股票的时候，伯克希尔公司的净值大约是34亿美元，但现在，光是我们持有的可口可乐股票市值就超过了这个数字。"

1994年，巴菲特继续增持可口可乐，总投资达到12.99亿美元，之后持股一直稳定不变。

1997年底，巴菲特持有可口可乐股票市值上涨到133亿美元，不到10年赚了10倍，仅仅一只股票就为巴菲特赚取了100亿美元。

这是巴菲特最传奇、最成功的股票投资案例。

第三次 1990年海湾战争，伯克希尔股价跌幅达到38.2%。

第四次 20世纪90年代末，伯克希尔股价跌幅达到50%以上。

20世纪90年代末，美国出现了科技网络股泡沫，那些非新经济概念的公司股票遭到市场抛弃。巴菲特坚持不买科技网络股票，伯克希尔·哈撒韦股价从每股80 000多美元，跌至每股40 000美元左右，跌幅达到50%以上。

1999年夏天，《时代》周刊公然在封面羞辱巴菲特："沃伦，究竟哪儿出了问题?"

沃伦·巴菲特是科技网络股最大的看空者之一,但是事实似乎证明他这次真的看错了。从1999年下半年开始,网络股好像成了唯一的热门股。可口可乐?听起来似乎是上上个世纪的名词了。

1999年7月,巴菲特发表了著名的"太阳谷"演讲:

"关于投资,只存在两个真正的问题:一是你想得到多少回报,二是你想什么时间得到回报。伊索称不上是一位金融家,但是他说过'一鸟在手胜过双鸟在林'。不过,他并没有提到时间。"

巴菲特将大牛市和伊索联系到了一起,他认为这个牛市纯属瞎闹。利润的增长远远低于前期,但林子里的鸟变得昂贵,因为利率处于低水平。如此低的利率水平,想持有现金的人数在减少。因此,投资者正在向林中鸟支付闻所未闻的价格。

巴菲特认为,"只有三种手段能够保证股票市场以每年10%的幅度上升:一是利率下跌并保持在历史低位上;二是经济增长的大部分成果都回馈给了投资者,而非雇员、政府以及其他;三是整个经济体的增长速度超过以往"。

但巴菲特把这三个假设称为"异想天开"。巴菲特讲了一个石油商人的故事:

一个石油商人死后进了天堂,圣彼得对他说:"你符合所有的条件,但这里人以群分,石油勘探者的居住区已经满了,我没有地方提供给你。"商人问:"您不介意我说五个字吧。"

"可以。"于是商人把手拢在嘴边,大声说:"地狱里有油!"

所有的石油勘探者都直往下冲,地方被腾空了。

圣彼得说,好吧,现在这块地方全都是你的了。商人停了一会儿,说:"哦,不了,我还是跟着他们去地狱吧,毕竟空穴不来风。"

大多数人就是这样来认知股票的。他们容易相信流言非虚,哪怕是名不见经传的人说的。

听众明白了巴菲特的话中之意——他们就跟石油勘探者一样没脑子,听信传言,跑到地狱去找石油。

巴菲特虽然做了这场经典演讲,然而"市场先生"不给面子,科技股依然一片繁荣,1999年标准普尔500指数上涨21%,纳斯达克指数大涨66%。

伯克希尔股价大幅下跌,巴菲特遭到分析师和媒体的口诛笔伐。但是剧情反转来得也很快,2000年3月,互联网泡沫开始破裂崩盘,直至2001年全面消退。

在2000年巴菲特致股东的信中说,去年我们一口气完成八件购并案,其中有两件从1999年就开始谈,这些案子的金额总计高达80亿美元,所有资金完全依靠自有资金支付,没有举债一分钱。

第五次 2008年,伯克希尔股价跌幅达到56%。

2008年,美国爆发金融危机,伯克希尔股价从2007年12月的每股99 800美元,跌到2009年7月15日的每股44 820美元,跌幅达到56%。

当市场一片悲观时,巴菲特于2008年10月在《纽约时报》发表了著名的文章《我在买入美国》。

在这篇著名的文章中,他再次重复了那句经典"在别人贪婪时我恐惧,在别人恐惧时我贪婪"的名言,至今还如雷贯耳,相信经历了2008年金融危机的人应该记忆犹新。

在文章中,巴菲特直接下结论:

> 未来10年,持有股票的投资收益率几乎可以肯定会高于持有现金,而且可能高出很多。那些现在手里紧紧握住现金的投资者是在打赌,他们在等待能让他们感觉良好的好消息,但是他们忘了冰球明星韦恩·格雷茨基(Wayne Gretzky)的忠告:"我总是滑向冰球将要去的地方,而不是冰球现在所在的地方。"
>
> 我不想对股市发表什么看法,我要再次强调,我对股市短期是涨是跌都根本不知道。我将会遵循一家开在银行大楼里的餐馆打出的广告上的建议:"你的钱放在哪里,你的嘴就放在哪里。"今天,我的钱和我的嘴都放在股票上。

在这篇文章发表前的1个月内,巴菲特先后出手6次,大量买入高盛、比亚迪、通用电气、星座能源、日本汽车厂商Tungaloy等公司股份。

在这篇文章发表5个月后,美股触底反弹,迎来了长达十几年的牛市。当2008年次贷危机过后,人们惊讶地发现,巴菲特从这次危机中赚取了超100亿美元,回报率达到40%,远超同期美国政府救助陷入困境的企业所获得的12%收益。

综观巴菲特的五次回撤,可以看出,每一次回撤都是又一次成功的起点。

十七、小结

以金融的视角,关注的是现象,就像苏轼的诗句所描述的那样:"不识庐山真面目,只缘身在此山中。"以实业的视角,关注的是本质,犹如王安石的诗句所描述的那样:"不畏浮云遮望眼,只缘身在最高层。"

由于股市的短期波动很大,长期趋势向上,因此,所谓的股市风险,其实是投资者自己造成的。如果投资者陷入短期的炒作,风险就并不来自上市公司本身,而是变成了投资者对短期股价波动的判断正确率上。

综上所述,价值投资就是要选择真正卓越的企业,原因有三:

其一,真正优秀卓越的企业,即使不择时,拉长周期,不会亏钱;

其二,真正优秀卓越的企业,在低估时买入,可以赚取超额收益;

其三,真正优秀卓越的企业,如果该企业的业绩能够长期保持较快增长,就可以收获以倍为计算单位的巨额财富。

第三节 风险的视角

根是参天大树的根本,基是高楼大厦的地基。风险研究与防控,是价值投资的根基。

一棵参天大树的基础,是树根,树根扎得深,盘根错节,枝叶就繁茂旺盛。树大根深,根深叶茂,根深蒂固,树根至关重要。盖一座摩天大楼,必须要勘测好地基,打好地基;相反,如果没有打好地基,在冰面上建大楼,风一刮,楼就倒塌了。

《孙子兵法》曰:"先为不可胜,以待敌之可胜。"这句话用在价值投资中,就是在买入股票之前,须预先做好风险的研究与防控,使我们立于不败之地,而不是买入之后,因为股价下跌,以割肉止损的方式来防控风险,从而造成本金的亏损。只打有把握之仗,就跟电视剧《亮剑》中李云龙说的一样:"赔本的买卖咱不干!"

巴菲特在1992年致股东的信中说:"投资人不需要做很多正确的决定,

只要他能够避免重大错误。"他在给伯克希尔公司选择接班人时开出了四个条件,第一个条件就是:对风险有极度的敏感性。

一、风险防控

(一)风控意识是生活常识

风险防控,在日常生活工作中,处处可以见到这种现象,而且都是自然、无意识而为之,是生活常识。动物冬眠之前,要吃足够的食物,或者储存足够的食物;我们出门,看到天阴可能要下雨,要带伞;天气冷了,要加衣服;现在年轻人结婚前,会做个财产公证,以防不测;等等,这些都是生活常识。在日常的生活中,很多人的风险防范意识很强。买菜的时候,反复扒拉比选,看看哪家的菜新鲜、性价比更高。

(二)芒格谈风险

风险是常识,且无处不在。风险的研究和防控是基础。常识和基础的东西,是最重要、最关键的,但很多时候,人们会忽略它。比如,就日常生活来说,健康是最重要的,是1,其他的都是后面的0,没有这个1,多少个零都没有意义。又如,空气最重要,生命就在呼吸之间。再如,水是最重要的,水占据了人体约70%的构成比例。谁能保证自己每天喝的,是没有被污染过的水?

这些是最重要、最基础的元素,往往最容易被忽视。人们普遍都在意和追逐自身的种种欲望,追逐花花世界。随着工业化、互联网、人工智能的不断推进,人们的生理健康、心理健康却每况愈下。

这是人类族群整体的病症,也是人类社会需要共同面对的生存危机。

……

然而,神奇的是,一旦这样的人来到股市,就像变了个人似的,风控意识极弱,或者无视投资风险,1分钟就能决定股票的买卖,用一种赌博的心理,参与股市的博弈。

风险的研究和管控,是价值投资的基础,是根基,怎么强调都不为过。

查理·芒格说:"曾经有个乡下人说,'要是知道我会死在哪里就好了,那我将永远不去那个地方。'大多数人嘲笑这个乡下人的无知,忽略他那朴素的智慧。"芒格接着说:"如果我的经验有什么借鉴意义的话,那些热爱痛苦生活的人,应该不惜任何代价,避免应用这个乡下人的方法。若想获得失败,你们应该将这个乡下人的方法,贬低得愚蠢之极、毫无用处。"

其实,芒格先生说的这段话就是如何做好风险的研究与防控。

正如投资大师塞斯·卡拉曼所说:"投资者应当时刻牢记一条——最重要的衡量标准不是所取得的回报,而是相对于承担的风险所取得的回报。"

毕竟,对投资者而言,晚上睡个安稳觉比什么都重要。

(三)风险控制好,钱就自然到

索罗斯说:"投资本身没有风险,失控的投资才有风险。"

1. 投资是风险的定价

风险研究和防控永远都是第一重要的。风险的大小决定了投资的价值。收益不是重点,对风险的把握和控制是最重要的;反过来说,风险控制好了,不亏钱,赚钱就是自然而然的事。

巴菲特总结了其一生投资赚钱的经验:投资成功,只要能够尽量避免犯下重大错误,投资者只需要做很少的正确事情就足以保证盈利了。巴菲特的成功秘诀可以归纳为两个基本点:一是成大功,二是避大险。虽然成大功才能赚大钱,但避大险更重要。很多人开始成了大功,后来却未能避开大险,只有很少人活到最后、赚到最后、笑到最后。投资是长跑,比赛结束时才真正见分晓。

2. 乔尔·格林布拉特的《股市稳赚》

乔尔·格林布拉特,1957年出生于美国,是哥谭资本(Gotham Capital)的创始人和合伙经理人。1985年,格林布拉特以700万美元的启动资金创建了自己的对冲基金,取名为哥谭资本。

初出茅庐的格林布拉特从起步就展现出天才般的投资能力。在他的操盘下,哥谭资本在1985年成立至2005年的20年间,资产规模从700万美元增加到8.3亿美元,年均回报率高达40%,堪称华尔街的投资奇迹。即便是经历了2008年的金融危机,哥谭资本的资产管理规模依然维持在9亿美元的水平,年化收益率仍高达30%。

2005年,乔尔·格林布拉特出版一本仅有150页的小书《股市稳赚》。他将自己的投资经验浓缩为一个简单易懂的"神奇公式":从资产收益率高和市盈率低的综合排名中,选择前20~30只股票形成一个组合,分别买入并持有一年后卖出。别小看这样一个看似浅显的公式,如果遵循格林布拉特的投资方法,在 1988—2004 年的 17 年间,投资者的投资组合回报率将达到 30.8%,而同期标准普尔 500 指数的年复合回报率仅为 12.4%。

乔尔·格林布拉特在《股市稳赚》一书中提出的神奇公式选股模式的核心是:低价买入并持有一段时间优秀公司的股票。因为从本质上说,买股票就是买公司,和买其他东西一样,要的是物美价廉。而神奇公式是投资回报率和收益率是用来衡量"物美"和"价廉"的重要指标。

乔尔·格林布拉特在其书中说:"我在安排最大仓位的时候,选的不是我觉得能最赚钱的,而是我觉得不可能亏钱的;这样的投资机会,我可以买很多,因为风险低;运气好的话,可能大涨。这样的机会简直太完美了。"

二、价值投资的两种风险

(一)两种风险的来源

股市价值投资的风险,主要从两个视角来考查:一是实业的视角,二是金融的视角。价值投资只有两种风险,又叫"唯二风险"。价值投资者,很幸运,除了"唯二风险"之外,没有其他风险。

"唯二风险"之一,是实业的角度,企业选错了,或者企业变坏了。股价涨跌波动,本来是金融市场的自然现象。如果投资者因为市场的涨跌波动而导致情绪失常,这就构成了价值投资的另一个致命的风险,即金融角度的"唯二风险"之二:情绪失控,惊慌出局。这种情况,基本都出现在股价大跌的时候。价值投资的"唯二风险",无论怎么强调,都不为过。

关于情绪管理的重要性,格雷厄姆曾说:"那些在投资操作过程中做好情绪管理的'普通人',比那些没有做好情绪管理的职业投资人,更有机会赚大钱,也更能够保留住钱财——虽然那些没有做好情绪管理的人,可能拥有比较多的金融、会计和股票市场知识,但终究比不上情绪管理来得重要。"

格雷厄姆在其书和讲座中反复劝诫:"亲爱的投资者,问题不在于我们的命运,也与我们的股票无关,而是在于我们自己……"太多的投资人,过不了这一关,但是,作为价值投资必须要过这一关。

(二)看错企业是真风险,股价波动是假风险

价值投资主要从实业视角研究和防控风险。实业层面的风险会导致投资本金永久性的损失,是真风险。金融视角的风险,即股价涨跌波动,是自然

现象,不是风险。价值投资者应该接受股价波动、理解股价波动、穿越股价波动并利用股价波动。

巴菲特说,投资股票的原则有三个:第一不要亏损,第二不要亏损,第三不要亏损。巴菲特又说,如果不能承受股价下跌50%,那么你就不适合做股票投资。这两句话看似相互矛盾,但巴菲特的另一句话解释了并不矛盾:"波动不是风险,本金的永久丢失才是风险。股票投资追求的不是入手就涨,而是入手即赢。"

2015年,上证指数最高5 178点,后跌到2 440点,很多股票的价格被腰斩。但2022年底,上证指数只有3 000多点,很多股票的价格相比5 178点,已经翻了好几倍。

有位价值投资者曾说:"我每只赚300%以上的股票没一只让我觉得舒服过。茅台、五粮液、美兰机场、白云机场等,哪一只没有40%以上回调呢,太正常了,只能扛啊,公司又不会倒闭。我投资赚到500%以上的股票,没有一家是没有向下波动50%以上的。"

股票投资追求的不是入手就涨,而是入手即赢。前面说过,股市的"万有引力定律"是:企业内在价值决定股票价格,股票价格围绕企业内在价值上下波动。股市的波动,影响的是估值。如果我们买的是卓越的好企业,企业净利润不断增长,自然会把市值给托起来。

三、风险之一:看错企业

(一)什么是真正的风险

价值投资,就像是我们以低估或合理的价格买了一块地,我们的关注点不是谁会以更高的价格买走这块地,我们卖出去赚这个差价,不是!我们的关注点是这块地上的产出,这块地上生产的粮食、蔬菜、瓜果等能为我们带来的产出收益。这是价值投资关注的核心点。

价值投资成功的关键,犹如买的这块地,是不是好地(肥田)?是不是有很好的产出?而且产出是不是越来越高?如果买的是不好的地(薄田),产出很差,或者没有产出,投资就失败了。

巴菲特说:"有的人把买股票当成看赛马,那无所谓了。如果你是投资的话,投资是把资金投进去,确定将来能以合适的收益率收回资金。""我们想的不是怎么获得超高的回报率,而是始终牢记永远不亏钱。"

核心是公司的价值是低估还是高估,如果过多地关注市场的涨跌,必然会被市场左右。

(二)控制风险

控制风险,是控制企业基本面的风险,把企业研究透,不是控制股价的波动、回撤,股价涨跌甚至企业突发事件都是需要接受的。

价值投资最致命的唯二风险之一,是选错企业,也就是看错了商业模式。真正的风险,是企业基本面变坏了、市场的核心竞争力变弱了、商业模式落后了、管理团队出问题了,或者所处的行业被颠覆、淘汰了。

我们在买入股票之前,经过深度研究,纲举目张,深入浅出,梳理出来的企业三条核心竞争力,也就是核心的投资逻辑,如果有变化了,也就意味着"护城河"变窄了,或消失了。这就是价值投资的最大风险。

在2007年致股东的信里,巴菲特写道:"如果一家企业需要有一位超级明星才能产生出色的业绩,那么这家企业本身就不是卓越的企业。"巴菲特举例说,如果你所在地区最出色的外科医生开了一家医疗公司,也许公司会获得丰厚的利润,但并不代表这家公司未来会一直如此。如果这名医生离职,这家公司的"护城河"也会因此消失殆尽。

(三)回撤管理与风险控制的异同

回撤管理与风险控制其实不是一回事儿,其异同如图3—10所示。

价值投资者只在好公司打折出售时才买入,并长期持有,这必然与止损绝缘。

假设一家前景被持续看好的公司,合理估值100亿元,目前正以50亿元的价格出售。价值投资者一旦出手,就绝无可能设定当公司市值跌落至40亿元时,就把价值100亿元且未来持续看好的公司股票止损卖出。

价值投资者不会在低估时买入,并在更低估时卖出止损;相反,在买入时就想清楚,只要公司基本面不发生重大变化,哪怕股价下跌50%也不会考虑卖出一股股票。这是价值投资者的基本素养。

止损,是把股票买卖当成博弈的交易者引入的所谓技巧,试图得到更多的下注机会,价值投资根本不需要。

图3—10　回撤管理与风险控制

（四）上市公司的"家丑不可外扬"

巴菲特有一句名言："如果你在厨房发现了一只蟑螂，那么绝对不止这一只，还会有第二只，随着时间流逝，你就会看到这只蟑螂的亲戚。"

股市投资第一重要的是风险研究，这是做好投资的基础前提。投资第一要考虑的，不是赚钱，而是风险防控。研究企业，先看风险，风险看不清，果断放弃。风险分析到位了，才能说把企业搞清楚了。

一般情况下，上市公司不会主动公开说自己的问题，绝大多数会说自己怎么怎么好。中国人的意识里有"家丑不可外扬"的传统。

在企业风险的研究方面，一定要非常"苛刻"。如果以海上冰山比喻风险，冰山水面以上的体积只占冰山总体积的1/7，水面以下部分占冰山总体积的6/7（见图3—11）。我们可以假定，水面以上的体积代表企业已公开的风险；水面以下部分代表企业未公开的风险。当然，不一定企业还有这么多的隐藏风险，或者说隐藏风险占比没有这么高。以这个比喻要说明的问题是，对于企业的潜在风险，需要非常苛刻而深入地研究，看不清楚就果断放弃。

股市永远不缺乏机会，机也可失，时也会再来，宁可不做，不可做错。

投资是风险的定价。把所有的风险全部研究透、想清楚都排除掉了，就

图3—11　潜在风险：海上冰山

只剩下一件事情，那就是赚钱。这就是"先为不可胜，以待敌之可胜"的道理。

巴菲特说：投资的第一原则是永远不要亏钱，第二原则是记住第一原则。这说得就是风险的防控。

（五）股价的安全边际是最好的风控

无论多么谨慎，每一个投资者都免不了会犯错。只有坚持格雷厄姆所谓的"安全边际"原则——无论一笔投资看起来多么令人兴奋，永远不要支付过高的价格，这样我们才能把犯错的几率降至最小。

李录说："即便你特别有把握，也做不到百分之百正确，你得到的只是一个高的几率。如果你永远在最高几率的时候出手投资，那么长期积累下来的结果必然非常好。"

价值投资的安全边际，是从两个方面来衡量：一是当下企业的估值；二是看懂企业的潜在增长。公司业绩的未来成长性也是最大的安全边际。

巴菲特在2004年致股东的信中写道："从后视镜里看这些（互联网泡沫时期的大起大落）当然很清楚明白，然而真正对投资者有用的却是如何从雾蒙蒙的挡风玻璃里向前看。"

投资是对未来进行预测。预测得到的结果不可能百分之百准确，只能是从零到接近一百。因此，做判断时，就需要预留很大的空间，这预留的大空间就叫安全边际。

无论我们多有把握的事情，都要牢记安全边际，我们的买入价格一定要大大低于公司的内在价值。

我们每次投资的时候都要求一个巨大的安全边际。这既是投资的一种技能，也是格雷厄姆价值投资理论的核心观点之一。安全边际，就是买入股票的时候，估值要低估，至多合理，但绝不可高估，要买到好价格。

相对安全的估值，纵向，可以看企业历史估值水平的百分位，横向可与同行公司对比。如果纵向、横向都在相对的低估区，则相对安全。从过去到现在，对于正常经营的企业，估值处于历史中位线及以下的价格，基本是合理的，出现历史性低估就是相对的好价格。

使用好安全边际，看对了，不但会赚，而且会赚得更多；相反，万一看错了，亏了，也会亏得较少。安全边际，应该成为价值投资者掌握的贯穿终身的重要投资原则。任何股票高估值都是灾难，泡沫迟早要破的，价值回归是自然规律。

巴菲特在1980年致股东的信中写道："对投资人来说，买进的价格太高，将抵销这家绩优企业未来十年亮丽的发展所带来的效应。"

买错了和买得太贵，都是灾难。当然，相对而言，如果没有买错，只是买贵了，会降低复合收益率及投资的体验，只不过需要用时间换取空间。比如，投资贵州茅台的7年（2007—2014年）"至暗时刻"熬过去了，仍然赚钱，因为贵州茅台是好企业。但如果买错了，买了劣质的企业，则会造成本金损失，这是价值投资最可怕的灾难，会引发可怕的"戴维斯双杀"。

（六）投资看不懂的企业，也是最可怕的风险

巴菲特说："市场就像上帝一样，会帮助那些自助者，但与上帝不一样的地方是，他不会原谅那些不知道自己在做什么的人。"

段永平说："没看懂的公司比较容易鉴别，就是股价一掉你就想卖，涨一点点你也想卖的那种。看懂的那种大概就是怎么涨你都不想卖，大跌时你会全力再买进的那种。""你只要一直本着不懂不做，你就会少犯错误，时间长了，你的结果自然比你不懂也做要好很多。这是要做对的事情的范畴。如何搞懂是如何把事情做对的范畴，如果实在是搞不懂，就什么都别碰，把钱存银行，其业绩表现可能比大部分人强。"

不懂不碰，是价值投资一个重要的诀窍。如果你觉得自己到最后确实没

有什么企业能搞懂,就什么都不碰,那你的"投资表现"就可以在股市排在前10%～15%。

深度理解企业生意模式、企业管理团队以及企业文化很重要。如果对公司的这些特征不能深入了解,与企业一起穿越牛熊轮回,长期合伙做生意,是一件可怕和危险的事。

巴菲特说:"无论什么时候,都要知道自己在做什么,这样才能做好投资。我们必须把公司生意看懂了,有的生意是我们能看懂的,但不是所有生意我们都能看懂。"

(七)排除财务风险的三个步骤

排除上市公司财务造假,一般可用以下三个步骤:

第一步,研究企业所有的财务报表,也要看商业模式。看懂商业模式,与财务数据做对比,如果能对得上,没有问题;如果对不上,需要多多谨慎。

从商业逻辑上来说,往往辛苦不赚钱,或赚辛苦钱的上市公司有财务造假的动机。如果一个上市公司的产品供不应求,谁还愿意干违法的事呢?

巴菲特曾经讲过最好的调研资料就是公司的年报,有时魔鬼就藏在细节之中,比如费用摊销、关联交易,包括审计师的意见等都隐藏在数百页报告的附注说明部分,投资者唯有逐字逐句地阅读才能发现。同时,读财报的附注说明有时也会发现让你顿悟的机会,比如管理层的战略判断、新技术的应用方向。由于尚未形成营收,管理层大多是用少数文字一笔带过,稍不注意就会错过。

第二步,从行业内的资深人士那里了解情况,要么找到专家,要么自己成为专家。桥水基金瑞·达里奥说:"在你不擅长的领域,请教其他擅长的人,这是一个你无论如何都应该培养的出色技能,这将帮助你建立起安全护栏。"

约翰·邓普顿也说:"要购买物有所值的东西,而不是市场趋向或经济前景。买股票之前,至少要知道这家公司出类拔萃之处,如自己没有能力办到,便请专家帮忙。"

第三步,赴上市公司调研,现场看高管的精神面貌、企业文化,关注细节。识别造假,财务只是一个方面,还要看企业老板人品、团队的企业文化,公司管理人员是否讲诚信,过去说的话都做到了没有。有时候根本不需要看财报,就可以识别造假。与企业的中层管理者进行深度的沟通,这算是一个重要诀窍。

巴菲特在 2023 年致股东的信中指出,操纵数字不需要天赋,只需要强烈的欺骗欲望。巴菲特表示,财务报表中运营利润是其重点关注的指标之一。

巴菲特说过投资失败有三个主要原因:第一,公司的经营前景是否发生了变化?是否恶化?公司的主业是否能够持续?第二,公司管理层是否诚实?是否可靠?是否造假?是否有能力?管理层是不是出了问题?第三,如果前两个都没问题,那就是价格买贵了。

(八)其他风险识别

1. 企业变坏

我们在努力做事之前,必须保证做事方向是对的。在正确的道路上坚持下去就是胜利,但在错误的道路上停下来也是胜利。

芒格说:"长期来看,商业的成功与生物学很像。在生物学中,物竞天择,适者生存。资本主义几乎也是同样残酷的。想一想那些曾经繁荣昌盛的事物,现在已经消亡了。在我年轻时,谁曾想到通用汽车和柯达会破产呢?这是难以置信的,了解这样的历史很有用。""我年轻的时候,如果你问我,那时候的百货商店将来会怎样,那时候的报业集团会怎样,我绝对想不到它们会走向破产。70 年、80 年、90 年之后的事,不是那么好预测的。""如果能游到一艘适航的船上,就不要乘坐正在下沉的船。"

如果企业犯了错,市场经济"竞争性毁灭"的力量会迅速露出狰狞的面目,甚至是残酷无情的面目。好企业,变得不好了,需要及时应对,从价值投资第一性原理的角度来说,需要及时撤股(止损止赢)。

价值投资永远投的是卓越的企业,永远要与卓越的企业合伙做生意,而不是企业经营业绩变坏了仍然捂住股票不卖。

沃伦·巴菲特说:"如果你拥有经济堡垒,其他人就会想办法从你那里夺走。最好的办法是还拥有一道坚固的'护城河'。"强大品牌就是企业获得持续成功的根本。商业史中充斥着"罗马烟火筒"般光彩炫目的公司,它们所谓的"长沟深堑"最终被证明只是幻觉。

过去的"护城河"人们以为是不可逾越的,现在却消失了。以报纸行业为例,报业公司的"护城河"曾经很强大,但报纸的辉煌早已成为历史,报纸几乎所剩无几。旧的"护城河"不断消失,新的"护城河"不断形成。这就是资本主义的本质,如同生物进化,新的物种不断产生,旧的物种不断灭亡。这也是不以我们的意志为转移的。

当前很多企业都变成了数据和技术公司,"护城河"消亡的速度加快了,需要时刻注意企业的哪些部分正在消亡。一条需要不断重新开挖的"护城河",根本就是没有"护城河"。

当企业的核心竞争力发生变化或者动摇的时候,一定要引起高度警惕,及时应对,防患于未然。

2. 是行业中最后一个倒下的企业吗?

选择投资标的,需要确认一个问题:如果出现极端情况,行业里的所有企业全部倒下了,自己选的这家企业,是最后一家倒下的吗?如果答案是"Yes",则我们选的企业,其生命力极其强健。这是必需的要素,因为我们要与这家企业合伙做生意,要长周期穿越牛熊。

跨越牛熊是指,即使发生海啸了,价值投资者也要搭乘那艘不会沉没的企业之船,越过大洋,到达彼岸。

3. 高杠杆企业在经济放缓之时,往往很脆弱

以高资产负债率来提高净资产回报率,是许多企业的通常做法。"好的企业或好的投资,应该在没有财务杠杆的情况下,也能产生令人满意的回报。"巴菲特如是说。此外,高杠杆企业在经济放缓之时,往往很脆弱。近几年,很多高负债企业频繁爆雷,足可证明这一点。

4. 买错难以避免,但要及时纠错

每个人一生中都会犯许多错误,但是知错能改就是好同志。改正一个错误是需要付出代价的,但是只要改正了错误,不管多大的代价,其实都是最小的代价,因为错误改得越晚,付出的代价就越大。

价值投资追求的目标,是努力做大概率确定的事情,或者接近100%确定的事情。巴菲特也说,他的投资一般是在他认为有95%把握时才出手。但是,看错了,或者企业变坏了,就需要卖出纠错,不论是投资大师还是散户都应该遵循这一投资纪律,因为投资是对未来的预测,投资没有100%的确定性。

在1985年致股东的信中,巴菲特在反思收购伯克希尔纺织业的教训时说:

一家能够合理运用资金的纺织公司是一家了不起的纺织公司，但不是什么了不起的企业。从个人的经验与观察得到一个结论，那就是一项优异的记录背后（从投资报酬率的角度来衡量），你划的是一艘怎样的船更胜于你怎样去划（虽然不管一家公司好或坏，努力与才能也很重要）。几年前我曾说，当一个企业经营管理专家遇到一家不具有前景的公司时，通常是后者会占上风，如今我的看法一点也没变。当你遇到一艘总是会漏水的破船，与其不断白费力气去补破洞，还不如把精力放在如何换艘好船上。有关我们在纺织业投资的"辉煌历史"还有一段后话，有些投资人在买卖股票时把账面价值看得很重（就像早期我的作风一样），也有些经济学者相信重置价值在计算一家公司的股价时极为重要。关于这两种说法在经过拍卖纺织机器设备后，给我好好地上了一课。卖掉的设备（包括部分先前已处分的）满满一工厂全为堪用品，原始成本为1300万美元（包括近几年投入的200万美元），经过加速摊提折旧后，账面价值86万美元。虽然没有人会笨到再继续投资，但要买一套全新的设备也要花三四千万美元。但你知道吗？整个机器处理只收到16万美元，扣除掉处分所耗费的成本，最后一毛也不剩。

我们常说，买公司是基于好的商业模式与优秀的企业文化，当觉得这两个方面长期来看都有可能出现不可修复的问题时，就应该要考虑离场了。

如果买入之后发现自己以前的研究判断是错误的，应该及时纠错、出局，不能将错就错、一错再错。及时纠错，会把损失降到最低限度。这是非常关键的风险管控。

5. 对于垄断企业，需要认真甄别

中石油、中石化都是垄断型企业，但如果固守原有的业务，没有新的业务拓展，就没有成长性，就不是价值投资的理想标的。

投资投的是公司未来，估值与股价的涨跌关键取决于企业未来的成长性。"成长为王"，唯有真正具备较快速成长的公司，才能穿越市场周期、情绪与股价波动。

投资一家企业，就像投资一个人，最好在他的黄金周期与他同行。如果这个人已经到了中老年,这个时候投资的价值已经有限。

找到真正的好企业、好团队和企业文化,坐等好价格,重仓干,其实投资就是这么简单。

6. 错误的理念和策略

应用错误的理念和策略,阶段性赚钱,这是极大的风险;应用正确的理念和策略,阶段性不赚钱,也不是风险,假以时日,必将极其富有。

没有完美的策略体系,所有策略都有其不足之处。从概率而言,某一次机会的错过,或者某一笔投资的亏损,都是投资体系固有的一部分,不必过于烦恼,我们要坦然接受策略体系的缺陷。

价值投资者在市场中是孤独的,需要时刻保持一种克制而理性的心态,不需要大量的行动,需要的是大量的耐心。坚持投资原则,等到好机会时全力出击,然后就是耐心等待。

历史经验还证明,好的股票我们往往赚一点就抛掉,而差的股票则一直拿在手中——我们似乎存心要销毁成功的证据,而牢牢掌握出丑的把柄。

股市里的很多人都有过这样的体验:曾经买到一只股票,它后来涨了1倍、10倍、20倍……但在它还没开始涨的时候,就卖出了;如果上天再给一次这样的机会,定会牢牢地拿住它,"死了都不卖"。与此相反的另一种情况是,很多人有过这种体验:感觉(关注表面现象而非企业本质)这只股票挺好的呀,怎么买进去就一直跌,没完没了的跌,什么时候才是个头啊?什么时候才能涨回成本价?在这种情况下,很多人反而能一直拿得住股票;如果上天能够给一次重新来过的机会,这只股票"死了都不买"。

股市出现这种"死了都不卖""死了都不买"的情况,原因是什么呢?大家可以来思考一下这个问题。

(九)价值投资的三个陷阱

1. 时间不一定是朋友

"长期投资"的关键,是找到好企业。长期投资往往与价值投资联系在一起。巴菲特常说"人们从不愿慢慢变富",这是一句诚恳之言,但如果有办法可以迅速致富,没有人会愿意等待。也就是说,长期投资并不是一种方法,而是一种无奈的结果,也是选择价值投资方法的一个必然结果,因为价值需要时间来兑现。

时间是投资的朋友,是因为无论有多少风云变幻,世界总是在慢慢变好,经济总会继续增长,货币总会越印越多,企业盈利也会随之增长。但时间也并不总是朋友,因为我们还面临着另一个困境:时间是无限的,但生命是有限的。从长期来看,人总是会死的。

MSCI 中国指数在 2021 年见顶之后,截至 2022 年 10 月,下跌了 62%。如果在 1992 年买入该指数,以美元计价,30 年后的收益为零。如果在 2007 年牛市的顶峰买入该指数,至 2022 年 10 月依然亏损。

30 年对于一个人,意味着整个生命中赚钱能力最强的一段时间。如果这个悲惨的结果落到一个人的头上,那么几乎整个一生都是无法挽回的失败。做时间的朋友,是买入了好企业。

2. 价值投资的误解

价值投资的经典定义,无非是"买入并持有,等待业绩增长和估值回归带来的回报"。业绩的增长意味着企业经营要蒸蒸日上,估值的回归意味着要买得便宜。这就构成了两个经典的价值陷阱:一是企业业绩在增长,但估值太贵,因此股价容易向下价值回归;二是企业估值便宜,业绩无法持续。

2021 年、2022 年,大 A 龙头股大幅下跌颇似当年美股"漂亮 50"行情的终结,一批优秀的公司业绩增长,但抵消不了估值下行带来的下跌。

在"长坡厚雪大赛道"的故事几乎被所有人接受的时候,大家都只关注增长而无视估值,实际上这就背离了价值投资的初衷。当"漂亮 50"雪崩之时,大家却觉得是价值投资方法出现了问题,投资策略框架崩塌,继而投资风格开始飘移。

"理性"地面对市场每天的波动,仔细地复盘自己的投资逻辑及其变化是非常重要的。

在当下半导体、人工智能……新的故事取代了旧的故事之时,也同样无人关心梦想的价格是多少。在这些领域,技术迭代如此之快,竞争如此之残酷,在一些新的伟大公司冉冉升起之时,大部分参赛者最后的结局都是灰飞烟灭。

3. 逃离长期投资的"陷阱"

首先,当然要买好企业,我们得保证买入的公司不会消亡(退市)。长期投资给了懒人一个幻觉:只要买入并躺平就可以实现财富自由。事实上,这是一种"倒车镜思维"的骗局。那些长期持有伟大公司的人,是因为只有伟大的公司穿越周期活下来了,而那些不伟大的公司都已经被历史长河淹没了。

所有的企业都有其生命周期。在20世纪20年代,《财富》500强公司的平均寿命是67年。而到了2015年,这些公司的平均寿命已经降到15年。这意味着买入一家企业并持有一生的想法,能够获得成功的概率微乎其微,面对着激烈竞争的商业市场,一劳永逸是不可能的。

我们必须面对这样一个现实:"一切'护城河'都是暂时的,变化才是永恒的。"我们的能力是有限的,对于一家企业未来的预见性,短则一两年,长则一二十年,更远的未来是我们无力看到的。在市场的不断变化中,我们必须不断地调整自己的组合,才能避免"长期"思维带来的财富永久湮灭。

30年前最好的白酒不一定是贵州茅台,20年前腾讯除了客户数一无所有。巴菲特之所以能持有那么长的周期,一方面当然是因为他过人的洞察力,另一方面也是因为他只投资最简单、最不容易变化的商业模式。也就是说,他投资的出发点首先不是长期,而是"懂"。只有懂的东西才可以计算价值,只有能计算价值的公司才能够投资。

未来10年,产业格局剧烈变化,技术路线的快速迭代,对价值投资者提出了更高的要求。这其中孕育着大量令人激动的机会,也蕴藏着大量血本无归的风险。面对着扑面而来的新时代,"长期"变得更难了,工作变得更辛苦了。我们需要以如履薄冰的态度、以更深入细致的研究,来应对这个新的时代。

其次,要尽可能买得便宜,即好价格。估值下杀可能需要漫长的时间来修复,所有的企业都会从高速增长阶段进入中低速增长阶段,一旦进入中低速增长阶段,就再也不会有人给予这家公司极高的估值了。我们只能依靠业绩的增长来获得回报,而业绩的增长需要漫长的时间。

四、风险之二:情绪失控

哥伦比亚大学商学院教授布鲁斯·格林沃德说:"情绪绝对是你的敌人。"

对于一位客观、理性的价值投资者来说,价值投资唯一的风险就是看错企业。

金融视角的股价涨跌波动，本来不是风险，但几乎 90% 以上的投资者，都管控不好自己的情绪，以致做出错误的决策。

在不利于自己的行情中，没能很好地坚持执行自己的投资策略，是情绪和人性的弱点战胜了自己的体系。情绪失控，就成了价值投资的第二种风险。

(一) 控制不好情绪

做价值投资控制不好自己的情绪，这是来自人性层面的巨大风险，会产生不该有的损失，甚至导致投资失败。

有些投资者，遇到股票价格下跌就特别恐慌、焦虑，特别在意这些表面的现象，从而做出错误的操作。这是非常不理性的。

明明知道价值投资的理念和策略，但驾驭不了人性的恐惧和贪婪，很多人说到底，还是认知没有到位。

曾经 10 年涨 10 倍的股票，最大的考验来自股价大幅下行的至暗时刻，很多投资人完全被情绪所绑架，拿不住好企业，从而卖出筹码甚至割肉出局，眼睁睁看着自己与 10 倍的好企业擦肩而过。

著名数学家、物理学家和哲学家布莱士·帕斯卡所说："人类不快乐的唯一原因，是他不知道如何安静地待在他的房间里。"

巴菲特说："人们买完股票后，第二天一早就盯着股价，看股价决定自己的投资做得好不好，糊涂到家了。买股票就是买公司，这是格雷厄姆教给我的最基本的道理。记住，你买的不是股票，而是公司的一部分所有权。只要公司生意好，而且你买的价格不是高得离谱，你的收益也差不了，投资股票就这么简单。""我更愿意看到市场下跌，大跌的时候更容易买到好货，更容易把钱用好。要投资股票，这是你首先必须学会的一个道理。"

投资是认知的变现。自己买的企业，如果生产经营正常，在不断提升竞争力，不断增厚利润，内在价值不断地变大，那么持有该企业的股权有什么可担心的呢？做一个安静的股东，坐等上市公司帮我们赚钱，它不香吗？好企业，股价跌下去，仍会因为内在价值的驱动而涨起来，且不断创新高。

就价值投资的第一性原理来说，上市公司每年、每月，甚至夜以继日、加班加点地在帮我们赚钱。股市赚大钱的投资方法，就是买入卓越的企业。

（二）突破人性关

很多投资者信誓旦旦地说要寻找"戴维斯双击"的股票。的确，如果能找到"戴维斯双击"，可以在短期内赚很多利润。可"戴维斯"真的那么受欢迎吗？为什么当股市大跌，好机会出现时，也就是"戴维斯"真的来敲门时，却没人买股票了？那些信誓旦旦说在寻找"戴维斯双击"股票的投资者去哪儿了？

很多投资者不是视而不见，就是像"叶公好龙"里那位狼狈逃窜的叶公！不论我们学过多少投资的道理，有两件事是完全无法替代的，只有我们亲身经历才能获得。一是长期持有一个优质公司，并穿越市场的跌宕起伏后获得巨大收益；二是遭遇巨大的压力和挫折，但坚定地继续做正确的事并最终获得成功。

这两点是投资的终极考验，它的名字叫人性。这几乎是对投资者"人性"层面的残酷考验，它是以无数的挫折、压力、恐惧和贪婪作为测试器。过了这一关，往后的投资道路才能顺利，才能算"价值投资"考试合格。

（三）价值投资的自律关

自律是价值投资最重要的法宝之一。投资是放弃或牺牲今天的消费来换取未来收益的一种行为。对未来有信心是价值投资的本质要求。环境的变化、股价的波动和经济周期会让人不时陷入消极和悲观情绪中，这时需要极大的力量才能把人从消极和悲观的情绪中解脱出来。长期的视角和时间的玫瑰正是这股巨大的力量。

作为职业的投资人，甚至基金经理，同样要有应对、承受市场波动的能力，否则只能做研究员；要有利用市场波动的能力，否则会做出错误的决策，该卖的时候反而买，该买的时候反而卖。

这就需要从价值投资的第一性原理出发，用干实业、做生意的思维，用股东思维、股权思维来面对股市波动。

巴菲特说："你只要做好一件事，做理性的投资者，买股票的时候，按买公司的心态来买入，就算5年没报价，也不在乎。好比你是农场主，你的农场有人给你每天、每周、每月出价吗？你是房主，你的房子也没人天天给你报价。你是麦当劳加盟店的老板，也没人天天给你报价。买股票就是买公司，是研究这个公司怎么样，多少钱买合适。"

(四)战胜人性的弱点

在对价值投资有了深度研究之后,剩下的也是最重要的,就是管理和控制好自己的情绪。

有人说,投资最难的不是商业模式分析、财报分析、竞争格局分析,这些只能说是基本功。投资最难的是克服人性,因为价值投资是逆人性的,在众人觉得金融危机马上要爆发、股价会持续下跌的时候,人的本能会受到群体恐慌心理影响。

《聪明的投资者》中写道:"风险存在于另一个方面……最终的金融风险不在于你从事了何种投资,而在于你是何种投资者。如果想知道真正的风险在何处,请走进离你最近的一个卫生间,并且站在镜子前面。这就是风险——你从镜子中看到的这个人。"

人的行为受三种力量支配:第一种是本能反应;第二种是理性反应;第三种是他人的认同感。

在证券投资领域,一旦获得了足够的知识和充分的验证之后,勇气就成为至高无上的美德。"市场先生"时常会化身巨兽,在城中大肆破坏,它对着投资者愤怒咆哮,露出一口獠牙,但真正成熟的价值投资者淡定地回敬它:"我不怕你!"有时候,那只巨兽名为"市场先生",但更多时候,那只巨兽源自我们脆弱的内心。

只有少数理性、乐观的人能够穿越眼前的乌云密布而看到未来,看到希望,在好公司被大甩卖的时候,果断上前,勇敢地逆向买入,迎接美好未来。

巴菲特说过,一个投资者想成功,必须将两种能力结合起来:一是判断优秀企业的能力;二是将自己的思维和行为与市场中弥漫的、极易传染的情绪隔离开的能力。这两种能力相辅相成,学会了第一种能力,才能有第二种能力的用武之地,没有第一种能力,即使学会了第二种能力,可能也会选错方向、选错企业,最终结果相差千里。如果只有第一种能力,选出了优秀的企业,但总是受市场情绪的影响涨了就买、跌了就卖,最终可能永远都是买在高点、卖在低点。只有同时拥有这两种能力,并相互结合运用,才能获得投资的成功。这的确需要超越人性的恐惧、贪婪,需要理性和常识。做价值投资,专业技能的重要性只占15%,更重要的是占比85%的能够战胜人性的弱点。

身在市场中,心在市场外。我们要有柳下惠的坐怀不乱之心性。人皆俗人,冷眼旁观可以,夸夸其谈轻松,要做到确实不易,需要在实战中慢慢修行。

(五)芒格:长期投资要能承受得起50%的下跌

2017年,曾有股东问芒格:"1973年,您在管理合伙人的资金时,亏损了30%。1974年,您又亏了30%。在两年的时间里,亏了一半多,请问当时发生了什么? 您从中学到了什么?"芒格回答说:

> 这个问题很好回答。当时,我为合伙人管理资金,我管理的合伙基金在一年之内跌了50%,市场跌了40%左右。当时发生了大概三十年一遇的经济衰退,占据垄断地位的报业公司都跌到了三四倍的市盈率。市场跌到最低点时,我从高位下跌了50%。
>
> 下跌50%的情况,单单在我持有的伯克希尔股票上就出现过三次。做投资,需要有点承受能力。投资是一件长期的事,既然做好了长期投资的准备,当遭遇50%的下跌时,你就得坚决顶住,别吓得屁滚尿流。
>
> 我用我的亲身经历告诉你们,好好修炼自己,当遭遇50%的下跌时,要做到"泰山崩于前而色不变"。(掌声)别琢磨如何躲过大跌,该来的总会来,没来的话只能说明你不够拼。

(六)只有极少数投资者可以看淡股价的涨跌波动

通过研究美国股市1900—2000年的波动历史可知,超过1/3的年份股市是下跌的。1907年、1917年、1931年、1937年、1974年等年份,股市下跌了30%~40%。中国股市也是一样,暴涨暴跌比美国更甚。

对个股而言,即使再优秀的公司,也可能在某年股价腰斩,也可能好几年不涨。由于损失厌恶是人的本能,只有极少数投资者可以看淡这种涨跌波动。

投资股票资产,必然要接受大起大落的波动。这也是绝大多数中国人,包括众多的机构投资者对股票不信任的深层原因。

格雷厄姆在《聪明的投资者》中写道:"即使手握优质标的,投资者也应当明白股价是会波动的,所以不应该因价格下跌而焦虑,或因价格上涨而过分喜悦。股票的交易没什么门槛,这一点可以被利用,也可以被忽略。"

反过来讲,一个对股票资产有深入研究的投资者,波动幅度大是一个优势而不是劣势,这可以让竞争对手很少,而且时不时可以用非常便宜的价格买入大量优质的股权资产。

五、巴菲特—芒格组合谈风险

在1997年伯克希尔公司股东大会上,有股东问巴菲特:"您对股票市场的风险是怎么定义的,您的定义跟教科书的定义一样吗?"巴菲特回答说:

我们首先考虑的是企业风险。

本杰明·格雷厄姆投资之道的关键,就是股票代表的是企业的部分所有权,而不单单是一张可交易的凭证。

你们都拥有所投资企业的一部分,如果那家企业的表现很好,你们的投资回报就会不错,只要你们购买的股票的价格不是高得离谱。

企业风险可以来自很多地方,但主要有以下几个方面:

1. 企业的资本结构较差

有的企业可能负债过高,这种企业哪怕遭遇的问题是暂时性的小问题,债权人也可能迫使企业破产。

2. 企业经营的业务天生就有风险

有些企业的风险程度天生就比较高,以前商用飞机制造商比现在多,查理和我觉得开发大型飞机具有"赌上整家公司"的风险,因为在你拥有客户之前,先得投入几十亿美元。

但是,一旦飞机出现一点问题,你的公司就完蛋了,因为投入产出的间隔太长,加上资本投入太大。

3. 企业的成本控制出现问题

对普通企业来说,除非他们自己是低成本生产商,不然就会面临风险,因为低成本生产商会让他们关闭歇业。

我们的纺织企业不是低成本生产商。我们当时有一支优秀的管理团队,大家工作都很努力,我们的工会也很合作,所有的情况都很好。

但我们不是低成本生产商,因此这家企业的风险度很高,那些能够以比我们低的价格出售纺织品的人,让我们的纺织企业充满风险。

企业风险可能会来自许多方面。通常我们投资的企业都是内在风险较低的公司。

除了企业风险之外,股票市场的风险还有你支付的价格太高,这种风险经常会降低你的回报,但不会造成本金的亏损,除非你的出价高到天上去了。

这种风险变成你自身的风险,你要坚持你对企业真实基本面的信心,不过于担心股价波动。

毕竟,股市是为你服务的而不是牵着你走的。能拿住就是持有一家好企业的关键,不然的话,这种风险就会成真,从而伤害你的本金。

对我们来说,股市一天波动 0.5% 或者 5% 没有任何区别。

实际上,如果波动更大,我们会赚更多的钱,因为剧烈波动会制造更多的错误定价。

股价波动对真正的价值投资者而言,是一个巨大的优势。

本杰明·格雷厄姆举了"市场先生"的例子,我们在年报中也使用了这个例子,我"剽窃"了它。

本杰明·格雷厄姆说,想象一下,当你购买股票的时候,你买下了企业的一部分,你有一个乐于助人的伙伴,他每天都会出现在你面前,并给你报一个价格,在这个价格上,他愿意购买你手上的股份,或者将他的股份卖给你。

对非上市企业来说,没有人每天都能得到这样的报价,但是在股市中,你却得到了。因此,这是一个巨大的优势。如果你的这位伙伴是一个嗜酒如命的狂躁症精神病患者的话,这个优势就更大了。

实际上,他越是疯狂,你赚的钱就会越多。

作为一个投资者,你应该欢迎波动,但如果通过杠杆进行投资的话,你会不喜欢波动,不过如果你是位真正的投资者,就不会使用杠杆。

芒格接着回答说:

风险有一个非常通俗的含义,即风险就是极为糟糕的事情发生的可能性,但金融学教授可以说是把风险和大量愚蠢的数学混在了一起。

我认为,他们的做法没有我们合理,因此我们不会改变自己的做法。

六、"一九"铁律,千年不变

《道德经》第2章有言:"天下皆知美之为美,斯恶矣;皆知善之为善,斯不善矣。"

当媒体普遍报道股市人均赚多少钱的时候,或者周围人人都说自己从股市里赚到钱的时候,就要引起高度警惕了。

(一)要做"非主流"的少数派

多年以前,我领悟到股市的基本道理:"一九"铁律,千年不变。意思就是,股票市场90%以上的参与者亏钱,10%不到的参与者赚钱。这是永远不变的"金规铁律",参见图3—12。

图3—12 "一九"铁律

为什么股市会存在"一九"铁律呢?我是从佛经中顿悟了答案——众生颠倒。

有一次,我给一家投资培训机构讲价值投资,面对200多个听众进行了一个现场调查,结果是在股市赚钱的人,只有勉强2个人,显得那么稀落和小众;一问亏钱的人,大家哗地一下,密密麻麻地都把手举起来了。股市里赚钱的只有一小撮人,是"非主流"的少数派。股市里亏钱的是绝大多数人,是"主流"的多数派,蜂拥从众者,顺风者。

在市场机制下,财富不会平均分布。发家致富的真相总是以反直觉和反人性的面貌呈现,并以此来阻挡绝大多数喜欢用直觉判断问题(恐惧、贪婪)的人。

一家卓越企业的股票长期不涨,99%的投资者没有信心和耐心拿得住,因为他们只看现象,不看本质。在股市,我们务必逆向投资,远离"羊群"。我们永远要做"非主流"的少数派,不要做"主流"的多数派。

在《聪明的投资者》一书中,格雷厄姆写道:"非常讽刺(但并不令人意外)的是,在大众普遍认为所有股票投资都具有高度投机性和巨大风险之时,股票价格反而相当具有吸引力,而且随后很快就出现了有史以来最大的涨幅;相反,根据过去的经历,股票价格上涨到危险的高度时,买进股票反而会被称为是一种投资,而所有买进股票的大众,则会被称为'投资者'。"

在投资的世界里,分歧是绝对的,共识是相对的,分歧产生美,共识反而会制造太多的惨案。"一九"铁律的启发是:市场一致看空有大钱,一致看多有大险,且听大师们怎么说。

巴菲特认为:"当人们忘记'二加二等于四'这种最基本的常识时,就该是脱手离场的时候了。"

芒格认为:"当一个傻瓜无论做什么事情都可以赚钱的时候,我不会考虑(现在应当恐惧还是贪婪)这个问题。目前的市场上确实有很多愚蠢的和错误的行为。那些不谨慎的人永远会面临最大的风险。"

乔尔·格林布拉特认为:"把这句话记在心里:当市场出现短期的波动时,最重要的事情之一,就是记得市场终会回归正确。"

(二)利用"市场先生",而不被它利用

对于股票市场的价格波动,巴菲特的老师格雷厄姆提出了"市场先生"的名言。"市场先生"理论亘古不变。

人,是市场的主体。"市场先生"短视的驱动力不仅包括基本功不扎实的散户,还包括聪明脑袋云集的专业机构,原因是他们的资金来源不允许他们的业绩表现短期落后。陷入短期考核的机构,有时候能做出比散户更背离价值的投资决策。

即便是专业的机构投资者,也可能受制于投资业绩考核的魔咒而变得短视和盲从,亦步亦趋被"市场先生"影响。

  在股市中人性是颠倒的,大众的判断绝大多数情况下都是错误的,在牛市、熊市与大涨、大跌之时,尤其错得离谱。

  利用"市场先生",而不被他影响的前提是资金的独立性和长期性。这原本是个人投资者最大的优势,是可以通过明智地选择性下注来打败强大投资机构的仅存路径,却被很多散户弃如敝屣,实在可惜。

  巴菲特说:"如果某一天'市场先生'表现得愚蠢至极,那么你可以随意忽略他或利用他,但如果你受到'市场先生'的影响,那就会大难临头。实际上,如果你不能确定你远比'市场先生'更了解而且更能估价你的企业,那么你最好不要参加这场游戏。"

  我们要记住巴菲特的告诫:"可以被我们利用的是'市场先生'的钱包,而不是他的智慧!因为此时的'市场先生'愚不可及。"

  (三)如何避开热门行业的热门股

  价值投资赚三种钱:企业利润增长、估值修复、股息分红。

  格雷厄姆说,"我将毫不犹豫地重申(因为对这一告诫如何重申也不过分):投资者不能期望通过买任何新股或'热门'股(那些被人们认为可以迅速致富的股票)而获得优于平均水平的收益,而且从长远来看,这无疑还会产生相反的结果"。

  热门股票可能已经到了情绪化非常严重的阶段,因为情绪化严重,所以投资者不关注这家公司的基本面了;同时,投资者还可能陷入这只股票"只涨不跌"的盲目乐观中,往往最热门的股票也常常成为"割韭菜"最痛快的股票。这不由想起了牛顿爵士投资南海公司股票的惨痛经历。

  任何抢购所谓"热门"股票,或有类似行为的人都是在投机,或者说是在赌博。赌博的确会令人兴奋,但不能让人发财,反而会亏钱。

  彼得·林奇不投清单中,列为第一类的品种是"最热门行业中最热门的股票"。彼得·林奇说:

  要避开热门行业的热门股。

  如果说有一种股票我避而不买的话,那它一定是最热门行业中最热门的股票,这种股票受到大家最广泛的关注,每个投资者上下班途中在汽车上或在火车上都会听到人们谈论这种股票。

一般人往往由于禁不住这种强大的社会压力而会买入这种股票。

　　热门股票上涨得很快,总是会上涨到远远超过任何估值方法能够估计出来的价值,但是由于支撑股价快速上涨的只有投资者一厢情愿的愿望,而公司基本面的实质性内容却像高空的空气一样稀薄,所以热门股跌下去和涨上来的速度一样快。如果你没能聪明地及时脱手卖出的话(事实上,你已经买入这种股票就表明你肯定不会聪明地及早卖出),你很快就会发现你的账面盈利变成了亏损。当热门股下跌时,它绝不会慢慢地下跌,也不会在跌到你追涨买入的价位时停留一段时间,让你毫发无损地卖出。

价值投资者需要的是被多数人鄙视的隐性好股票,需要远离喧闹浮躁的股评。最安全、获利潜力最大的投资,是在没人喜欢的时候买进。假以时日,一旦证券受到欢迎,那么它的价格只可能向一个方向变化——上涨。

投资要做到不从众、反人性,要学会独处,能享受孤独,远离"羊群"。因为"众生颠倒",所以"一九"铁律千年不变。

"一九"铁律醒示我们:永远要做少数派的"一",绝对不能做随大流的"九"!

本章主要从实业(本质)、金融(现象)、风险(根基)的视角来分析如何进行价值投资。

价值投资的第一要务是要找到好企业,企业因为上市了,才伴生了金融市场的股价波动。如果企业没有上市,它仍然是一家企业,只不过就没有股票交易这回事了。

巴菲特说过一句非常有名的话,学投资的人只要做好两门功课:一门是学会如何给企业估值,另一门就是如何对待股价,特别是如何正确对待股价的波动。其实,巴菲特说的就是实业的视角、金融的视角。

风险,尤其是实业视角的风险需特别关注,这是真正的风险。金融视角的风险,是假风险,不是真正的风险,是表面现象,是自然现象,需要忽略和穿越。如果投资者不能很好地管控情绪,因为情绪失控而做出错误的决策,假风险会升级为真风险。

"市场先生"的报价在悲观与乐观之间摆动,价值投资者应该心如止水,而不是跟随市场悲观而迷失自我;波动不是风险,缺乏定力才是风险。

作为一位价值投资者,如果从实业的视角认知到位,从此将不再会亏钱;如果金融的视角也能够认知到位,其投资能力将超越90%以上的市场参与者;如果实业、金融、风险三维一体都能认知到位,将成为股票投资高手。

股票投资这个行当,不怕什么都不懂的小白,就怕什么都不懂还总有主意的人,投资之路大道至简。悟道者,股票市场就是他们的提款机,没有悟道者终日纠结于高点低点惶惶不可终日。每天盯着 K 线来指导未来的投资,这都是舍本逐末。公司的商业模式、盈利能力、成长性、确定性以及竞争优势才是投资的大道,拥抱垄断远离竞争。

价值投资的思想层面,没有多少新东西。投资是老生常谈,在于悟与知。说者平淡无奇,听者醍醐灌顶,才是最高境界。

一言以蔽之,抓牢价值投资第一性原理,与上市公司合伙做生意。围绕价值投资第一性原理,投资中遇到的一切问题都会找到解决的思路和方法,如此投资就会变成"跳着踢踏舞""吃着火锅唱着歌""轻松+愉快"的有趣事业。

中篇

价值投资：策略体系

投资成功只需要两个因素：一是有一个正确合理的思考框架，让你能够做出正确的投资决策；二是有一种能力让你控制住自己的情绪，以避免破坏这个思考框架。

——《聪明的投资者》

价值投资有四大基石：其一，"市场先生"比喻；其二，股票是企业的一部分；其三，安全边际；其四，能力圈。

价值投资者，需要的是捕鱼的网和捕鱼的技术，而不是一条鱼。所谓"授人以鱼，不如授人以渔"，"授人以鱼"只救一时之急，"授人以渔"则可解一生之需。这个"渔"就是价值投资的策略体系。

——作者题记

第四章

价值投资策略体系：思想与原则

巴菲特说："我之所以能有今天的投资成就，是依靠自己的自律和别人的愚蠢。"

投资成功的秘诀在于我们的内心，只要秉持自己的纪律和勇气，就不会让他人的情绪波动左右我们的投资命运。价值投资需要正确的态度、严格的自律和乐观的情绪。

投资股市建立正确清晰的策略体系非常重要，一旦确定了自己的策略体系，内心就有了观照，大方向就不会错，只是道路曲折而已（功力还不够）。

股市是一个让人不断犯错的地方，犯了错误之后，对照投资策略体系，就可以知道错在哪儿，不会怨天尤人（不迁怒），犯了错误知道为什么错了（不二过）。

价值投资者不是超深奥的分析大师，并没有发明和使用复杂的电脑模型来找到吸引人的机会，或评估潜在价值。

价值投资知易行难。难就难在要遵守纪律，要有耐心和判断力，以避免许多扔过来的毫无吸引力的"投球"，而耐心等待合适的投球机会，并判断该在何时"击球"。

第一节 "戒、定、慧"与价值投资

对不能自律的人来说,"自由"是一场灾难。

一、摩西十诫

摩西十诫,是大家耳熟能详的《圣经》故事。讲述的是先知摩西(天主教称梅瑟,新教称摩西,英文为 Moses,是纪元前 13 世纪的犹太人先知)带领在埃及过着奴隶生活的犹太人走出埃及、穿越红海,赶赴神所预备的、流着奶和蜜的应许之地——迦南(巴勒斯坦的古地名)的故事。神借着摩西写下《十诫》给他的子民遵守,并建造会幕,教导他的子民敬拜他。

"十诫"包括了不杀人,不奸淫,不偷盗,不做假证害人,不贪恋他人房屋、妻子、奴婢、牛驴,孝敬父母等内容。

"十诫"是《圣经》记载的上帝(天主),借由以色列的先知和众部族首领摩西(梅瑟),向以色列民族颁布的十条规定。犹太人奉之为生活的准则,也是最初的法律条文。

在好莱坞电影《十诫》中,摩西告诫犹太人:"只有在律法下才有真正的自由。""人类想要自由必须要由律法来限制,否则罪恶将吞噬我们善良的灵魂,我们将沉迷于肉体的享乐,逐渐迷失自我。"

据说,摩西用伟大的人格魅力拯救了以色列民族,用坚定的毅力在上帝那里为人们带来了通往自由的必经之路——合理的诫律。

这个伟大的故事告诉我们,自由是相对的,放纵欲望的自由只会让人的灵魂迷失,在迷失中失去希望。而真正的自由需要诫律的指引,需要信仰的支撑,那样的自由才是珍贵的,才是合乎内心的,才是健康长久的。

二、佛教的"戒、定、慧"

(一)佛教戒律

佛教倡导因果决定。种什么样的因,得什么样的果。种善因,得善果;种恶因,得恶果,所谓"种瓜得瓜,种豆得豆"。

什么是因呢?因像种子,是每一个当下的起心动念、语言、行为。修行佛法的人,因为自身根器以及自己修行诉求不同,需要持守不同的戒律。佛教的戒律都是释迦牟尼佛在世时亲手制定,至今2 600多年,没有改变。

戒律是佛家修行人的根基,需要一生持守,甚至生生世世都需要持守。

释迦牟尼佛将入涅槃时,对弟子的遗训是:"在我离开以后,你们应该尊重戒律,如同黑夜遇到光明,如同贫穷的人得到宝藏。戒律是你们伟大的老师,就如同我住世教导一样。"后世,就把这句话概括为"以戒为师"。

佛教修行人没有戒律,是非常可怕的。有些修行人,不守戒律,貌似未感苦果;有些严守戒律,貌似未得乐果。这是短视和不明因果的。

《大智度论》说:"大恶病中,戒为良药;大恐怖中,戒为守护;死暗冥中,戒为明灯;于恶道中,戒为桥梁;死海水中,戒为大船。""智者始于悟,终于谐;愚者始于乐,终于哀。有智慧的人,多是大度的人。大智与大度往往成正比。惟宽可以容人,惟厚可以载物。"

佛教把修行人分为三类,即三士道:下士道、中士道、上士道。这三种修行人都需要遵从相应的戒律才能达成相应的修行目标。汉传佛教,无论修下士道、中士道还是上士道,都须以持守五戒为根基:不杀生、不偷盗、不邪淫、不妄语、不饮酒。

(二)佛教的"戒、定、慧"

能与股市价值投资相对应的,是佛教的"戒、定、慧"。"戒、定、慧"是佛学的基本三学,又称三无漏学。戒是戒律,定是禅定,慧是无我的空性智慧。戒是基础,戒生定,定生慧。佛教徒遵循"戒、定、慧"三学,就能够离苦得乐;否则,苦海无边。

三、股票市场的"戒、定、慧"

就佛教修行与股市投资而言,戒律均是离苦得乐的根本方法,均是命脉,均须以戒为师,均须以戒律对治人性之弱点。在价值投资中如何遵守纪律,投资大师们都有较好的论述。

彼得·林奇说:"我们不需要比别人更聪明,只需要比别人更遵守纪律。"

芒格说:"你需要的不是大量的行动,而是长久的耐心。你必须坚持原则,等到机会来临,你就用力去抓住它们。"

这个世界上什么样的人最多?答案是:"很聪明,但最后却很失败的人。"

为什么呢？沃伦·巴菲特说过一句话："一个人要想成功,不需要比其他人更聪明,只要比其他人更自律就可以了。"

投资者无法通过工作更长时间来实现更高的回报。投资者所能做的一切,就是遵从一种始终受到纪律约束的严格方法,随着时间的推移,最终将获得回报。

股市里面,欲获得投资的成就,同样须要"戒、定、慧"。没有"戒、定、慧",投资者很快会被红红绿绿的K线所淹没,终会被股价的涨跌波动所吞噬。

股市里有"一九"铁律,超过90%的人长年亏钱。这些亏钱的人,基本上不懂股市的"戒、定、慧",或者没有自己的"戒、定、慧",或者在股市里没有做到"戒、定、慧"。

在股市里,很多人过得很焦虑,甚至抱怨。离股市苦海,得股市大乐,唯有找到优秀的戒律,当作信仰严格执守,"勤修'戒、定、慧',熄灭'贪、嗔、痴'",自然能够离苦得乐。

股市的"戒、定、慧",用法学原则来讲,可以概括为"有'法'可依、有'法'必依、执'法'必严、违'法'必究"。

(一)股市的"戒"

股票投资最大的壁垒不是对公司的理解,而是对人性的修炼。股票市场非常自由,没有人会强行让你买卖哪只股票,也没人强行让你何时买卖,买卖多少,股票买卖完全取决于自己的决定。自律差的人往往抵挡不住诱惑,管不住自己的手脚。

市场自由度越大,对自律的要求自然越高。但人性,往往很难做到自律,怎么办呢？这就需要像佛教徒一样,找到股市的"戒律"。

股市的"戒",就是正确地认知和完善长期只赚不赔的投资策略体系,也叫投资方法。股市的"戒",是投资者的生命线,是投资者需要严格遵守的"法律"。

在资本市场投资,面对涨涨跌跌、红红绿绿的K线,无有戒律,或有戒不守,实为赌博,怀有侥幸赚钱之时,终将"竹篮打水一场空"。

很多人炒股几十年,经年累月在资本市场博弈,却始终无戒可守,或有戒不守,却痴心妄想从股市获取财富,到头来只会在残酷无情的资本市场,被无情宰割碾压。严格持守戒律,即使止损,损失也是最小的。无论投资,或者投机,概莫能外。

佛教修行人的戒律,是释迦牟尼佛制定的。价值投资的戒律,已经有无数的前辈和大师帮我们找到了,如格雷厄姆、费雪、芒格、巴菲特、马克斯、彼得·林奇、段永平等。

找到股市里的"戒律",且长期持戒,才能让我们远离股市之苦,享受投资之乐。"只要不乱花钱和投资正确,时间久了就会有钱。"这是芒格先生告诉我们的"戒"。

"一言以蔽之",价值投资的"戒",就是成长价值策略86体系和成长价值策略39体系所阐述的理论策略。

(二)股市的"定"

股市的"定":是指坚守自己的认知和策略,不轻易改变自己的投资策略而发生风格漂移。

沃伦·巴菲特说:"我遵循所有的规则,所有的人都可以做到,它其实不需要什么天赋,它只需要你有坚持不懈的精神。""如果原则会轻易改变,就称不上是原则。"

沃伦·巴菲特在回答中国网友的提问时说道:"在价值投资中,你买的不是股票,而是生意的一部分。购买公司股票的意义,不是为了在下一个星期、下一个月或者下一年卖掉它们,而是要成为它们的拥有者,利用这个好的商业模式将来帮你挣钱。"

巴菲特的伟大不在于他90多岁的时候赚了多少钱,而在于他很年轻的时候明白了投资的道理,然后用一生的岁月去坚持,并善于在历史的关键时刻认真思考和做出交易抉择。

1967年,巴菲特给他的客户写了一封信,这封信在30年后的互联网泡沫中振聋发聩。在这封信中他写道:"游戏规则已经变了,只有傻瓜才会认为新的方法是错的,会带来麻烦。过去我就因为这种行为被其他人嘲笑过。但是,我也见过因为不按照传统的方法去评估企业价值从而遭受惩罚的许多例子。确实我好像过时了,但是有一点我非常清醒,我不会放弃我过去的方法,因为我理解这种方法的底层逻辑。即便新方法似乎可以不费吹灰之力地带来大量盈利,但是只要我完全无法理解这种方法,我就不会去碰它。新方法可能并没有成功的历史经验,而且可能会导致本金产生极大的永久性损失。"

巴菲特下调了1968年的收益率目标，但是这个目标在当年"被打脸"了：1968年他获得了58.8%的收益率，而道琼斯只有7.7%。他写信告诉他的合伙人这个业绩绝对是异常值，就跟打桥牌拿了13张黑桃的概率一样。1969年的时候，他已经赚的足够多了，那时候他39岁，他关闭了合伙企业，而随后他的警告就变成了现实。

投资就是一道选择题。如果选择的是赔率优先的策略体系，就要做好迎接大起大落的准备；如果选择的是胜率优先的策略体系，就要做好市场狂欢时自己落寞的准备。我们要记住彼得·林奇的忠告："绝对不可能找到一个各种类型的股票普遍适用的公式。"

瑞·达里奥也说："所有的投资策略都是有弱点的，在弱点呈现时对其失去信心是一种常见的错误，就像其有效时过于迷恋一样。"

《像大师一样投资：极简价值投资策略》一书中，作者田测产（Charlie Tian）指出，只有那些即使在艰难的时候，还能够坚守自己投资理念的人，才是真正的投资大师。

很多投资人，其投资风格随着市场的风向，像墙头草一样变来变去，最终沦为股市的炮灰。

无"戒"，则无"定、慧"；如果无"定、慧"，则只会心随境转，只有苦海无边。

从巴菲特的投资经历可以得知，他的投资理念和策略并不复杂，就那么些东西。最关键的是，他用一生来坚守这些理念和策略。而且，每过一二十年，在巴菲特的净值大幅回撤的时候，媒体会报道说：巴菲特老了，不行了。但往往几年后，当巴菲特的净值再创新高的时候，媒体又会说"嗯，股神还是股神"。

股市的"定"，还代表了耐心，守株待兔，耐心寻找和等待与戒律相应的机会。日本"股票神仙"邱永汉说："股票的利益是忍耐的报酬，赚钱十分，一靠聪明，九靠忍耐。"

价值投资如果没有优秀的策略体系，即戒律，也许越耐心离成功越遥远。没有符合戒律的投资机会时，空仓等待同样是重要的策略。

在1998年伯克希尔的股东大会上，巴菲特说："我们已经有好几个月没找到值得购买的股票了。我们要等多久？我们要无限期地等。我们只有在发现了诱人的对象时才会投资……我们没有时间框架。如果我们的钱堆成山了,那就让它堆成山吧。一旦我们发现了某些有意义的东西,我们会非常快地采取非常大的行动。但我们不会理会任何不合格的东西。别人付你钱不是因为你有积极性,只是因为你能做出正确决策。"

就价值投资而言,就是空仓等待便宜的好标的。耐得住寂寞,才能守得住繁华。善猎者必善等待,财不入急门。在1957—2006年的50年间,只有12项决策就决定了巴菲特的地位。也就是说,平均4年才选到一只让他大赚的股票。巴菲特的合伙人查理·芒格说了一句实诚话:"如果把我们最成功的15笔投资去掉,我们就是一个笑话。"

抓住这些机会不仅要有独自行路的勇敢和智慧,也要有长期耐得住寂寞和躲避镁光灯的心性。芒格一生只重仓三笔投资:伯克希尔、开市客和李录基金。

据说段永平也是平均两年投资一家公司。投资如同做项目,有好项目就做,没好项目就歇。

金融行业中的诱惑实在太大了,人性根本禁不住考验。只需要动动手指头,大笔大笔的钱就来了,人很容易被冲昏头脑。人一站在老虎机前面,就会失去理智,不断地投注,不断地赌,沉迷其中而无法自拔。人性根本禁不住考验,需要对此有清醒的认识。人不管在场外看起来多么的理性,进入特定场景的时候,都可能不知不觉地表现出感性。

最善变的莫过于人心。在行情好的时候,很少有人能遵守纪律,坚持严格的估值标准和风险规避策略,尤其是当大部分抛弃这些准则的人快速致富的时候。牛市的功劳往往很容易被误认为是股民天才的成就。

股市的普通投资者选择标的是随意性的,且一致性地表现出"追涨杀跌"的特点,其与专业投资高手最大的差异,是缺乏严持戒律的克制力。我们来看看大师们是怎么说的。

查理·芒格说,一辈子做对两件事就可以很富有:一是寻找什么是有效的,重复它;二是发现什么是无效的,避免它。

有一次,比尔·盖茨问巴菲特:"令人惊讶的是,你经历了完全不同的市场周期,但你遵循的基本原则仍然没变。"巴菲特回答:"是的,这些原则依然有效,要应用这些原则,并不那么容易。很显然,这些原则并不能准确告诉你什么时候买进或卖出。如果你遵循一些相当简单的原则时,你永远不会做一些蠢事。当你有机会购买一些非常有价值的东西时,无论是农场、公寓,还是企业,你会及时出手,而不会担心一两个月之后,是否能以更低的价格买到它。"

(三)股市的"慧"

股市的"慧",是指财富是"慧"果,就是收获复利的投资财富。巴菲特白手起家,历经数十年价值投资,2008年成为世界首富。价值投资者在起点并没有特别的优势,但真正的价值投资者会赢在终点,参见图4—1。

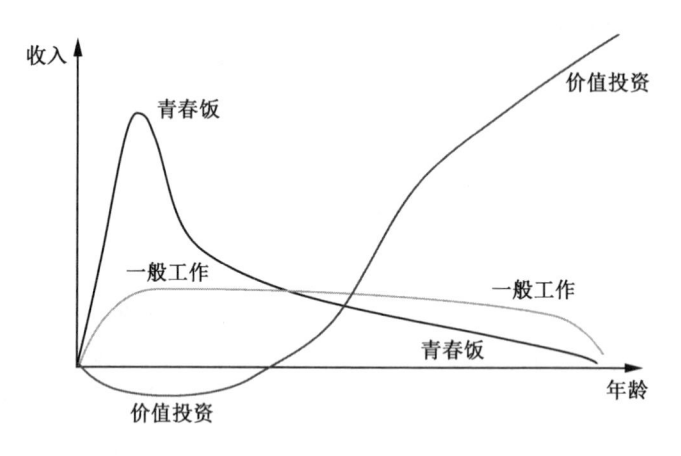

图4—1 三种人的复利结果

(四)股市的"戒、定、慧"

1."戒、定、慧"持守到位,等同于在资本市场捡钱

巴菲特说过:"我之所以能有今天的投资成就,是依靠自己的自律和别人的愚蠢。"

芒格说,我们之所以优秀,不是因为我们多么聪明,而是因为不做蠢事。沃伦·巴菲特之所以取得这么大的成就,是因为他年轻的时候就悟到了价值投资的理念和策略,并坚持了一生。

巴菲特所悟到的理念和策略,不就是"戒"吗?坚持一生,不就是"定"吗?富可敌国不就是"慧"吗?

如果是投资股票10年以上的人,可以闭上眼睛,静下心来深度地想一想:是不是股市的"戒、定、慧"持守到位了就等同于在资本市场捡钱?

"戒、定、慧"是股道天机。坚守股市"戒、定、慧"完全到位,需要伟大光辉的人性为依托。绝大多数人的人性充斥着贪婪、恐惧、妄想,或者有戒不守,或总是改变戒律。这是因为 100 次的所谓机会里,可能只有 1 次真正的机会,可能等 1 年、2 年甚至 3 年,仍然无仓可建,绝大多数人耐不住这份寂寞,享受不了这份清静,没有超越人性的能力。

股市投资面对涨涨跌跌、红红绿绿的 K 线,无有戒律,或有戒不守,实则赌博,尽管也有侥幸阶段性赚钱之时,但"1 年翻倍者众,3 年翻倍者寡"。

"戒、定、慧"是巴菲特不看大盘,每天跳着踢踏舞上班的核心奥秘。他的方法很简单,很质朴,但他的人性足够光辉伟大。这是世界首富所特有的人性。沃伦·巴菲特是人类投资历史上几百年一出的天纵奇才。巴菲特的一生,就是股市"戒、定、慧"的成功呈现。"戒、定、慧"长期简单重复,富可敌国。严格持守"戒、定、慧",即使看错止损,损失亦是最小的。

2. 勤修"戒、定、慧",熄灭"贪、嗔、痴"

如果投资者关注的是股市的 K 线形态,而不是 K 线后面的企业,就没有找到股市的"戒、定、慧",以至于仍将在股海之中苦苦沉浮。

要想远离股市亏损苦海,赢得股市赚钱之乐,唯有严格执行戒律,并把它当作信仰,股市的财富自会扑面而来。这如同佛家所悟,"勤修'戒、定、慧',熄灭'贪、嗔、痴'",人自然能够离苦而得乐。

第二节 价值投资赚三种钱

价值投资赚的是什么钱?做价值投资,如果把时间拉长,总是赚两方面的钱:一方面赚的是企业被低估的钱,这个是市场过度悲观、市场情绪化定价所带来的机会;另一方面赚的是企业成长的钱,是管理团队不断为股东创造价值、创造新的收益。

其实,真正开悟价值投资的人,就知道价值投资赚的是三种钱:企业利润增长、估值修复、股息分红。

其一,赚企业利润增长的钱。投资股票是与上市公司合伙做生意,是买入一部分公司的所有权,帮助企业不断提升内在价值,而且随着企业利润的不断增长,企业内在价值也在不断增长,投资者按照自己持股的份额,相应地分得了企业的增长价值。

其二,赚估值修复的钱。在股票价格低于企业内在价值时买入,就可以赚到公司估值修复的钱。

其三,赚股息分红的钱。股息是股东定期按一定的比率从上市公司分取的盈利。红利则是在上市公司分派股息之后按持股比例向股东分配的剩余利润。

有很多人不理解分红的意义,总觉得股票在分红前是 100 元,分红了 20 元,股价也下降到了 80 元,100 元＝20 元＋80 元,总觉得分红前和分红后没啥区别。其实,就像一棵结满苹果的树,果树和树上苹果,整体值 100 元,把果树上价值 20 元的苹果摘走了(类似分红 20 元),原来的果树仍然价值 80 元。但是,这棵价值 80 元的苹果树,明年还能结出新的苹果。因此,如此看来,企业的内在价值并没有减少。

查理·芒格说:"一家企业,分红的稳定性至关重要,包括分红能够每年提升那是最完美的,这个也是我非常看重的指标。"

在 2023 年致股东的信中,巴菲特在名为"秘方"("秘密武器")的章节中讲述了他长期取得超高收益率的秘诀之一:长期可持续的股息,并列举了可口可乐的案例予以说明。"1994 年我们从可口可乐公司收到的现金分红为 7 500 万美元。而到了 2022 年,分红已经增加到了 7.04 亿美元。每一年的分红都有增长,就像是每年过生日一样确定。我和查理只需要拿着可口可乐的季度分红支票去银行兑现就行了。"

2022 年伯克希尔从可口可乐公司获得 7.04 亿美元股息,这意味着 2022 年一年收到的股息收入就达到了当年整体买入成本 13 亿美元的 50%,这就是时间带来的惊人股息复利。纵观巴菲特几十年来的投资史,会发现他在熊市的表现往往优于牛市。这是因为巴菲特更偏好价值股,这类股的一个共性就是估值低、现金流好、分红能力强,持续稳定的股息分红成为投资者穿越牛熊的压舱石。

2020 年 8 月,巴菲特开始买入日本五大商社或许就是出于这个逻辑。查理·芒格说,巴菲特在疫情期间出人意料地押注日本股市,这是一个百年不遇的机会,可以在几乎零风险的情况下收获巨大回报。"这个机会太诱人了,令人难以抗拒。如果你像沃伦·巴菲特一样聪明,也许一个世纪会有两三次,你会有这样的想法。日本利率是每年 0.5%,为期 10 年。这些贸易公司都是根深蒂固的老公司，他们拥有所有这些廉价的铜矿和橡胶种植园，所以你可以提前10年借到所有的钱，你可以买股票。我们能做到，其他人做不到（伯克希尔的良好信用评级意味着它是唯一能够以如此诱人的条件借钱的公司）。这些股票有5%的股息，所以有大量的现金流，不需要投资，不需要思考，不需要任何东西。你得到它的唯一方法就是非常有耐心，每次只挑一点。100亿美元的投资花了很长时间，但就像上帝打开了一个箱子，把钱倒进去一样。这钱太容易赚了。"

对于一些以股票收益为主要收入来源的投资者而言，相较成长股只能从股价上涨中获得收益不同，价值股投资即便在熊市中股价同样表现不佳，也能获得持续稳定的股息分红收入，从而在股价下行过程中多了一层保护。而伴随着A股关于企业股息分红相关的政策法规的不断出台，已经有越来越多的优秀公司开始持续向投资者发放股息红利，许多优秀的企业都有着长期稳定分红的记录。

赚股息分红，买现金奶牛类的价值型股票要注意，业绩增长的钱赚不到，但一定要低估，估值再下降的空间不能太大。也就是说，杀估值的空间不能太大，这样就可以稳稳地赚到股息分红的钱。

这也提醒投资者所投资的企业，生意模式要好，要有非常强的赚钱能力，因为这样的企业一旦停止高速增长之后，账上就会有大量的现金流，投资者可以赚股息分红的钱。

熊市杀估值，但仍然可以赚企业利润增长、股息分红的钱。拉长时间周期来看，资本市场的任何一种投资方法都没有价值投资这么方便和具有优势。

知道了价值投资赚三类钱，也就知道了价值投资的策略应该关注的重点在哪里。

中国A股仍然属于新兴市场，股市波动幅度大，所以更要重视企业的成长性和估值修复；美股市场比较成熟，专业投资者比例大，所以更重视企业股息分红和业绩成长。

巴菲特在2022年致股东的信中说："股东应重视股票分红和公司长期利润，股东重视股票的分红，将形成较大的财富积累。"

价值投资者并不是经常需要逆向投资，而是在股价低估、高估时，才需要逆向投资。股市估值合理时，不存在逆向投资，赚企业利润增长、股息分红这两种钱，赚不到估值修复的钱。逆向投资，比如低估时买入，既可以赚到估值修复这部分超额收益，又可以赚到企业利润增长、股息分红的钱。因此，逆向投资三种钱都能赚到，一种都不落下。这就是逆向投资的优势。价值投资的思维模型，可以参见图4—2。

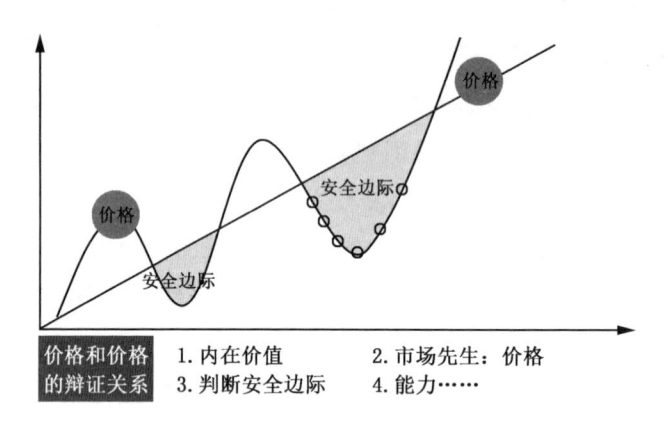

图4—2 价值投资的思维模型

第三节 巴菲特的投资进化史

迈克尔·巴里说："如果你想成为一名伟大的投资者，你必须找到适合自己的投资风格。我一度意识到，沃伦·巴菲特虽然深受本杰明·格雷厄姆的影响，但他并没有完全复制，而是选择了自己的道路，按照自己的规则来管理资金。"

人心易变。19岁的巴菲特与91岁的巴菲特，既是同一个人，又不是同一个人。如果跳过19岁的巴菲特直接学91岁的巴菲特，究竟是站在巨人的肩膀上，还是从巨人的肩膀上坐滑滑梯，可真的不好说。巴菲特的投资进化史，可以参见图4—3。

在2022年致股东的信中巴菲特说："如果你想成为一个伟大的投资者，你必须不断学习。世界变了，你也要变。"

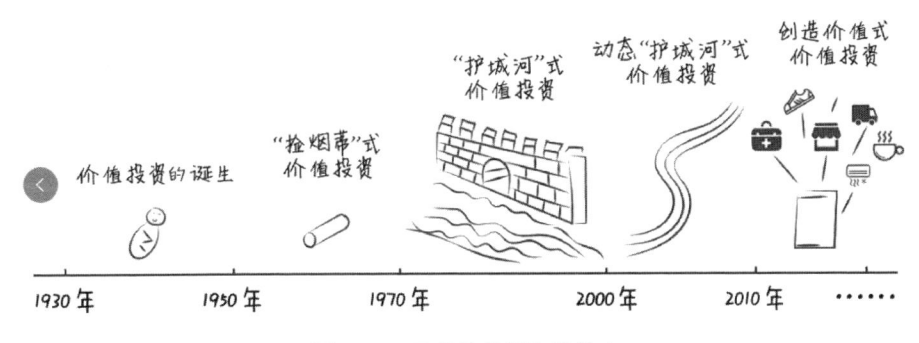

图 4—3　巴菲特的投资进化史

一、巴菲特第一次买股票

巴菲特说:"1929年秋天,我母亲怀我的时候正赶上股市大崩溃。我非常喜欢1929年的股市大崩溃,因为那是我生命的起点。我的父亲当时是一位股票经纪人,1929年秋天股市崩溃后,他不敢给任何人打电话,因为那些人无一例外地正在遭受前所未有的巨大损失。所以,每天下午他不得不待在家里。当时家里没有电视机……你懂的。我母亲是在1929年11月下旬怀孕的(我1930年8月30日出生)。所以,在我的内心深处,对于1929年股市大崩溃始终有一种亲切感。"

巴菲特自小就对赚钱有浓厚的兴趣。6岁开始,他就想办法挣钱。他从爷爷的杂货店批发可口可乐,再卖给邻居们,赚取差价。他给客户送报纸赚取送报费。在体育比赛的时候,他会在观众席中贩卖爆米花。他还在球场附近寻找飞出界的高尔夫球,再转卖给那些愿意购买二手球的人。

1942年,11岁的巴菲特已经积攒了120美元,大概相当于今天的15 000元人民币,对于一个靠自己的能力赚钱的11岁小男孩,这绝对算是一笔"巨款"了。

1942年,他买入了人生中的第一只股票——城市服务公司,一共买了3股,合计花了114.75美元。

之所以投资这只股票,是因为这是巴菲特父亲最喜欢的一家公司。巴菲特的父亲是一位股票经纪人,经常向客户推荐安全性比较高的公共服务类股票。耳濡目染,巴菲特也喜欢上这家公司,他把自己几乎全部的钱都投入到这只股票中。

不过，生平第一次买股票的小巴菲特，买入后不久就被套了，最大浮亏达到30%。他的姐姐多丽丝也入伙了这次投资活动，她天天提醒巴菲特，他们的股票在亏钱。小巴菲特可谓"压力山大"，在股价反弹后，他就迅速卖掉了股票，总共赚了5美元。

股价后来很快涨到202美元，小巴菲特错失了492美元的"巨额利润"，他感到非常惋惜，因为这笔钱相当于他过去5年赚的4倍。通过这次股票操作，11岁的巴菲特总结了三个教训：一是不要急于抓住蝇头小利，投资要有耐心；二是不要过分关注买入成本，而是要关注公司质地；三是周边的人会干扰你的投资决策，要学会排除干扰。

二、巴菲特的"顿悟"

虽然巴菲特11岁就购买了自己的第一只股票，但一直到巴菲特大学毕业前，他和大多数散户一样随波逐流，也只是看图表，做技术分析，猜股价趋势，到处打听小道消息，追涨杀跌，是一个普普通通的小股民，业绩也相当一般。

而真正改变他投资命运的是1949年《聪明的投资者》第1版出版。1950年，大学四年级的巴菲特读到此书，猛然意识到：原来这才是真正的投资之道。读到此书，巴菲特形象地称之为"顿悟"，说自己仿佛看到了上帝。对于这次"顿悟"，巴菲特多次在不同场合都说起。

在2000年致股东的信中，他说："50年前，我在哥伦比亚大学开始学习格雷厄姆教授的证券分析课程。在此之前的10年里，我一直盲目地热衷于分析、买进、卖出股票，但是我的投资业绩非常一般。从1951年起，我的投资业绩开始明显改善，但这并非由于我改变饮食习惯或者开始运动，我唯一增加的新的营养成分是格雷厄姆的投资理念。原因非常简单：在大师门下学习几个小时的效果，远远胜过我自己过去10年里自以为是的天真思考。"

1991年，巴菲特在圣母大学演讲中说道："不论是整个买下还是只买一部分，我们只买入我们能理解的企业。我们从不买任何我认为自己不能理解的东西。对于自己是否理解某一行业，我也许会作出错误的判断，但我从未拥有一股科技股，科技公司都是一些我不能理解的公司。对此，我并不担心。

你提到过城市服务(Cities Service)公司的优先股,当我买入的时候我还不能十分透彻地理解这个理念。但从我18岁读了本杰明·格雷厄姆的书,19岁认识了他以后,我才认识到了其中蕴藏的含义。这个理念的全部含义就是:只在市场提供的价格大幅低于公司价值时,才买入你所理解的公司的一部分。这就是我们试图买下公司100%,或者7%,或者其他任何比例的股票的原因。我的合伙人查理和我一起工作15年了,这就是我们所做的全部。除此以外,我们心无旁骛。"

在2011年的股东大会上,巴菲特说:"查理和我并不期望能让你们中多数人接受我们的思维方式,我们已经观察到了足够多的人类行为,知道这是徒劳的。但我们确实希望你们能够了解我们自己的计算逻辑。在这里我应该坦白地说:在我年轻的时候,也是一看到股价上涨就会非常高兴。后来我读了本杰明·格雷厄姆写的《聪明的投资者》,第八章讲的是投资者应该如何看待股价的波动。我立刻两眼放光,从此低估值成了我的朋友。拿起那本书是我一生中最幸运的一刻。"

在2005年堪萨斯大学的演讲中,当被问及"本杰明·格雷厄姆已经不在世了,在当今的投资行业,您看好谁?当今有谁比得上本杰明·格雷厄姆"的问题时,巴菲特回答道:"我们不需要另一个本杰明·格雷厄姆。我们不需要另一个摩西。上帝只传给了摩西十条戒律,没有第十一条。格雷厄姆的投资理念仍然在指导我们,格雷厄姆桃李满天下,但是我们有些学生像鹦鹉学舌一般模仿他。我后来确实读过费雪的书,费雪更强调对商业的定性。买股票就是买公司,你要让市场服务你,不能让它指挥你,你经常能找到一些低估的公司,找到了,就赚了。大多数人认为,股价每天的变化包含什么信息,其实那里面没什么信息。股票不只是股价的上蹿下跳,股市是全世界最好玩的地方。你可以赚那些不知道好歹的人的钱。一年之内的最高价和最低价之间相差1倍是常有的事,公司的价值变化哪有这么大,这简直就是神经病。股市的波动经常走极端,'市场先生'天天喊报价,你就等着,等到他发疯,等到他悲观过头了,或是乐观过头了。把安全边际考虑在内,别开着9 800磅重的车过最大承重10 000磅的桥。做投资,起决定作用的不是智商,而是悟性。不是说,有10 000家公司,每家都投,找到一个估值错误的就行。'市场先生'是为你服务的,'市场先生'是你的合伙人,他每天都想把生意卖给你。有时候,他很乐观,要价很高;有时候,他很悲观,要价很低。你一定要利用'市场先生'的这个弱点。股市是全世界最好玩的地方。还有什么别的地方能像股市这样,动不动就远远脱离现实。例如,土地的价格波动在15%以内,达成的交易价格波动范围更小。这东西,有人懂,有人不懂。长点脑子,别犯傻,你就能在股市赚大钱。"

"顿悟"之后,巴菲特彻底摒弃了技术分析等"图表派",将精力投射在企业的基本面上。

于是,巴菲特申请到哥伦比亚大学商学院读研究生,目的就是去听格雷厄姆讲授投资课。一年后毕业,巴菲特申请到格雷厄姆的投资公司无偿工作,但遭到拒绝。巴菲特回到老家,在父亲开的证券经纪公司工作,坚持经常写信给格雷厄姆,汇报自己的投资见解。又过了3年,格雷厄姆终于同意,于是巴菲特来到纽约,进入格雷厄姆的投资公司工作,跟着老师做投资,两年时间就把个人资产从9 800美元增长到17 400美元。

巴菲特从格雷厄姆那里学到一个真理:既不要因为大众同意你而认为正确,也不要因为大众反对你而认为错误,一切要以事实为根据,而不是大众的看法。

巴菲特说:"以功利论之,当年所学为我后来的投资和商业生涯奠定了扎实的专业基础。在遇到本杰明和戴维之前,我早已对股票市场充满兴趣。在11岁攒足购买第一只股票所需的115美元之前,我已经读完了奥马哈公立图书馆(Omaha Public Library)中每一本与股票市场相关的书。我发现很多与股票市场相关的书都非常引人入胜,且妙趣横生,但可惜没有一本是真正有用的,直到读了本杰明和戴维的著作并聆听了他们的教诲之后,我才意识到我的'取经之旅'(似乎)结束了。"

三、"捡烟蒂"投资法及其进化

1956年格雷厄姆宣布退休。巴菲特重回家乡,组建了自己管理的投资公司。

20世纪五六十年代,巴菲特的投资风格是格雷厄姆式的安全边际法,被后人称为"价值投资法",巴菲特自己则戏称为只买便宜货的"捡烟蒂"投资法。

巴菲特完全模仿格雷厄姆投资公司的运作模式和投资策略,结果青出于蓝而胜于蓝,到 1969 年巴菲特 13 年的年化收益率为 29.8%,个人财富超过 2 500 万美元,是导师退休时一生累计财富的 10 倍,参见表 4—1。在此期间,他也买过霍克希尔德—科恩百货公司和伯克希尔纺织公司的股票,这些廉价的三流公司曾给他带来痛苦的记忆。

表 4—1　　　　　巴菲特"捡烟蒂"投资法的成绩单

案例	时间(年) 买入	时间(年) 卖出	金额(美元) 买入	金额(美元) 卖出	收益(美元)
城市服务	1941	1941	114.75	120	5.25
盖可保险	1951	1952	10 282	15 259	4 977
洛克伍德公司	1954	1955	不等	不等	13 000
邓普斯特农机	1956	1963	999 600	330 万	230 万
桑伯恩地图	1958	1960	大约 100 万	转为投资组合份额	约 50%
伯克希尔	1962	—	14.86 美元/股	如今 245 000 美元	数百亿
美国运通	1964	1968	1 300 万	3 300 万	2 000 万
迪士尼	1966	1967	400 万	620 万	220 万
霍希尔德—科恩	1966	1969	480 万	400 万	-80 万
国民赔偿保险	1967	—	860 万	—	数十亿
联合棉纺	1967		600 万	并入伯克希尔	不详

注:表中数据网上资料整理所得。

四、巴菲特如何"悟道"

在《经营伯克希尔 50 年的总结》一文中,巴菲特写道:"当我管理小规模资金的时候,我的'捡烟蒂'策略非常有效。事实上,我 20 世纪 50 年代所获得的许多免费的'烟蒂'使得那 10 年至今为止,是我人生中最好的 10 年。然而,纵使是在当时,我也有一些非'烟蒂'类型的投资,最重要的是盖可公司(政府雇员保险公司)。多亏了 1951 年我和洛里默·戴维森(Lorimer Davidson)的谈话,他是一个很好的人,后来成为该公司的 CEO。从谈话中,我得知盖可公司是一家极好的公司,并且很快地将我净资产 9 800 美元的 65% 投入去购买它的股票。我早期岁月的大部分收益,来自以低廉价格交易的普通的公司。

本杰明·格雷厄姆教我的这个技巧，是有效的。但是，这种方法的一个主要弱点逐渐变得明显起来：'捡烟蒂'投资法的可扩展性仅仅只到了某个程度。而对大规模资金，它可能就不那么好用。"

巴菲特发现，他和格雷厄姆买入的股票，按格雷厄姆的"50％收益法则"卖出后，其中很多股票在随后几年内还继续保持着上涨势头。他发现这些公司的股票价格攀升到远远高于格雷厄姆抛售时的价位。这正如他们买了一张开往华尔街的列车票，但在列车到达该站之前就下车了，因为他不清楚它最终驶向何方。

巴菲特决定对这些"超级明星股"的经济动力进行深入探究，希望能在他导师的投资报酬率上有所提高。于是，他开始研究这些公司的财务报表，探索这些公司具有如此美妙的长期投资价值的内在原因。

格雷厄姆很少考虑生意，主要强调安全边际。安全边际是建立在生意之上的，因为时间是优秀企业的朋友、平庸企业的敌人。

巴菲特了解到，所有"超级明星股"都得益于某种竞争优势，这些优势为它们带来类似垄断的经济地位，使其产品能要价更高或者增加销售量。在这一过程中，它们能比竞争对手赚取更多的利润。巴菲特同时还认识到，如果一个公司的竞争优势能在很长一段时间内持续不变——竞争优势具有稳定的持续性，那么公司价值会一直保持增长。如果公司价值会保持增长，那么我们理所当然要尽可能长久地持有这些标的，使其有更大机会从这些公司的竞争优势中获取财富。

巴菲特还注意到，通过价值投资者或投机者，或者二者的共同参与，终有一天，华尔街会认识到这些股票价值被严重低估，并推动其股票价格反转上升。看起来，正是这些公司的持续性竞争优势，让它们的价值投资者成为名副其实的预言家。

(一) 几个关键时点

巴菲特在1977年致股东的信中逐渐认识到选择顺风而非逆风行业的重要性。

1980年，他在致股东的信中指出："当一名优秀的经营者遇到一个夕阳产业时，往往是后者占了上风。"

1985年，他又在致股东的信中指出："在做抉择时，你划的是一艘怎样的船更胜于你怎样去划。当你遇到一艘总是会漏水的破船,与其不断白费力气去补破洞,还不如把精力放在如何换艘好船之上。"

(二)如何以合理的价格买入优秀的公司

以合理的价格买入优秀公司胜过以便宜的价格买入平庸公司。这是芒格给予巴菲特的最高奖赏。

1993年,巴菲特在接受福布斯电视台采访时说:"世界上对我影响最大的三个人是我的父亲、格雷厄姆和芒格。我的父亲教育我要么不做,要做就去做值得登上报纸头版的事情。格雷厄姆教给我投资的理性框架和正确的模式,它使我能冷静地退后观察,不受众人的影响,股价下跌时不会恐慌。查理使我认识到投资一个获利能力持续增长的优秀企业所具备的种种优点,但前提是你必须对它有所把握。"

查理·芒格被称为巴菲特"幕后智囊"和"最后的秘密武器"。对于芒格,巴菲特从来就不吝溢美之辞。巴菲特在《经营伯克希尔50年的总结》一文中写道:"上天派来查理,来打破我的'捡烟蒂'投资习惯,并且为建立一个可以将大的投资规模和满意的利润相结合的方式指明了方向。"他认为,热爱建筑设计的查理·芒格最重要的建筑功绩,是设计了今天的伯克希尔·哈撒韦系统:"他给我的设计图很简单,忘记你所知道的以低廉的价格买入平庸的公司;相反,要以合理的价格买入卓越的公司。"结果,伯克希尔·哈撒韦依据设计师查理·芒格的设计图建立起来了,巴菲特认为自己的角色只是总承包人。

除了在二级市场进行股票投资之外,巴菲特也经常在一级市场收购公司。1972年1月3日,巴菲特接受查理·芒格的建议,用2 500万美元收购了非上市公司——喜诗糖果,之后他常常津津乐道这笔收购。以此为开端,查理·芒格不断推动巴菲特向为质量付出代价的方向前进。

巴菲特坦言说:"他(指查理)用思想的力量,拓展了我的视野,让我以非同寻常的速度,从猩猩进化到人类;否则,我会比现在贫穷很多。"

巴菲特经过20余年投资实践后,投资策略有了第二次根本性的飞跃。在经过20多年的摸爬滚打之后,巴菲特最终得出现在我们都耳熟能详的结论——以合理的价格买入优秀公司,胜过以便宜的价格买入平庸公司。现在我们看来稀松平常的一句话,却是巴菲特花了几十年时间、用无数的真金白银悟出来的道理。如果我们能理解这一点,在投资上就可以少走很多弯路。

在1989年致股东的信中,巴菲特对过往投资理念和策略进行了深刻的反省总结。其文如下:

头25年所犯的错误(浓缩版)……不论如何,在犯下一个错误之前,最好能够先反省一下以前的那些错误,所以让我们花点时间回顾一下过去25年的经验。我所犯的第一个错误,就是买下伯克希尔纺织公司的控制权。虽然我很清楚纺织这个产业没什么前景,却因为它的价格实在很便宜而受其所引诱,虽然在早期投资这样的股票确实让我获利颇丰,但在1965年投资伯克希尔后,我就开始发现这终究不是个理想的投资模式。

如果你以很低的价格买进一家公司的股票,应该很容易有机会以不错的获利出脱了结。虽然长期而言这家公司的经营结果可能很糟糕,我将这种投资方法称为"捡烟蒂"投资法,在路边把随地可见的香烟头捡起来可以让你吸一口,解一解烟瘾,但对于瘾君子来说,也不过是举手之劳而已。

不过除非你是清算专家,否则买下这类公司实在是属于傻瓜行径。第一,长期而言,原来看起来划算的价格到最后可能一点都不值得。在经营艰难的企业中,通常一个问题才刚解决,另外一个问题又会接踵而来,厨房里的蟑螂绝对不会只有你看到的那一只。第二,先前的价差优势很快就会被企业不佳的绩效所侵蚀。例如,你用800万美元买下一家清算价值达1 000万美元的公司,若你能马上把这家公司给处理掉,不管是出售或是清算,换算下来你的报酬可能很可观。但是,若这家公司要花上你10年的时间才有办法把它给处理掉,而在这之前你只能拿回一点点可怜的股利的话,相信我,时间虽然是好公司的朋友,却是烂公司最大的敌人。

或许你会认为这个道理再简单不过了,不过我却在经历惨痛的教训后才真正地搞懂。在买下伯克希尔纺织公司不久之后,我又买了巴尔的摩百货公司、Hochschild Kohn与一家名叫多元零售公司(后来与伯克希尔合并)。我以相当的折价幅度买下这些公司,经营的人也属一流,整个交易甚至还有额外的利益,包含未实现的房地产增值利益与后进先出法的存货会计原则,但是似乎我还漏掉了什么?还好3年之后,算我走"狗屎运",能够以成本价左右的价格脱身。在与 Hochschild Kohn 公司结束关系之后,我只有一个感想,就像一首乡村歌曲的歌词所述的,"我的老婆跟我最要好的朋友跑了,然而我还是十分想念她"。

我可以给各位介绍另外一个个人的经验,以合理的价格买下一家好公司要比用便宜的价格买下一家平庸的公司好得多。查理老早就明白这个道理,我的反应则比较慢。不过,现在当我们投资公司或股票时,我们不但选择最好的公司,同时这些公司还要有好的经理人。

从这里我们又学到了一课,好的马还要搭配好骑师才能有好成绩,像伯克希尔纺织公司与 Hochschild Kohn 也都有才能兼具的人在管理,很不幸,他们所面临的是流沙般的困境。若能将这些人摆在"体质"更好的公司,相信他们应该会有更好的成绩。

我曾说过好几次,当一个绩效卓著的经理人遇到一家臭名昭彰的企业,通常会是后者占上风,但愿我再也没有那么多精力来创造新的例子。我以前的行为就像是梅·韦斯特(Mae West)曾说的:"曾经我是个白雪公主,不过如今我已不再清白。"

另外,还学到一个教训,那就是在经历25年企业管理与经营各种不同事业的岁月之后,查理跟我还是没能学会如何去解决难题,不过我们倒学会了如何去避免问题。在这点上我们做得相当成功,我们专挑那种一尺的低栏,而避免碰到七尺的高栏去跨越。

这项发现看起来似乎不太公平,不管是在经营企业或是投资,通常坚持在容易又明显的好公司上会比死守有问题的公司要好。当然,有时困难的问题也有被解决的机会,像是我们刚开始经营水牛城报纸一样;或是有时一家好公司也会有暂时的难关,像是以前美国运通公司与盖可保险公司都曾经一度发生的状况。不过,总的来说,我们尽量做到回避妖龙,而不是冒险去屠龙。

……在犯下其他几个错误之后,我试着尽量只与我们所欣赏喜爱与信任的人往来，就像是我之前曾提到的，这种原则本身不会保证你一定成功。二流的纺织工厂或是百货公司不会只因为管理人员是那种你会想把女儿嫁给他的人就会成功的。然而，公司的老板或是投资人却可以因为与那些真正具有商业头脑的人打交道而获益良多。相反地，我们不愿意跟那些不具令人尊敬特质的人为伍，不管他的公司有多吸引人，我们永远不会靠着与坏人打交道而成功。

其实，有些更严重的错误大家根本就看不到，那是一些明明我很熟悉了解的股票或公司，却因故没有能完成投资。错失一些能力之外的大好机会当然没有罪，但是我白白错过一些自动送上门、应该把握却没有好好把握的好买卖。对于伯克希尔的股东，当然包括我自己本身在内，这种损失是难以估计的。

另外，我们一贯采取保守的财务政策可能也是一种错误，不过我个人不认为如此……我们希望25年后还能向各位报告伯克希尔头50年所犯的错误。我想2015年的年报，大家应该可以确定这一部分将占据更多的版面。

(三)芒格如是说

有人问查理·芒格："您给巴菲特提供过一个很好的建议，就是要用好的价格买好的公司，这改变了巴菲特的一些投资理念，而不是像原来一样到处"捡烟蒂"吗？"

查理·芒格回答："曾经有一段时间遍地是果实，你很轻松地就可以以便宜的价格，在果园里买到好的东西，但这种情况后来消失了，然后就出现了业绩衰退。本杰明·格雷厄姆一生中赚的钱一半以上都来自同一只股票，那只股票就是盖可保险。他教给我们的事就是他如何变得富有。在我看来，这就是应该为伟大的企业买单，伟大的才是好的(Greatness is good)。"

还有人问芒格："拥有成功和财富后，或者随着年龄的增长，会更难以坚持理性吗？"

查理回答："我认为这是很难的，但如果你很年轻，再勤加练习，你会变得更好，但这绝非易事。"

(四)险些"不会像今天这么富有"

1. 投资方法的反思与进化

在1983年致股东的信中,巴菲特写道:"与35年前相比,我现在的想法发生了巨大变化。当时我被教导要偏爱有形资产,并避开那些价值在很大程度上取决于经济商誉的企业。当初的偏见虽然使我在投资上没赔多少钱,但也错过了许多巨大的商业机会。凯恩斯指出了我的问题:困难不在于接受新思想,而在于摆脱旧观念。但我的反应仍比较慢,一方面是由于教我的老师一直以来皆让我受益良多,但最终大量直接和间接的商业经验,使我现在强烈偏爱那些拥有持久商誉而仅须少量有形资产的公司。"

在1986年、1987年致股东的信中,巴菲特对自己之前的投资方法进行了一些反思。在选择标的上更加看重生意的商业前景,而不仅仅是便宜。他再次重申了格雷厄姆对"市场先生"的观点,强调要比"市场先生"更理解自己投资的生意价值,不懂或者不会给自己的生意评估价值,就遑论价值投资。

巴菲特从费雪那里学到了以合理的价格买下一家好公司,集中投资以及长期持有,巴菲特曾说:"如果我只学习格雷厄姆一个人的思想,就不会像今天这么富有。"

与巴菲特同为格雷厄姆高足的沃尔特·施洛斯得到了格雷厄姆投资的精髓。施洛斯曾对他的儿子说,如果再也找不到这样(低估)的企业,就把投资公司关闭掉。

据了解,施洛斯以10万美元起步,基金的最大值是1.3亿美元。比施洛斯晚一年多起步的巴菲特,同样以10万美元规模开始,到2002年,仅属于巴菲特个人的资产已经有350亿美元,两个人完全不是一个数量级。

如果巴菲特也机械坚持原来的投资方法,不努力进化,很可能真的"不会像今天这么富有"。

格雷厄姆给予了巴菲特投资的知识基础——安全边际,以及帮助他掌控情绪并利用市场的波动。费雪教会巴菲特新的、可执行的方法论,让他发现长期的优秀投资对象,以及集中的投资组合。芒格帮助巴菲特认识到购买并持有好企业带来的回报。巴菲特吸取了这三个人的智慧精华,了解了这一点,对于他许多投资上的做法自然就有了答案。

2. 骨子里还是流淌着格雷厄姆的血液

巴菲特早年师从格雷厄姆，后来遇见费雪，再后来又与芒格搭档，可以说是一个终身学习的典范。

早在1969年，巴菲特说过一句著名的话："我的投资风格，85％来自格雷厄姆，15％来自费雪。"但按照《巴菲特之道》作者哈格斯特朗的说法："如果今天有机会再做一次表述，巴菲特可能承认他的方法50％来自格雷厄姆，50％来自费雪。"

这段公案最终还是由巴菲特本人在1995年伯克希尔的股东大会上做了一个了结。巴菲特说："我认为自己既是100％的格雷厄姆，也是100％的费雪，在某种程度上，他们并不矛盾，而是各有侧重。"

巴菲特骨子里还是流淌着格雷厄姆的血液，有时情不自禁地就会寻找低价的"烟蒂"来吸上一口。

在2022年年底，巴菲特又干回老本行了，施展老师格雷厄姆的"捡烟蒂"大法，以0.8PB左右的价格一口气加仓了5只日本商社公司的股票。

查理·芒格对股票的喜好确实不是和巴菲特那么完全一致，与巴菲特相反，笔者更倾向于认为芒格是85％的费雪和15％的格雷厄姆。

（五）不预测宏观，读经典投资书

在1987年致股东的信中，巴菲特写道："在投资的时候，我们从来不把自己当成是宏观经济分析师、市场分析师或者证券分析师，而是企业分析师。"巴菲特的这一阐述，与格雷厄姆"股票是企业所有权的一部分"的观点一脉相承。与此同时，巴菲特也强调了自己的"不为清单"：不预测宏观经济，不分析市场走势，而是专注于企业内在价值研究。

曾经不止一次有人问巴菲特，该如何成为一名成功的投资者，巴菲特的回答始终是：尽你所能，阅读一切，尤其经典投资书。

因为投资者面临的困难、思考的问题，前人都面临过、都思考过，也给出过明确的答案，白纸黑字就写在某本书里。看或者不看，它都在那里，不增不减。如果投资有捷径的话，那就是读一流投资大家的书。

（六）"我一生追求消费垄断型企业"

如果把巴菲特1957—2022年致股东的信和演讲、问答、文章，从厚读薄，纲举目张，有三句话就足以让我们享用一生。

第一句话是："在别人贪婪时恐惧，在别人恐惧时贪婪。"

第二句话是:"如果你不能持有一只股票10年,那你就不要持有它10分钟。"

第三句话是:"我一生追求消费垄断型企业。"

第三句话的内容十分丰富,它包含了巴菲特在投资领域最重要的理论成就和传承创新,也包含了他对价值投资者具体的指导方向。同时,它也是对第二句话的最好注脚。实际上他已经告诉我们,什么是值得持有10年以上的企业,告诉我们什么是大师巴菲特的选股标准。他还说过:"寻找超级明星公司的投资之道,给我们提供了走向成功的唯一机会。"而他所说的"超级明星公司",指的就是消费垄断型企业。消费垄断型企业有五个鲜明的特点:(1)被人需要;(2)不可替代;(3)有定价权;(4)可以容忍平庸的管理层;(5)长期可抗通胀。

图4-4既是巴菲特几十年如一日致股东的信、演讲的总结,也是他知行合一的伟大实践。

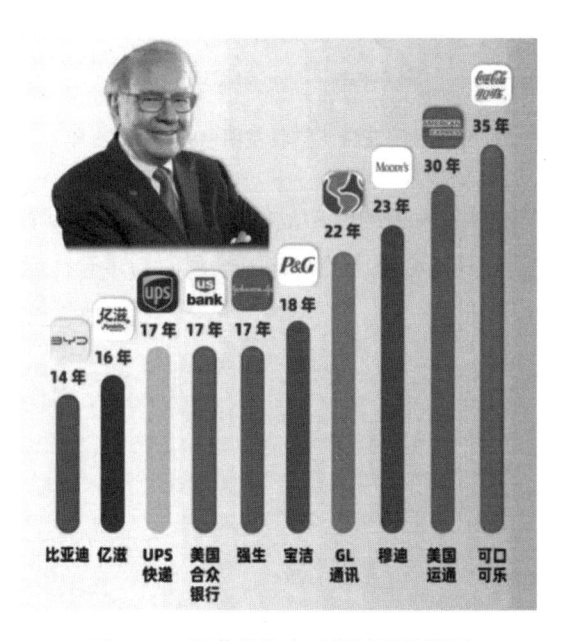

图4-4 巴菲特持有时间最长的股票

在图4-5中,我们看到了巴菲特三个主要阶段投资理念的不断迭代与投资收益率不断增长所取得的伟大成就。看到此图,内心感受是心潮澎湃的。

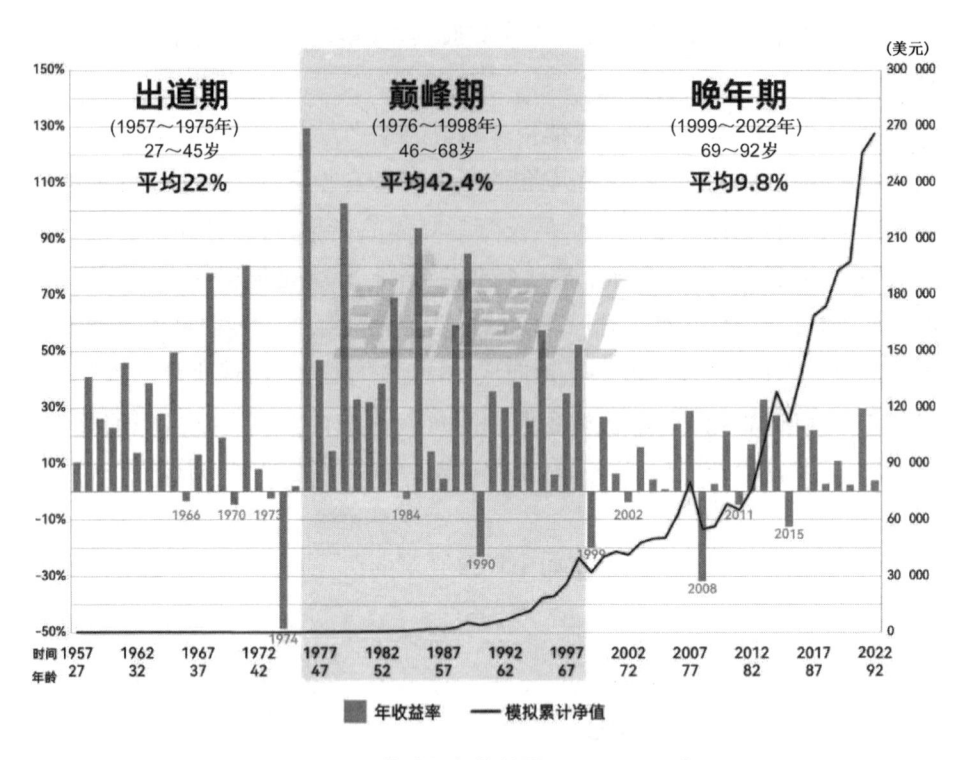

图 4－5　巴菲特历年收益图（1957—2022 年）

巴菲特的三个阶段各有各的成功范例，从中我们既可以看到其投资理念的迭代升级，也能看到对其核心理念的坚守——耐心与重仓持股，参见图 4－6。

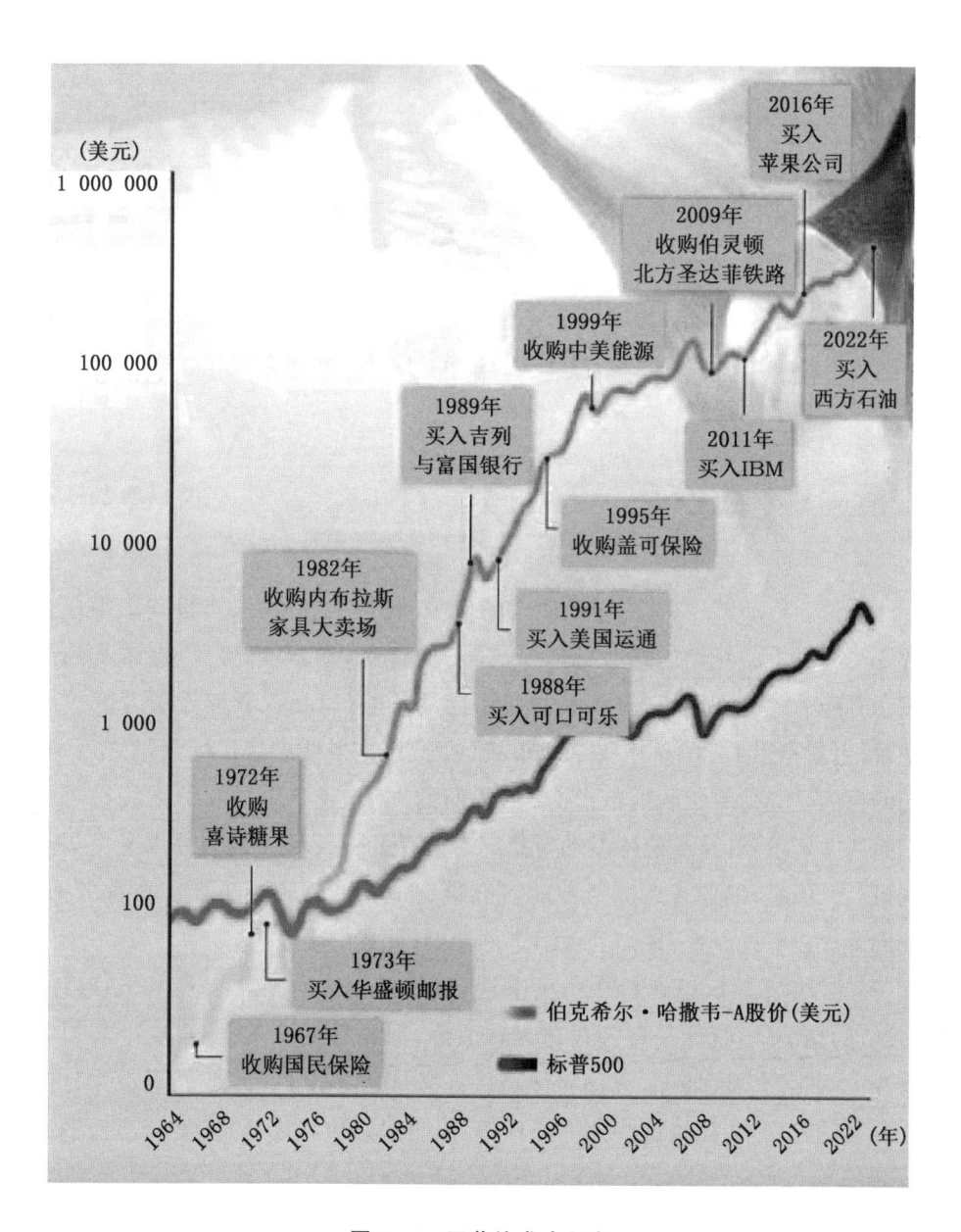

图 4—6 巴菲特成功之路

第五章

成长价值策略 86 体系

沃伦·巴菲特在 1975 年致股东的信中写道:"我们的股票投资集中在少数几个公司上。我们的选股标准是:公司拥有良好的经济特征,有诚实的品质和有能力的管理层,以及一个有吸引力的价格(以私人股权投资者的标准来看,也就是以 PE 的价格买二级市场的股票)。当这样的目标满足之后,我们的目的是要持有很长时间。""根据我们的方法,股票市场的价格波动对我们而言并不重要,这些价格波动对我们有意义的仅仅是为我们提供了再买入的机会。但是,股票背后的企业的盈利情况对我们而言很重要。在这方面,我们重仓投资的企业,他们的业绩都不错,对此我们很欣慰。"

2007 年 10 月,巴菲特在中央电视台《经济半小时》接受记者采访时说:"投资的精髓,不管你是看公司还是看股票,都要看企业本身,看这个公司未来 5～10 年的发展情况,看你对公司的业务了解多少,看你是否喜欢并且信任公司的管理层,如果这些条件都具备,同时股票价格合适,你就应当长期持有。"

作为价值投资者,都有自己的策略体系,而其策略体系会有不同的收益结果,概括起来不外乎有七种情况,参见图 5—1。

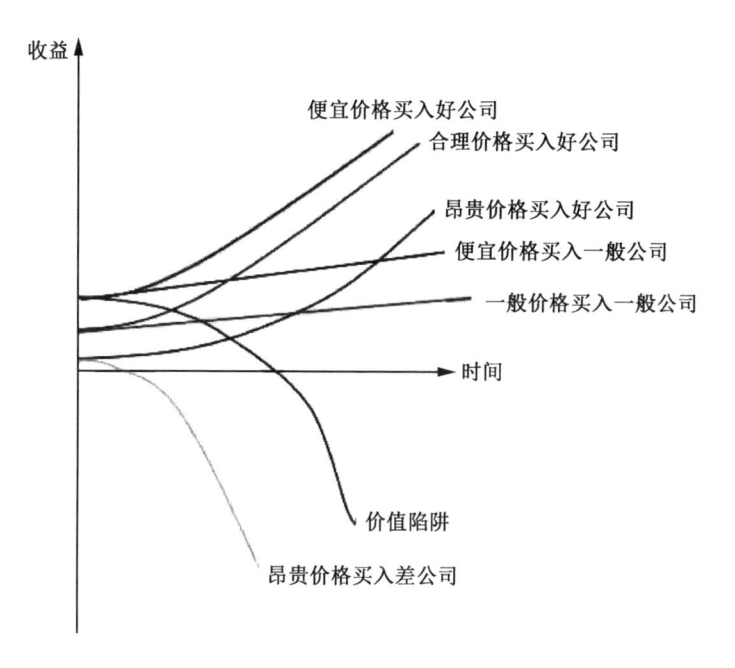

图 5-1　成长价值策略体系

第一节　86 策略体系九字箴言

"大道甚夷,而人好径。""吾言甚易知,甚易行,天下莫能知,莫能行。"

——老子

股市赢利的秘诀,就是简单的模式重复做。

——约翰·墨菲

一、化繁为简

86 策略体系,全称"成长价值策略 86 体系",简称"86 策略体系"或"86 体系"(后文称"86 体系")。

86 体系的"86"这个数字,没有实质内涵。之所以起了这么个名称,是因为笔者有一次读《聪明的投资者》时,突然感觉自己开悟了价值投资,一看书的页码,正好是第 86 页,所以就叫 86 体系。

《道德经》:"少则得,多则惑。"86 体系的精髓,只有九个字:"好企业、好团队、好价格。"

巴菲特 1986 年说:"我们的投资仍然是集中于很少几只股票,而且在概念上非常简单。真正伟大的投资理念常常用简单的一句话就能概括。我们喜欢一个具有持续竞争优势,并且由一群既能干又全心全意为股东服务的人来管理的企业。当发现具备这些特征的企业,而且我们又能以合理的价格购买时,我们几乎不可能出错。"

有人说,巴菲特生平没有著书立说,其实,巴菲特历年致股东的信、历年股东大会的言论、各种演讲、采访、专题纪录片等浩如烟海,如果全部整理成书籍,人类历史上,没有任何一个投资大师能多过巴菲特。仔细学习研究巴菲特所有的这些投资思想,会惊奇地发现,他的价值投资精华,就是这九个字:"好企业、好团队、好价格"。

也就是说,巴菲特念了一辈子经,念来念去,围绕的核心就是这九字箴言。

巴菲特在 1975 年致股东的信中说:"1976 年 3 月 31 日,我们未变现的普通股盈利总计约 1 500 万美元。我们股权投资主要集中于这些公司:有着良好的经济基础,有上进心并且很诚实的管理层,并且以一个私营业主的价值尺度来衡量,购买价格很有吸引力。"

巴菲特在 1977 年致股东的信中说:"我们投资股票的选择方式与买进整家企业的模式很相近,我们想要的企业必须是:(1)我们可以了解的行业;(2)具有长期竞争力;(3)由德才兼备的人士所经营;(4)吸引人的价格。我从来不试着去买进一些短期股价预期有所表现的股票。事实上,如果其企业的表现符合我的预期,我们反而希望他们的股价不要太高,如此我们才有机会以更理想的价格买进更多的股权。"

巴菲特在 1985 年致股东的信中又说道:"1985 年大部分出售证券的收益约 3.4 亿美元是缘于我们出售通用食品的股票。我们从 1980 年开始便持有大部分个股,我们当初以远低于我们认为合理的每股企业价值的价位买进,年复一年,Jim 与 Phil 等管理阶层的优异表现大幅提升了该公司的价值,一直到去年秋天,Philip Morris 对该公司提出购并的要求,才使其价值显现出来。

我们因四项因素而受惠：(1)便宜的买进价格；(2)一家优秀的公司；(3)一群能干且注重股东权益的管理阶层；(4)愿意出高价的买主。而最后一项因素是这项获利能够一举浮现的唯一原因，但我们认为前三项才是能为伯克希尔股东创造最大利益的原因。在选择股票时，我们专注于如何漂亮地买进，而全不考虑出售的可能性。"

巴菲特在 1991 年致股东的信中说："我们始终在寻找那些业务清晰易懂、业绩持续优异、由能力非凡并且为股东着想的管理层来经营的大公司。这种目标公司并不能充分保证我们的投资盈利：我们不仅要在合理的价格上买入，而且我们买入的公司，未来业绩还要与我们的估计相符。但是，这种投资方法——寻找超级明星——给我们提供了走向真正成功的唯一机会。"

在 1994 年致股东的信中，巴菲特又说："我们的投资组合持续保持集中、简单的风格，真正重要的投资理念通常可以用简单的话语来作说明，我们偏爱具有持续竞争力并且由德才兼备、以股东利益为导向的经理人所经营的优良企业，只要它们确实拥有这些特质，而且我们能够以合理的价格买进，出错的几率可说是微乎其微。"

1998 年，巴菲特在佛罗里达大学商学院做了一场被称为是其一生中最经典的演讲。他说："我们不管一家公司是大盘、小盘、中盘，还是超小盘，我们只考虑这么几点：这家公司的生意我们能不能看懂？这家公司的管理层我们喜不喜欢？这家公司的价格是否便宜？"

2023 年 4 月，当巴菲特被问及："您如何看待以美国硅谷银行破产为开端而加剧的金融危机？"巴菲特回答道："(发生金融恐慌的)那样的危机不可能提前得知。重要的是，要投资于好的生意、合适的价格和良好的管理层。"

在 2018 年 9 月，当段永平被问及(价值)投资最重要的是什么时，段永平说："right business, right people, right price(对的生意、对的人、对的价钱)。其实这就是巴菲特所一直倡导的。对的生意，说的就是生意模式；对的人，指的是优秀的企业文化。Price 没有那么重要，business 和 people 最重要。Culture 跟 founder(创始人)有很大关系。business model，就是赚钱的方式，这个是你必须自己去悟的，我没法儿告诉你。就像如果你不打高尔夫，我就无法告诉你它的乐趣。"

段永平的投资观点、投资案例以及投资成就，同样体现了九字箴言："好企业、好团队、好价格。"

"真传一句话,假传万卷书。"越是真理越明了,越是大道至简。

一位投资高手说:"看了很多投资书籍,加上自己几十年的各类投资经验,得出一个基本结论:越简单的策略越有效。只有真正能做到化繁为简,才能成为长期的投资大师,正所谓大道至简,适用所有人生哲学,悟不悟得通,悟得快不快,修行在个人。""一句话就能说明白的投资策略,绝对能秒杀几十本书还说不太明白的道理。"

好企业、好团队、好价格,三位一体,缺一不可。当然三者的重要性,也是有次第的:排在第一重要的是好企业,第二重要的是好团队,第三重要的是好价格。

二、不要把简单的事情复杂化

1986年,巴菲特在与《频道》杂志记者帕特西雅·波尔谈话时说:

真正的投资策略就像生活常识一样非常简单,简单得不能再简单。商学院重视复杂的程式而忽视简单的过程,但是,简单的过程更有效。要想成功地进行投资,你不需要懂得什么有效市场、现代投资组合理论、期权定价或是新兴市场。事实上,大家最好对这些东西一无所知。

你应该选择一些连笨蛋都会经营的企业,因为总有一天这些企业会落入笨蛋手中。

我喜欢简单的东西,不过看起来,人性中总是有喜欢把简单的事情复杂化的不良成分。由于价值投资非常简单,所以,没有教授愿意教授它。

如果你已经取得博士学位,而且运用数学模型进行复杂的计算,然后你再来学习价值投资,这就好像一个牧师去神学院上学,却发现只要懂得《摩西十诫》就足够了。

我们始终在寻找那些业务清晰易懂、业绩持续优异、由能力非凡并且为股东着想的管理层来经营的大企业。我们不仅要以合理的价格买入,而且我们买入的企业的未来业绩还要与我们的估计相符。正是这种投资方法——寻找超级明星,给我们提供了走向真正成功的唯一机会。我们的投资仍然是集中于很少几只股票,而且在概念上非常简单。

真正伟大的投资理念常常用简单的一句话就能概括。

我们喜欢一个具有持续竞争优势,并且由一群既能干又全心全意为股东服务的人来管理的企业。当发现具备这些特征的企业,而且我们又能以合理的价格购买时,我们几乎不可能投资失误。

我们所做的事没有超越任何人的能力范围,没有必要去做超凡的事以追求超凡的结果。

第二节　86体系之好企业

关于"好企业"的内容,在前面"实业的视角"中已有一些讲述。价值投资的一切核心都聚焦于"好企业"。这是投资成功的基石。

投资就像在大海中航行,你也许永远不会知道第二天大海是风平浪静还是波涛汹涌,你唯一能够掌控和了解的是你驾驶的这艘船。在投资中,这艘船,就是我们选择的企业。

巴菲特说:"你应该选择投资一些连笨蛋都会经营的企业,因为总有一天这些企业会落入笨蛋的手中。"

一、一道破万术

"作为一个投资者,你的目标很简单,就是以理性的价格,购买一家容易明白的盈利在5年、10年、20年确定大幅增长的企业。"巴菲特如是说。

如果说,投资需要考虑的变量有无数个,那么,好企业是最核心、最根本的一个要素,是价值投资的"一道"。好企业就是摇钱树,就是印钞机,就是会生蛋的老母鸡,有此"一道"即可破"万术"。

举个例子,在2007年上证指数6 124点的最高位,买了贵州茅台,一直拿到2021年,上证指数还在3 000多点,指数跌了50%,但贵州茅台的股价却涨了几十倍。

买个好企业的股票,你就一直走在希望的田野上,开启完美的财富人生。

人生就是这样,紧要处,就那么几步,走好了这几步,就走好了一生。投资与人生几乎完全相同。

(一)投资的圣杯

投资的圣杯是握住牛股不问东西。

1. 中国A股,百倍股占比约1%

在谈及价值投资的意义时,巴菲特在2023年致股东的信中认为,鲜花会盛开,野草也会枯萎。也就是说,随着时间的推移,只有少数优质的公司会迎来繁荣,而多数平庸的公司可能像野草一样枯萎。而我们只需要投资几个好企业就能创造奇迹。伯克希尔·哈撒韦公司在过去58年的投资生涯,创造了3.8万倍的回报,实际上只是做了十几次正确的决策,平均每5年做一次,包括可口可乐、美国运通等成功的投资。近些年,巴菲特投资的苹果为其贡献了1 000亿美元的账面利润,也是一次伟大的决策。

百分之百的投资人不缺牛股,但仅有百万分之一的投资者能够拿住牛股,许多投资者都感同身受。

2. 真正好的策略就是与伟大的公司一起成长

价值投资的三大"试金石"分别是波动、估值和牛熊。就波动和牛熊来看,假如能找到杰出的公司,其股票就可以穿越牛熊。从长期而言,熊市、牛市都不是大事,不要老想着预测牛熊。

就估值来说,"投资的圣杯"是宁可贵一点也要买最好的公司。对于一只10年10倍股来说,如果买贵了20%,年化收益率仅仅从25.9%下降到23.6%;如果买贵了50%,意味着年化收益率从25.9%下降到20.9%;如果买贵了80%,意味着年化收益率从25.9%下降到18.7%;如果买贵了1倍,意味着年化收益率从25.9%下降到17.5%。因此,即使买贵了1倍,如果能选对公司,也会拥有一个令人满意的投资结果。

我们投资要简单化,非常复杂的策略是不可操作的。基于公司的估值,低估的时候买入,高估的时候卖出,这样要求的能力太高了,难度太大,不是好的策略。真正好的策略是选择一些伟大的公司,然后与它一起成长。

3. 好企业稀有

长期投资伟大的公司,复利的威力会随着时间的积累而放大,重点是投资伟大公司、做时间的朋友。

段永平说："没有专门针对'普通人'的应对（金融危机的）办法。从投资的角度看，如果你有闲钱的话，多买点好公司，拿着就好了。所有的金融危机都会过去的，人类总是会有办法解决问题，直到最后解决不了为止，那时候也没啥关系了。"

牛市与熊市的大涨大跌，以及震荡市的涨跌波动，就像波浪一样。低估或估值合理的卓越企业，像生蛋繁殖能力强的鸭子，无论波浪怎么起伏，鸭子始终漂浮在水面上。

如果你找到一个不错的投资机会，但最近的行情很不好，是应该再等等，还是应该马上买呢？对此，巴菲特在1996年给出了明确的建议："我认为你最好还是立即买下来，我们其实也可以买进、卖出我们的一些好企业，但是好企业太难找了。"

巴菲特这里说的是没有估值泡沫的好企业，但即使好企业，也要看估值。如果低估，或者合理估值，都可以买；如果高估就不买，耐心等待估值回归。尤其A股，波动幅度巨大，只要足够耐心，好价格还是等得到的。

4. 赚大钱的秘密就是1%的时间和1%的伟大企业

巴菲特说："当我遇到比尔·盖茨时，我没有购买微软的股票，但我一点也不在乎，因为它不在我的能力圈之内。如果我发现了一家自己懂的企业，价格也具有吸引力，自己却没有采取行动，那就是另外一回事儿了。"

查理·芒格补充说："这些绝佳的投资机会，几十年才出现一次。因此，投资者必须学会，当这些稀有的投资机会出现时，要有勇气和智慧下以重注。"

价值投资者，如果错过了能力圈之内的机会，应该反省；如果是能力圈之外的企业，不存在错过的问题，不懂不碰。价值投资者思考问题的出发点不是事后的涨跌，涨跌只是表面现象，重点是自己的理念策略和商业逻辑。

市场不可能每时每刻都有好的投资机会。99%的企业在99%的时间段都是不值得买入的。致富的关键，在于1%的时间段，瞄准1%的伟大企业而果断重拳出击。比如，最近10年，哪怕只抓住了2013年买入贵州茅台这一次机会，就足以成就财富人生。

（二）优质股反映经济的高增长

价值投资者千万要记住投资大师查理·芒格的三大投资训导：

第一，股价公道的伟大企业比股价超低的普通企业好。

第二，股价公道的伟大企业比股价超低的普通企业好。

第三，股价公道的伟大企业比股价超低的普通企业好。

这里三大投资训导是重复的，实则是为了强调这一原则的重要性。

巴菲特在2022年致股东的信中说："如果你能游到适合航海的船上，就不要乘坐正在下沉的船逃跑。一家伟大的公司会在你离开后继续运作，而一家平庸的公司不会这样。"

找到一家伟大的公司，就要牢牢抓住它。这个世界上很多事物都呈现正态分布，伟大的公司与伟大的人物一样都很稀缺。

比起从来没选中10倍股，"卖飞"一只10倍股，是令管理人和投资者更痛苦的事。

一位学者统计了1990年1月至2008年12月全球上市的6万多只股票的回报，结果发现，811家公司（占全部上市公司总数的1.3%）就创造了其间全球股市所创造的财富价值。

亚利桑那州立大学的亨德里克·贝斯宾德教授也做过类似的研究。他发现，从1926年到2016年，美国股市创造的全部净财富相当于表现最好的1 092只股票创造的财富。更极端的是，其中90家公司（仅占公司总数的0.3%）就创造了一半的净财富。

这正如查理·芒格所说，如果把我们的15个最好的决策剔除，我们的业绩将会非常平庸。

格雷厄姆也曾说，他一生中赚的所有钱的一半以上都来自1只股票。

巴菲特有一个著名的卡片打洞理论，假设你的投资生涯是一张只有20个孔的卡片，每做一笔投资就打一个孔，你的投资业绩会好很多。

拉长时间周期，比如10年，上市公司股价的涨幅与扣非净利润的增长幅度大体差不多。

中国的优质上市公司同样如此。优质股股价与企业净利润的增长是同步的，与中国经济的发展也是同步的，参见表5—1。

表 5-1　　　　　　　2002—2021 年(预估)绩优股公司举例

	股价(倍数)	净利润(倍数)
海尔电器	26	32
三一重工	45	55
伊利股份	62	60
海康威视	13	14

注:海康威视为 2011—2021 年,统计日期:2021 年 10 月 10 日。

贵州茅台、泸州老窖、格力电器的复权股价与年化盈利走势也大体一致,参见图 5-2、图 5-3、图 5-4。

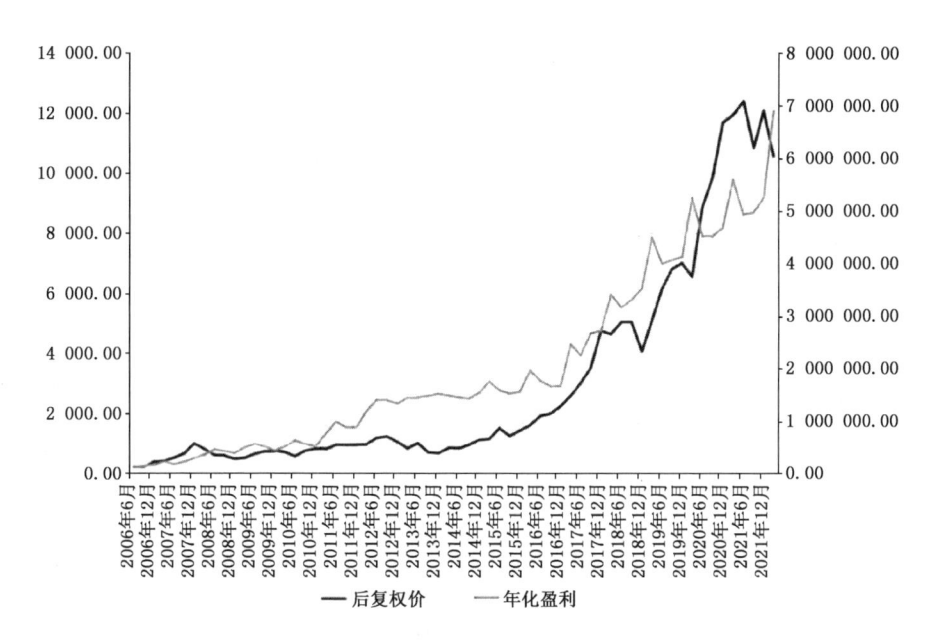

图 5-2　贵州茅台的盈利与后复权股价

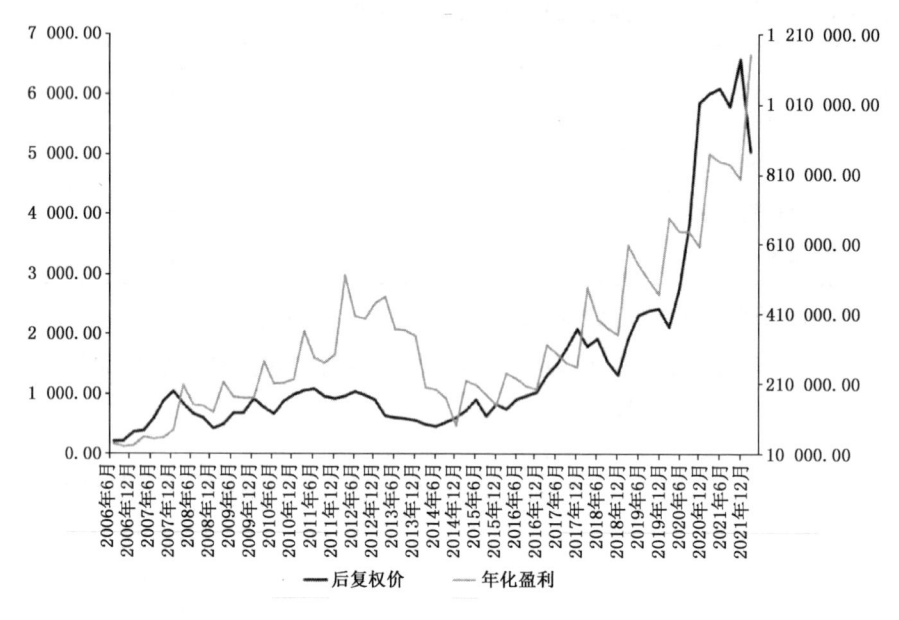

图 5-3 泸州老窖的盈利与后复权股价

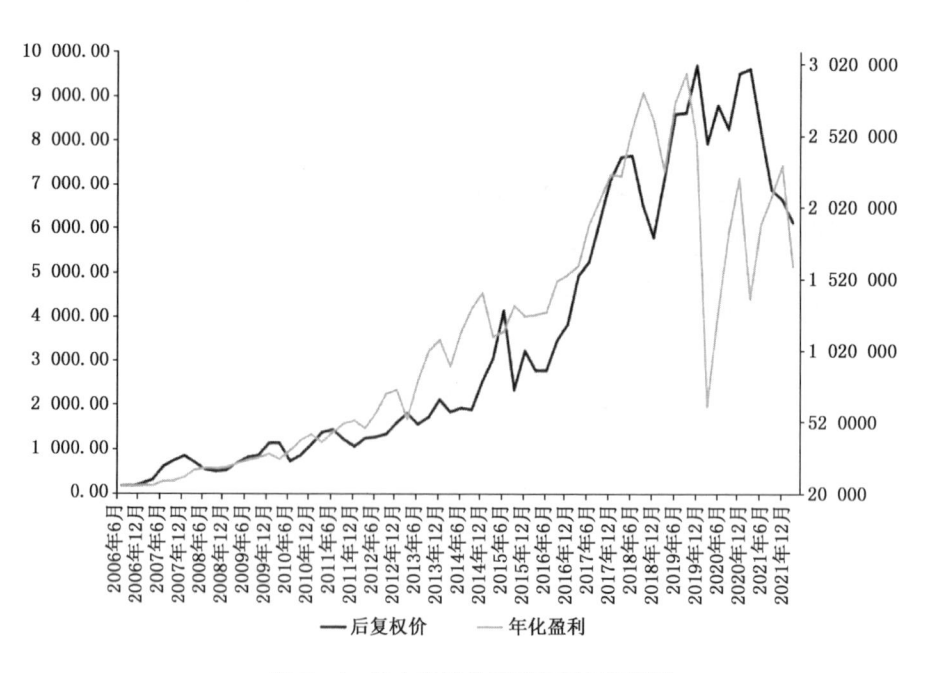

图 5-4 格力电器的盈利与后复权股价

从量化指标看，上证指数从1990年的100点到2022年的3 000点，复合增速为11.2%；而我国的GDP从1990年的1.89万亿元人民币，增长到2022年的118万亿元人民币，复合增速为14%。考虑到上证指数涨幅并未体现分红，因此，股市的表现基本体现了GDP的成果。当然这个对比口径还是有些差别的。虽然我国的股市上涨体现了经济发展，但是对于众多参与者来说，体验感比较差。中国股市呈现出波动大、炒作盛行、监管法规不规范等各种各样的问题。

当"市场先生"失去理智的时候，我们要认清市场的三个常识：其一，长期看指数是上涨的，伟大的公司更是如此；其二，股市在低估和高估之间摆动；其三，在低估的位置买入会拉高未来的回报率，在高估的位置买入会拉低未来的回报率。

中国优质上市公司长期表现优异。2007—2019年期间优质上市公司组合收益率高达3 192.85%，年化收益率达30.75%，远高于上证综合指数，无论风吹雨打都做到了"穿越周期"，也真正反映了中国经济的长期高速增长。

（三）巴菲特投资标的优先级排序

巴菲特在1994年致股东的信里写道："如果你拥有的是企业中的'天然钻石'，无论股票价格如何波动，无论波动的幅度多大，无论经济景气的循环如何上上下下，从长期而言，这类优秀企业的价值必定会继续以稳定的速度成长。"

巴菲特投资标的的优先级排序：现金奶牛＋高增长＞现金奶牛＋不增长＞高确定性＋低资本消耗的科技股＞高确定性＋重资产＞低确定性……

根据其优先级排序，从20世纪60年代到21世纪20年代巴菲特买入的公司如图5—5所示。

二、从供需关系看生意模式的优劣

一个真正的品牌，是由消费者用货币当选票选出来的。任何一个企业，如果不能持续满足用户的需求，或者定价过高，早晚会被市场淘汰。

查理·芒格曾经问巴菲特可能的接班人托德·库姆斯：5年后标准普尔500企业中有多少会变得更好？库姆斯认为少于5%，芒格表示不到2%，因为伟大的公司5年后不一定会更好。

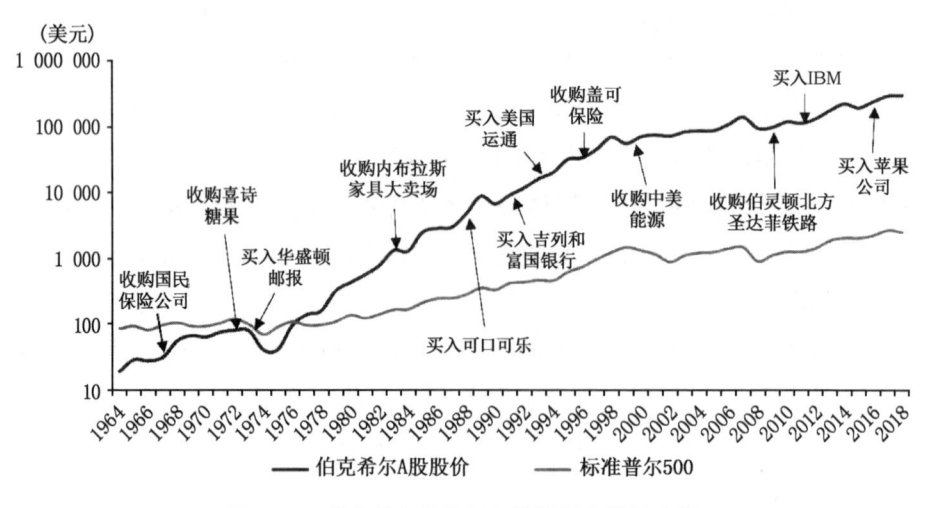

图 5-5　伯克希尔公司买入的股票与股价走势

找到卓越的好企业，也就是好生意，是价值投资成败的关键。最差的生意投入无限，回报递减；最好的生意无需资本投入，却能实现指数级增长。

正如 86 体系所概括的那样——好企业、好团队、好价格是卓越企业的特征。其中，好企业，即好的生意模式最为关键。芒格说要找那些"傻子都能管理好"的企业，一种好的生意模式往往意味着能经受住一个糟糕管理层的折腾，因为其"护城河"很宽。

一切生意，无非供需关系。所有的生意模式可以划分为 4 个象限：第一象限：供给受限，需求永续增长；第二象限：需求增长，但供给不受限；第三象限：需求下降，供给不限；第四象限：供给受限，需求下降或者不增长（见图 5-6）。

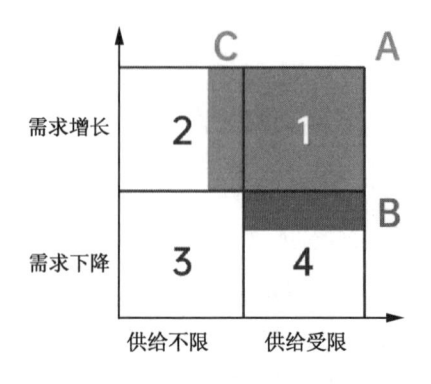

图 5-6　生意模式的供需关系

第一个象限是价值投资的首选。很多长期卓越的企业都集中在这个领域,优秀的消费品如苹果、可口可乐以及奢侈品和有垄断属性的互联网企业。但是,这个领域的问题是,大部分时候估值都比较高。

巴菲特说他一生追求"消费垄断",说的就是第一象限中的企业。他认为,真正的成长型公司,一定是拥有宽广的"护城河",外来的竞争者很难争夺其市场份额。好公司必须首先属于一门好生意。事实上,好生意要远比成长性好。如果要在好生意和成长性之间做一个选择,那一定选择好生意。

第二个象限是需求增长,但是供给不限。由于需求增长快,所以这个象限里热门行业比较多,比如新能源。这个领域的问题是供给会不断响应需求的增长,需求和供给不断地赛跑,而供给大多数时候会跑赢需求,最终需求增长并不一定能转化成盈利的增长。

行业出现产能过剩是市场化的常态,并不可怕,可怕的是成本一直比别人高。每一次产能严重过剩之后,都会出现新技术和新企业,所谓涅槃重生。

第三象限是价值投资需要回避的领域,因为它的需求在下降,而且供给不受限。

第四象限需求下降,供给受限,这比较有意思。如果需求不增长,市场会认为是成熟行业,因此关注度比较低,而往往整体估值也比较低,这些行业可能会存在一些机会。

三、好公司的基本特征

好公司基本上一句话就能说得清楚;烂公司,有时好几页纸都说不清楚,你不知道它到底是干什么的。好公司具有以下几个特征:

(一)持续不断地创造大量现金流

邓小平说:"发展才是硬道理。"价值投资第一性原理认为,对于企业来说,赚钱才是硬道理。好的生意模式是产生充沛未来现金流的保障。

巴菲特认为:"看一家公司正确的思维方式是,从长期来看,这家公司是否能越来越赚钱? 如果答案是能,别的问题都用不着问了。"

1. 强大的产品或服务是必要条件

好的商业模式就是能够长期获得很好利润的商业模式。好企业的首要特征,是给消费者或用户提供优质的产品或服务,这是先决条件、硬核条件。

脱离好的产品或服务来讨论企业是否优秀,纯属空中楼阁。

巴菲特说:"我们根据'护城河'加宽的能力以及不可被攻击,作为判断一家伟大企业的主要标准。我们告诉企业的管理层,希望企业的'护城河'每年都能不断加宽。"

当被问及如何才能选到伟大的公司时,段永平给出的答案是:关注企业应该从关注其产品开始,没有例外。强大的产品是必要条件。找到有定价权的公司对投资非常重要,理解他们为什么有定价权也非常重要,不然几个市场起伏就会睡不好觉了。

最简单的过滤器是商业模式和企业文化,过不去就不再看了,这可以节省时间。企业领导最重要的是建立企业文化,确立什么东西不能做,如何把对的事情做对,但只要是在坚持做对的事情,时间就能证明一切。

巴菲特说:"真正有吸引力的业务,是那些不需要任何投资就可以运作的业务,因为这意味着投资已经不能使任何其他人介入到这项业务中来,这就是最佳的业务。"从这个角度看,贵州茅台是符合巴菲特选股标准的。

2. 能产生大量现金的公司

好生意模式就是能持续产生净现金流的模式。巴菲特说:"如果你投资的公司本身都不赚钱,你也很难赚钱。"

从价值投资第一性原理的角度来说,好企业未来的利润能够持续较快地增长。好企业,一言以蔽之,就是未来能够持续不断地创造大量现金流的公司。

查理·芒格认为,在人的一生中,如果能够找到少数几家企业,它们的管理者仅通过提高产品价格就能极大地提升利润——然而它们还没有这么做,所以它们拥有尚未利用的提价能力。人们不用动脑筋也知道这是好股票。

2023年4月,记者问林园:您的投资观念是如何形成的?是否受到巴菲特的影响?林园回答:"有些人说我的投资理念和巴菲特相似,因为我们都说过应该去投资赚钱机器、投资印钞机类的企业。但这可能只是一个巧合,因为生意的本质就是赚钱,投资就要了解生意的本质——钱是从哪里来的?如何小钱变大钱?这是投资的核心,也就是我们常说的'滚雪球'。但其实我并没有读过巴菲特的书,我也不是很清楚他都讲过些什么。"

贵州茅台10年创造现金流3 166亿元、净利润2 786亿元,资本开支仅仅

284亿元。伊利股份10年创造现金流821亿元、净利润544亿元,资本开支高达482亿元。贵州茅台创造的利润90%成了自由现金流;伊利股份仅有11%成了自由现金流,其余89%都用于资本开支了,这是维持其竞争力的必然选择。它们同样是品牌消费企业,商业模式差距巨大,企业"护城河"的深浅也截然不同,企业创造自由现金流的能力也有天壤之别。

3. 没有大的资本开支

就价值投资来说,能为股东赚钱的企业才是好企业。巴菲特说:"我们一直都知道,理想的业务是那种只需要很少的资本就能增长很多的业务量。""靠大量资本才能成长的公司,与几乎不需要增加资本支出就能成长的公司之间有天壤之别。"

从价值投资第一性原理来说,本小利大的生意自然是好生意;相反,本大利小的生意就不是好生意。

公司是否具有长期竞争优势,是芒格在筛选潜在投资机会时始终考虑的另一个重要因素。但在股市中,这类公司寥寥无几。芒格说:"在投资生涯中,你或许能够遇到寥寥数家公司,这些公司可以仅仅通过提高产品定价就能够大幅提高公司营收——但他们没有这样做,即便他们有强大的定价能力。投资这种公司应该是每个投资者所向往的,这是一笔稳赚不赔、最简单的投资方式,如迪士尼就曾是这样一家公司。带着家人孩子去一趟迪士尼乐园体验是非常好的,你基本不会很在乎你在其中的花费,因为你不会经常去迪士尼乐园。迪士尼发现它可以大幅提高价格,却可以一直保持上座率不变……"

芒格还曾表示,能够向投资者返还资本的公司才是更好的投资:有两种生意,第一种每年赚12%,作为投资者可以在年底把利润拿出来;第二种每年赚12%,但所有多余的现金必须再次投回公司以保证公司继续运营——从来没有多余的现金返还给投资者。

巴菲特说:"有的企业'护城河'不但很深,里面还有凶猛的鳄鱼、海盗与鲨鱼守护着。这才是你应该投资的企业。"

"护城河"实际上是生意模式中的一部分,好的生意模式往往具有很宽的"护城河"。

1991年,巴菲特在圣母大学演讲时说:"汤姆森勋爵在买下了康西尔布拉夫市的那家报纸之后，他便再也没有投入一分钱，而是每年从这家报纸中获得现金。当获得现金越来越多之后，他购买了更多的报纸。实际上他曾表示，在他的墓碑上将刻下如下一段话：'他购买报社是为了获得更多用于购买其他报社的现金。'重点是，他在没有投入更多资金的情况下每年都能提高售价，且利润逐年增加。一家是非常不可思议的企业，另外一家则是糟糕的企业。如果你必须在一家无需投入资本便能获得出色表现的企业，以及一家需要投入资本才能有所表现的企业中作出选择，我建议你选择那家对资本没有要求的企业。顺便提一下，我花25年时间才懂得了这个道理。"

在2007年致股东的信中，巴菲特说："我们要寻找的生意，是在稳定行业中，具有长期竞争优势的公司。如果它成长迅速更好，即使没有成长，那样的生意也是值得的。我们只需简单地把这些生意中获得的可观收益，去购买别处类似的企业。这里没有什么规定说，钱是从哪儿挣来的，你就必须花在哪儿。事实上，这样的做法通常是一个错误：真正伟大的生意，不仅能从有形资产中获得巨大回报，而且在任何持续期内不用拿出收益中的很大一部分再投资，以维持其高回报率。"

具有持续性竞争优势的公司一般在厂房和设备报废时才进行更新，而那些不具备持续性竞争优势的公司为了在竞争中不至于落后，不得不经常更新其厂房和设备。

一家具有持续性竞争优势的公司，完全有能力使用其内部资金去购买新厂房和设备。但是，一家没有持续竞争优势的公司，为了保持相对于同行的竞争力，可能被迫举债去满足不断更新设备而产生的资金需求。

那些不需要经常更新设备和厂房的公司其"持续性产品"就能赚取持续的利润。"持续性产品"是指无需为保持竞争力而耗费巨额资金去更新厂房和设备的产品，这样能节约大量的资金用于其他有利可图的投资。

4. 敢向客户说不

什么叫强势企业？简单说，如果公司敢向客户说不，而不跟它做生意了，那么，这家公司就有很强的竞争力，可以对上下游保持强势。

做投资，一定要买那种很赚钱但让人无奈、无法去分一杯羹的公司。人们都知道贵州茅台成本几十元一瓶的酒出厂价969元。

企业要有定价权，要能够对抗通货膨胀；否则，且不说被竞争对手挤压而不断降低利润率,单是高企的通货膨胀就能不断地稀释企业的内在价值而把企业压垮。

巴菲特讲过,给我1 000亿美元,我可能不知道怎么去跟可口可乐竞争。

5. 最好没有研发费用

英特尔公司是快节奏技术创新领域的佼佼者,但必须将约30%的毛利润用在研发方面。如果不这么做,过了几年,它就会失去竞争优势。

穆迪公司是一家债券评级公司,没有研究开发费用,而且平均只花费25%的毛利润在销售费用及一般管理费用上,它是巴菲特长期投资的标的之一。

可口可乐公司也没有研发费,虽然它需要大量的广告投入,但销售费用及一般管理费用比例仍然只有约59%。持有穆迪公司和可口可乐公司的股票,巴菲特不会因为担心产品技术的更新迭代而夜不能寐。

一家不需要什么技术创新的企业反而给投资者创造的回报更高,产品生命周期很长。股市往往过多用噪音和叙事在交易,背后一个很大的因素是产品要不断创新、不断奔跑,投入越来越大,而ROE却无增长。

产品周期长、对技术创新依赖不高的行当,反而可能给投资者创造好的回报,所以产品生命周期越长越好。

有效率没效益的企业,给股东创造的价值就非常有限。比如,很多企业正因技术升级换代,需要不停地创新。它能给消费者带来好处,对市场经济的发展与推动人类社会的进步也有好处,但对投资者是糟糕的。

新能源行业就是如此,产品技术不停地升级迭代,这类产品的最终回报都是给了消费者,而不是股东。或许投资此类企业三五年可以,但投资三五十年就值得商榷了。

而巴菲特的原则是:花费巨额研发开支的公司存在竞争优势上的缺陷,它们的长期经营存在不确定的风险,因此,不会对其产生兴趣的。

巴菲特十分清楚,竞争优势的"持续性"创造财富优势。在过去的一百多年里,可口可乐公司一直销售着同一种产品,并且很可能在未来的一百多年里还会继续销售这种产品。其产品的一致性为公司创造了稳定的利润。如果公司无需频繁更换产品,它就不必在研发方面花费大量资金,也不必投入几亿甚至几十亿元的资金去更新厂房与设备。如此一来,金库的钱就会累积成山了。

通过看公司的财务报表来判断一家公司是否具有"持续性"的竞争优势，是巴菲特长期坚持且一以贯之的做法。

巴菲特在查看一家公司的财务报表时，他总是在试用寻找这种"持续性"的特质。这家公司是否保持着较高的毛利率？是否一直承担较少的债务，甚至没有债务？是否从来无需在研发方面耗费大量资金？其盈利是否保持稳定，或者持续稳定地增长？财务报表所表现出的"持续性"可以让巴菲特了解这家公司竞争优势的"持续性"。

巴菲特一以贯之地认为，世界上最好的生意是那些长期不需要大规模的资本投入，却能保持稳定高回报率的公司。

6. 好企业是不需要借钱的

利息支出被称为财务成本，而不是运营成本。利息是公司财务报表中总负债的反映，它被单独列出，是因为它与公司的生产和销售过程没有直接联系。

利息支出反映的是公司为债务所支付的利息。公司负债越多，其必须支付的利息就越多。尽管有些公司赚取的利息可能比支付的利息要多，如银行，但对于大多数制造商和零售企业而言，利息支出远远大于其利息所得。

如果利息支出占营业利润的比重较高，公司很可能是属于以下两种类型之一：其一是处于激烈竞争行业的公司，因为在这类领域要保持竞争力，就必须承担高额的资本开支；其二是具有良好的经济发展前景，但在杠杆式收购中承担了大量债务的公司。

巴菲特指出，那些具有持续性竞争优势的公司几乎不需要支付利息，甚至没有任何利息支出。具有长期竞争优势的箭牌公司平均只需将 7% 的营业利润用以支付利息，宝洁公司只需花费营业利润的 8% 用于利息支出。相比之下，固特异公司属于过度竞争和资本密集型的轮胎制造业，它平均每年不得不将其营业利润的 49% 用于支付债务利息。

（二）企业的生命周期要足够长

世间一切万物都是无常生灭变化的。据说一种叫蜉蝣生物，朝生暮死。生活在北大西洋的海洋圆蛤，寿命却在 500 岁以上。同理，有的企业很短命，有的却很长寿，因此我们选股就要优选长寿的企业。

1. 投资长寿的企业

做价值投资,要投资长寿的企业,才能跑出长期的复利。如果企业很短命,那么投资很可能会失败。

有些企业能够持续赚取利润,利润持续增长,且持续周期足够长,有的长到是永续的,这些企业称之为高价值的企业。

巴菲特在 1996 年致股东的信中说:"不管是研究买下整家公司或股票投资时,大家会发现我们偏爱变化不大的公司与产业。原因很简单,我们希望买到的公司是能够持续拥有竞争优势达 10 年或 20 年以上者。变迁快速的产业环境或许让人旦夕之间就突飞猛进,但无法提供我们想要的稳定性。"

巴菲特声称,如果我们拥有 3 家伟大的公司,那么,它们可能伴随我们一生。根据好公司的定义,好公司能够继续好 30 年,但假如一家公司只能好 3 年,那就不是好公司。好的投资理念应该是这样的:假如你要出去旅游 20 年,你把钱投进一家公司,你觉得很安心,你不给经纪人留任何指示,也不授权律师代理做任何操作,不采取任何措施就去安心地旅游。而且,你知道等你旅行归来时,这家公司仍然是一家非常强劲的公司,那么这样的公司就应该立即买下来。

企业的商业模式,或者叫商业基因,尤其重要。巴菲特说:"当下伟大企业的定义是指在 25 年或 30 年后仍然能够保持其伟大企业地位的企业。"

巴菲特能够做到知行合一,其投资过的成功案例,基本都是长寿的公司,见图 5—7。买股票就是买公司,买公司就是买公司的未来净现金流折现。

2. 巴菲特 2000 年科技股之困惑

巴菲特不喜欢投资科技股,是因为科技企业未来的变数太大了,不符合价值投资赚取长期确定性复利的诉求。

在伯克希尔公司 2000 年的股东大会上,有人向巴菲特提问题。

股东:"你的预测是你不会试图去理解它,你认为科技股是不可理解的吗?是这样吗?"

巴菲特:"我看到的每一家企业,我都会想到它的经济效益,这是我的天性,也是查理的本性。如果格罗夫跟我谈起英特尔,或者任何其他人向我谈起一家企业,我都会思考它的商业逻辑。实际上当格罗夫和鲍勃·诺伊斯在 1968 年、1969 年开始创立英特尔时,我就认识诺伊斯了。我们并非不去尝试

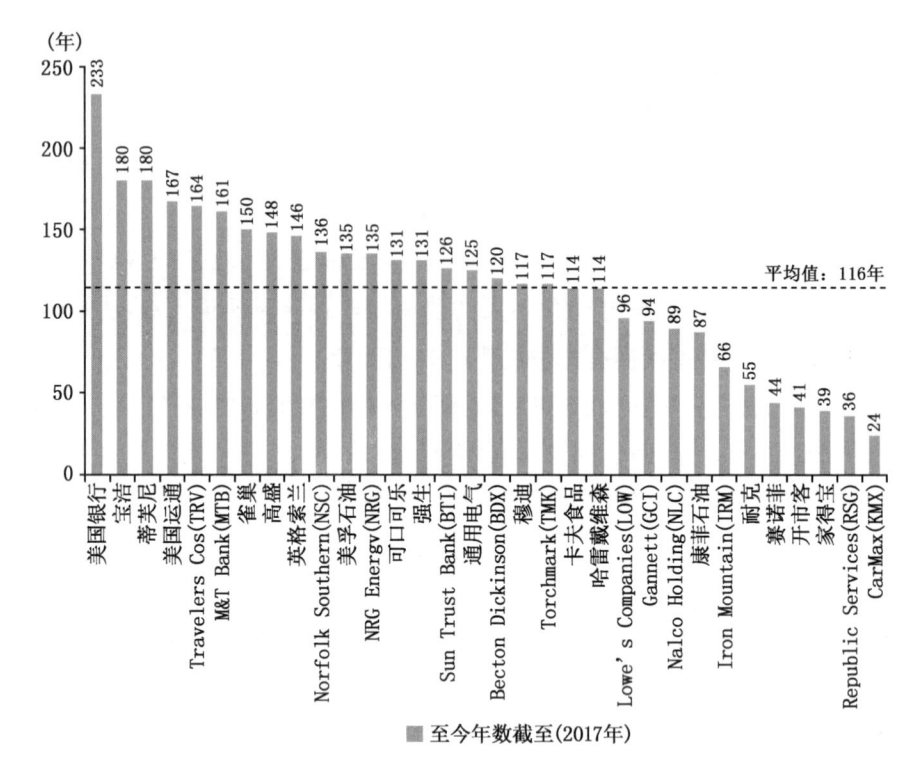

图 5-7 巴菲特投资过的公司

理解科技股,只是我们无法理解科技企业,我们看不清它们的未来。这对我们来说,有许多事情超出了我们的理解范围。"

股东:"你认为没人可以真正理解未来 10 年科技企业的发展前景?"

巴菲特:"是的,巧的是,我的朋友比尔·盖茨也这么说。实际上,鲍勃·诺伊斯或者格罗夫也会这么认为的,我与格罗夫曾做过长时间的交谈。他们都不会愿意就你选出的 10 家科技企业,写下未来 10 年的发展前景的书面预测,他们会说,'这太难了!'"

(三)垄断企业的优势

即便遇到无能的管理层,企业仍然能生存,这就是垄断企业的优势。具体来说,它有以下三个方面的特征:

1. 特许经营

最佳的企业是拥有长远靓丽前景的企业,也就是巴菲特所说的拥有"特许经营权"的企业。

特许经营型企业的产品或服务是被需要、被渴望而无可替代的,它们不受价格上的管制,其利润不会受到侵害。这些特点令这类公司能保持稳定的售价,偶尔还能提高售价,却不用担心因此失去市场份额和销量。通常,这样的企业拥有好的声誉,能很好地抵御通货膨胀的影响。

查理·芒格说:"经济特许权是打造企业'护城河'中的一个重要因子。一般来说,拥有经济特许权的企业基本上在市场上不会遭遇太大的阻击,因为没有竞争对手能够威胁到它在市场上的地位。"

最糟糕的企业是生产普通型商品的企业。普通型企业的产品或服务与其竞争对手没有区别。这类企业极少拥有声誉,它们唯一的竞争武器就是打价格战。普通商品型企业的困难在于,它们以杀价为武器的同行经常会低于成本倾销产品,以吸引顾客,希望留住他们。

一般而言,大多数企业介于"弱特许"和"强普通"之间。一家"弱特许"型企业的长远前景,要优于"强普通"型企业。即便一个"弱特许"型企业仍然可以具有价格优势,使它能够赚取超出平均水平的投资回报;相反,一个"强普通"型企业,只有在其供应商提供低成本的基础上,才能获得超出平均的回报。

拥有特许型企业的一个优势在于,即便遇到无能的管理层,企业仍然能生存,而普通型企业遇到这种情况将会致命。

巴菲特甚至将经济世界分为不平等的两部分:少数伟大的企业——他称之为特许经营权;多数平庸的企业——大多不值得购买。

2."护城河"就是企业的核心竞争力

巴菲特在1993年致股东的信中首次提出了"护城河"概念。巴菲特说,他不喜欢很容易的生意,生意很容易,会招来竞争对手。他喜欢有"护城河"的生意。他希望拥有一座价值连城的城堡,守护城堡的是德才兼备的公爵。"护城河"能给这些企业带来清晰的优势,防止其他入侵者。"护城河"越宽,可持续性就越强,他就越喜欢。他喜欢那些能提供高投资回报率的股票。巴菲特说,"它们存在一种可能性,就是可能持续保有这种优势"。他接着说,"我看重它们的长期竞争优势,以及持久性"。"投资的关键",他解释道,"是确定企业的竞争优势。那些具有宽阔持续'护城河'的企业,它们的产品或服务能给投资者提供回报。对我来说,最重要的事情是弄清楚'护城河'有多宽"。

在 1995 年伯克希尔年会上,巴菲特说:"最好的'护城河'是保持竞争优势!资本主义的本质是人们想来拿走你的城堡,完全可以理解。比如,我卖电视机或别的东西,会有十个人试着卖更好的电视机。如果我在奥马哈经营一家餐厅,人们将尝试复制我的菜单,并提供更多停车位,挖走我的厨师等。因此,资本主义的全部意义,是不断会有人来抢城堡。你需要什么?你需要的是有持久竞争优势的城堡,周围有'护城河'的城堡。这个'护城河',在很多方面都是最好的'护城河'之一,如成为低成本生产者。有时候'护城河'表现为某种天赋才华。如果你能拍出伟大的电影,比如史蒂文·斯皮尔伯格,就是一个(有竞争优势的人),我的意思是,他是一个值得下注的人,具有巨大的经济价值。"

"护城河"其实就是指企业可持续的核心竞争力。价值投资者主要研究的是生意,即商业模式,国际、国内顶级公司的商业模式虽然各有不同,但万变不离其宗。强大的盈利能力、超强的持续创造现金流的能力、垄断的商业地位、稳定的获客能力、强大的品牌竞争优势等都是构成企业宽阔的"护城河"强大的商业壁垒。

在《巴菲特的护城河》一书中,作者给出了五种有效的"护城河"。它们包括:(1)无形资产,也就是经营特许权、品牌等;(2)成本优势,靠技术和规模带来的成本结构变化;(3)网络效应,用户使用越多,产品服务价值越大;(4)转换成本高,可替代性低,很难被替换或替代成本很高;(5)有效规模,自然形成范围内的垄断。

(四)巴菲特的八项投资标准

以上归纳了好公司的三个基本特征,在这里,我们再归纳一下巴菲特的八项投资标准作为价值投资选股参考。

巴菲特的八项投资标准如下:

第一,必须是消费垄断企业;第二,产品简单、易了解、前景看好;第三,有稳定的经营史;第四,经营者理性、忠诚,始终以股东利益为先;第五,财务稳键;第六,经营效率高、收益好;第七,资本支出少、自由现金流量充裕;第八,价格合理。

四、好公司股价波动不可怕

(一)真正的卓越企业回撤不可怕

如果打开中国 A 股的大牛股片仔癀月 K 线,它呈现的是一条漂亮的 30°上行线;打开年 K 线,差不多是一条 45°的上行线,非常漂亮,但是片仔癀的股价却有 10 次 36%以上的回撤。

片仔癀 2003 年上市,跌了一年,跌幅 42%;

2006 年片仔癀大跌 48%,前期两年涨幅近 3 倍;

2008 年片仔癀大跌 68%,前期大涨 3.3 倍;

2011 年片仔癀大跌 44%,前期两年左右时间大涨 6 倍多;

2014 年片仔癀大跌 46%,前期两年多时间大涨 2.5 倍;

2015 年片仔癀大跌 58%,前期一年时间大涨近 4 倍;

2018 年 129 元跌到 68 元,回撤 46.9%,前期两年多时间大涨近 5 倍;

2021 年 3 月回撤了 41%;

2021 年 9 月回撤了 36%;

2022 年至今(截至 2024 年 7 月)回撤了 62%。

从长期来看,股票价格由企业的盈利能力决定,只要企业真赚钱、赚真钱,不管股价怎么波动都无法阻挡其市值向着东北方向前进的动力。

(二)好公司股价下跌之后都会起来

查理·芒格在持有伯克希尔·哈撒韦公司股票的 50 年中,三次见证了该公司的股价下挫 50%以上。如果他在任何一次下跌期间售出自己所持有的股票,那么他的资产净值将仅仅是现有财富的零头。他认为,长期持有股票必将在某些时间段经历股价大幅下跌的情况,以伯克希尔·哈撒韦公司为例,每一次股价下跌之后它都能够完全复苏。

不过,这种股票下跌和复苏的现象更多地源于公司的内在价值,而非股票的价格波动。

1929 年和 1932 年的股市大崩盘导致股票价格大幅下跌,道琼斯工业平均指数在 1954 年才得以完全恢复,这中间经过了 25 年。然而,像可口可乐和菲利普·莫里斯(PM)这样的公司,它们拥有良好的经济效益和持久的竞争优势,到 1936 年其股价便恢复到了危机前的高度。

芒格从来不需要等待如此长的时间。为什么呢？因为他只投资经济状况良好、有核心竞争力的企业，如可口可乐公司和伯克希尔·哈撒韦公司，卓越公司的股价能从任何股市崩盘中快速地恢复过来。

如果在1972年12月31日以80美元/股的价格，购买了伯克希尔公司的股票，3年后的1975年12月31日，股价下跌53%，只有38美元，而同期的标准普尔500指数只下跌了14%，也许很多人会在这个时候心怀懊恼地卖掉股票。然而，在1976年股价从38美元上涨到94美元。到1982年12月31日股价飙升至775美元。如果一直持股到2022年3月，股价已经涨到544 389美元/股了。50年间，其股价涨了6 800倍。

被套和踏空是一枚硬币的两面，这次碰到的是被套，下次可能就是踏空。最终决定投资成就的不是精准抄底，而是对投资的企业有没有核心竞争力。

(三) 没有任何力量可以阻挡好企业的股价上涨

在近30年的A股资本市场混沌启蒙阶段，仍然有一大批明星优质公司——万科A、伊利股份、格力、招商银行、贵州茅台、恒瑞医药、云南白药、片仔癀等，即使一时"蒙羞"被市场的情绪踩踏，黄金当做沙石般贱卖，但最多只要三四年，又会迎来拨乱反正的曙光。

"市场有效说"与"市场无效说"争论已久。拉长时间周期看，市场肯定是有效的，而短期很多时候是无效的。市场会不会由无数个短期的无效形成一个长期的无效呢？绝对不会！因为有企业定期报表这个"锚"。

"市场先生"会根据企业的财务报表不断调整自己的"偏见"，就像一名司机对路况不熟悉，开车经验欠缺，但终会通过路标到达目的地一样。企业定期的财务报表就是"路标"，再没有经验的投资人最终也会知道企业的价值。

买入价格与最后结果（卖出之时）之间的差额就是投资成绩，投资者可能收益颇丰，也可能颗粒无收，甚至亏损累累。这是价值投资之所以能长期战胜市场的缘由，也是深度研究企业的价值所在。

认识到市场长期绝对有效、短期经常无效的特点，理智的选择就是抓住主要矛盾来做减法，把诸如牛熊判断、行业周期、政策导向、经济周期、市场喜好等短期对市场影响的因素从视线中移开，站到更高的视野思考投资才会走得更远。我们要往远处想、往大处想，"风物长宜放眼量"。

五、把鸡蛋集中到一个结实的篮子里

巴菲特在 2022 年致股东的信中说:"投资者其实不需要拥有很多东西就可以致富。"这其实就是对集中投资的最好表达。

(一)一生有几次投资机会就够了

1. 一只到两只个股,可以改变一个人乃至一个家族的命运

查理·芒格说:"我们的经验往往会验证一个长久以来的观念:只要做好准备,在人生中抓住几次机会,循序地采取适当的行动,去做简单而合乎逻辑的事情,这辈子的财富就会得到极大的增长。""巴菲特不那么雄心勃勃,知道克制自己。我很小的时候就知道了,重大的属于我的机会,只有少数几次,关键要让自己做好准备,当少数几次机会到来的时候,把它们紧紧抓住。大型投资咨询机构里的那些人,他们可不是这么想的,他们研究大量的公司,结果自然在意料之中,几乎所有机构都跑不赢指数。"

在一次采访中,记者问查理·芒格:"你最成功的投资是哪一笔?"芒格思索很久之后笑着说:"我不记得了,我这一生也就投了三家公司:伯克希尔、开市客、与李录合作的基金。"

查理·芒格当初是以 16 美元/股的价格购买伯克希尔·哈撒韦公司的股票,现在的价格每股 50 多万美元(截至 2023 年第二季度),这是一笔很好的投资,当然这笔投资花费了很长时间。

巴菲特在 2023 年致股东的信中说:"我们令人满意的业绩来自十几个真正正确的决策——大约每 5 年一个。"

是的,我们只要准确地成功投资一只到两只个股,就可以改变我们乃至一个家族的命运。投资赚大钱关键在于发现好企业。

巴菲特认为,要是真能看懂生意,拥有的好生意不应该超过 6 家。要是能找到 6 家好生意,就已经足够分散了,用不着再分散了,而且能赚很多钱。巴菲特的投资生涯中收益最大的 10 只股票,参见表 5—2。

表 5—2　　　　　　　　巴菲特收益最大的 10 只股票

公司名称	首次出现年份	最大收益年份	最大收益(亿美元)	累计收益率(%)	年化收益率(粗算)(%)
苹果	2016	2021	1 300.7	418	39.0

续表

公司名称	首次出现年份	最大收益年份	最大收益（亿美元）	累计收益率（%）	年化收益率（粗算）（%）
美国银行	2017	2021	313.2	214	33.1
美国运通	1994	2021	235.2	1 827	11.6
可口可乐	1988	2021	223.9	1 723	9.2
富国银行	1990	2017	174.4	147	3.4
穆迪	2001	2021	93.9	3 785	20.1
比亚迪	2009	2021	74.6	3216	33.9
宝洁	2005	2007	64.2	623	169
吉列	1991	1997	42.2	704	41.5
房地美	1998	1998	35.8	1 161	28.8

资料来源：伯克希尔年报，方正证券研究所。

2. 等待改变命运的机会

芒格在《穷查理宝典》中指出："要想变得富有，秘密不在于交易本身，而是等待。"巴菲特和芒格都是这句话的实践者。他们在做投资的时候都是经过慎重选择，然后长期持有，安心等待。

从实际情况来看，大量的行动和忙碌未必能够有较高的投资收益，有时候反倒是越忙越穷。很多人在股市里频繁地买进卖出，因为贪图利益而缺乏耐心，到最后是高买低卖。

查理·芒格曾说："我们之所以那么成功，是因为会拒绝很多一般的机会，要找绝佳的机会。""我能有今天，靠的是不追逐平庸的机会。""我从来不追求平庸的机会！"诸如此类的话，经常出现在巴菲特和芒格的访谈中。

拥有大格局的人往往长时间等待机会，这个机会足可改变一个人的命运，一生有几次就够了，这样的机会才值得等待。

(二) 将军赶路，不追小兔

1. 符合标准的公司极少

在伯克希尔公司1996年的年报中，有一段简洁有力的内容："作为一个投资者，你的目标仅仅是以理性的价格，购买一家容易理解的企业的一部分，这家企业的收益增长具有很高的确定性，5年、10年、20年甚至更长。最终，你会发现，能符合这些标准的公司少之又少，所以，一旦发现，你应该大量买入。"

2. 拿好最高回报超过 1 000 倍的股票

菲利普·费雪（Philip A. Fisher,1907—2004),1907 年生于旧金山，现代投资理论的开路先锋之一，成长股投资策略之父，教父级的投资大师，华尔街极受尊重和推崇的投资家之一。

费雪说："多数人一生能成为巨富，只需长期持有几只好股票。"费雪经历过多次股灾，也经历过多次股市疯涨，创造性提出"成长投资"理论。

费雪在 87 岁那年接受记者采访的时候说："我前后拿过 14 只好股票，这些股票的最低回报是 7 倍以上，最高回报超过了 1 000 倍。获得高回报的前提是长期持有好股票，我拿的股票期限最短的是 8 年，最长的是 30 年，为了获得足够高的收益，我有足够的持有耐心。我不管这个过程中股价怎么来回波动。"

费雪说，他不喜欢把时间浪费在赚许多次小钱上面，他需要的是巨大的回报，为此他愿意等待。为了坚定地长期持股，费雪甚至定下了一个"三年原则"，其基本含义是：客户考核费雪，至少要以 3 年为期；买入任何股票，不管股价多糟糕，费雪都会持有至少 3 年。

这种"将军赶路，不追小兔"的投资风格，非常值得我们学习。

3. 费雪对两个投资案例的反思

从菲利普·费雪投资生涯中两个案例的反思告诉我们，看好优质的企业，如果不是高估，选择长期持有会比频繁操作更胜一筹。

1931 年左右，费雪非常看好食品机械公司（Food Machine Corporation），也常常向客户推荐这只股票。他买入之后，获利颇丰。

他随后发现，对食品机械公司的研究带来了一样很有价值的副产品——对于水果罐头行业的了解。"这是一个周期性很强的行业，一方面是因为整体经济态势的变动不定；另一方面因为不稳定的天气也会影响特定农作物的生长。"

他为了获得短期的利润，而在加州罐头制造公司（California Packing Corporation）股票上进行短线交易。费雪曾三次买入，每一次卖出都获得了利润。但是后来，他反思，这样的短线操作是不值得的，获利少，风险大。费雪总结说：

　　表面上看起来我好像操作得挺不错，然而几年之后，我试着分析自己在投资中做过的聪明和愚蠢的事情之后，发现这些行为是愚蠢的……它们占用了我太多的、原本可以用在其他更有意义事情上的时间和精力。这种操作所产生的总利润，和我通过买进食品机械公司的股票而为客户赚到的钱，以及其他情况中采取长期投资的做法，坚定持有所获得的利润比起来，真可谓是九牛一毛。

　　此外，我观察过太多的短线进出操作，知道连续交易成功三次，只会使得第四次交易发生灾难的可能性大大提高，包括一些非常聪明的人在内也是如此。这种短线交易所要承担的风险，要比买到同等数量且前景较好的公司股票长期持有所承担的风险高出很多。因此，在第二次世界大战结束后，我目前的投资哲学已经大体上成形了，我做出了职业生涯中非常宝贵的一个决定：把所有的精力都用在通过长期投资赚取大额利润之上。

六、中国 A 股价值投资者的众生相

如果在 1964 年投资 1 万美元购买伯克希尔的股票，到 2021 年将拥有 3.64 亿美元，参见图 5—8。

图 5—8　伯克希尔公司股价走势（1964—2021）

可能有朋友会质疑,这是美国的股市呀,在中国做价值投资,能赚到钱吗?下面就选择中国A股的标的看看。

(一)贵州茅台19年资产增值360倍

我这十九年与茅台[①]

抬头见彩虹,
低头越沟壑;
回头赏风光,
前头有梦想。

大凡人到年底都会多多少少有一个总结,看看自己这一年做得怎样,过得怎样。而我自己除了年底回看一年,最近这几年,在每一个8月底9月初,都会不由自主地想想,回头看看一路走过的路。每一次回望,都会更坚定对未来的信心。19年前的今天,贵州茅台上市,三天后,贵州茅台成了我生活甚至生命中最重要的部分之一。

2001年8月27日,贵州茅台上市。当时在外出差,未能申购新股。三天后的8月30日和31日,回到开户证券公司,将家庭可用现金的大部分,全仓买入茅台股票,平均价格在36.7～37.5元之间。这个买入价几乎成了今后4年多时间里的最高,再往后的几年,茅台股份最低跌到20元上下。2005年中开始回升到了50元以上。家庭资产才开始是正数。那几年是整个28年的投资生涯中可以说是最难挨的一段时间,也是那几年的磨心难挨,才从根本上改变了今后的规划。真正成为关注企业内生性价值增长的茅台股票持有人。

后来的日子,几乎经历贵州茅台上市以来所有的下跌、上涨、分红、送转股。直到2013年度分红到账,每次分红,都不择时全部或大部分买入贵州茅台股票。从2012年开始每年买入一些飞天茅台酒,自己开始喝一些,主要是和朋友、客户一起喝。2014年开始,贵州茅台每年的分红,基本用于生活费后,大幅度减少了加仓,直到2020年。

[①] 原文网址:https://xueqiu.com/9522147036/157979202);ZZ贵州茅台价值之道。修改于2020-08-31,00:59,来自Android雪球。

这些年,除了经历茅台股价的涨跌、分红、送转以外,也见证了贵州茅台经历所有的风风雨雨,如山西假酒案、东南亚金融危机、全球金融危机、塑化剂闹剧、"八项规定"、管理层大变动,直到最近的贸易战与疫情的冲击。对贵州茅台来说,这一切近看好似惊涛骇浪,回头一瞥,其实是一颗颗石子在平静水面留下的涟漪。

经历了风雨,必然会有彩虹。19年的持股,分红加仓也得到了贵州茅台的垂爱与回报。2014年后至今的分红因为大部分用于生活、旅行、孩子教育等不算,至2020年8月26日收盘,19年来,因投资持有茅台,家庭证券资产增值整整360倍。19年复合增长率约36%。跟当年参加高考一样,对许多投资达人来说,这是一个平淡无奇,甚至平庸的成绩。但对我,对我的子孙后代,这是可以改变命运的数字。

记得以前写的一篇博文中说过,人的一生中能够抓住的改变命运的又稍纵即逝的机会不过两三次,甚或一两次。也有很多人,一生都未必能有一次。而贵州茅台给了我这样的机会。我相信贵州茅台,未来一定会更好。

(二)持有伊利股份24年

持有伊利24年的吴老是幸存者偏差吗?[①]

我有一位忘年交吴老,今年61岁了,他从1996年开始买入伊利股份,以后的日子里,只要有钱就买这个公司的股票,一直持有到今天,已经24年了,现在仅每年的分红就已经是他养老金的好几倍了。

吴老持有伊利股份有两个特点:一是持有时间足够长,24年。二是90%的资金投在这一只股票上,持仓绝对的集中。

回顾伊利股份的股价走势就可以看出,在过去的24年里,按后复权计算,公司股价上涨了350多倍。因为吴老是持续投入,可能只有当初第一笔投资回报300多倍,通过后续不断投资和分红再投资,20多年的整体回报也是很惊人的。

不过,伊利股份的股价震幅也是很大的,要想长时间握住这只股票也不容易。仅在最近的13年里,伊利股份就出现了五次暴跌:跌幅

[①] https://xueqiu.com/5073331412/159956335:东方小蜗牛发布于2020-09-24,23:16。

超过30%的有两次,跌幅超过40%的有两次,还有一次是2008年的行业"三聚氰胺"事件,股价跌幅超过80%。可以说,平均两年多就有一次暴跌的情况。即使优秀如伊利这样的公司,在20多年的历史长河中,能坚定的握住,也是凤毛麟角。

通过和吴老的多次交谈,佩服之余,我也认真思考,吴老这种集中和长期持股的成功,是不是很多人所说的幸存者偏差?是因为运气好恰好买到了过去30年中国股市涨幅前十名的一只股票?是什么原因支撑吴老能把90%多资金投资到一家公司身上,24年痴心不改?

关于持股时间二十多年来,吴老是不是只管持续买入,其他就什么都不关注了呢?和吴老交流,可以看出他是一个乳业通,多年来他每周都要写一篇"吾看这一周"的文章。内容主要涉及伊利公司的基本面、股东大会见闻、行业重大商业变动、国外乳业的发展对比,以及公司经营管理业绩分析。多年来,他一直关注乳业行业的发展和伊利的发展,甚至比这一行业的许多专家还要专业。正是因为了解,才能够相濡以沫二十多年。

同样,吴老90%以上的资金集中在伊利股份,也是因为对所投的公司的深入了解,才敢集中。我问他你为什么不配置点别的股票,他说,每当有余钱时,也比较过其他公司,但是最后发现,还是投资伊利才能让他更安心。

确实,只有对公司基本面足够了解,才能知道这个赛道是不是有未来,公司核心竞争力是什么,商业逻辑有什么与众不同的地方,管理层是不是足够信赖,等等诸如此类的问题。很多东西只有关注和思考,最后才能形成自己的判断。只有在充分了解的基础上做出的买入,以后才不会对股价波动过于敏感。所以,对股票研究的深入程度对持股时间长短影响非常大。

吴老多年重仓一只股票,至少说明他知道自己能力圈的边界,其他的公司虽好,但是在他的能力圈外,他也不敢重仓。当然,如果能力圈大些,就配置多个非相关行业的公司。如果能清晰地知道自己能力圈的边界,即使重仓一只也是遵守价值投资能力圈的原则。

像查理·芒格,一生只投了三家公司:巴菲特的伯克希尔·哈撒韦、李录的喜马拉雅资本、零售商COSTCO。段永平多年也只重仓两只股票：苹果和贵州茅台。

通过吴老24年持有伊利这件事儿，可以看到，长期持有只是结果，集中投资也只是外在形式，关键在于是否真正理解这家公司。

在自己的能力圈和视野里，知道所投资的公司将来还能不能持续不断地为社会创造更多的价值。

当然，仅有对公司深刻的了解还是不够的，更重要的是人性的修为，实际上价值投资的进阶就是一场反人性的修行。这就像投资大师格雷厄姆所说的"投资决策25%取决于智慧、75%取决于心理因素"。

在这个过程中，不但要克服贪婪、恐惧、虚荣、从众这些人性的弱点，还要有梦想、守纪律、有激情、有学习能力、有信心和有耐心。特别是在迷茫看不清方向的时候，有时只能靠信仰来渡过难关。最终，市场会用钞票奖励你不断优化的人性。

（三）投资一只股票入选全球福布斯富豪榜

王富济2009年投资1.3亿元资金买入片仔癀。目前（截至2024年9月30日）持有片仔癀2 710.00万股，到2021年现金分红超3 000万元。

投资人王富济在2009年第二季度建仓片仔癀，买入275.51万股，之后在2009年第三季度加仓324万股，此时累计持仓600万股，占流通股的9.43%。之后一直耐心持有，并在2010年、2014年、2015年不断小幅加仓，从未减持。经过2015年送转1 049.84万股、2016年送转896.25万股，王富济目前累计持仓达到2 710.00万股。

在历经2015年、2018年股市大回调的时候岿然不动，从他2009年建仓到2021年历史高点491.88元，涨幅高达195倍，持仓市值高达90亿元，是我国唯一靠投资一只股票入选全球福布斯富豪榜的超级散户。

放眼中国A股，这样的投资标的不下百只，这样的价值投资成功者也有不少，这里不一一例举。

七、巴菲特的错误与教训

价值投资,一定要买优秀卓越的好企业,也就是说,要买真正优秀的好生意。价值投资最致命的风险,是选错企业,从其第一性原理来说,是选错了生意的合作伙伴。好企业,是时间的玫瑰;坏企业,是时间的败叶残花。

"伯克希尔·哈撒韦"这个名字对投资人来讲,是具有深刻教育意义的。

(一)不要让情绪左右投资决定

巴菲特生平投资的第一个错误就是买下伯克希尔纺织公司。他不止一次地反省他在伯克希尔纺织公司的投资上所犯的错误。他说:"不要为了便宜货而买烂公司。""我所犯的第一个错误当然就是买下伯克希尔纺织的控制权。虽然我很清楚纺织这个行业没什么前景,但因其价格实在很便宜而受其引诱,虽然在早期投资这样的股票确实让我获利颇丰,但在1965年投资伯克希尔后,我开始发现这终究不是个理想的投资模式。"

2010年在接受媒体采访时,巴菲特说,自己购买过的所有股票当中,最糟糕的首推伯克希尔纺织公司的股票。巴菲特解释说,自己最初开始投资伯克希尔是在1962年,伯克希尔当时是一家处于挣扎的纺织品公司。巴菲特当时认为,只要他们能够关闭更多的工厂,公司就能够扭亏为盈,于是他做出了买进的决定。后来,公司管理层居然对巴菲特狮子大开口,恼怒的巴菲特于是大量买进股票,从而控股了公司,解雇了管理层,让原本应该直接关闭的纺织生意又维持了20年。巴菲特估计,这笔斗气的交易让自己付出了2 000亿美元的代价。

投资者从这里可以汲取的教训是,不要让情绪左右了你的投资决定。

(二)好马配好鞍

如果马不好,再厉害的骑士也没有办法;如果是匹好马,再配上好鞍,骑士才能驰骋千里。

巴菲特说,如果你在错误的路上,奔跑也没有用。巴菲特在1989年致股东的信中说:"从这里我们又吸取了一个教训:只有优秀的马搭配技术高超的骑士才能取得好成绩。如果马不好,再厉害的骑士也没有办法。像伯克希尔纺织公司也是德才兼备的人在管理,但很不幸的是,他们面临的是流沙般的困境。如果将这些人放在资质更好一些的公司,我相信他们应该会有更好的表现。"

企业要发展,生意模式是根本。具有发展前景的生意模式是企业的活水之源。投资者进行投资时,一定要首先观察企业的生意模式,然后再考虑其他因素。

很多人觉得公司中最重要的就是管理层。他们觉得一家公司只要拥有足够优秀的管理层,就可以转亏为盈,好上加好。以前巴菲特也这么认为,后来经过伯克希尔纺织公司的教训后,巴菲特开始意识到一家公司最重要的是业务。业务就像赛马场里的马,管理层就像赛马场的骑士。如果想要在赛马场上赢得比赛,先决条件是必须有一匹好马。优秀的马配上技术高超的骑士,能够取得非常优秀的成绩;优秀的马配上技术一般的骑士,也能够取得不错的成绩。但是,如果没有一匹好马,再优秀的骑士也无法发挥他们的本领,就像中国的一句俗话"巧妇难为无米之炊"。

在购买伯克希尔纺织公司这项投资上,巴菲特犯错误的主要原因是,没有研究通透公司的生意模式。其实,当时巴菲特已经觉得纺织业是个高度竞争的行业,即便改进机器会促使商品生产率大幅提升,但好处只会落在客户身上,而厂家未必能捞到好处。在经济繁盛的时期,纺织业只能赚取微薄的利润,而在经济衰退期,纺织业就只能够赔钱。虽然巴菲特也任命了非常出色的管理层,但还是无法扭转乾坤。最终因为公司长期亏损,巴菲特不得已关闭了伯克希尔纺织公司。巴菲特后来这么描述他对伯克希尔纺织公司的投资:"首先我所犯的第一个错误,当然就是买下伯克希尔纺织公司的控制权,虽然我很清楚纺织这个产业没什么前景,却因为它的价格实在很便宜而受其所引诱。"

(三)烂公司是救不活的

芒格说,我们应该而且最终要学会,与其贪便宜买烂公司,不如买表现良好的公司,其实这就是我们成功的秘诀。我们之所以能成为世界上最成功的企业集团,在于我们购买的好企业,不需要总部过多的管理。很多大型集团公司觉得自己在总部有很多管理人才,其实这个想法十分傲慢。如果一家公司够烂,就算有再好的人才管理也没用。管理人员之所以有良好的声誉,在于其管理的业务良好,其本质是公司好。

巴菲特在 1985 年致股东的信中说:"我得出的结论是,一个好的管理记录(以经济回报来衡量)更多地取决于你乘坐的是什么样的企业船,而不是你如何有效地划船(当然,在任何行业,无论好坏,智力和努力都有很大的帮助)。"

吃过亏、吸取了教训之后,管理层质量本身并不足以吸引巴菲特的兴趣,无论多么印象深刻的管理层(比如比尔·盖茨),巴菲特都不会将其作为唯一的考虑因素,因为他知道有一点更为重要,就是即便再聪明、再能干的管理层也难以拯救一个陷入困境的公司。巴菲特有幸与全美最优秀的管理者共事,包括大都会的汤姆·墨菲和丹·伯克、可口可乐的罗伯托·戈伊苏埃塔和唐纳德·基奥、富国银行的卡尔·赖卡特等。他说:"如果你将这些人放在制造马鞭的公司里,公司绝不会有太多改变。即便是派最优秀的管理者去拯救一个状况欠佳的坏企业,这个企业也难以起死回生。""时间是好生意的朋友、烂生意的敌人。如果长期持有一个烂生意,就算买得再便宜,最后也只能取得很烂的收益;如果长期持有好生意,就算买得贵了一些,只要长期持有,还是会取得出色的收益。"

所谓有"转机"的企业,最后很少能有取得成功的案例。与其把时间和精力花在购买价廉的烂企业上,还不如以公道的价格投资一些优质的企业。

当声名显赫的管理者遇到声名狼藉的夕阳产业时,往往是后者的名气得到延续;在一个衰退的行业中,很难买到足够便宜的东西来弥补衰退带来的损失。

这既是巴菲特犯了第一次错误之后总结出的教训,也是巴菲特价值投资风格的一次叠代与升华。

(四)做简单的事

巴菲特在2019年致股东的信中写道:"伯克希尔最开始的生意是什么?濒临倒闭的百货商店、穷途末路的新英格兰纺织公司、没有前途的印花票公司,伯克希尔一直都在经营这些烂生意。不过我们购买这些公司的时候只花了很少的钱,而且我们把一手烂牌打得很出色。最后,伯克希尔之所以可以取得成功,原因在于我们选择了其他的经营模式和发展道路,开始做一些更好的生意。从这一方面来说,我们能成功,并不是因为我们善于解决难题,而是因为我们非常善于远离难题,很多时候,我们只做那些相对简单的事情。"

在2022年致股东的信中,巴菲特又说:"这些年来,我犯了很多错误。因此,我们当前广泛投资的企业包括少数真正具有非凡经济效益的企业,许多企业享有非常好的经济特征,还有一大群企业处于边缘地位。在此过程中,我投资的一些企业已经倒闭,它们的产品不受公众欢迎。资本主义有两面性:创造了越来越多的输家,但同时提供了大量改进的商品和服务。熊彼特称这种现象为'创造性破坏'。"

八、研究企业:定性+定量

没有公式能判定股票的真正价值,唯一的方法是彻底了解这家公司。

——沃伦·巴菲特

做价值投资如何研究企业,的确是一件头痛但必须要学会的事情。

巴菲特在1967年致股东的信中写道:"在投资中对公司进行研究、评估时,总是既有定性因素,又有定量因素。一个极端是纯粹的定性派,他们的主张是:'挑好公司买(前景好、行业状况好、管理层好),不用管价格。'另一个极端是纯粹的定量派,他们会说:'挑好价格买,不用管公司(和股票)。'股票投资领域是个好行当,两种方法都能赚钱。其实,所有分析师都会或多或少同时用到这两种方法,没有只使用一种而不用另一种的。至于一个人到底算是定性派,还是定量派,就看他在分析过程中更强调哪种方法。"

研究企业是价值投资者最需要倾注时间和精力的环节。"挖地三尺,客观真实"这八个字,既是投研的基本原则,又道尽了投研所需要做的艰辛工作。关于投研,我们来看看大师是怎么做的。

(一)对优秀公司的研究和跟踪是一种积累

研究企业首先要了解行业。需要经历由少到多,再由多到少的过程。刚接触一家企业时,资料会越看越多,比如需要了解行业发展的历史,了解发达国家走过的路,发达国家该行业现在的状态,了解我国该行业目前所处的状态和阶段。要了解这方面的内容,相关著名企业的传记、创始人的传记、行业的传记都是最好的资料。这些资料可以帮助我们了解当时的历史环境,并了解产业及其竞争态势,建立对行业的总体认知。

对优秀公司进行长期跟踪是研究的第二步。成功的公司本身就是市场竞争选择的结果,成功是有原因的。观察成功公司的商业行为,可以站在巨人的肩膀上了解行业竞争、了解商业行为。世上的事情，知易行难。对优秀公司的长期跟踪是行业研究的捷径。优秀的公司在投资人的整个投资生涯中，提供的投资机会更多。即使在某些阶段投资人错过了，未来还会有机会。对优秀公司的研究和跟踪是一种积累。

更多的研究一是为了更少的决策。真正的投资者应该更像是一个狙击手，狙击手应该珍惜每一次扣扳机的机会，每一颗子弹要消灭一个敌人。

在相当长时间内，我们对少数重要领域保持认知的优势。真正的基本面研究就是要在不同阶段的少数重要领域持续保持优势，然后通过不断学习扩大这个优势。

时间是每个人唯一稀缺的资源，要把时间花在研究最重要的问题上，要把握的是产业与企业的大方向，并在判断与决策上获得大概率的正确。在正确的路径上持续地积累，才能守正出奇。

(二)研究行业的第一性原理

做投研，要把握产业本质、核心要素与关键变化。不同产业在经济学与商业模式的本质上有着显著的特点。比如，水电行业的产能发挥与下游需求长期比较稳定，成本结构、产量、价格等指标也比较清楚，其本质更像是一个加了杠杆（高负债）的利率产品；传统零售业也接近于商业地产的租赁业务；动画行业更像是一个内容创意与计算机软件相互加强的IT行业。

研究一个产业的长期方向，在一些拐点时刻把握关键变化也十分重要。比如，现在这个时点的TMT行业，智能手机的普及与流量红利可能已经基本结束了，移动互联网用户的使用时长开始接近天花板，增量的创新变得越来越难，更多可能是存量之间的替代竞争。而呼之欲出的AI产业也许是未来的风口。

行业研究的关键，需要研究出行业的第一性原理。比如，光伏行业的第一性原理是围绕每度电成本的降本增效能力；电影行业的第一性原理是满足民众不同层次的精神、文化、心理、情感需求；银行业的第一性原理是风险的管控能力；消费行业的第一性原理是满足消费者功能性利益，或在此基础上能满足其情感性利益、自我表达的利益，以品牌力占据消费者的心智。

……

然后看所选择的企业，其生意模式、战略、战术、企业文化、核心竞争力，尤其是核心竞争力,是否紧紧围绕行业的第一性原理。

就投研来说,能够把行业的第一性原理研究清楚,能够把企业的核心竞争力研究清楚,能够把企业经营的风险研究清楚,就基本上完成了投研的大部分工作。

(三)菲利普·费雪独步华尔街的 14 条原则

费雪研究企业的 14 条原则,至今仍然具有强大的生命力和实操性。在投资研究中,可以用费雪的 14 条原则对企业进行交叉研究,并反复论证。

原则 1 公司是否拥有具备良好市场潜力的产品或服务,使得公司的销售额至少在几年之内能够大幅成长。

原则 2 当公司现有最佳产品的增长潜力已经被挖掘得差不多时,管理层是不是有决心继续开发新产品或新工艺,以便进一步提高总销售额,制造出新的利润增长点。

原则 3 考虑到公司的规模,公司在研究发展方面做出的努力取得了多大的效果。

原则 4 公司有没有高于行业平均水平的销售团队。

原则 5 公司有没有足够高的利润率。

原则 6 公司做了哪些举措以维持或提高利润率。

原则 7 公司是否具备良好的劳动人事关系。

原则 8 公司高级管理者之间的关系很好吗。

原则 9 公司管理是否很有层次。

原则 10 公司的成本分析和会计记录做得如何。

原则 11 公司相对于行业内的其他公司而言,在业务的其他方面是否具备竞争力,以便让投资者找出了解该公司相对于竞争者具备何种显著优势的线索。

原则 12 在可预见的将来,公司是否会通过大量发行股票来获取足够的资金以利公司发展,现有持股人的利益是否会因预期中的股份数量增加而蒙受大幅损失。

原则 13 管理层是不是向投资者报喜不报忧,业务顺利时口若悬河,而在出现问题或发生令人失望的事情时三缄其口。

原则 14 公司管理层是否具备毋庸置疑的诚信、正直态度。

(四)研究企业的重点与难点

价值投资其实就没有什么好学的,说来说去就一句话:买股票就是买公司,买公司就是买其未来(净)现金流(折现)。研究企业最关键也是最难的部分,在于对企业生意的判断,具体来说,就是对于公司生意未来自由现金流折现的判断。

估值是现金流的折现。企业要有未来的现金流,投资者要知道未来的现金流在哪里,否则,怎么折现呢?这个基本前提如果判断错了,后面的机会成本等概念就没有了意义。

1. 印度股神的告诫

大多数投资者紧盯公司目前的销售额和利润,他们观察公司每季度的状况,并将注意力集中于净资产收益率(ROE)。"这是只见树木、不见森林的做法。"印度股神拉克什·金君瓦拉说,"重点应该是公司利润的来源。投资者需要弄明白企业中期和长期利润增长的原因,明白企业在自身领域中存在的机会"。股神对印度股民的告诫之一是要理解产生利润背后的原因,"不要把太多的精力放在分析利润上面。利润是在不同情况和不同时期产生的结果。我总是看这个企业在行业里的成长机会有多大"。

印度股神的告诫,是让投资者不要仅盯着公司的利润,这是"果",而是要研究产生这个"果"的"因",也就是要把企业长久可持续的核心竞争优势——"护城河"搞明白。这是企业未来持续创造更多"果"的必要充分条件。这与巴菲特的投资思路并不矛盾。

这让我们想起了《楞严经》中的一句话:"因地不真,果招纡曲。"佛教修行与股市的价值投资,其实是相通的。

2. 巴菲特观察企业的方法

在1995年伯克希尔股东大会上,巴菲特回答了一些观察企业的方法:

在投资和并购企业的态度方面,我们一直遵循格雷厄姆的原则。

我们努力寻找这样的企业:企业像一座雄伟的商业城堡,周围有宽阔且持久的"护城河",而且是由一个诚实的堡主掌管保护。

本质上,这就是商业的全部。有时候,你自己可能想成为城堡的主人,这时候,你就不用担心最后一个因素。

我们找的就是有"护城河"的企业。"护城河"的产生也有原因,如因为是某个领域的低成本制造商、因为拥有特许经营权、因为产品在顾客的心目中占据了地位、因为有技术优势,等等。

在资本主义体系中所有的"护城河"都会遭到进攻。只要有大城堡在那里,人们就会想进去分一杯羹。大多数"护城河"其实都一文不值。

竞争就是资本主义的本质,而且这是有益的事情。

我们努力弄清楚,为什么那座城堡还屹立不倒?有什么能让这座城堡继续辉煌十年或二十年?关键因素是什么?持续性如何?城堡的存在多大程度是依靠堡主的天才?

假如我们对城堡的"护城河"满意,我们就要弄清楚,堡主是否想要独占一切,是否会用赚到的钱做一些蠢事。这就是我们观察企业的方法。

3. 确保企业具有竞争优势

这里摘录一段李录描述何谓竞争优势的访谈。

价值投资,或者说对公司的预测,最关键的问题是什么?首先,一家公司的价值是一个抽象的定义。假如它可以一直活到永久,当然,在现实生活中,我们基本上没有看到一直存在的公司。我们等于把一个公司在它所有的生命周期里面能够挣到的所有现金,把它回放到今天加在一起,就是这个公司的价值。当然它活得时间越长,价值就越高。

预测这个问题的困难在什么地方呢?就是因为我们对未来的预测都不会那么准,而且公司面临的变化太多。我们在座的每一个人都是做公司的,公司最大的变化是什么?一个是来源于需求的变化,最主要的还是来源于竞争的变化。另一个是市场的变化。竞争的变化是每时每刻都在发生变化的。要理解投资最核心的问题,就是要理解这个商业的竞争格局。几乎所有挣钱的企业,等别人发现了之后也会进入。如果不挣钱的企业,自己都会放弃;如果挣钱的企业,或者回报比较高的企业,一定会吸引到很多的竞争者。一家企业能不能够做得久,关键是它能不能够确保自己的竞争优势与市场地位。这是研究一个企业价值最核心的环节。

过去这些年,我们看到的真正能够让知识以复利的方式进步的几乎都是价值投资人,价值投资是一条康庄大道。

4. 长期可持续的竞争优势是任何企业经营的核心

商业模式的核心在于企业稳定的获利能力,好的商业模式必须可持续。好的商业模式靠的是议价能力,财务特征体现为净利率水平相对较高。而影响企业可持续经营的主要有两个因素:第一,产品需求是否具备长久的生命力;第二,是否构筑强有力的竞争优势。现在的经济已经接近完全的市场竞争,具有高额回报的行业必然会持续吸引新的企业进入,直至边际收益接近于零。在这样的背景下,一家企业要想持续发展,必须具有竞争优势。

价值投资者如何选择投资标的呢?其主要的选股原则就是选超级明星企业。

查理·芒格说:"我们购买'护城河',而不是建筑'护城河'。有些行业根本没有'护城河',也许永远也不会有,所以我们应该避免投资其中。"

1987年,巴菲特在回顾自己以前25年的投资生涯时感慨地总结道:"以一般的价格买入一家非同一般的好公司,要比用非同一般的好价格买入一家一般的公司好得多。"巴菲特认为关键是分析企业的竞争优势及其可持续性。他一再强调投资人应该去寻找和发现具有持续竞争优势的企业作为投资的首选目标。

1999年11月22日,巴菲特在刊登于《财富》杂志的《巴菲特谈股市》一文中写道:"投资的关键不是评估一个行业如何影响社会,或者成长空间有多大,而是判断这个公司的竞争优势和优势的持久性。能给投资者创造回报的是有宽广'护城河'的产品和服务。"

2000年4月,在伯克希尔股东大会上,巴菲特在回答一个关于哈佛商学院迈克尔·波特的问题时说:"我对波特非常了解,我很明白我们的想法是相似的。他在书中写道,长期的可持续竞争优势是任何企业经营的核心,而这一点与我们所想的完全相同。这正是投资的关键所在。理解这一点的最佳途径是研究分析那些已经取得长期可持续竞争优势的企业。"

（五）衡量研究企业的深度：越跌越买，敢于重仓

研究企业过去已经发生的是静态的，是以定量为主、定性为辅；而研究企业未来是动态的，是以定性为主、定量为辅。未来存在变数，很难精确地定量分析。

定量的研究，类似于《道德经》讲的"为学日益"；定性的研究，类似于《道德经》讲的"为道日损"。盗亦有道，小偷偷东西，都要先踩点。股市投资，不做深度研究而下注，就是灾难。

巴菲特说："如果不能成为对行业理解深度前一百名之内的人，你很难投资成功。"

因为买股票就是买公司，买公司就是买其未来现金流；能看懂公司就是能看懂其未来现金流；有关投资的说法实际上都是在讨论如何看懂现金流的问题。研究企业须挖地三尺，研究得越深入、越透彻，投资的成功率越高、收益率也越高。

有一个衡量标准可以考察是否真正了解一个公司商业模式——在股价大幅下跌的情况下，是否能够从容加仓，而且越跌越买，敢于重仓。

（六）仅有会计学是不够的

财会专业出身的选股一般侧重看企业的财务基本情况。其选股结果是企业财务基本面没有问题，但企业的商业模式、未来成长性有可能显著不足，公司的企业文化和管理层也可能不够优秀。如果单纯看财务报表投资股票，一般都会买在公司景气度的顶点、卖在公司景气度的低点。

投资的窍诀，是站在董事长，至少是总经理的角度，看待将要投资的企业，仅站在财务总监的角度来做投资决策，是不够的。

巴菲特在1986年致股东的信中说道："会计是商业的语言，对投资者或管理者评估企业价值和管理层的表现有巨大的帮助。没有它们，查理和我就会彻底迷失方向。但对我们而言，这些数据始终只是我们评估一家企业的起点，而不是终点。"

巴菲特在2009年伯克希尔股东大会上说："会计学也有较大的局限性。你要尽可能学习足够多的知识，用来判定哪些会计信息是有用的，哪些会计信息要忽略。你必须理解企业的竞争优势是持久的还是短暂的。"

财务上的指标往往对中期的选股有帮助，但是长期选股更多看的是商业

模式,以定性来判断,以定量来跟踪。当然,财务指标是重要的评判工具。

九、坚守能力圈

能力圈就是自己的能力边界。圈内可以呼风唤雨,出圈则可能危机四伏。

巴菲特说:"对你的能力圈来说,最重要的不是能力圈的范围大小,而是你如何能够确定能力圈的边界所在。如果你知道了能力圈的边界所在,你将比那些能力圈虽然比你大5倍却不知道边界所在的人要富有得多。""一门生意,要是你不能一眼看懂,再花一两个月的时间,你还是看不懂。要看懂一门生意,必须有足够的背景知识才行,而且要清楚自己知道什么,不知道什么,这是关键。我常说的能力圈就是这个意思,要清楚自己的能力圈。""我们之所以取得目前的成就,是因为我们关心的是寻找那些我们可以跨越的一英尺障碍,而不是去拥有什么能飞越七英尺的能力。"

作为投资人,要去预测所投的公司未来的经营表现,也就是要对公司进行基本面分析。要弄清楚企业为什么赚钱?怎么赚钱?将来会赚多少钱?遇到的竞争状态是什么样的?它在竞争中的地位怎么样?这个过程统称为建立自己的能力圈。

段永平说:"能力圈不是拿金箍棒在地上画个圈,说待在里面不要出去,外面有妖怪。能力圈是诚实地对自己,知之为知之,不知为不知。"

巴菲特认为,企业经营的业务越简单易懂越好,太过复杂的业务容易造成不可预测的风险。

价值投资者不会对自己不了解,或者他们认为风险非常大的企业进行投资。因此,很少有价值投资者会拥有科技类公司的股票。有的价值投资者也会避开商业银行,或是财产保险公司,这类企业的资产和负债都很难加以分析。

能力圈的构建和拓展,需要持续地学习、积累和进化。投资者要认知自我,有所为有所不为,懂取舍,方能从容进退。

十、如何做到长期持股而无视波动

价值投资者以"无视股价波动"著称,但要做到这一点,除了必要的知识储备外，还需要确保自己做好了一件事：没有做蠢事。只有在这个前提下，价值投资者才有底气直面"市场先生"，甚至可以无视它的存在。

价值投资并不是盲目地买进某只股票并长期持有，而是好公司才值得在好价格时买进并长期持有。

如果这些都做到了，投资者可以不用惧怕未来，不用惧怕"市场先生"，不用害怕没有人同意你的看法。格雷厄姆在《聪明的投资者》最后一章说："众人不同意你的看法，并不能说明你是对的还是错的。如果你的数据和推理是正确的，你的作为就是正确的。"

时间是好企业的朋友，却是差企业的敌人。如果你陷在糟糕的企业里太久的话，你的投资回报一定会很糟糕，即使你的买入价很便宜。如果你长期投资一家好企业，即使开始时支付的买入价稍高了一点，但如果持有足够久的话，你的回报仍然会很可观。

巴菲特根据多年的观察，他把世界上所有企业分为两类：一类是相对其竞争对手而言拥有持久竞争优势的企业。投资者以一个合理的价格买入这类企业的股票并长期持有，将变得非常富有。另一类是那些在竞争市场上苦苦奋斗好多年，仍然碌碌无为的普通企业，做长线的投资者如果持有这类企业的股票，他们的财富将日益萎缩。

十一、"宏大叙事"的投资陷阱

（一）美丽的幻想

经济学家约翰·肯尼斯·加尔布雷思说，金融记忆往往极其短暂。所有曾经的记忆往往都会被最新的热门投资和那些轻松赚钱的承诺抹除。在股市里，尤其是中国 A 股里，"宏大叙事"的情况非常普遍。

2015 年牛市中的中国南车，这只股票后来跟中国北车合并，现在已经改名中国中车。市场上当时流行着：中国南车将成为连接陆上交通的最大受益者，海权时代将因为中国南车被陆权取代，中国南车的股价未来不可限量。股民们热血沸腾，这太伟大了，越想越伟大，以前陆地国家之所以落后，就是因为陆地交通不如海洋。现在好了，有了高铁连接大陆，欧亚大陆将连成一体，海洋国家则是孤岛，中国中车将是这件事情的最大受益者。结果不久，中国南车的股价就站在历史的顶点，从此一路下跌，直到今天。

曾经的市场上还有一个宏大叙事现象——关于 VR 的。市场上的观点是：VR 代表人类的未来，符合科技的方向。暴风科技和易尚展示，这两只股票炙手可热，是 VR 的当红"炸子鸡"。其结果是，暴风科技、易尚展示最终双双退市。

现实世界的宏大叙事，与股市价值投资并不是一回事，千万不要把所谓的"宏大叙事"当作价值投资来看待。

彼得·林奇说："我避而不买的股票是被吹捧成下一个 IBM、下一个麦当劳、下一个英特尔或者下一个迪士尼之类公司的股票……当人们把某一只股票吹成是下一个什么股票时，这表明不仅作为后来模仿者的这家公司的股票气数已尽，而且那只被追随的楷模公司也将要成为明日黄花。"

"宏大叙事"的崇拜者，总是觉得某个公司在"大处"和"宏观的地方"无限高大上，所以投资就一定是对的。

有些投资者，买股票喜欢看董事长，看创始人。如果这个老板特别牛、创业故事特别感人、这个企业家特别有情怀，他们就觉得这只股票特别好，就喜欢去重仓这只股票。

（二）不要被"海市蜃楼"所迷惑

巴菲特非常强调公司业务的长期稳定性。他在 1987 年致股东的信中说："我们旗下这些事业实在是没有什么新的变化可以特别提出报告的，所谓没有消息就是好消息，剧烈的变动通常不会有特别好的绩效。当然，这与大部分投资人认为的刚好相反。大家通常将最高的本益比给予那些擅长画大饼的企业。这些美好的远景会让投资人不顾现实经营的情况，而一味幻想未来可能的获利美梦。对于这种爱做梦的投资人来说，任何路边的'野花'都会比邻家的女孩来的有吸引力，不管后者是如何贤慧。""经验显示，能够创造盈余新高的企业，现在做生意的方式通常与其 5 年前甚至 10 年前没有多大的差异。当然，管理当局绝对不能够太过自满，因为企业总有不断的机会可以改善本身的服务、产品线、制造能力等，且绝对必须要好好把握。但是，如果一家公司若是为了改变而改变，反而可能增加犯错的机会。讲得更深入一点，在一块动荡不安的土地之上是不太可能建造一座固若金汤的城堡的，而具有这样稳定特质的企业却是持续创造高获利的关键。""这些公司的记录显示，充分运用现有产业地位，或是专注在单一领导的产品品牌之上，通常是创造企业暴利的不二法门。"

巴菲特在 2000 年致股东的信中说:"更夸张的是,目前市场参与者对于一些长期而言明显不可能产生太高价值,或甚至根本就没有任何价值的公司,给予极高的市值评价,然而,投资人依然被持续飙涨的股价所迷惑,不顾一切地将资金蜂拥投入到这类企业。这情形就好像是病毒一样,在专业法人与散户间广为散播,从而引发不合理的股价预期,与其本身应有的价值明显脱钩。伴随着这种不切实际的情况而来的,还有一种荒唐的说法叫做'价值创造'。我们承认过去数十年来,许多新创事业确实为这个世界创造出许多价值,而且这种情况还会继续发生。但是,我们打死都不相信,那些终其一生不赚钱,甚至是亏钱的企业能够创造出什么价值。它们根本是摧毁价值,不管在这期间它们的市值曾经有多高都一样。在这些案例中,真正产生的只是财富移转的效应,而且通常都是大规模的,部分可耻的不肖商人利用根本就没有半只鸟的树丛,从社会大众的口袋中骗走大笔的金钱(这其中也包括他们自己的朋友与亲人)。事实证明,泡沫市场创造出泡沫公司,这是一种赚走投资人手中的钱而不是帮投资人赚钱的幌子,通常这些幕后推手的最终目标不是让公司赚钱,而是让公司上市挂牌。这只不过是老式连锁信骗局的现代版,而靠手续费维生的证券商就成了专门送信的邮差的帮凶。"

(三)价值投资赚钱的方法永恒不变

"宏大叙事"的故事,也不是不能去听,但不能仅仅根据"宏大叙事"就草草做出投资决策,因为股市和现实世界之间的逻辑还是不一样的。

"宏大叙事"其实是站在现实社会的维度来看某件事,而投资是站在企业内在价值的角度去看某件事。二者有时候会重叠,"宏大叙事"有时也会带来投资机会,但宏大叙事只有同时符合投资原则的时候,它对投资才是有意义的。

从价值投资的第一性原理来看,我们所要投的企业就变得简单。我们与上市公司合伙做生意,做生意是必须要赚钱的。企业无论怎么样的"宏大叙事",如果赚不到实实在在的自由现金流,生意就会失败,投资者就会损失本金。

胜而后求战。新事物开始的时候,市场上会有很多研究资料和专家冒出来。这个时候你开始研究,如果你真的认可并理解,接下来就是等待,等待泡沫破裂再去找到真正的宝贝。互联网最好的投资机会不是1998年,而是2001年以后,经过大浪淘沙般的洗礼,在2002年能够看到的生龙活虎的公司大概率后来都长大了,这时的投资机会才是可以长期拥有的。一句话,当泡沫破裂的时候,如果你对某一新兴事物还有真爱,那你一定会找到投资机会。

无论牛市,还是熊市,无论有无"宏大叙事",价值投资赚钱的方法始终没有改变。

第三节　86体系之好团队

亚历山大大帝说:"狮子率领羊群的战斗力远胜由绵羊率领的狮子!"动物界如此,人类社会也是如此。

好的管理层能把好的商业模式发挥到淋漓尽致。如果一家一流的商业模式,加上一流的管理层,即使买的价格不是非常便宜,可能最终的回报也会很高。

事实上,很多次优的商业模式碰到一流的管理层,也能实现优异的回报率。比如,海康威视、分众传媒,它们的商业模式并不一定是最优的,但是由于有非常优秀的管理层,其盈利能力依然是一流的。

关于"好团队",主要是了解上市公司的管理团队及其企业文化。

一、德才兼备

第一性原理告诉我们,选择上市公司投资,我们是要与其合伙做生意,我们出钱,不出力。上市公司的核心管理层,要么出力不出钱,要么既出力又出钱。总之,我们的钱是交到他们手上了。从这个维度来讲,投公司就是投人。

与上市公司合伙做生意,对合伙人的管理团队就必须充分了解。公司的核心管理层,务必是德才兼备者。

所谓德就是诚实、正直、守信。所谓才就是经营企业而能创造价值,也就是创造长期、持续自由现金流的能力要强。竞争是市场经济的本质,而好的生意模式都有"护城河",以阻挡别人来侵占经营中的优势地位。通过经营活动,管理层最核心的职责其实是守护"护城河",每天都着力于把它加宽来提升企业长久的竞争力。

正直和诚信是所有伟大企业的共性,也是出问题的企业的最大"漏斗"。

大银行家约翰·皮尔庞特·摩根说:"商业信用的决定因素,既不是金钱,也不是财产,最重要的是品行,这比金钱和其他任何东西都重要。金钱无法收买一个品德端正的人……一个我不信任的人,即使他有整个基督教世界的债券作为抵押,也不可能从我这里拿走一分钱。"

商业模式固然很重要,但是现实中很多人投资关心的是商业模式,或者领域、赛道、风口。管理者也非常重要,企业真正的成功离不开具有伟大基因的人。

查理·芒格说,好的生意和优秀企业家,他们都是稀缺资源。

菲利普·费雪的儿子——肯尼斯·费雪说:"他们之间(巴菲特与芒格)的友谊关系有着坚实的基础,我认为原因之一是他们拥有共同的理念——与诚信且有能力的人打交道。在巴菲特谈起如何管理伯克希尔旗下公司的执行层时说:'我们从不试图去教一个优秀的棒球手如何挥舞球棒。'这与菲利普·费雪的观点如出一辙,与最优秀的人打交道,不要干错事,不要试图教他们做什么。"

二、巴菲特的好团队标准

(一)好团队的两个标准

在伯克希尔1994年的股东大会上,有股东问道:"你谈到良好管理层的重要性,并想要购买拥有良好管理层的公司,我觉得遇到像你们一样好的管理层的概率很小,作为一个普通投资者,我该怎么去识别好的管理层?"

巴菲特回答道:

我认为你可以用两个标准衡量管理层。

第一,看他们的生意做得如何,你可以通过阅读,看看他们取得的成就,以及取得这样的成就是在手上有什么牌的情况下完成的。如果你懂这个生意(你不可能懂所有的生意,但总有你能懂的生意),你就能知道管理层利用手中资源的能力如何了,把他跟竞争对手比比。第二,就是看他们是如何对待股东的。不太友好的管理层,往往都忽视对股东利益的考虑。

虽然很多时候这两点不是这么好判断,因为大部分管理层的表现都是介于 20%～80% 之间。想要判断这些管理层的位置有点难,好的管理层和坏的管理层都很稀少。我认为识别出前 20% 不难,我的意思是,像比尔·盖茨、汤姆·墨菲、唐·基奥等优秀的管理者,弄清楚他们在为股东还是只为自己工作并不难,我也可以给你一些表现差的 20% 的例子。

有趣的是,在我看来,那些糟糕的管理层,真的不怎么在乎股东的利益,管理能力和对股东的好坏就像左右手一样。

我认为当你阅读企业报告或企业竞争对手的报告时,某些情况下你会得到一个结论:在一个生意中你不需要一直对,你只需要做对几次重要的决策。这也是我们追求的。

总的来说,我获取信息的渠道和你们一样,都是通过阅读大量的企业财务报表,而不是因为我跟他们很熟,或者知道一些私情。

尽你所能,阅读一切吧!看看管理层是怎么说的、怎么做的,取得了什么成就,和他们刚接手这家公司的时候比较一下,和同行比较一下,再看看他们是怎么对待自己和股东的。

(二)别与坏人打交道

作家刘震云说:"你只要跟心术不正的人接触合作,就会倒霉;一个大哥跟我说过一句话,心术不正的人,连利用的价值都没有。"就投资而言,芒格一再强调:只和好人打交道。

与巴菲特严格审查自己工作活动的方式类似,他也对与自己合作的人进行严格的审查。巴菲特只和他信任的首席执行官们合作。如果这些首席执行官们能取得成果,那么自己可以和他们一起工作几十年。"信任"这个词,让巴菲特放弃收购许多财务状况很有吸引力的公司,只是因为他不信任这些公司的首席执行官。

巴菲特在 1989 年致股东的信中写道:"在犯下一系列错误后,我学会了只跟那些我喜欢、信任和尊敬的人一起做生意。正如我之前曾提到的,这种原则本身不会保证你一定成功,二流的纺织工厂或是百货公司,不会因为管理人员是那种你想把女儿嫁给他的人而变得更好。但是,一个创业者如果能够想方设法把自己和那些优秀公司的人产生联系的话,就有机会创造奇迹;

相反,我们不愿意跟那些不具令人尊敬特质的人为伍,不管他的公司有多吸引人都一样。只要与坏人打交道做生意,在这方面我们从未获得成功过。"

在2014年致股东的信中,巴菲特说:"在商业世界,坏消息经常是接踵而至:一旦你在厨房里看到一只蟑螂,几天后你就会遇到它的'亲戚'。"

三、做对的事情+把事情做对

(一)段永平眼中的好团队:本分

如果管理层不能通过销售产生利润,伟大的企业也会变成糟糕的投资。提升盈利能力并没有什么大秘密,就是节源开流。根据以往经验,高成本运作的经理人会继续增加开销,而低成本运作的经理人总会发现节俭之道。

段永平说:"本分,我个人的理解就是'做对的事情+把事情做对'。(企业管理层)明知错的事情还去做就是不本分。本分是个检视自己的非常好的工具。"

所谓的"好公司",段永平说,我觉得应该是有原则的公司,而不是单纯利润导向的公司,而是那些知道要做对的事情(或者说,知道什么样的事情不该做),然后去追求高效率把事情做对的公司。事情做对的过程是一个学习的过程,谁都会犯错误,好公司也不例外。

硅谷天使投资人纳瓦尔·拉威康特(Naval Ravikant)说:"如果你无法想象自己能够与某个人共事一生,那么一天也不要与他们共事。"

(二)专注于产品服务

马斯克曾经说:"美国公司的CEO,足够专注于产品上了吗?我认为答案是否定的。少花点时间在财务上,少花点时间在会议室,少花点时间在PPT上,多花点时间把产品打磨到极致。公司存在的根本意义是什么?为什么要有公司?公司本身是没有价值的,它只有在创造商品和服务时才有价值。我衷心向各位朋友建议,花更多的时间在工厂车间,花更多的时间和客户在一起。不一定需要突破性的创新,你只需要让你的产品变得更好,这是真正重要的事。"

四、企业文化

企业文化是"护城河"的重要组成部分。很难想象一个没有很强企业文化的企业可以有很宽的"护城河"。

企业文化,大致包括理念、制度、视觉三个层面。其中,理念层面是道,是核心,也是我们重点讨论的内容。制度、视觉部分是术,是由理念演绎出来的,是辅助,这里不作重点讨论。

(一)伟大的组织,一定要有伟大的价值追求

企业文化之"道",是公司的目标、使命以及价值观。长期的成功一定是价值观的成功;伟大的企业一定是由使命、愿景与价值观驱动的企业。如果研究商业史就会发现,所有好的企业和优秀的企业家都带有一种理想主义的气质。马斯克及其领导的特斯拉就是如此。

稻盛和夫用一生验证了一个亘古不变的商业哲理:创造财富不是顶峰,也不是终点,真正传奇的成功是通过商业来实现自己对未来的构想,并为人类社会留下一定的痕迹。

正如彼得·德鲁克的那句名言所说:"一个组织绝不能像生物一样,以自身的生存为目的,仅仅把能够延续后代视作成功。组织是社会的一种器官,只有能为外部环境做出自己的贡献,才能算有所成就。"

在《追求卓越》一书中,汤姆·彼得斯和罗伯特·沃特曼也说,他们在出色的公司背后发现了一个共同的特点:"我们研究的所有优秀公司都很清楚它们的主张是什么,并认真建立和形成了公司的价值准则。事实上,如果一个公司缺乏明确的价值准则或价值观念不正确,我们怀疑它是否能获得经营上的成功。"

通过分析研究过去这一百多年来的优秀企业家都有一个重要的特征,即有价值观引导,能坚守企业的社会责任。

伟大的组织一定要有伟大的社会价值追求。但是,这个社会价值追求一定要落到实处,一定要让所有的人都明白:他既是为组织的利益而战,也是为自己的切身利益而战,这样的愿景和价值观,才能实实在在地落地。

(二)优秀的企业文化容易扩展事业版图

在1987年致股东的信中,巴菲特写道:

> 查理与我平时的主要工作就是吸引并维系优秀的经理人来经营我们的各种事业,这项工作并不太难。通常在我们买下一家企业时,其本来的经理人便早已在各个产业中展现了他们的才

能,我们只要确定没有妨碍到他们即可,这点非常重要。如果我的工作是组织一支职业高尔夫球队,若尼克劳斯或阿诺帕玛愿意替我效力,我实在不必太费心去教他们如何挥杆。

其实,一些经理人自己本身已经相当富有(当然我们希望所有的经理人都如此),但这一点都不影响他们继续为公司效力,他们之所以工作是因为乐在其中并散发出干劲。毫无疑问,他们皆站在老板的角度看事情,这是我们对这些经理人最高的恭维,而且你会为他们经营事业的各方面成就所着迷。

查理与我都知道,只要找到好球员,任何球队经理人都可以做得不错,就像是奥美广告创办人大卫·奥格威曾说:"若我们雇用比我们矮小的人,那么我们会变成一群株儒;相反,若我们能找到一群比我们更高大的人,我们就是一群巨人。"

这种企业文化也使得查理与我可以很容易地去扩展伯克希尔的事业版图,我们看过许多企业规定一个主管只能管辖一定人数的员工,但这规定对我们来说一点意义都没有。当你手下有一群正直又能干的人在帮你经营一项他们深具感情的事业时,你大可以同时管理一打以上这样的人,而且还心有余力地打个盹;相反,若他们存心要欺骗你,或是能力不够,或是没有热情时,只要一个人就够你操心的了。只要找对人,查理与我甚至可以同时管理比现在多一倍的经理人都没有问题。

我们将会继续维持这种与我们喜爱和崇敬的伙伴合作的原则,这种原则不但可以确保经营的绩效极大化,也可以让我们能享受愉快的时光;否则仅为了赚钱,整天与一些会令你反胃的人为伍,这感觉就好像是当你本来就已经很有钱时,你还为了钱跟不喜欢的人结婚一样。

……

事实上,我们在伯克希尔的经验正是如此。我们的专业经理人之所以能够缔造优异的成绩,所从事的业务相当平凡,但重点是把它们做到极致,经理人在致力于保护企业的同时而控制成本,基于现有能力寻找新产品与新市场来巩固既有优势,他们从不受外界诱惑而专注于企业之上,其成绩有目共睹。

2003年,72岁的巴菲特在自己的母校内布拉斯加大学演讲中谈到好的企业管理人时说:"(他们)喜欢钱并没有错,我们都喜欢钱,但是他们必须热爱自己的生意,他们对经营企业要充满热情。如果他们对自己的事业没有热情,就不太可能成功。"

(三)企业文化的"画外音"

商场如战场。这并不令人意外。没有做过生意的人,尤其是没有破产经历的人,很难理解商业竞争的残酷。经济整体向好的时候,大家你好我好都欣欣向荣。但是,当大环境不好的时候,那就跟战争一样,完全是你死我活的生存法则。只有强大的商业模式、卓越的管理团队和优秀的企业文化,才能帮助企业渡过危机,获得持续的回报。

企业经营唯一的"护城河"就是企业家们不断地创新,不断地为企业创造长期价值。但是,投资的核心还是人,只有优秀的管理层才是企业最长久和持续的"护城河"。

投资成长型公司,同样需要考量其"长寿基因"。需要注意的是,投资成长型的公司,更要看其核心团队、企业文化是否稳健,即能做到稳中求进、进中求稳,是否有基业长青的长远战略考虑。

成长型公司快速扩张导致资金链断裂,致使公司一夜之间大厦倾覆的案例不胜枚举,尤其是在技术更新迭代快速的行业表现尤为明显。

第四节　86体系之好价格

不管是买袜子还是买股票,我都喜欢在高级货打折时入手。

——沃伦·巴菲特

投资很难做到的是:找到真正的好公司,并等到一个可以买入的价格。当这样美妙的"高光"时刻出现的时候,投资者最聪明的做法就是从买入那一刻起就当作完成了对一家"非上市公司"的投资,或者想象自己将在没有网络的荒岛度过未来10年而无法卖出。

查理·芒格有个著名的投资方法——坐等投资法,即坐在现金上等待机会(见图5—9)。

图5—9 坐在现金上等待机会

查理·芒格认为,未雨绸缪、富有耐心、严于律己和不偏不倚是最基本的投资指导原则。他的"坐等投资法"包括两个方面:第一,找到好公司;第二,坐等好价格。耐心的价值是在找不到合适的投资机会时,可以一直"呆坐"不动。

一、"价值回归"的规律不会改变

很多投资者以为,价值投资就是找到好企业,闭着眼睛买入,然后长期持有。

1929年12月3日,道琼斯工业指数达到了创纪录的381.17点,之后下跌90%,直到1954年10月23日,即长达1/4世纪(25年)之后,该指数才重新走到382.74点。

(一)持股腾讯5年,为何不赚钱

记得雪球上有一篇热文,买了腾讯5年不赚钱,从而嘲讽价值投资,认为其浪费时间不靠谱。其实就是因为买在了腾讯的高光时刻。投资如做人,不要在辉煌的时候慕名而来,也不要在低谷的时候转身离去……否则,大概率会买在阶段性的高位,或者卖在让人后悔的地板价。

2017年7月腾讯的股价是53倍PE,但是后续4年核心净利润的年化增速仅为17.42%,明显无法与如此高的PE值相匹配,投资者付出高溢价之后,投资收益不理想,这既合情又合理。

持有腾讯 5 年不赚钱不但不应归罪于价值投资,反而充分说明价值投资是有效的。以过高的价格买入股票将降低长期收益率,即便是好公司也不例外。坚持价值回归的规律是永远不变的。

(二)持有贵州茅台 8 年涨幅为零

贵州茅台曾经的 8 年(2007 年 12 月—2015 年 12 月)涨幅为零(参见图 5—10)说明什么?

2007 年 12 月,茅台股价 230 多元,估值 100 倍。2015 年 12 月股价 229 元,估值 10 倍。横盘 8 年不涨,直到 2016 年初才开启新一轮的上涨行情,参见图 5—10。

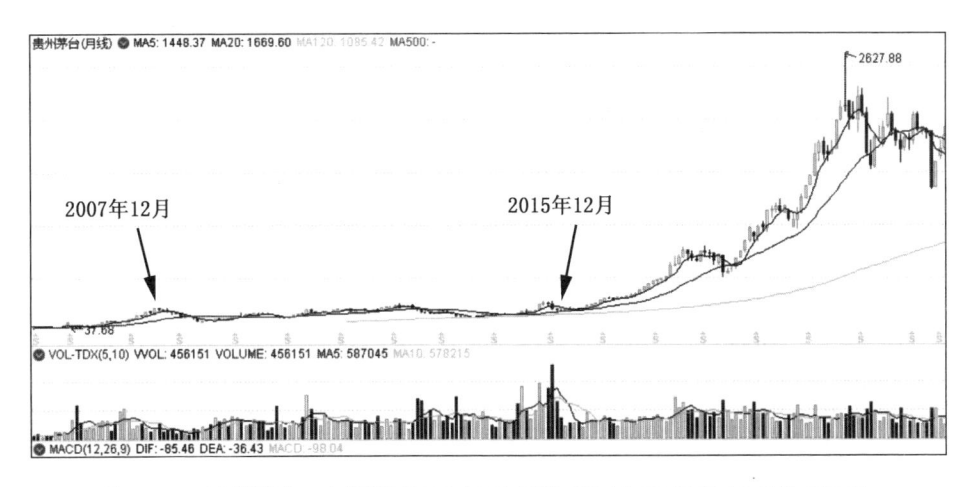

图 5—10　贵州茅台 8 年不涨(2007 年 12 月约 230 元,2015 年 12 月约 229 元)

任何股票高估值介入都是灾难,泡沫迟早要破灭的。再好的公司,高估买入,也需要很长时间去消化估值,不仅需要企业利润持续增长,还需要足够长的时间去等待。再好的公司也绝对不能买贵了。

(三)美股"漂亮 50"泡沫破裂

人在股市中要多疯狂就有多疯狂。投资者在牛市的时候异常兴奋,而在熊市时却极度悲观。古今中外概莫如是,因为人性如此。

格雷厄姆曾提到:"1969—1970 年的股市缩水,打破了这样的一个在过去 20 年里慢慢扎根的幻觉:优秀的股票可以在任何时间和任何价格被购买,且能保证最终的盈利,任何浮亏都可以很快地被再创新高的市场恢复。这好的不真实。"这就是美股"漂亮 50"的疯狂写照。"漂亮 50"是指 20 世纪 60—70 年代备受追捧的美国股市 50 只大盘蓝筹股。20 世纪 70 年代,在尼克松新政下经济复苏,美联储连续降息开闸放水,货币政策宽松,叠加当时美国的消费行业进入繁荣与升级的时代,"漂亮 50"行情由此开始了。

一时间,拥抱"漂亮 50""好公司不怕贵"成为投资信仰,"漂亮 50"成为美国机构投资者争相布局的组合,号称"一旦拥有,别无所求"。

然而,从 1974 年开始,美国经济陷入深度滞涨,美债利率持续飙升,流动性收紧。"漂亮 50"由于前期估值过高,泡沫破灭,从 43 倍下降到只有 9 倍,很多公司估值杀去了 80% 左右,经历了长达 4 年的阵痛和下跌。虽然坚持多年能获得不菲的回报,但大多数人在持续 4 年的股价和估值"戴维斯双杀"过程中被迫亏损出局,参见表 5—3。

表 5—3　　　　　　　　　20 世纪 70 年代美股"漂亮 50"概况

公司	行业	PE（1970 年初）	PE（1972 年底）	PE（1979 年底）	1973—1979 年估值下跌	1973—1979 年平均净利润增速
麦当劳	可选消费	34.8	85.2	9.6	−88.8%	27.0%
迪士尼	可选消费	50.2	84.0	12.8	−84.8%	16.3%
百特国际	医疗保健	62.9	80.8	15.7	−80.5%	26.1%
国际香料	可选消费	54.2	76.4	11.8	−84.6%	16.4%
雅芳	必选消费	56.6	65.4	9.4	−85.6%	11.3%
强生	医疗保健	44.0	61.8	14.1	−77.3%	16.6%
先灵葆	医疗保健	35.0	50.4	7.5	−85.0%	16.4%
可口可乐	必选消费	37.2	47.6	10.3	−78.3%	12.4%
默克	医疗保健	36.5	46.1	14.7	−68.2%	14.7%
普强	医疗保健	23.4	41.1	9.7	−76.4%	19.4%
旁氏	必选消费	28.9	39.7	8.9	−77.6%	17.7%
杰西潘尼	可选消费	21.8	34.6	7.2	−79.1%	9.2%
施贵宝	医疗保健	26.5	34.2	15.5	−54.8%	8.1%
宝洁	必选消费	23.4	32.0	10.3	−67.9%	11.2%
西尔斯	必选消费	22.3	30.8	6.5	−78.8%	5.5%

续表

公司	行业	PE（1970年初）	PE（1972年底）	PE（1979年底）	1973—1979年估值下跌	1973—1979年平均净利润增速
百事	必选消费	23.1	30.5	9.0	−70.3%	20.9%
辉瑞	医疗保健	30.3	29.8	12.2	−59.2%	12.7%
百时美	医疗保健	29.8	28.0	10.8	−61.4%	16.0%
露华浓	可选消费	31.3	26.6	10.8	−59.6%	22.3%
吉列	必选消费	22.3	26.2	7.2	−72.5%	6.2%

对于这段历史场景，霍华德·马克斯回忆道："我在22岁的时候刚做投资，那是1968年，我这个投资菜鸟，刚好赶上了'漂亮50'明星股的投资热潮。我身边的人都比我有经验得多，天天滔滔不绝地大谈'漂亮50'明星股，以及这50家公司多么伟大，它们的成长潜力大到无边无际——任何坏事情都不会发生在这50家伟大的公司身上，因此'漂亮50'明星股的股价没有上限，只会越涨越高。我这个只有22岁的投资菜鸟，听了这么多投资老手的话，就全信了，至少我不记得自己质疑过他们的看法。他们觉得'漂亮50'明星股永远只会涨不会跌，这种看法太极端了，完全不合逻辑。因此，我也很幸运，刚做投资就让市场给我上了一课，让我深刻地理解周期、价值与风险。我当时因为刚参加工作，没有多少钱，所以只在这些错误的投资理念上下了很小的赌注，交的学费还不算多。市场给我不断地上课，我也不断学习，不断成长，慢慢变得不再那么天真和幼稚了。"

回到牛气冲天的20世纪90年代后期，美国股市网络股一路高歌猛进，似乎每天都在翻番。有多种方式可以描述当时的情况："完美定价""深受追捧""无懈可击"。所谓"你可能会赔光自己所有的钱"的说法似乎很荒诞。但是，没有什么是完美的事情，事实证明缺点无处不在。到了2002年年底，许多网络股和电信股的市值损失了95%甚至更多，而一旦亏损达到95%，必须挣得1 900%才能回到原来的起点。

巴菲特在2011年致股东的信中写道："过去15年里，我们看到的网络股泡沫和房地产泡沫都证明了：将一个最初合理的投资观念，与广为宣传的价格上涨现象结合在一起，就能创造出非同寻常的过度行为。在这些市场泡沫中，很多原本持怀疑态度的投资者，后来也屈服于市场给出的价格上涨'证据'，因此在一段时间内，买方群体的规模迅速扩大，不断增加的买入资金足以让泡沫继续膨胀。吹的足够大的泡沫不可避免地会破裂，那时就会再次验证那句谚语：智者先行，愚者跟风。"

历史已经演绎过不在乎价格买入股票的后果。如果对过去的市场历史没有任何概念，很容易再重蹈他人的覆辙。

格雷厄姆说："在任何其他地方，激情都是伟大成就所必须的，但是在华尔街激情总会带来灾难。"

（四）马鞍重是赛马的障碍

泡沫是危险的，比泡沫更危险的是一直不破裂的泡沫；高估是危险的，比高估更危险的是解释的理由越来越充足的高估；赌博是危险的，比赌博更危险的是让人享受到了暴利的赌博。当异常的收益率和高估值被习以为常，并激发着大众更高的期待时，价值回归就准备鸣锣登场了。

企业内在价值决定股票价格，股票价格围绕内在价值上下波动。股票价格低估时，会被内在价值拉上去，这就是所谓的估值修复；股票价格高估时，会被内在价值拉下来，这就是所谓的价值回归。

上面举的这几个高估的例子，如腾讯、茅台、美国"漂亮50"、网络股疯狂，演绎的都是价值回归的定律。

这几乎印证了彼得·林奇的观点：只要坚决不购买估值特别高的股票，就会让你避免巨大痛苦与巨大的投资亏损。除了极少数例外情况，特别高的估值是股价上涨的障碍，正如特别重的马鞍是赛马奔跑的障碍一样。就像《聪明的投资者》中讲到的：只要采用高市盈率，无论是防御性还是积极性投资者，99%的人会以失败结局。同时，也印证了格雷厄姆的观点："任何超过40倍PE的股票都是有风险的，无论它有多高的成长。"

回塑中国A股历史，2021年，伊利股份PE50倍，股价最高54元，三一重工PE50倍，股价50多元，贵州茅台PE54倍，股价2 500元……1974年美国"漂亮50"PE43倍，几乎都大幅暴跌，且大多数跌幅超过50%。

二、巴菲特的投资诀窍

巴菲特有一段很有名的话："投资的诀窍就是，你坐在那里，看着各种机会来来去去,只专心等待你想要的那个最佳击球位置,别人可能说,挥棒啊,笨蛋！不要管他们！"

巴菲特说的意思,就是好企业也要耐心地等到一个好价格。好价格,就是巴菲特说的"击球区"。越是人们对市场失去信心的时候,就越是积累底部筹码的最好时机。

(一)梅西的球场哲学

梅西几乎是球场上奔跑最少的球员,柔弱的气质似乎掩饰了他的杀手本质。多年以来,梅西在球场散步,一直是某些"专家"们的批评目标。

"事实"似乎的确如此:在某次重要比赛上,梅西在90分钟内仅跑了5英里,并且83%的时间是在散步,只有1%的时间用于冲刺,但他在这场比赛中实现了1个进球和1个助攻。在同类足球明星里,梅西跑动最少。然而,他在进攻端是"史上最全能和最强大的球员"。这意味着他不仅是射手,还是领导者。

梅西在球场上的哲学可以概括如下:第一步,扫描全场,绘制价值地图;第二步,守候在价值区;第三步,"黑入"空间与时间的微隙;第四步,以多样化追求进攻最大化;第五步,实现破门得分。

与其说这是关于足球的哲学,不如说是关于生存的哲学。在一个充满不确定性的复杂系统里,如何发现价值,捕获机遇,进而实现价值,"梅西的球场哲学"也许会给我们带来足球以外的启发。

(二)等待也是一种努力

巴菲特曾经这么说过,最难的事是什么事都不干。在资本市场,大多数投资者热衷于如何天天赚钱、分分钟赚钱,如何追逐流行的热点、概念。但事实证明,什么也不做而等待机会去展现自己或者获取收益是正确的,虽然在很多时候这样做显得孤独和"懒惰"。

在点球大战中,罚球的方向基本上均匀地分布在球门的左、中、右三个方向。据统计,在94%的案例中,守门员会选择向左扑球或向右扑球,很少有人选择守在球门中间。据统计资料显示,当守门员停留在球门中间时,接住了60%踢往球门中部的球,这远高于扑向两边的成功率,但是守门员只有6%的时间留在了中间。当问及守门员为什么选择向左、右扑球而不是站在原地,他们表示:当他们向两边扑球的时候,至少感到自己正在努力,而站在中间眼睁睁地看着球从左边或右边踢进得分,则会感到非常糟糕。

有人能把简单的东西搞得非常复杂,这是一种能力,但把复杂的事情简单化,在投资中也许更加实用。

2019年8月14日,段永平在演讲时说过一句话:"其实愿意化繁为简的人很少,大家往往觉得那样显得没水平,就像买贵州茅台一样,没啥意思。"

其实等待也是一种努力,但需要"戒、定、慧"的佛家思想戒除其浮躁的心。耐心是一种超级武器,可以用它来防止自己成为多动症投资者。正如著名经济学家保罗·萨缪尔森曾说过的那样:"投资应该是枯燥的,而不应该是刺激的。投资更应该像等候油漆变干,坐看小草生长一样简单。"

(三)不要低估"无所事事"的价值

泰德·威廉姆斯在他的《击球的科学》一书中这样描述道:"对于一个攻击手来说,最重要的事情就是等待最佳时机的出现。"

巴菲特认为这句话准确道出了他自己的投资哲学:等待最佳时机,等待最划算的生意,它一定会出现,这对投资来说很关键。

泰德·威廉姆斯是过去70年来唯一一个单个赛季打出400次安打的棒球运动员。他的技巧如下:第一步,把击打区划分为77个棒球那么大的格子;第二步,给格子打分;第三步,只有当球落在他的最佳"格子"时,他才会挥棒,即使他有可能因此而三振出局,因为挥棒去打那些"最差"格子会大大降低他的成功率。

泰德·威廉姆斯的秘密在于,将自己的"概率世界"变成两层:一层是执行层,也就是他击球这个层面。在这个层面,无论他多么有天赋、多么苦练,他的击球成功概率达到一定数值之后就基本稳定下来了,再想提升一点点都要付出巨大的努力,而且还要面临新人的不断挑战。更高一层是配置层,也就是他做选择的这个层面。执行层做得好,是有天赋;更高一层做得好,是天才。

巴菲特在1994年致股东的信中援引了泰德·威廉姆斯的一席话:"如果你想成为一名优秀的击球手,首先你得选择一记好球来打,这是教科书里的第一课。如果强迫自己在没有感觉的地带挥棒,我绝对无法成为击球率34.4%的明星球员,最多也只是击球率25%的普通球员。"巴菲特说,他和芒格也秉持同样的想法。

查理·芒格将此方法用在投资上,要点如下:

一是作为一名证券投资者,你可以一直观察各种企业的证券价格,把它们当成一些格子。

二是在大多数时候,你什么也不用做,只要看着就好了。

三是每隔一段时间,你将会发现一个速度很慢、线路又直,而且正好落在你最爱的格子中间的"好球",那时你就全力出击。这样呢,不管你的天分如何,你都能极大地提高你的上垒率。

四是许多投资者的共同问题是他们挥棒太过频繁。另外一个与挥棒太过频繁相对立的问题也同样有害于长期的结果:你发现一个"好球",却无法用全部的资本去出击。

五是有性格的人才能拿着现金坐在那里什么事也不做。

耐心、纪律、判断力都是需要投资者养成的心性,耐心尤其重要。价值投资者的诅咒就是行动太早,或是过早买入,或是过早卖出。永远不要低估无所事事的价值。耐心等待好打的慢球,是优秀棒球手的心性。价值投资亦是如此。

正如巴菲特所说:"我日日夜夜等着,每天看各种公司的信息资料,只有等到我能看懂的公司,我喜欢这家公司的股票价格,我才买入。"

三、好价格就是安全边际

在《聪明的投资者》最后一章的开头,格雷厄姆写道:"根据古老的传说,一个聪明的人将世间的事情压缩成一句话:这很快将会过去。面临着相同的挑战,我大胆地将成功投资的秘密提炼成四个字的座右铭:安全边际。"

价值投资者倾向于选择能看懂的生意,有良好的发展前景,有值得尊重、信任又能干的管理层,如果前面的条件都符合,那还缺的就是好价格,一个有吸引力的价格。

在《聪明的投资者》一书中指出:"安全边际是指利润占股票购买价的百分比与债券利率之差,而且安全边际这一差额能够对不利结果起到缓冲作用。"

安全边际有两层含义:一是企业好。好企业是最大的安全边际;值得一提的是,只有那些能够高质量的、高确定性的、可持续的成长,才能够消化更多的不确定性。成长是最大的安全边际，正所谓进攻是最好的防守。二是买入的价格好，即低估。安全边际的重要性体现在两个方面：

其一，如果企业看对了，因为低估买入，会有"估值修复"的超额收益。

其二，如果企业看错了，会降低纠错的成本，甚至于零成本纠错，少亏损或不亏损。格雷厄姆在《聪明的投资者》第 20 章写道："对智慧型投资者而言，'安全边际'具有同样的功能：只要拒绝购买价格过高的证券，就可以大大降低财富消失或突然毁灭的几率。"

"好资产＋好价格"带来的安全边际，既是本金安全的保障，又是超额收益的来源。巴菲特是这样总结安全边际的："架设桥梁时，你坚持载重量为 3 万磅，但你只准许 1 万磅的卡车穿梭其间，相同的原则也适用于投资领域。""我们在买入价格上坚持留有一个安全边际。如果我们计算出一只普通股的价值仅仅略高于它的价格，那么我们不会对买入产生兴趣。我们相信'安全边际'原则。"

巴菲特十分强调安全边际在投资体系中的重要地位。他分别在 1992 年和 1997 年致股东的信中明确指出："这是投资成功的关键所在。""这是智慧型投资的基石所在。"

投资的本质就是用当前的资产来换取未来的资产增值，投资就是投未来。如果对未来充满信心，我们就会尽量投资；如果失去未来，我们的投资也就没有意义。因此，如何认知未来，决定了我们的投资本质。价值投资作为一种投资方法，如何看待未来，每个人都有自己的认知。我们认为，未来会不断发展，值得去认真投资，但发展的道路不会一蹴而就，会遇到各种极端事件，需要谨慎对待。投资的这种谨慎态度，不是逃避现实，而是直面风险、控制风险，使所投之标的即使在极端情况下也能安全度过。这就是安全边际的内在意义。

四、买股票要像买白菜那样买，而不要像买香水

巴菲特的导师格雷厄姆先生在他的《证券分析》一书中谈到买股票时，说过一句很通俗的话，"买股票要像买白菜一样，不能像买香水那么买"。我们观察现实生活中的情况，回味这句话，将使投资受益匪浅。

早市上，买菜的主力军是大妈们。大妈们喜欢在早市上慢慢转悠，一路

问价,货比三家,挑挑拣拣,最后选性价比最好的摊位,停下来。此时性价比已经很好了,但有些大妈,还是喜欢杀个价,争取用最少的钱,买到更多的菜。在转悠的过程中,大妈们如果发现价格明显很便宜的菜,质量还说得过去,她们会抓住机会赶紧挑选品相最好的买下来。大妈们买菜的底层逻辑是:便宜买好货!大妈们如果能够开窍,就会成为做价值投资的好手。

买股票不要像买香水一样买。买香水是怎么买的?一个收入并不太高的男士朋友,在机场免税店买了一瓶两千多元的香水。他说,香水这东西要看品牌,便宜没好货,几百元一瓶的香水肯定不好。他还说,上万元的香水,那才叫好呢,香水越贵越好,懂的人一下子就能闻出来你用的是什么档次的香水,这是个面子问题。

买股票不能像买香水一样,否则遭遇"戴维斯双杀"可就麻烦了。

巴菲特一再说:要用0.4元买入价值1元的东西。巴菲特的师兄,同为格雷厄姆高足的沃尔特·施洛斯,更是被称为"捡破烂大师",只买性价比最好的股票。

施洛斯认为,便宜才是硬道理;坐冷板凳,一直把冷板凳坐热。这是我们一般散户欠缺而又必须坚持学习的投资理念。

格雷厄姆说过:"我们希望读者能够建立度量或量化的观念。对于99%的股票而言,我们都可以发现,它们在某些价位相当便宜,值得购买;另一些价位上则过于昂贵,应当抛出。将所付出的与所得到的进行比较,这种习惯是投资方面的一种宝贵特征。许多年前,我们曾在一本妇女杂志中劝告读者,购买股票要像购买食品杂货一样,而不要像买香水一样。过去的几年(以前也发生了许多类似的情况),我们之所以会在股票投资中遭受惨重的损失,都是因为我们在买股票时忘了问一声'它价值几何?'"

五、查理·芒格的"白菜价"

查理·芒格说:"我们对于真实价值是什么,以及我们在交易什么,有自己的看法,我们只有认为它的价值高于我们支付的价格时才会买入。所以,我们等待某种事物的价格被低估,然后再买入它。通过这样来进行长期投资,我们对于市场中赌博者不屑一顾。""我绝不会买入一家公司付出30倍市盈率,但我有些持仓已经涨了8~10倍,我依然持有它们,这让我非常舒服。"

价值投资的核心,是以便宜价格购买高质量资产。无论是格雷厄姆、费雪,还是巴菲特、芒格、施洛斯,其理念都是殊途同归、一脉相承。

但是,好价格是等出来的。有人拍摄蜻蜓的照片,走到池塘边看没有就走了,不断寻找。也有人的做法是提前埋伏,坐成一根桩,等蜻蜓降落,然后尽情地拍。其中的道理和投资一样:熟悉的地方,耐心等待。它来了,你就尽情享用。切忌不要乱动,蜻蜓看到人动就会飞走。

查理·芒格曾经说过:"投资就是一门拿价格换取价值的学问,窍门就是以最低的价格换到最高的价值。只要你买得足够便宜,基本上什么时候卖都可以赚钱,只有赚多赚少的区别。如果你买的价格过高,卖的时机不好,很可能就是糟糕的收益,甚至亏钱的结果了。'捡烟蒂'投资法曾是这样的逻辑,后来巴菲特从猿进化到人了。"

在2022年《每日期刊》股东会上,有人问芒格:"您最近表示,股票存在泡沫和估值过高的现象。请问开市客的股价是否存在泡沫,是否估值过高?现在,无论是看市销率还是看市盈率,开市客的股价都达到了历史最高位。开市客的股价已经创了新高,现在还能买吗?"

芒格回答:"这个问题问得很好。我始终认为,再好的公司价格也不能没个边界。哪怕是像开市客这么优秀的公司,价格高到一定程度,也不能买了。这么说吧,如果我负责管理一只主权基金或者退休基金,我的眼光可以放在30年、40年、50年之后,按开市客现在的价格,我可以买入。开市客这么优秀的公司很难得,我非常欣赏开市客这家公司。

我不是说,我本人会在现在这个价格买入开市客。毕竟,我习惯以便宜的价格买入,这么贵的价格,我下不去手。开市客现在的价格很高,但是我从来没动过卖出一股开市客的念头。去年圣诞节,我在开市客买了几件法兰绒衬衫,一件才7美元左右。衬衫的质量非常好,手感很柔软。我还买了几条奥维斯牌(Orvis)的裤子,大概也是7美元一条。我买的裤子腰部是带弹力的,还防水。开市客拥有强大的采购能力,它为顾客精挑细选商品,让顾客买得放心,进军电商领域,开市客一定能占据一席之地。

按开市客现在的股价,我不一定会买,但我绝对不会卖。我相信,在长远的将来,开市客将越做越大,越做越强。开市客配得上成功。它拥有优秀的文化和良好的道德观。真希望美国有更多像开市客这样的好公司,这样的好公司有益于整个社会的发展。"

六、巴菲特的"白菜价"

巴菲特在 1996 年致股东的信中写道:"当然有时你也很有可能以过高的价格买了一家好的公司,这种风险并不是没有。而以我个人的看法,像现在的时机买任何股票都有可能承担这样的风险,当然也包含永恒的持股在内。在过热的股市进场买股票的投资人必须要先做好心理准备。那就是对于付出高价买进的优良企业来说,必须要有更长的一段时间,才有办法让它们的价值得以彰显。"

2021 年,中国 A 股许多白马股都创出新高,但股价真实的数字摆在那里,干扰了大部分投资人的判断。大家都认为白马股就应该享受高估值。不料接下来股价大幅下跌,很多股票下跌超过 50%。

投资者不要忘记格雷厄姆在《聪明的投资者》一书中的告诫:"假设你认为某只股票每年可以上涨 10%,而市场每年只能上涨 5%。遗憾的是,你的热情太高,因此支付的价格过高,所购买的股票在头一年就亏损了 50%。即使该股票后来的收益是市场的 2 倍,你也要花 16 年多的时间才能赶上市场——原因就在于,你一开始支付的价格太高,因而亏损太大。"

(一)好企业也不能出高价

巴菲特常说:"安全边际没有例外——即使对最好的企业也不能出价过高。"

在 1982 年致股东的信里,巴菲特写道:"我们对股票的投资,只有在我们能够以合理的价格买到够吸引人的企业时才可以,同时也需要温和的股票市场配合。对投资人来说,买进的价格太高就会将这家绩优企业未来 10 年亮丽的发展所带来的效应抵消掉。"

巴菲特经常会在相当长的一段时期内,在股票市场内保持沉默,尤其是在别人狂欢的时候,巴菲特往往都会被新锐们嘲笑无能、落伍,但过不了多久,那些人就会被打脸。这种事情已经发生过很多次了。

(二)"不能因为过去几年股市狂涨来推导未来"

在网络股泡沫破裂前的 1999 年夏天,《时代》周刊公然在封面羞辱巴菲特:"沃伦,究竟哪儿出了问题?"沃伦·巴菲特是网络股最大的看空者之一,但是事实似乎证明他这次真的看错了。从1999年下半年开始，网络股好像成了唯一的热门股。可口可乐？听起来似乎是上上个世纪的名词了。伯克希尔·哈撒韦公司1999年的净利润从上年的28亿美元，骤降到15.6亿美元，主要是因为巴菲特的重仓股表现差劲，如冰雪皇后（Dairy Queen，美国最大的乳制品公司之一）、盖可保险、可口可乐、迪士尼和美国运通。这些股票在1999年的表现只能用"恶心"来形容，在科技股疯涨100%的年代，它们却在下跌。

1999年初，伯克希尔·哈撒韦公司的股价曾到达80 300美元，到了2000年初却只有50 900美元，下跌近40%。就在此时，巴菲特在太阳谷发表演讲："美国一度拥有2 000家汽车公司；汽车很可能是20世纪上半叶最重大的发明。它对人们的生活产生了巨大的影响。但最终，只有3家汽车企业活了下来，而其股价也都曾低于账面价值。因此，尽管汽车改变了美国，对投资者来说却非幸事。现在，我们能够很容易分辨出输家，但当时投资汽车却是一个当然的决定。"

巴菲特的演讲，就像在一群声名狼藉的人当中宣扬贞洁的重要性。虽然精彩纷呈，但并不意味着会让听众放弃自己的认知，但一些人认为自己受益匪浅。"这非常棒，在一堂课里就完成了对股票市场的基本教育。"比尔·盖茨说。

的确如此，我们不能以过去几年的股市狂涨来推导未来。1999年，巴菲特在《财富》杂志撰文道："美国投资人不要被股市飙涨冲昏了头，因为股市整体水平偏离其内在价值太远了。我预测美国股市不久将大幅下跌，重新向价值回归。"

互联网泡沫在2000年破裂，在泡沫中狂欢的投资机构纷纷破产，巴菲特却毫发无损。纳斯达克指数下跌了80%，直到2015年，历时15年才回到5 000点，也就是在泡沫高点买入的人在15年后解套了。

好企业、好团队，还要有一个好价格，谨记"便宜买好货"的生活常识。

20世纪70—90年代，20多年里沃尔玛一直保持20%～30%的营收增速，但PE高企。巴菲特一直看好沃尔玛，但因为PE很高，他一直下不了手重仓。巴菲特一直忍到2005年才重仓沃尔玛，这时候营业增速降下来了，而PE也下来了。巴菲特投资沃尔玛只获得9%的年化收益，他错过了沃尔玛发展的黄金 20 年。

许多人为巴菲特错过沃尔玛的黄金投资收益期而惋惜,就像许多人为巴菲特没有投资微软公司而为他惋惜一样,但丝毫没有影响巴菲特 2008 年成为世界首富。巴菲特买入股票的"白菜价"与收益情况,参见表 5-4。

表 5-4　　　　　　　　巴菲特历史交易股票的"白菜价"

公司名称	市盈率
比亚迪	10
苹果	11
可口可乐	14
喜诗糖果	12
中国石油	6
中美能源	13
大都会	14
美国运通	16
内布加斯家具	8
迪尔	11
IBM	13
合众银行	12
迪士尼	10
沃尔玛	20
通用再保险	18
华盛顿邮报	11
国民保险	5
富国银行	6
M&T 银行	8
斯科特吸尘器	8
惠普	7
西方石油	9
Alleghy 保险	11

在价值投资中坚持"好价格"原则,或许会在某些个股的投资收益上"失之东隅",但不会影响整体的收益,更不会影响一生的复利财富。

纵观巴菲特近 60 年买入好企业的估值逻辑与历史表现,可以学习其选股思路,参见表 5－5。

表 5－5　　　　　　　　　　巴菲特买入公司估值逻辑

买入年份	公司名称	行业	类型	买入市盈率	买入市净率	年复合收益率	ROE	盈利情况
1958 年	桑伯恩	地图	烟蒂股	47 倍	0.5 倍			拆分重组,收益丰厚
1961 年	登普斯特	农机制造	烟蒂股	公司亏损	0.63 倍			拆分重组,收益丰厚
1964 年	美国运通	信用卡	优质股	14.2 倍		12%		至今持有,收益丰厚
1965 年	伯克希尔	纺织	烟蒂股	6.6 倍	0.8 倍			至今持有,收益丰厚
1967 年	国民保险公司	保险	优质股	5.4 倍			20%	至今持有,收益丰厚
1972 年	喜诗糖果	食品	优质股	11.9 倍	3.1 倍	16%	26%	至今持有,到 2007 年收益达 54 倍
1973 年	华盛顿邮报	报纸	优质股	10.9 倍		11%	18%	到 1990 年,17 年收益达 34 倍
1976 年	盖可保险	保险	优质股		5 倍	22%		至今持有,复合收益 22%
1983 年	内布拉斯家具	家具	优质股	8.5 倍	0.8 倍			收益丰厚
1985 年	大都会	传媒	优质股	14.4 倍		23%	26%	收益丰厚
1986 年	斯科特吸尘器	家电	优质股	7.8 倍	1.8 倍		23%	至 2000 年分红 10 亿美元
1987 年	所罗门	金融	优质股	9%利息	可转换优先股	6.60%		9%复利持有 10 年
1988 年	可口可乐	竹料	优质股	13.7 倍	4.5 倍	12%	55%	至今持有,到 1998 年收益达 9 倍
1988 年	房利美	金融证券	普通股	8 倍		24%	23%	到 1999 年,11 年收益达 10 倍
1989 年	美国航空	航空	普通股	9.25%利息	可转换优先股	6.60%		9%复利持有 10 年
1990 年	富国银行	金融	普通股	6 倍	1.1 倍	25%	24%	至今持有,1990 年到 2000 年收益 10 倍
1991 年	吉列刀片	日用品	优质股	23 倍		16%		持有优先股转换,持有 13 年收益 7 倍
1991 年	M&T 银行	金融	普通股	7.8 倍	1 倍	13.70%	12.50%	至今持有,到 2006 年 15 年收益 7 倍

续表

买入年份	公司名称	行业	类型	买入市盈率	买入市净率	年复合收益率	ROE	盈利情况
1993年	德克斯特	鞋业	普通股	16倍	1.9倍			亏损,用伯克希尔换股,亏损严重
1999年	中美能源	能源	优质股	13.5倍	1倍	17%	20%	至2012年收益7倍
2000年	穆迪	评级机构	优质股	19倍				收益丰厚
2003年	中石油	能源	普通股	5倍	1倍	45%	16.30%	持有5年,收益7.3倍
2005年	沃尔玛	连锁零售	优质股	20倍	3.3倍		22%	收益丰厚(巴菲特后悔买少了)
2006年	合众银行	银行连锁	普通股	12.5倍	2.9倍		23%	收益丰厚
2006年	乐购	零售	普通股	66倍	2.5倍			亏损严重
2007年	康菲石油	能源	普通股	6.8倍	0.95倍		21.50%	亏损严重
2008年	比亚迪	电动汽车	优质股	10.2倍	1.53倍		16.60%	至今持有,收益丰厚
2008年	高盛	金融证券	优质股	10%利息	可转换优先股	10.25%		金融危机时,巴菲特救助高盛,收益丰厚
2011年	IBM	信息软件	优质股	13.5倍	8.5倍		69%	失败的投资
2011年	达维尔医疗	肾透医疗	优质股	17倍	3.2倍		17.70%	至今持有,收益丰厚
2011年	direcTV	信息节目	优质股	15倍	2.6倍			至今持有
2011年	迪尔	农机	优质股	11倍	3.7倍		37%	至今持有
2016年	苹果公司	电子硬件	优质股	14.66倍	4.56倍		31%	至今持有,收益丰厚

86体系的好企业、好团队、好价格,是最重要的价值投资理念,需要贯穿我们一生的投资实践。这样做,我们才能有效地控制风险,增加投资胜率的确定性。投资是风险的定价。不要忘记,资本市场,不仅存在"戴维斯双击"的规律,也存在"戴维斯双杀"的规律。

在长期持有的过程中,通过抓住低估值的时机买入,可以进一步提高收益。价值投资者,如果想每年都能正收益,一定要在"好价格"上下足功夫。

七、"戴维斯效应"

(一)"戴维斯双击"和"戴维斯双杀"

股市有个投资法则叫做"戴维斯效应",英文全称为 Davis Double Play(中文翻译为:戴维斯双杀或戴维斯双击),该理论的创始人叫斯尔必·戴维斯。

在《戴维斯王朝》一书中提到,戴维斯曾在 1947 年凭区区 5 万美元,45 年豪赚 9 亿美元,收益高达 1.8 万倍,戴维斯也因此神技而名满天下。

其实这个理论并不复杂,简单概括就是一个公式:股价=估值×每股收益。不难发现,决定股价变动的因素,就是估值和每股收益的变化。

"戴维斯双击"和"戴维斯双杀"两者的区别是:"双击"表示公司业绩和估值上涨,"双杀"表示公司业绩和估值下跌,参见图 5—11。

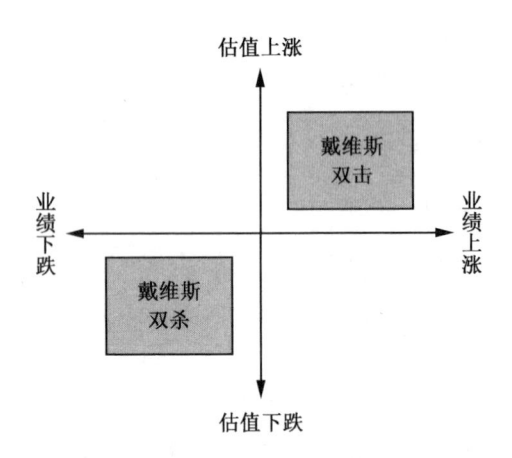

图 5—11 "戴维斯双杀"与"戴维斯双击"

当一家公司的利润持续增长使得每股收益提高,同时市场给予的估值也提高,股价得到了相乘倍数的上涨,这就叫"戴维斯双击";相反,当一家公司业绩下滑时,每股收益减少或下降,市场给予的估值也下降,股价得到相乘倍数的下跌,这就叫"戴维斯双杀"。"戴维斯效应"是客观规律,不以投资者的个人意志为转移。

(二)可口可乐的"戴维斯双击"与"戴维斯双杀"

可口可乐从 1947 年到 1957 年每股收益一直在 7 美元左右,市盈率从 26

倍跌到 16 倍,股价非但 10 年不涨,而且下跌 40%(同期,IBM10 年每股收益涨近 4 倍,市盈率从 15 到 48,股价涨 20 倍)。

按照 1950 年可口可乐 1.18 亿美元利润推算,1950 年其市值应该在 20 亿美元附近。1980 年,可口可乐市值 41 亿美元。也就是说,1950 年买可口可乐,持有 30 年到 1980 年,最多赚了 1 倍的市值,当然还有每年的分红。

1980 年到 1987 年,可口可乐市值从 41 亿美元涨到 141 亿美元,7 年涨 3.5 倍。巴菲特正是这个时候买了 13 亿美元的可口可乐,持股占比 10%,市盈率 14 倍。到了 1997 年,可口可乐市值涨到 1 400 亿美元,巴菲特市值变成了 133 亿美元,市盈率高达近 60 倍。

1998 年到 2011 年,可口可乐市盈率从 60 倍降低到 20 倍,市值不变,利润涨 3 倍。

2011 年到 2023 年,可口可乐利润又涨 1 倍,市盈率从 20 到 30 倍,股价涨近 3 倍。

可口可乐的股价,从 1950 年到 1980 年几乎 30 年横盘;1980 年到 1987 年涨 3 倍;1987 年到 1997 年涨 10 倍;1998 年到 2011 年,10 年不涨;2011 年到 2023 年又涨 3 倍。当然,这其中都没有算分红再投入。

回看 1947 年到 2023 年 70 多年的可口可乐,"戴维斯双击"与"戴维斯双杀"反复上演;估值修复与价值回归往复循环。

从可口可乐公司的案例分析中可以看出,企业内在价值决定股票价格,股票价格围绕内在价值上下波动。投资好公司,还得买到一个好价格。

(三)他山之石:日本企业的"戴维斯双击"与"戴维斯双杀"

从长期看,企业利润是股价走势的内在驱动力,股票的市场价格与公司的内在价值趋于收敛。

我们来分析一下日本的消费医药与科技制造企业在过去 50 年的表现。

1973—1989 年的上涨阶段:高增速与估值抬升,共同驱动股价上涨。这 16 年中,朝日、花王、中外制药、豪雅、东京电子、丰田,股价分别上涨 14.6 倍、14.8 倍、33.3 倍、11.7 倍、3.3 倍、10.1 倍,估值抬升至 149 倍、51 倍、62 倍、57 倍、43 倍、22 倍。

1990—2012 年的杀估值阶段:盈利上涨与股价下跌共同消化估值。这 22 年中,股价均有正的涨幅,其间这些优质的消费医药与科技制造公司的盈利均持续增长,但杀估值幅度均在50%以上。朝日集团估值下滑达91%,至2012年年底,朝日、花王、中外制药、豪雅、东京电子、丰田的估值分别回落至13倍、22倍、24倍、13倍、11倍、17倍。

2013—2019年的修复阶段:估值进入稳态区间,盈利增长推动股价上涨。这6年中,朝日、花王、中外制药、豪雅、东京电子、丰田股价分别上涨222%、338%、449%、491%、551%、118%,估值中枢稳定在16倍、26倍、40倍、27倍、16倍、11倍。

穿越繁华与败落之后,个股的长期走势都会逐步回归由盈利驱动股价上涨。在这个过程中,不论是盈利的稳定性或持续性,消费医药有其天然优势;依赖于背后科技产业周期的变化,以及公司竞争优势的变化,优质的科技制造公司最后也能逐步恢复上行趋势。

从估值起落来看,消费估值泡沫通常破灭于利率的持续攀升(分母压制);科技估值泡沫通常破灭于产业周期的见顶回落(分子压制)。

(四)投资的快慢之道

无的放矢,快即是慢;有的放矢,慢即是快。

芒格说:"空仓需要巨大的勇气。"他认为,有性格的人才能拿着现金坐在那里什么事也不做。他取得的成就靠的是追逐一生中难得的机会。只要做好准备,在人生中抓住几个机会,迅速地采取适当的行动,去做简单而合乎逻辑的事情。这辈子的财富就会得到极大的增长。但这种机会很少,它们通常会落在不断地寻找和等待,充满求知欲望,又热衷于对各种不同的可能性作出分析的人头上。这样的机会来临之后,如果获胜的几率极高,那么动用过去的谨慎和耐心得来的资金,重重地押下赌注就可以了,赚大钱的秘诀并不在于频繁的买进卖出,而在于耐心等待绝佳的机会。

巴菲特为了提醒自己耐心的重要性,在办公室放了一幅泰德·威廉姆斯击球的图片——等待好球的出现,参见图5—12。

为了解释这种哲学,巴菲特和芒格都喜欢用棒球打比方。泰德·威廉姆斯是70年来唯一单个季赛打出400次安打的棒球运动员。在他所著的《击球的科学》中,他写道:把击打区划分为77个棒球那么大的格子,只有当球落在他的最佳"格子"时,他才会挥棒,即使他有可能因此而三振出局,因为挥棒去打那些"最差"格子会大大降低他的成功率。

图 5—12　泰德·威廉姆斯的击球术

价值投资者，在大多数时候什么也不用做，只要看看就好了，可以一直观察自己看得懂的企业股票。每隔一段时间，出现理想的估值（好价格）时，就像棒球正好落在最佳的格子里，就全力出击。

许多投资者，无论是个人投资者还是机构投资者，他们共同的问题是"挥棒"太过频繁。由此产生的问题就是：发现一个"好球"，却因为资金被其他股票套住而无法全力押注。

无的放矢，快即是慢。

巴菲特时常说，天上掉金子时要拿桶去接而不是汤勺，其反意是指如果机会来了却没有资金去买，就会错失良机。巴菲特总是留有大把资金等待机会，比如，2024 年 12 月其现金创出历史新高。虽然大把资金在牛市时会让你减少收益，但在熊市时会让你大放异彩。比如，一只股票通常市盈率 20 倍，而熊市时变成了 10 倍，你就可以用 0.5 元买 1 元的东西。如果买到的是利润能够持续较快增长的好公司，更有"戴维斯双击"的加持，收益将是几何级的倍数。

有的放矢，慢即是快。我们既要买好的生意，又要买的好价格，这就是"戴维斯双击"。

如果把费雪的成长股理论、芒格的绩优股理论与格雷厄姆的安全边际理论三者合一，就是"好的股票"等待"好的时机"，以"好的价格"买入，实现完美一击，然后耐心持有，坐收上市公司和"市场先生"的双重馈赠。

(五)巴菲特的"戴维斯单击"——买入苹果公司

巴菲特和芒格这一辈子忙活的事，其实就是"戴维斯双击"。当某个乌云密布、雷雨交加的夜晚，戴维斯先生来敲你的门，就算你当时的境况不好，心烦意乱，对未来感到恐惧、绝望，也应该给他一个大大的笑脸，因为阳光总在风雨后，绝望中孕育着希望。

戴维斯先生不常来敲门，所以投资的最高境界也很难做到。如果没有那么绝佳的机会，可以降一个档次，以合理的价格买入利润长年增长、有"护城河"的卓越公司股票，虽然享受不到"戴维斯双击"，因为估值修复的钱赚不到，但可以享受"戴维斯单击"，即业绩增长推升股价。随着时间流逝，收益也是很不错的。

从巴菲特挂在嘴上的那句话——"以合理的价格买入优秀公司，胜过以便宜的价格买入平庸公司"可以知道，巴菲特这个策略享受的是"戴维斯单击"。其"戴维斯单击"的典型案例就是买入目前还重仓的苹果公司的股票。

八、公司的内在价值

买股票就是买公司，买公司就是买公司未来净现金流(的折现)。
未来有多远？就是公司的整个生命周期。

——段永平

在伯克希尔公司2000年的股东大会上，巴菲特说："(关于股价和内在价值)查理和我，并不会因为股价变化而觉得变得更加富有或贫穷，我们的判断是基于企业的价值变化，我们根据企业的价值而非股价来评估我们的财富增长，因为股价(短期。——编者注)对我们来说没有任何意义。"

估值是对未来的判断，高估值对应高增长，低估值也是低增长的反映，需要综合考虑做出投资决策。内在价值是一个非常重要的概念，它为评估投资和企业的价格吸引力提供了唯一的逻辑。

巴菲特说，虽然他和芒格从来不预测股市的动向，但他们会尝试去判断股票的合理估值。1979年，巴菲特在《福布斯》杂志上发表了一篇文章。当时市场弥漫着怀疑与悲观的情绪,巴菲特却认为投资者应当为此感到高兴,因为这样的市场情绪,让股票下跌到了具有足够吸引力的价位。

在1996年致股东的信里,巴菲特提出了他的著名论断:"我认为,投资专业的学生只需要学好两门课程:一门是如何评估企业价值,另一门是如何面对市场波动。除此之外,β值、期权定价、新兴市场理论、有效市场假说、现代投资组合理论等大学金融专业教科书流行的知识都无须掌握。"巴菲特甚至说,"最好对它们一无所知"。

(一)内在价值与估值

1. 内在价值是什么?

关于内在价值是什么,投资界的观点也在不断进化。格雷厄姆在《证券分析》中指出:"一般来说,内在价值由资产、收益、股息等事实和可以确定的前景决定,有别于被人为操纵和狂热情绪扭曲的市场价格。"在他看来,公司内在价值与资产、经营收益和股息等确定的事实相关。而如今,人们更认可的是现金流折现的概念。

巴菲特在1994年致股东的信中明确说:"我们将内在价值定义为一家企业在其生涯中所能产生现金流量的折现值。"

企业的内在价值就是其未来自由现金流的折现,或者说长期的净现金流(长期而言其实就是净利润)。

2. 企业估值,千人千面

什么样的公司好呢?这需要对相关行业和公司的商业基因进行研究,不同行业和不同的公司在经营上千差万别。有的利润率极低,有的利润率极高;有的资产周转的快,有的周转的慢;有的高有息负债经营,有的低有息负债经营⋯⋯要对公司商业模式和业绩进行具体研判,才能做出判断。由于我们无法判断得准确无误,这就需要在投资时为公司估值留出一定的安全边际。

有人说估值是一种财务分析工具、一种会计手段,也有人说估值是科学、哲学问题,不同人对估值有不同的理解。

巴菲特认为,一个公司的内在价值就是公司全部生命周期内取得的自由现金流折现之和。

格雷厄姆认为,公司的合理市盈率等于2倍增长率加上8.5(合理市盈率

＝8.5＋2×预期年增长率×100）。

段永平认为，估值就是一种思维方式，是一种判断取得现金流能力的思维。

3. 企业估值方法

估值理论告诉我们，股价围绕公司的内在价值上下波动。公司的内在价值是公司未来自由现金流的折现。这个基本原理是股市的"万有引力定律"，不会因为国别不同、市场不同而有所差异。

公司估值方法通常分为两类：一是相对估值方法。其特点是主要采用乘数方法，较为简便，如 P/E 估值法、P/B 估值法、EV/EBITDA 估值法、PEG 估值法、市销率估值法、EV/销售收入估值法、RNAV 估值法等。二是绝对估值方法。其特点是主要采用折现方法，如股利贴现模型、自由现金流模型 DCF、NAV 估值法等。

现金流折现法——DCF 是最本质、最符合逻辑的估值方法。但在实践中，由于 DCF 估值法过于复杂而难以广泛应用，在实践中结合估值对象的不同特征，发展出了不同的估值方法论。比如，针对股利支付率高且稳定的公司用 DDM 股利折现模型，成熟公司用 PE，初创公司用 PS，高成长公司用 PEG 等。

虽然落实到应用上的估值方法丰富多彩，但其本质都是相通的。

4. 价值投资的估值方法

价值投资的估值方法一般用 DCF 自由现金流折现估值法。DCF 折现是投资的本质溯源。如果从价值投资的第一性原理来看，就容易明白了。我们准备与一家上市公司合伙做生意，这家公司在存续期间所赚取的钱，按照折现率，贴现到现在值多少钱，也就是把未来赚的钱，折成现在的钱，然后来估算我们应该投入多少成本才划算。

其实这就是一个投入、产出比的权衡算账，最好是本小利大，因为好生意是投入一定量，产出却无限大；利润不是靠持续投入产生的；高 ROE 的企业是赚钱机器，毛利率稳定提高。

利润和存续期对于 DCF 估值非常重要。如果企业能够持续赚取利润，并且利润能够持续增长，存在持续周期也能足够长，长到可以永续，那么这个企业就可以称之为高价值的企业；反之，则反是。

5. DCF 自由现金流估算的经典公式

自由现金流折现估值法经典的公式如下：

$$\sum_{t=1}^{n} \frac{CF_t}{(1+r)^t} = \frac{CF_1}{(1+r)^1} + \frac{CF_2}{(1+r)^2} + \cdots + \frac{CF_n}{(1+r)^n}$$

其中，n 表示资产（企业）的寿命；CF_t 表示资产在 t 时刻产生的现金流；r 表示预期现金流的折现率。

(二)内在价值估算的案例分析

1. 评估农场

内在价值是一家企业存续期创造的自由现金流的折现值。这个折现值该如何评估？下面看看巴菲特评估内在价值的案例。

在 2007 年伯克希尔股东大会上，巴菲特在回答投资者提问时提到评估农场价值的简易过程。

巴菲特说，如果要购买一个农场，考察后知道农场 1 英亩可以产出 120 蒲式耳的玉米和 45 蒲式耳的大豆，打听到运营农场的化肥和地产税的开销，就可以算出比较保守的每英亩利润。

假设利润是 70 美元/英亩，为了这个利润愿意付多少钱呢？你看涨农作物价格吗？你认为价格会每年都上涨吗？显然，除了近几年的玉米和大豆，农作物没有怎么涨。长期来说，农作物的价格表现并不好。所以，最好做保守地判断，假设 70 美元/英亩的利润维持不变。

如果本金希望获得 7% 的投资回报，农场每英亩的价格就应该是 1 000 美元(70/0.07)。如果农场售价是 900 美元，那就该买；如果是 1 200 美元，那就放弃。

在这个案例中，巴菲特评估农场价值的核心变量有两个：一是估算农场每年的利润 70 美元/英亩；二是希望资金的预期回报率为 7%，这个回报率就是折现率，也与资金的机会成本相关。

2. 评估伯克希尔

也许因为折现率的艺术性，巴菲特在自述伯克希尔的内在价值时，没有提到折现率。

在 2010 年致股东的信中，他提到衡量伯克希尔的内在价值有三个关键要素——两个定量要素和一个定性要素。

定量要素一：伯克希尔的投资包括股票、债券和现金等价物。

定量要素二：来自投资和保险承销之外的其他收益来源。这些收益来自保险公司之外的其他68家公司。

巴菲特在股东的信中并没有明说，根据他的叙述，可以总结为三点：

第一点，巴菲特拥有一批优秀的职业经理人。

第二点，伯克希尔灵活的资金配置优势。他说："在满足业务需要后，很多公司有大量剩余现金。绝大多数公司将剩余现金投资局限于自身业务的领域，针对少数机会的竞争更加激烈。而伯克希尔在处置资金时，不受制度和行业约束，我们在资本配置上的灵活性能够很好地解释我们迄今为止所取得的大多数成就。"

第三点，弥漫在公司内部的难以复制的企业文化。在业务上，企业文化发挥着重要的作用。"

巴菲特所说的定性要素，是为定量要素服务的。伯克希尔独特的商业模式、优秀的企业文化和优秀的管理层，保证了公司投资收益和经营业务利润的增长和确定性。

巴菲特在2015年致股东的信中说，伯克希尔2014年内在价值两个定量要素的估算是：2014年我们的每股投资增长8.4%；除保险和投资之外的业务利润增长19%。

巴菲特还强调，从1970年到2014年底，投资伯克希尔股票的收益以19%的复合增长率增长，而伯克希尔公司经营的盈利增长率是年化20.6%。

1970—2014年的44年中，伯克希尔公司的股价，以与两个内在价值衡量标准类似的速度增长也是合理的。

3. 折现率就是预期回报率

在巴菲特"评估农场"的案例中，投入的本金希望得到的预期回报率是7%，这个回报率就是折现率，与资金的机会成本相关。折现率体现的是货币的时间价值和不确定性。

10年国债平均收益率是无风险收益率，体现的就是货币的时间价值（或者货币的机会成本）；风险溢价体现的是未来收益的不确定性。无风险利率上涨，折现率上涨；公司风险高，风险溢价率高，折现率高。

折现率带有主观性，本身不是精准的科学，对任何一家公司来说，没有

"准确""正确"的折现率。

巴菲特在计算内在价值时,基本不加入风险溢价因素,这种做法可以理解为他追求对公司认知的确定性,确定性的公司不需要风险溢价,只需要稍微上调一下无风险利率就好了。

巴菲特的做法将折现率理解为10年国债收益率,或者说无风险收益率,这个无风险收益率就是资金的机会成本。

如果无法理解,在确定折现率时,就当折现率等于10年国债收益率。如果追求保守,可以在10年国债收益率的基础上加1~2个点,这也是内在价值的艺术性所在。

4. 内在价值无法做到精确

根据DCF自由现金流估算的经典公式,以及上述三个案例可以知道,评估一家公司内在价值最核心的变量有三个:一是自由现金流的预测,对有些公司而言可以简化为公司盈利的预测;二是折现率的选择;三是公司的生命周期。

因为对公司自由现金流的预测不同,折现率的选择不同,公司生命周期的不确定,内在价值的计算数据就极为不同。折现率与利率相关,利率上升,折现率上升,利率下降,折现率下降。

巴菲特评估农场的案例中,巴菲特要求的资金回报率是7%,每年70美元利润的农场就估值1 000美元。当下中国10年国债收益率不到3%,假如要求的机会成本(折现率)是5%,那么70美元/英亩利润的农场估值为1 400美元。公司自由现金流的预测,无法做到完全准确。

还是以农场案例来说明。巴菲特假定农场的利润保持70美元/英亩不变,但农场的利润就肯定不会变吗?对照现实情况,农场利润应该大概率逐步增加。假如认为农场利润维持1%的永续增长,那么在5%的折现率的背景下,当下70美元/英亩利润的农场就估值1 750美元。如果认为农场维持2%的永续增长,那么在5%的折现率背景下,70美元/英亩利润的农场当下就估值2 333美元。

企业的生命周期更是难以精确预计。正所谓"人无千日好,花无百日红",常胜将军也有迟暮的一天。企业一般会在成长期高速增长,成熟期后增速会下降,到最后阶段就会出现低增长甚至不增长。

格雷厄姆和巴菲特早就提醒过，内在价值是一个模糊性、灵活性和艺术性相统一的概念。

格雷厄姆在《证券分析》中说："我们必须认识到，内在价值是一个难以捉摸的概念……臆测内在价值会像市场价格那样明确，是个极大的错误。"

巴菲特在致股东的信中也提到："衡量我们每年进步的理想标准，或许是伯克希尔股票每股内在价值的变动，奈何这一价值的计算方法难以与精确搭边。"

他又在1995年致股东的信中写道："我们将内在价值定义为一家企业在其生涯中所能产生现金流量的折现值，任何人计算内在价值都必须特别注意，未来现金流量的修正与利率的变动都会影响到最后计算出来的结果。虽然模糊难辨，但内在价值是最重要的，也是唯一能够作为评估投资标的或是企业价值的合理方法。"

巴菲特认为，"所有的投资都是价值投资，难道还要进行无价值投资吗"？然而，当我们研究计算公司价值到底是多少时，前方却充满了迷雾！公司的价值到底要如何计算？用什么去衡量公司的价值？这是值得价值投资者认真学习并总结的。

5. DCF公式是一种思维方式

在2003年股东大会上回答关于内在价值的提问时，巴菲特说："任何金融资产的内在价值，就是从现在到公司结束日这段时间内产生的现金流，在所有不同资产之间以一个相同的利率进行折现。石油开采权、农场、公寓、股权、商业公司……甚至一个柠檬水摊位都是如此。它不是科学的，但它的确具有内在价值。我的意思是，计算是'模糊的'这一事实，并不意味着这不是思考问题的正确方式。"

DCF现金流折现估值，本身仅仅是一种思维方式。因为现金流折现这个公式有三个假设条件，只要有一个出现变化，那么最终得出来的计算结果都会出现很大的偏差，甚至可能是天壤之别。

DCF现金流折现估值，核心是对现金流的重视。它告诉我们企业的价值其实本质上就是体现在现金流上。只有企业源源不断地从市场里赚得现金流，并且在现金流不影响正常生产经营的情况下，可以直接分配给股东的，这样的企业才是高价值含量的企业。

从第一性原理来说,投资一家企业是为了能够给股东创造自由现金流量,而不是创造其他的,更不是应收账款与白条。只有真正的拿回来现金,这样的企业才是有价值的,否则企业的价值就要大打折扣,甚至有可能出现企业管理层越能干,实现的账面收入越多,而股东却亏损越严重的现象。

6. 估值的静态与动态分析

静态看历史估值,动态必须分析企业商业模式和未来的成长性。估值很艺术,最核心的是看懂生意,看懂生意才好办。

首先,不同的行业估值是不一样的。股价等于业绩加预期,估值等于成长性加商业模式。商业模式不一样,估值的锚定不一样,同样赚10亿元的两家企业,一家给10倍市盈率,另一家可能给20倍市盈率,因为商业模式不一样。

其次,是成长性,成长性不一样,估值也不一样。

再次,就是关注历史估值,并以此作为参考点,比如股价落到过去5～10年的低估值区域里面,这就是一个相对的低估区域。

总之,估值静态可以看过去的历史估值,动态必须分析它的商业模式和未来成长性。

7. 内在价值的意义

价值投资者应该珍惜大熊市与股价突然暴跌的机会。

既然估值的区间如此巨大,而内在价值的意义何在呢?格雷厄姆在《证券分析》中说:"证券分析并不是为了确定某只证券的内在价值,而是为了证明其内在价值是足够的……打个简单的比方,我们很有可能只需要通过观察,就可以判断一个男人的体重是否超标,而无须知道其体重。"

《聪明的投资者》一书中也认为,某种股票的市场估价是大量的集体智慧不断地进行总结的结果。对大多数股票而言,在大多数时间里,这种集体智慧得出的估价都是大致正确的。只有在非常罕见的情况下,格雷厄姆的"市场先生"才会使估算出的价格极不正常。

根据格雷厄姆的观点可以推知:在正常的情况下,一家公司的内在价值都在合理区间,只有在价格过高(市场极度疯狂)或者过低(市场极度恐慌)的时候,投资者才能得出结论,某家公司的股价高估或低估了。

从这个角度上就能理解,为什么价值投资大师巴菲特、芒格、彼得·林奇、邓普顿等都极其珍惜大熊市与股价暴跌、股民一片哀嚎和恐慌的机会,因为只有在这个时候,才有可能捡到被低估的股票。

与大多数人不同的是,许多优秀的专业投资者是在一家公司股价下跌,而不是上涨时开始对该公司感兴趣的。

然而,当很多股票都跌出低估价格的时候,也就是友善的"戴维斯先生"来敲门的时候,绝大多数投资者又忘掉了价值,其情绪被市场价格左右。这个时候,大部分投资人会很轻易地把市场价格等同于内在价值,或者会主观偏见地认为,市场价格直接反映了内在价值;相反,无论如何,我们要牢记查理·芒格经常说的那句话:"当你发现投资市场的股票都在被疯抢的时候,绝对不是购买的好机会!"

8. 内在价值与市场价格之间的关系

关于内在价值与市场价格的关系,格雷厄姆在《证券分析》中的一张图极其生动地进行了说明,参见图5-13所示。

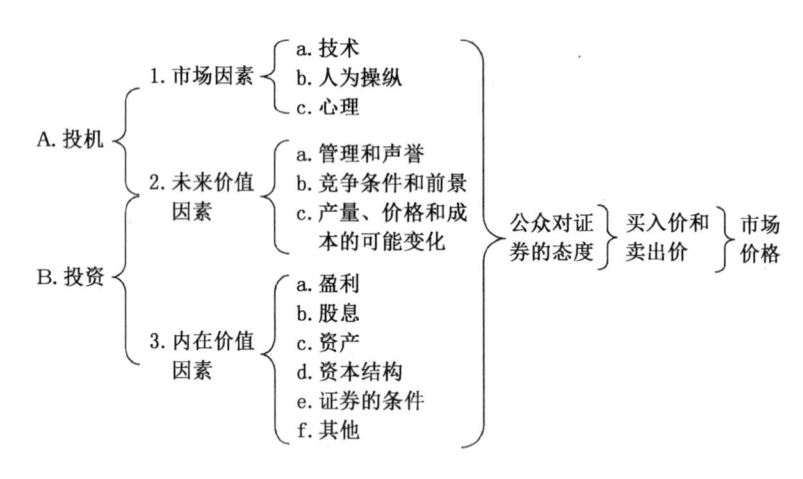

```
                        ┌ a. 技术
              ┌ 1.市场因素┤ b. 人为操纵
              │          └ c. 心理
      ┌ A.投机┤
      │      │          ┌ a. 管理和声誉
      │      └ 2.未来价值┤ b. 竞争条件和前景       ┌公众对证┐┌买入价和┐┌市场┐
      │        因素     └ c. 产量、价格和成      ┤券的态度├┤卖出价  ├┤价格│
      │                    本的可能变化          └        ┘└        ┘└    ┘
      │
      └ B.投资              ┌ a. 盈利
                            │ b. 股息
                  3.内在价值 │ c. 资产
                    因素   ┤ d. 资本结构
                            │ e. 证券的条件
                            └ f. 其他
```

图5-13 内在价值与市场价格的关系

我们通过图中的关系将内在价值与市场价格归纳为以下四个方面:

第一,短期内,股票的市场价格与内在价值毫无关系。短期内,内在价值对股票价格的影响是局部和间接的。影响股价的要素包括内在价值要素、未来价值要素和市场因素,内在价值要素仅占1/3。内在价值要素要通过影响公众对股票的态度,才能影响股价。

这就是短期内为什么很多优秀的公司就是不涨,而很多垃圾股经常又飞上天,为什么一只股票的股价可以上蹿下跳。

第二,长期而言,股票市场价格与证券内在价值趋于一致。对于投资者来说,尽管短期内股价可以不理会内在价值,但长期而言,市场价格总会反应其内在价值。

巴菲特在致股东的信中说,股票市场价格和内在价值的路径常常不同,但最终它们会交汇。

为什么长期而言市场价格一定会反映内在价值?因为长期而言,以利润和自由现金流为基础的比重占比会越来越大,差距也会越明显。长期而言,内在价值决定股票价格。这正如格雷厄姆说,市场短期是"投票器",长期才是"称重机"。

第三,投资者应该在市场价格低于内在价值时买入,这样才能确保投资盈利的确定性。

市场价格长期会反映内在价值;短期经常与内在价值无关,时而大幅高于内在价值,时而大幅低于内在价值。价值投资者就应该好好利用市场价格的巨大波动,在市场价格大幅低于内在价值时买入。

低价买入股票的好处之一,便是一旦市场负面因素消除,转而走向积极,且对未来预期开始乐观之后,投资者就会迎来"戴维斯双击"。

投资获得成功的关键前提是始终对公司生意有独到的认知,即对公司的内在价值有独到的评估和深刻的洞察。

巴菲特在2014年致股东的信中亮明了他投资的态度。他说:"查理和我买股票的时候……首先我们要考虑是否能够评估公司未来5年,或者更长时间内的盈利。如果答案是可以,那我们就会在对应估值区间下限的价格上买入股票。如果我们不具备估计未来盈利的能力——经常是这样——那我们就去考虑其他投资。"

第四,等待"内在价值和市场价格的最终交汇"需要极度的耐心,这是投资成功的必由之路。

内在价值是隐性的、不易被估计的,而股价却是显性的、易得的。大多数人不会衡量内在价值,很容易被股价左右。即便有人懂得衡量内在价值,但是在某个时间段,市场股价不反映内在价值,也难以忍受时间的煎熬。

尽管市场价格和内在价值的路径"最终会交汇",但这个"最终"的过程,恰恰就是做投资修成"戒、定、慧"的过程。

巴菲特给《聪明的投资者》写的序里说:"要想获得投资成功,并不需要顶级的智商、超凡的商业头脑或内幕消息,而是需要稳妥的知识体系作为决策基础,并且有能力控制自己的情绪。本书能够准确和清晰地提供这种知识体系,但对情绪的约束是你自己必须做到的。"

(三)买公司未来的赚钱能力

巴菲特说:"当我们买入或者卖出股票的时候,我们心里想的并不是市场将会怎么样,而是公司将会怎么样。"

1. 要判断公司未来大概可以赚多少钱

巴菲特在1992年的股东大会上说:"投资企业就像购买尚未到期的附有空白息票的债券。你得判断息票能赚多少钱,判断得越准确,投资就越明智。你要是拿不准息票能赚多少钱,就千万别把钱投到这样的企业中去。"

就像投资债券一样思考债券利息是多少,再结合市场的交易价格,对这个利息回报是否满意,如果满意就可以投资。投资一家公司也是同理,得判断投资回报率大概是多少。当然,公司经营业绩是变动的,不能像债券利息那么确定,这就要求投资时要留出安全边际,即在合理的交易价格的基础上打个折扣价再买入。我们如果从价值投资第一性原理来分析也许会更加清晰。

买入股票就是与上市公司合伙做生意,买的是公司未来的赚钱能力。股价长期看是与公司的业绩正相关,只要公司往好的方向发展,业绩越来越好,只要你不是买的太贵,就一定能赚到钱。这需要时间,股票投资不是让人一夜暴富,慢慢变富才是理性的。太多人幻想着股市是快速致富的捷径,但他们忘了,生意要一点一点地做,钱要一点一点地赚,在这方面股票投资和开一家公司是一样的。没有谁的公司今天开业就期待明天赚钱,只有以生意的思维去看待股票投资,投资之路才能越走越远、越走越宽。

2. 企业成功是否被市场快速认可并不重要

巴菲特在致股东的信中多次提到,市场或许有一段时间对于企业的实际运营成果视而不见,但市场最终将会肯定它。企业成功被市场认可的速度并不重要,只要公司能以令人满意的速度提升内在价值(盈利增长的确定性)。

实际上，被认可的滞后性也有一个好处，它会给我们以便宜的价格购买更多股票的机会。做价值投资，目标是少数业绩确定性最高的公司，是少数极品公司。

3. 内在价值不是净资产

内在价值衡量的是经济潜力（所有者可能从资产中获得的价值），而账面价值计算的是已投入的资产的价值，仅有账面价值，还不能起到决定性的作用。如果将相同的金额投资到两家汽车公司，比如说丰田汽车和通用汽车，那么两家公司的账面价值将是相等的，但其内在价值（或经济价值）有着很大的不同。格雷厄姆和多德没有犯这样的错误，他们直截了当地说，在预测股价走势方面，账面价值"从实用角度看几乎毫无价值"。

在1983年致股东的信中，巴菲特写道："账面价值是会计概念，是公司现在的投入资本，是来源于股东出资和留存的利润。内在价值是经济性概念，是公司未来的产出项，是来源于公司未来产生的现金流的折现。"也就是说，企业的净资产和内在价值是两个概念，不能单纯用净资产衡量内在价值，但可以作为一个参考指标。

巴菲特进一步写道："假设你花相同的钱供两个小孩读到大学，两个小孩的账面价值即所花的学费是一样的，但未来所获得的回报（即内在价值）不一样，可能从零到所付出的好几倍，所以有相同账面价值的公司，却有截然不同的内在价值。"

比如，家里的两个孩子A和B去上大学，付出的费用都是50万元，也就是A和B的净资产投是一样的。大学毕业参加工作之后，A创造1 000万元，这是他的内在价值。B大学毕业后参加工作可能创造0或者负的价值，比如啃老。

(四)如何给企业估值

1. 巴菲特谈投资框架——未来现金流折现的正确应用方式

在1995年伯克希尔股东大会上，有股东问巴菲特："我有一个问题，当你对一家公司估值的时候，把企业的未来现金流折现回来，一般会考虑多少年的现金流。如果你没有预知未来的能力，是怎么看这么远的？"

巴菲特回答道：

> 这是一个非常好的问题，未来现金流是投资或者收购企业的

核心，判断企业的未来现金流就是我们的投资框架。

我的意思是，我们一直在努力弄清楚企业的未来现金流，如果我们买下企业，他们能产生多少现金流？如果我们买下一部分，他们能产生多少现金流？然后我们再看看以什么折现率把未来现金流折现回来。

我认为你的问题是我们能看多远。尽管未来现金流折现有个定义上的公式，但我们从来没有坐下来用公式算过，我们把未来现金流折现当做一种思维方式，我们没用纸算过喜诗糖果、布法罗新闻等投资。

难道我给你写的年报里说，"我们对一个企业未来18年的现金流进行了折现"，然后算出一个折现后的终值，这就会显得我们的投资方法更高大上吗？

我们坐在办公室里，思考每一个生意或每一项投资的问题，我们用未来现金流折现概念作为思维方式，但我们真的希望投资决策会足够明显，以至于不需要做详细计算。

未来现金流折现是我们的投资框架，但它并不意味着我们需要知道公式中的所有变量。

2. 估值合理就行

《聪明的投资者》认为，企业估值只是个区间，不是精确数字，因为估值不容易才留出安全边际。

巴菲特说："没有一个能计算出内在价值的公式，你得懂这个企业，你得懂得打算购买的这家企业的业务。"

2009年股东大会上巴菲特说："如果您需要使用计算机进行估值，你不应该买入！我的意思是，买入理由应该非常明显，你不必精确到1/10或1/100，购买理由应该是显而易见的。如果你真的需要计算器来估值，贴现率是9.6%而不是9.8%，忘记这个公司吧，去买入那些让你感到不可思议的公司。从本质上讲，我们以这种方式看待每家公司，我们不用EXCEL来估值，我们只是去发现那些明显比其他公司更优秀的公司，我们只买入我们理解的公司。"

查理·芒格也指出："当你试图确定诸如内在价值和安全边际时，没有一种简单的方法可以机械地应用,这就像并不存在一台计算机,让任何能够按下其按钮的人变得富有。从定义上来说,这将是一个你用多种技术和多种模型来玩的游戏,大量的经验是非常有用的。我认为你不可能很快成为一个伟大的投资者,就像你不可能很快成为一个伟大的骨肿瘤病理学家一样,这需要一些经验。这就是为什么很早开始投资是有帮助的。"

段永平对此也有过精彩的论述:"我从来没有看过现金流公式。我一直在讲未来现金流折现是个思路,不需要公式,巴菲特也不用这个公式。希望以后不会再有人在这里提现金流折现的公式了,有点见到祥林嫂的感觉。""公司的内在价值就是其未来自由现金流的折现;长期的净现金流,其实就是净利润。""'宁要模糊的正确,也不要精确的错误。'未来现金流折现指的是一种思维方式,估值就是毛估估的。"

给企业估值是基于行业、个股商业模式基础上进行的,可以有艺术的成分。PE 法太简单粗暴、不具备一致性,DCF 太过假设,更多的是一种方法论。

说得再直白一点,就是深度研究一家企业,预估这家企业未来能有多少自由现金流,可以简化为扣非净利润,然后给出一个市值的估算,这就是企业未来的价值,也叫内在价值。

我们对照现在的市值,如果是低估,就买入;如果没有低估,就耐心等待低估时再买入。直白地说,就是相对估值方法与绝对估值方法要结合应用。

(五)财报历史静态数据的意义和局限

当股东问及:"我想知道,你认为市盈率的合理的范围是多少?"巴菲特回答:"重要的不是现在的市盈率,而是企业未来的盈利,就像冰球明星韦恩说的那样:'去冰球要去的地方,而不是它在的地方。'我们想买入的企业,是那种 10 年后利润比现在多得多,而且到那时我们仍然看好其未来前景的企业。这就是我们想收购的企业,这也是我们想要买的股票。"

成长型公司,其更大的价值在于未来的价值创造能力。在真正的"大苹果"落地之前,眼前的业绩可能亏损,或者只是迷雾,或者是开胃小菜,如果以此估值判断决策,大概率会做错。传统的静态 PE 是基于历史数据形成的。基于历史数据形成的估值进行"理性"操作其实是非理性的;相反,应该着眼于未来,基于公司的全生命周期的价值折现估值才是王道。

做投资,投的是公司的未来。过去静态的数据,有一定的参考意义,但不可以完全拘泥于企业过往的历史情况,这样容易陷入"刻舟求剑"的桎梏,从而错失许多卓越的企业。

企业价值是在未来存续期内,创造自由现金流总和的折现,应该说与过去的资产和现金流创造关系不太大。但是,有些伟大的企业,也会有陷入困局的时候,这一点都不奇怪,就好比龙翔浅底、虎落平阳一样。其道理都是相通的。

1. 巴菲特的经典投资案例——华盛顿邮报

1973年,巴菲特用1 062万美元买入华盛顿邮报股票。在巴菲特买入的第二年,即1974年,巴菲特手上华盛顿邮报的股票已经亏损了20%。在1976年之前,华盛顿邮报的股价已经低于巴菲特的持仓价格。投资华盛顿邮报之初的整整3年,巴菲特都处于亏损之中,且被牢牢地套住了。

华盛顿邮报的经营状况,似乎在明显地恶化。这个时候买进华盛顿邮报的股票,是需要独特而且长远的眼光,更需要足够的勇气。

自从1973年投资华盛顿邮报以来,巴菲特就没有卖过一股华盛顿邮报公司的股票,反而不断增持。直到2006年年底,巴菲特当初的1 062万美元已经增值为12.88亿美元,持有长达33年,投资收益率高达127倍。

华盛顿邮报是巴菲特投资生涯中投资收益率最高,同时也是持有时间最长的一只股票。

2. 比尔·米勒逆市投资亚马逊

比尔·米勒投资亚马逊也是一个很成功的案例。2001年比尔·米勒开始重仓投资亚马逊。那年公司一季报业绩预亏7 600万美元。依据GAAP准则,公司漏掉了一笔2 400万美元的净利息费用、一笔1.14亿美元的重组费用以及关闭一座仓库的费用,亚马逊真实净亏损为2.34亿美元。分析师的报告显示亚马逊的财务状况"极其疲弱,不断恶化",从公司财报来看,其估值惨不忍睹,简直没法看。

但是比尔·米勒屏蔽了这些会计信息,他看到的是亚马逊未来的潜在经济价值。当被问到亚马逊值多少钱时,米勒的回答是:"价值连城。"因为他看到亚马逊的竞争优势已经开始体现——客户下单后,亚马逊在立即获得收入的同时,可以等50天后再付钱给供应商,除了资本支出比实体零售低外,还保证了现金流;同时,亚马逊从卖书到卖电脑,随着单价上升,物流成本还会下降,规模效应将会慢慢释放出来。

比尔·米勒在80多美元时开始建仓亚马逊,边跌边买,平均成本只有30多美元,并以此长期持有了20年。显然,比尔·米勒不是一位基于历史数据的财务比率分析师,他是未来价值的分析师,因为看到了亚马逊未来的经济价值,所以才不断买入,并坚持长期持有,最后才获得了丰厚的经济回报。

(六)卓越的企业可以接受合理的估值

巴菲特在20世纪70年代开始接受芒格的建议,对杰出的公司可以用"不贵"的价格买下来,而不是强求便宜。这是芒格先生对巴菲特投资理念转变的最大贡献。

巴菲特在2007年致股东的信中,又提到了当年差点与喜诗糖果失之交臂的故事。当时巴菲特对喜诗糖果出价2500万美元,卖家的要价是3000万美元,但后来还是答应了巴菲特。由于喜诗糖果这几十年来为巴菲特源源不断地提供了现金流,却不需要投入太多的资本,本小利大,因此被巴菲特称为伟大优秀企业的标本。巴菲特也承认,这类好企业极少,而且是事后才知道。更多的公司只能说是一般般的"好企业",也就是需要不断地融资、不断地投入资本,然后才有合理的回报,就像把钱存进银行,只不过利息高些而已。

真正卓越的好企业,特别低估比较难,可以相应放宽买入条件,能接受的买入价格是——合理的估值,近几年巴菲特重仓买入的苹果公司就是这样的成功典型案例。

九、耐心是价值投资的必修课

(一)从众效应

《乌合之众》的作者古斯塔夫·勒庞说过:"个体一旦成为群体中的一员,他的智力就会大大下降。"勒庞这句话总结了社会生活中经常出现的从众效应,这是一种普遍的社会行为。在《乌合之众》一书中,勒庞对从众心理做出了精辟的分析。所谓从众效应,是指一个人受到群体的影响而怀疑、改变自己的观点、判断和行为等,从而出现与大多数人保持一致的现象,也就是我们通常所说的"随大流"现象。从众效应的当事人一般有三种心理:一是心服口服;二是口服心不服,只是表面上同意大多数人的意见,以免遭到非议;三是没有自己的观点,只是一味地"随大流",无所谓服与不服。

(二)投资是等待艺术

如果能够确认公司拥有持久的竞争优势,而只是因为目前估值高企,不适合买入,那么投资者应该持续跟踪这家公司的发展态势,并定期检查估值动态。因为好公司是稀少的,我们需要多一点耐心,才能在市场的波动中把握机会。财不入急门!投资是等待艺术!

1. 谨记:我们输不起但等得起

巴菲特时常说,影响他一生的是《聪明投资者》第8章和第20章。第8章讲的是如何看市场涨跌波动,第20章讲的是安全边际。

安全边际,除非运气特别好,一般都不是马上就会有的,需要耐心地等待股价下跌,跌出安全边际。

芒格说:"投资是等待的游戏,在机会出现时看到它。"大格局者长时间等待机会,这个机会可以改变一个人的命运,一生有几次就够了,这样的机会才值得等待。

股市波动99%的时间为常态,常态没有大机会、大风险,反常才有大机会、大风险。俗话说,事出反常必有妖。我们要耐心等待反常,有所为有所不为。

芒格还说过:"你并不需要买入很多股票,你并不需要试图搞懂为什么有些公司可以永远高估,你并不需要抓住所有的牛股,你只要等待几个你能搞懂的机会,总有好公司会跌到你的安全边际下,直到这时,就像最优秀的棒球手一样挥杆。"

2. 在市场底部投资,就像把钱扔进老鼠洞里一样

股道通商道。商圣范蠡——陶朱公的商道就像价值投资的股道一样:"夏则资皮,冬则资绨(chī,细葛布,可理解为丝绸);旱则资舟,水则资车,以待乏也!"商圣范蠡其实就是逆向投资大师。

《道德经》:"反者道之动,弱者道之用。"因此,股票市场一致看空有大钱,一致看多有大险。

巴菲特认为,牛市就像是做爱,高潮的时候就是即将结束的时候。

索罗斯认为,股市在绝望中落地,在欢乐中升腾,在疯狂中结束。

邓普顿认为,牛市在悲观中诞生,在怀疑中成长,在乐观中成熟,在兴奋

中死亡。

威廉·伯恩斯坦在《有效资产管理》一书中写道:"你不应该低估完成这个过程所需要的纪律和耐心,因为这个过程意味着你要做出与投资界大多数甚至全部专业人士完全相反的决策。我的一个心理学朋友指出,总是与大众做出相反的举动是成长为'逆向投资者'的有效方法。你只需要记住,最好的买入时机在产生前都经历了几年难以忍受的熊市,比如 1974 年的美国股票和 1970 年的日本股票。但事先要提醒你,在市场底部进行投资的感觉是很奇特的,就像把钱扔进老鼠洞里一样。"

巴菲特是怎么看待股票下跌的呢?他说,我不是在买股票,而是在买非常优秀的美国企业。当股票下跌时我会很高兴,因为我可以用同样多的钱买更多的股票,就好比农民希望农田价格降低,这样就可以买到更多农田。

十、逆向投资才有好价格

最低价格,是最优选择吗?无论是采购商品、提供服务,还是劳动用工,低价往往意味着质次,即便偶尔低价优质也几乎不可能长久,毕竟没有人愿意永远吃亏。俗话说:便宜没好货,好货不便宜。好企业,一般没有好价格。

但是,好企业唯有逆向投资才能出现好价格,没有逆向投资,不可能出现好价格。好价格只会出现在特殊情况下——熊市,或系统性风险,或者两者叠加。这时从定量的角度,需要数据的参考;从定性的角度,需要考虑市场情绪,最好是投资者从整体看好转变为整体看空。这需要耐心等待大熊市,或者等待系统性的风险。

价值投资本身就是逆向投资,在股市极度低估时买入,而在股市过于高估、安全边际太小甚至消失时卖出。

这就是我常说的,86 体系的"好价格"是来源于逆向投资。

十一、买入股票的四种情况

在什么情况下,86 体系的好价格才适合买入呢?投资股票的买入时机一般来讲只有以下四种情况:一是大盘处在熊市底部区域;二是行业性利空因素或者行业处于发展的低谷期;三是公司偶发性利空事件;四是相对于巨大的发展前景,公司的估值处于合理价位。

除了以上四种情况,其他时候买入股票都属于不理智的游戏。

十二、分辨真假"好价格",谨防估值陷阱

(一)没有未来的过气明星

对于低估买入的平庸企业而言,拉长时间,所谓安全边际也不复存在。除非在估值修复卖出,否则就可能坐过山车,而且还会危及本金安全,因为真正的安全边际,是价值成长。

好比一个没有未来的过气明星,身价一落千丈,这个时候的"便宜""低估",不是真便宜、真低估。一家企业也是如此,一个没有未来成长性的企业,没有发展空间的企业,本身就应该低估、便宜。优秀企业的内在价值会抬高,平庸企业的内在价值很难抬高,反而会下降。

费雪在乎"质地"的安全边际,格雷厄姆在乎"估值"安全边际。巴菲特在芒格的影响下,从格雷厄姆的局限性跳了出来,说自己是"格雷厄姆+费雪"的复合体。

(二)市盈率上升了,因为盈利下降了

有些投资者采用一个过分单纯的向后看的投资规则:买入低市盈率的股票。这个想法,很可能是投资者支付一个盈利的较低倍数,买入一个失宠的便宜货。在现实中,跟随这种规则的投资者其实是只看后视镜来驾车。在正常情况下而非特殊情况下,低市盈率的股票被压低股价,通常是因为市场价格已经反映了盈利急剧下跌的前景。买入这种股票的投资者也许很快会发现市盈率上升了,因为在股价没有下跌的情况下,而盈利下降了。

(三)买好的是第一位,买得好是第二位

《证券分析》认为,专业投资分析师就干两件事:找到最好的企业,在最便宜的价格买进它们。

1. 等到好球再挥棒

买好的,即好企业、好生意,这是第一位的。在此基础上,买得好,即好价格,便宜买好货。棒球史上最杰出的击球手之一,有着"冷面王"之称的罗杰斯·霍恩斯比说:"棒球的第一原则是等到好球再挥棒。"

在股市投资中只有两种势能:一种是卓越企业带来的"企业势能";另一种是错误定价带来的"价格势能"。"取势而为,着力即差。"股市投资面对的

是一个流动性很强的市场,羊群效应非常显著。任何"力"的行为基本上是不可取的,只有取"势"才能成为赢家。

人们常说,道理总是简单,做到却不容易。"知是行之始,行是知之成。"知行合一,才是真知。

2. 好股,好价,长期持有,适当分散

好生意、好团队、好价格,还是有先后顺序的。

中国较早的一批价值投资高手之一的李剑说:好价格很重要,"安全边际"这个词要当作价值投资者的口头禅。好公司加上好价格才是好投资。巴菲特的投资策略也可以概括为:好股票,好价格,长期持有,并适当分散。我认为,相对价格来说,好股是第一位的。

这里要注意的是,好价格表达的不是择时的意思,而是估值很低而导致的价格低。

(四)要能悄悄起身并从后门离开

在一场众人的牛市宿醉之中,人人都与"市场先生"共舞,并认为当下的景气可以穿越周期,永远持续下去。如果伴随着高估的泡沫,价值投资者要能悄悄起身并从后门离开,不要成为被市场踩踏的牺牲品。正如巴菲特所说,不要最后一个离开舞台。

投资者要牢记"不要亏钱"的戒条,规避风险的核心是理性思考,严持"戒、定、慧",特别是在市场热火朝天的时候。

即便权衡机会成本后决定押注"质地",而长期持有,也要反复检查公司和生意的各个方面。对于真正的好公司,时间可以消化短期偏高的估值,而投资中最大的风险是给了伟大公司的估值,公司却不再伟大。

十三、好价格,不一定是最低的价格

好价格并不一定是抄到底的最低价格(如果是当然好),好价格指的是10年后回头看:哇塞,那真是好价格。

巴菲特非常经典地提问道:"如果一只股票现在是20元,可能会涨到40元,你会不会买入?"投资者都说会的。巴菲特又说:"不过这只股票也有可能会先跌到10元,然后再涨到40元,你还会不会买入?"投资者说,那就不会了,但巴菲特说,我会。这就是投资家和投机者的区别。

好价格,是采用现金流折算法评估,价格远低于内在价值时出手。在投资实践中,往往我们买得已经很低估了,但价格仍然会继续下跌。

对于卓越的好企业,如果还有钱,可以继续买入;如果没有钱,就持股等待即可。低估被套,是高手;高估被套,是羊群。

好生意、好团队,以好价格买入被套,那不过是抱着"印钞机"颠簸。对于好企业来说,下跌只是一次回撤,创新高是必然发生的事情。

散户投机者总想追求买入即涨,永远不套。这就意味着每次的买入,都买到了最低点。这只是一厢情愿,只有神仙才能做得到。

需要提醒的是,好价格是相对企业的内在价值出现低估的时候买入,绝对不是指买到最低的价格。许多投资人,尤其做投资时间较短的朋友,需要明确这一点。

第五节　86体系的定性分析

为了便于读者朋友们更好地理解86体系的九字箴言"好企业、好团队、好价格"三个基本变量,我们用"宇宙飞船""铁木真""大白菜"来分别代表它们。

一、好企业之宇宙飞船

飞上月球,是人类千百年来的梦想。在20世纪后半期,人类终于成功实现了这一伟大梦想。1969年7月21日,美国的"阿波罗11号"宇宙飞船载着3名宇航员成功登上月球。美国宇航员尼尔·阿姆斯特朗在踏上月球表面这一历史时刻,道出了一句被后人奉为经典的话——"这只是我个人的一小步,却是整个人类的一大步!"

简单地说,人类通过能量转化,将燃料的物质能转化为动能,从而使宇宙飞船的速度不断地加大。当飞船的速度达到第一宇宙速度时,即地球的引力与飞船速度造成的离心力相平衡时,飞船将不再坠落地面,从而克服地球引力进入太空。宇宙飞船,能够借助燃料的力量推动,突破地球引力,飞行38万公里的超级空间,飞上月球。

万法通理。好企业凭借强大的核心竞争力,其利润不断增长,其内在价值有巨大的成长空间，内在价值决定股票价格，十倍、百倍、千倍的大牛股就是这样产生的。

企业的竞争优势正是企业长期价值里最重要的源泉，值得每一位对商业和投资感兴趣的人认真学习和思考。

佛教说，菩萨畏因，凡夫畏果。而在股市里，高手重因，散户重果。企业的业绩能够长周期较快速地增长是果，企业的"护城河"，即核心竞争力是因。巴菲特说："所有的生意都有问题。我们买入美国运通、富国银行、美联航或可口可乐时，并不认为它们永远都不会发生问题，或永远不会遇到竞争。我们买入，因为它们有很强的竞争力。"

二、好团队之铁木真

铁木真白手起家，带领他的团队统一蒙古草原，几乎征服了欧亚大陆，为中华民族打下了空前绝后的辽阔疆域。

铁木真的性格表现出的特征是：智慧、果敢、慷慨、宽宏大度、赏罚严明、求贤若渴，同时又狡诈、冷血、残酷。值得一提的是，铁木真没有虐杀功臣，戎马一生，手下对他忠心耿耿，没有出现一个叛将。

理想的情况是，我们所选的投资标的，能有类似铁木真这样的管理团队以及企业文化。

三、好价格之大白菜

说到蔬菜，大白菜绝对好吃不贵又有营养。在北方，过冬囤白菜基本是家家户户每个冬天必做的一件事，大白菜用来炖菜、炖肉、做馅包饺子，都是非常美味的。人们常说"白菜价"，就足以证明大白菜的价格是真的便宜。我们在买股票时，最好能以大白菜的价格买到野山参的价值。

第六节　与卓越企业共同成长

> 预测从来不是我的强项，而且我也不依靠准确的预测来赚钱，我们往往只是买入好的公司，并一直持有。
>
> ——查理·芒格

在 2022 年致股东的信中，巴菲特的好搭档查理·芒格说过一句话："沃伦和我不关注市场的泡沫。我们寻找好的长期投资标的，并顽固地长期持有。"

华尔街的传奇人物卢西恩·胡伯尔（Lucien O. Hooper）也有一句名言："给我留下深刻印象的，是那些整天很放松的长线投资者，而不是那些短线的、经常换股的投资者。"

一、不厌烦持有证券

在 1996 年致股东的信中，巴菲特说道："作为一名投资人，你的目标很简单，就是一条：以合理价格买入一家优质企业的股票。这家企业的业务对你来说容易理解，你几乎可以完全肯定，从现在开始的未来 5 年、10 年甚至 20 年来看，这家企业盈利会大幅增长。投资的年数多了，你会发现，你只能找到少数几家符合上述标准的企业，说是千里挑一也不为过。因此，当你找到一家这样的企业时，就应尽你所能大量买入股票。还有，你必须尽力抵抗让你偏离上述选股基本原则的诱惑：你要是不愿意持有一只股票 10 年，就根本不要想去持有这只股票 10 分钟。只选择这种未来长期盈利会大幅增长的优质企业的股票，股票投资组合中这些企业的整体盈利多年下来肯定大幅增长，你的股票投资组合市值也将相应大幅增长。"

芒格提倡培养一种"不厌烦持有证券"的性情，"你要是在乎价格，你得相信股市比你更了解价格。你要是在乎企业的价值而非价格，你就能睡得更踏实些。要是股市闭市 5 年，艾可美砖料公司一定还在卖砖块，奶品皇后也一定还在卖迪利棒雪糕。"

企业的价值不会每天波动，波动的是价格，是天天盯住市场的人心。

其实价值投资并不复杂，简单地说就是：利用"市场先生"的坏情绪，逢低买入伟大公司的股权，并提升对伟大公司的股权占比，然后持股守息，代代相传。

巴菲特说："投资的精髓，要看企业本身，看它未来 5 至 10 年的发展情况，看你对公司的业务了解多少，看你是否喜欢并且信任公司的管理层。如果这些条件都具备，同时股票价格合适，你就应当长期持有。"

如果找到了一家卓越的企业，我们就要像"寄生虫"一样附着在其上面，而不要轻易丢掉筹码。

二、长期持有但拿不住的困惑

(一)华尔街靠交易赚钱

如果我们拿不住股票时，就念诵巴菲特1998年10月15日在佛罗里达大学商学院演讲中说的这段话："华尔街靠的是不断交易来赚钱，你靠的是不去做买进、卖出而赚钱。这间屋子里的每个人，每天互相交易你们所拥有的股票，到最后所有人都会破产，所有钱财都进了经纪公司的腰包；相反，如果你们像一般企业那样，50年岿然不动，最后你们一定赚得心里乐开了花，而你们的经纪公司只得破产清算。"

段永平也说过："真懂了就拿得住，不需要什么技巧。再说一下关于'拿住'的观点：买股票（公司）和其曾经到过什么价没关系，卖股票和买入价无关。不要老以为谁是'高手'，也不要老想着成为'高手'，老老实实找些自己能看懂的好公司，好价钱时买下拿着就好了。老巴讲过，最好的公司就是永远都不想卖的公司。一生找到几个这种公司，想不发达也难啊。""我觉得应该是看懂生意比较难，看不懂的拿住比较难。大部分人拿不住是因为看不懂，真看懂了不应该拿不住。"

(二)持有一生，让它一直为你赚钱

沃伦·巴菲特曾说，股市预测的唯一价值在于让算命先生从中渔利。

好的企业，要长期持有，因为股票涨起来，可能就是几个星期，但你不知道是哪几个星期。找到最好的公司，做时间的朋友。这才是对价值投资最好的诠释之一。

当然，其前提是买的是好公司。如果当你买的还是好价格的时候，长期持有就没问题。老子说，无为胜有为。长期持有好股票的懒人、笨人，比那些天天忙着炒短线的勤快人和聪明人要赚得多。"人之道，为而不争。"《道德经》对人的总结概括十分精妙。

巴菲特的"荒岛理论"与LEXCX基金的"铁咖啡罐理论"也有异曲同工之妙。巴菲特在1969年10月召集的格雷厄姆追随者会议上提出："如果你被迫搁浅在一个荒岛上10年，你会投资什么股票？"

在长期持有这个问题上，巴菲特的名言是："如果你不想持有一只股票10年，那你就不要持有它10分钟。""我们喜欢持有的时间是永远。"长期投资被很多投资者认为是巴菲特投资策略中最为迷人的一部分。但更重要的是，要弄清楚两个问题：一是能力圈问题。巴菲特说："我不认为包括我自身在内有谁能成功地预测股市短期的波动。"而大多数股民却高估了自己的认知水平。二是这个策略必须建立在"好企业、好价格"的基础之上。巴菲特还有一句名言："时间是优秀企业的朋友，是劣质企业的敌人。"千万不要以为什么企业、什么价格都值得长期持有。

（三）"工作勤勉"的错觉

芒格的坐等投资法认为，"如果你因为一样东西的价值被低估而购买了它，那么当它的价格上涨到你预期的水平时，你就必须考虑把它卖掉。但是，如果你能购买几个伟大的公司，那么你就可以安坐下来，那是很好的事情。我们偏向于把大量的钱投在我们不用再另作决策的地方。"

在1993年致股东的信里，巴菲特列出了伯克希尔·哈撒韦的主要股票持仓，超过2.5亿美元市值的股票包括大都会/ABC公司、可口可乐、房地美、盖可保险、通用动力、吉列、健力士、华盛顿邮报、富国银行等。细心一点的读者不难发现，这与1992年的普通股持仓几乎完全一样。

巴菲特幽默地说："看到今年的投资与去年竟然如此相似，你可能会以为本公司的管理层昏聩到无可救药的地步。不过我们还是坚信，放弃那些我们熟悉且表现优异的公司而去寻找新的替代，实在不是明智之举。"

巴菲特认为，适用于企业经营的原则，同样也适用于股票投资。如果你不会频繁买卖自己的生意，那么，又为什么要频繁交易股票呢？每个人都是遵循着"最优选择→次优选择→一般选择"的路径去做决策的。之前自己持有的股票，既然已经是最优选择，就没有任何理由拿次优选择去替换，除非遇到商业模式更好、管理团队更佳、行业更熟悉、价格更低的股票，才值得考虑是否换股，但这种机会并不多。

常年持有某只股票，不做交易，容易让人产生"无所事事"的错觉；经常变换手中持仓，经常买进卖出股票，很容易让人产生"工作勤勉"的错觉。这两种错觉都是把交易当成了投资的主要任务，而忽视投资的目的。真正的价值投资者都明白，研究才是投资的核心。更多的研究是为了做更少的交易；更深的研究是为了做更确定的交易。

(四)伯克希尔财富秘码的启示

在1996年致股东的信中,巴菲特写道:"如果你不打算拥有一只股票10年,那么就不要考虑拥有它10分钟。"这句话由于朗朗上口、易于记忆,后来成为巴菲特的著名金句。

巴菲特讲这段话的逻辑是:以合理或低估的价格买入一家容易理解的公司的部分所有权。从现在开始,如果未来5年、10年甚至20年里,公司的收益实现了大幅增长,其市值也会不断被推高,进而给股东带来不菲的回报。巴菲特说,这就是伯克希尔股东积累财富的全部秘密所在。

价值投资者在长周期的持股过程中,必然会受到各种噪音的干扰。比如说,自己买的好企业股价一直不涨,别人买的垃圾股一飞冲天。此时市场上的主流观点大多是"价值投资失效了"之类的论调。巴菲特告诫投资者,此时要尽量避免外界的诱惑,千万不要飘移原来的投资风格。

长期持股,并不一定要持股10年,而是说在市场不理性的时候,千万不要被"市场先生"牵着鼻子走,甚至卖出价值股换成热门股,最后导致被市场反复打脸。如果持有5年就已经拿到了企业未来10年创造的总利润,股票价格肯定是被高估了,不妨先高位卖出,等"价值回归"规律发生作用,股价回到合理估值,或者低估时再考虑买入。

第七节 大格局才配有大财富

大财富,需要大财富观来承载。一个人能走多远,靠的不是眼睛,而是眼光;一个人的事业能做多大,靠的不是技巧,而是格局;一个人能够做多久,靠的不是忽悠,而是真诚。

一、斯托克代尔悖论

斯托克代尔是美国的一个海军上将,在越南战争期间,是被俘的美军中级别最高的将领。但他没有得到越南的丝毫优待,被拷打了20多次,关押了长达8年。他说:"我不知道自己能不能活着出去,还能不能见到自己的妻子和孩子。"但是,他在监狱中表现得很坚强。

越南人有一次为了表现他们优待俘虏,把他养了一段时间,准备给他拍照。结果斯托克代尔就自己用铁条把自己打得遍体鳞伤,并用刀片把自己的脸割破。越南人拿他没办法,只好放弃了拍照的念头。

因为是一个人关一间,彼此看不到,他为了鼓励监狱中的同胞,就发明了一种密码,通过敲墙用快慢节奏来表达英文字母。一位战俘因思念家人掩面痛哭的时候,他们全监狱的战俘都通过敲墙,用代码敲出了"我爱你",那个战俘非常感动。斯托克代尔被关押8年后放了出来。

吉姆·柯林斯先生去采访他,问道:"你为什么能熬过这艰难的8年?"斯托克代尔说:"因为我有一个信念,相信自己一定能出来,一定能够再见到我的妻子和孩子。这个信念一直支撑着我,使我生存了下来。"吉姆·柯林斯又问:"那你的同伴中最快死去的又是哪些人呢?"他回答说:"是那些太乐观的人。"吉姆·柯林斯说:"这不是很矛盾吗?为什么那些乐观的人会死得很快呢?"斯托克代尔说:"他们总想着圣诞节可以被放出去了吧,圣诞节没被放出去;想复活节可以被放出去,复活节又没被放出去;想着感恩节,而后又是圣诞节,结果一个失望接着一个失望。他们逐渐丧失了信心,再加上生存环境的恶劣,于是,他们郁郁而终。"

斯托克代尔说:"对长远我有一个很强的信念,相信自己一定能够活着出去,一定能再见到我的妻子和孩子,但是我又正视现实的残酷。"

在这世上很多事情可以不理解,却必须接受。不经历黑暗的人,是无法懂得光明的。人在愤怒的时候,容易出现"意识狭窄"现象,会死盯着负面信息不放,并有可能无限放大。心理学上有个"野马结局"理论,说是在非洲草原上,一种蝙蝠喜欢吸野马的血。野马为了摆脱蝙蝠,被吸后狂奔狂跳,直至最后精疲力竭,倒地而亡。人们最初以为野马是因为被吸干血而死,实则经过检验后发现,蝙蝠吸血的量其实微不足道,真正导致野马死亡的,是受它自身的狂暴和愤怒等剧烈的情绪影响而死亡的。我们无法改变他人,唯一能改变的就是自己。人心要像伞,撑得开,也收得起。

吉姆·柯林斯先生写了一本书叫《从优秀到卓越》。他筛选出了能够持续50年排行在世界500强的企业作为研究对象,寻找这些企业基业长青的秘诀。

吉姆·柯林斯在书中总结说,斯托克代尔悖论是50年基业长青的500强企业的理论基石。它们之所以能基业长青,是因为它们不论处在怎样的逆境,都能保持一种必胜的信念,对企业前景充满乐观,相信前途一定是光明的,但是又能直面现实的复杂和残酷。

二、耐心才能听见财富的敲门声

有个不是段子的段子,说得很好:每年收益一次的是老板、高管,每月都有收益的是普通员工,每天都有收益是做小买卖,干完活就有收益的是临时工。

价值投资者,往往是几年,甚至十几年、几十年卖出之后,才能锁定投资收益。机会和收益的大小,与它们的数量成反比,与结算周期成正比。每天都出现的机会,它的收益一定很小;遍地都是机会,基本上是留给收破烂的;越大的机会,收益越高,可能要几年才能等到一回。

耐心才能听见财富的敲门声。

三、赚大钱需要大格局

巴菲特在一次演讲中说:"世界不属于悲观主义者。相信我,问题总是存在,自从我离开学校以来,总有人告诉我十几个理由,让我卖掉股票,你们肯定也都听到过这些理由。你在出售你的幸福,并且你知道,你与幸福只有一臂之遥。优质资产在向上的经济体中会不断的发展。"

黑石集团创始人彼得·彼得森也说过:"回望过去,我遇到的机会最后都成了二选一的题目,眼前利益还是长远利益,幸好我的选择多是长远利益。"

段永平曾说:"当你迷惘的时候,试试往远处看?看10年往往比看1~2年要容易很多,看一两年会比看一两天容易很多。比如,从投资的角度来说,很多公司其实是很容易知道它们10年后很可能会不行的,那为什么现在要买呢?避开这些公司你会发现其实你的选择会特别少,但心里会踏实很多。"

与成功人士相反,大部分人没有这样的心性和耐力。

投资最重要的还不是智力,而是耐力和毅力。最聪明、最本质的投资策略,就是用做股东的心态做投资,与优秀企业共同成长。我们应该尽可能隔绝股市的噪音,回归本质,坚持做符合逻辑的事。知易行难,贵在坚持,但其实只要真正想通了,这条逻辑经过时间和事实的检验后,坚持下去是不难的,关键是要真想通。

特里·史密斯说:"我们经常被告知,生活是一场马拉松,而不是短跑。投资也是如此。我们无法以真正的长远眼光来看待投资,这是我们最大的敌人。"

四、好股票会自己照顾自己

时间是伟大企业的朋友,是平庸企业的敌人。这好比龟兔赛跑,一时得意的兔子,最终还是跑不过耐力持久的乌龟。投资真正优秀的企业,在这个过程之中,所有的下跌都只是一场波动,卓越的企业终会带来丰厚的回馈。

巴菲特在一次演讲中指出:

> 查理和我根本不知道下周、下个月或明年的股市走向,我们从不谈论它。它从来没有在我们的对话中出现过。忘了"股票"这个词吧。当我们买入一只股票时,如果他们告诉我们市场将关闭几年,我们仍然会对这只股票感到满意。我们着眼于公司业务本身。
>
> 这就像你要在奥马哈以外几英里的地方买一个农场一样,你不会每天都得到它的价格,你不会问今年的收益率是略高于预期还是略有下降。你会看到随着时间的推移,农场会生产出什么,你会看到预期收益率,你会看到预期价格、税收、化肥成本。你会根据农场产出,相对于你的购买价格,来评估你购买的情况,报价与此无关。
>
> 这正是我们看待股票的方式。我们把它们视为企业,我们对这些企业的未来做出判断。如果我们在这些判断上是正确的,股票将会自己照顾自己。

真正的大钱是坐着赚的,或者睡觉赚来的。如果买了股票,睡不着觉,或都很惶恐的话,就很难赚到大钱;买了好企业的股票以后不要担心,靠业绩增长、靠团队经营就能赚到钱,而且是赚到大钱。

五、最好的投资是投资自己

要得到你想要的东西,最可靠的方法是让自己配得上它。

——查理·芒格

巴菲特说,跟对国运、上对"船",会有非常好的投资结果。他认为,自己打盹的时候,比醒着的时候赚钱多。

查理·芒格也曾说:"我们之所以能够为我们的股东在过去56年里赚到3.6万倍,是因为我们从来不将股票视为一种高抛低吸的交易凭证,而是一家企业所有权的一部分。我们很少'操作',大部分时间就是静静地坐着,为管理层和企业的表现鼓掌,完全无视股价的上上下下。"

巴菲特反复告诉投资者,最好的投资就是投资自己。投资自己就是学习、读书,总结经验、教训,充实自己的头脑,增长自己的见识,培养自己的眼光,涵养内心的格局。

赚钱最多的往往是学习投资知识,增长自己的悟性,较早进入市场的人。这就是"书山有路勤为径",知识积累胜黄金。而多数人都在集中精力,猜测股价是否下跌,却从不关心自己的认知是否配得上自己的财富,自己的知识积累是否充分,自己还有哪些弱点和不足。

亏钱的大部分人眼中只有股票,心中没有价值;他们手中只有筹码,兜里没有股份。他们永远都是一个没头脑的市场参与者。

在投资市场中,那些赚大钱的牛人绝对不是因为在下跌初期跑得快,而是因为贯穿牛熊周期,日复一日,他们熬住了。当你面对股市波动从容不迫、波澜不惊的时候,便是入门股市之日,更是收获财富的起点。没有人靠频繁交易最终赚钱,而是一生中靠抓住一两次大机会就足够富有。

第六章

成长价值策略 39 体系

"反者道之动,弱者道之用。"

——老子

"对我们来说,最好的事情是一家伟大的公司陷入暂时的困境。我们想在它们躺在手术台上时买入。"

——沃伦·巴菲特

"记住,你的投资目标不是达到平均水平;你想要的是超越平均水平。因此,你的思维必须比别人更好——更强有力、水平更高。其他投资者也许非常聪明、消息灵通并且高度计算机化,因此你必须找出一种他们所不具备的优势。你必须想他们所未想、见他们所未见,或者具备他们所不具备的洞察力。你的反应与行为必须与众不同。简而言之,保持正确可能是投资成功的必要条件,但不是充分条件。你必须比其他人做得更加正确……其中的含义是,你的思维方式必须与众不同。"

——霍华德·马克斯

86 体系是经典、纯粹的价值投资策略。当然,相对而言,86 体系偏定性一些。对于价值投资的实践者来说,有了 86 体系,再学习 39 体系并非多余,而是它们之间有互补作用。也就是说,86体系偏定性,而39体系偏定量。

在应用层面,我们可以对不太熟悉的企业或行业优选86体系,而对于熟悉的企业或行业,39体系用起来也许更加顺手。

第一节 "瘦鹅理论"

一、"塑料大王"王永庆的"瘦鹅理论"

抗日战争时期,我国台湾遭受了日本侵略者的严重剥削,粮食紧张,王永庆的米店被迫关门,随后转开砖厂、木材行都以失败告终。在家闲居期间,他想,反正也是闲着,不如多养些鹅,也可赚一笔收入。他买了很多只瘦鹅,弄来米糠、烂菜叶充当鹅饲料。让他没想到的是,那些骨瘦如柴的鹅吃了很糟糕的饲料,居然长得也不错,两个月内竟长到了六七斤,个头远超过正常情况下喂养的鹅。

他悟出了其中的道理:体质不好的鹅,早就饿死了,久饿之下仍能存活的鹅,必然体质极佳,一旦得到食物,便出奇地肥大起来。王永庆从这件事中总结出了一个理论——"瘦鹅理论"。

"瘦鹅理论"对价值投资的启发就是:找到那只经历过无数风风雨雨,在逆境中可以生存的"瘦鹅"。

二、危中有机,逆向而行

当金融危机,或者系统性风险肆虐的时候,对真正卓越的企业恰恰是发展的良机。因为这时候企业不论是投资扩建还是理顺管理都需要一定时间,把这个时期当作企业的一个过渡期,待危机过去了,就会迎来更好的发展机会,就好像那些瘦鹅逮住碾碎的米和烂菜叶子吃一样,很快就能变成胖鹅。

"瘦鹅理论"是王永庆对自己的企业经营进行总结后得出的一个结论。"塑料大王"的美誉在很大程度上得益于在经济低迷时仍然坚持投资塑料行业。

正因为经济萧条时大多数企业都偃旗息鼓了,这反而是优秀企业发展的理想时机。当经济再度复苏的时候,这些企业将能获取比以往更多的机会。

三、"瘦鹅理论"在商业领域大放异彩

王永庆说:"当经济不景气时,可能也是企业投资与展开扩展计划的恰当时机。"他认为,产品滞销与市场萧条时,正是企业拼搏的最好时机。经营者要沉着冷静,咬紧牙关,提高整体素质,不断改善企业内部的经营管理,这样才能降低生产成本,提高企业的竞争力。如果企业有余力的话,可以拟定一个完善的投资计划,掌握适当的时机,做有效的前瞻性的投资,化危机为契机。因为这个时候,投资或收购的成本几乎都是白菜价。

正是鉴于这种观点,王永庆在美国石化企业纷纷倒闭或停工之时,却到得克萨斯州兴建大规模的石化工厂,先后买下两个石化工厂与8个PVC加工厂。

1985年,台湾岛内经济极不景气,王永庆居然又宣布这是投资的最佳时机,并投资47亿元新台币,发展电子工业。

得克萨斯州有一家德拉威尔石化厂,十几年亏损累累,三度转手,美国、英国的许多大石化公司都对它一筹莫展。1981年,只受过小学教育的王永庆买下了它。第三年,公司的损益表上赫然浮现出蓝字。1985年7月,美国《福布斯》杂志以王永庆为封面的介绍文章里写道:"在这个古老的产品上,杜邦不能赚钱,BFGOODRICH(美国第17大石化公司)栽了跟斗,王永庆却刨出了生机。"在王永庆的经营管理下,德拉威尔石化厂两年平均利润率高达21%。在后续的几年中,同样的故事一而再、再而三地在美国的路易斯安那州、得克萨斯州重复着。

王永庆进军美国,引起了美国各界的瞩目,在太平洋彼岸的美国,无论在地上、地下,还是在水中埋设的PVC水管,有1/4是台塑生产的。台塑在美国生产的塑胶产品在同行中处于举足轻重的地位。

王永庆能取得这些成就有赖于超人的经营理念,敢于在别人放弃的时候找到恰当的地方淘金。

四、重大事件影响下的"瘦鹅们"

"股票反着买,别墅靠大海。"投资反人性,人弃我取,低买高卖,以好股票为依托,和市场反着干。"买在无人问津处,卖在人声鼎沸时。"

"瘦鹅理论"对价值投资的启发就是：找到那只经历过无数风雨而在逆境中可以生存的"瘦鹅"。

"当我开始投资的时候，便宜的股票就像是约翰斯敦洪水一样，然而到了1969年时，便宜的股票就像是阿尔图纳漏水的厕所一样。"巴菲特说。1969年，当很多聪明的MBA正涌入投资业的时候，巴菲特却选择安静地离开。

在资本市场敢于逆向投资的与众不同的投资大师，之所以能够取得成功，并不是因为他们不识时务逆潮流而行；相反，是因为他们洞察了事物兴衰交替的客观规律，了解资产涨跌的周期规律，从而在所有人最悲观的时候出手买入，在所有人狂欢的时候悄然离场。

衰落三年，复苏三年，兴旺三年，弹指一挥间，十年一梦圆。这就是周期的规律。

第二节 股市"四季"理论

"现在已然衰朽者，将来可能重放异彩；现在备受青睐者，将来却可能黯然失色。"

——《证券分析》

在股市里，这句名诗可以换一种说法：冬天来了，夏天还会远吗？秋天到了，冬天还会远吗？

一、39体系的四季理论

宇宙有成、住、坏、空，世界经济有康波周期，自然界有四季交替的周期，人有生老病死。所有的规律都是相通的，是为万法通理。

《易经》："易有太极，始生两仪，两仪生四象，四象生八卦。"四象之少阳、太阳、少阴、太阴，与春、夏、秋、冬相对应，周而复始，循环往复（见图6—1）。

自然界显而易见的规律，是春、夏、秋、冬的周而复始。股市的涨跌也是有规律的，股市也有"春、夏、秋、冬"。股市中的高点和低点，代表了不同周期的夏天三伏和冬天三九。春、夏、秋、冬的四季理论，在39体系里体现为冬、春、夏、秋。

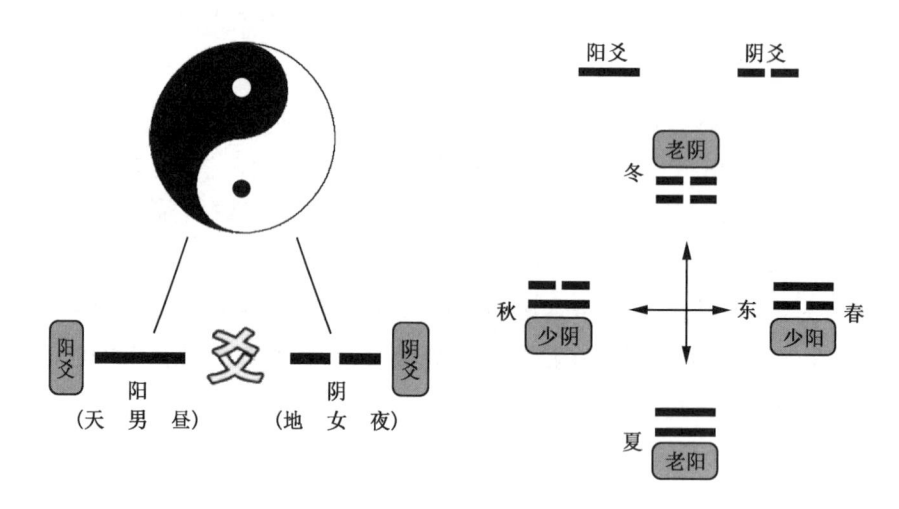

图 6-1 《易经》中的"四季"

自然界的规律是春播、夏长、秋收、冬藏。价值投资的规律是冬播、春长、夏收、秋藏。

在四季之中，雨水最少的是冬季；雨水最多的是夏季，多集中于小暑、大暑，农谚有"小暑、大暑淹死老鼠"。

股市也有冬、春、夏、秋。在四季之中，升温可视为多方的力量，降温可视为空方的力量。季节性雨、水的多寡，对应不同经济周期的货币政策、财政政策。

A股缘何冬天冷而长久，夏天疯而短促？因为A股本身还很年轻稚嫩，自身弊病丛生，且非理性、非专业投资者占比过多。股市四季理论提醒我们：大型底部，切忌人空亦空，'生'于忧患；牛市大顶，切忌人多亦多，'死'于安乐。"一九"铁律，千年不变，人性使然。

二、买在无人问津，卖在人声鼎沸

四季理论又可表达为另一个词——周期。宏观经济也有周期：复苏、繁荣、衰退、萧条。霍华德·马克斯在其所著的《周期》一书中，提出了两个重要观点：第一，多数事物都是周期性的；第二，当大多数人忘记第一点时，某些最大的盈亏机会就会到来。他说，周期永远存在，人们失败往往是因为觉得这次不一样，但事后才发现历史不会简单地重复，却总是惊人的相似。在做任何项目的时候,就要思考自己处在周期的哪个阶段。

在股市中,指数有周期,龙头企业也有其周期。行业龙头,在绝大多数情况下占据优势。一般情况下,行业的全生命周期是:初期,龙头企业享受行业成长、快速低成本扩张(低融资成本);中期,龙头企业忍受行业周期、提升市场份额(有高抗风险能力);成熟期,龙头企业享受垄断的福利(高利润率);末期,龙头企业破后而立成本高、无法自我革命,应对迟缓、被新龙头企业(模式)取代。

芒格说:"即使再伟大的公司,最终也会将接力棒交给其他公司。我觉得这没有什么问题,过去所有伟大的公司都经历了这个过程,在适当的时候,这样的事情注定会发生。这就像人终有一死一样自然而然。伟大的公司终将衰落,也会有公司变得同样伟大,这就是世界经济的运行方式。"

任何行业都不可能永葆兴旺,在科技日新月异的今天,行业循环周期比历史上任何时代都要快。成功的投资者能在行业崛起之时发觉先机,在行业衰退之前出局;失败的投资者则人云亦云,在行业发展到顶峰时才能下定参与的决心。

商业中没有秘密,只有亘古不变的规律:在行业上升周期的末端一定要减速控制风险,否则最后的疯狂必然会带来粉身碎骨。

在生活中人们都知道:冬天的时候,夏天迟早会到;夏天的时候,冬天迟早也会到。但是在股市里面,人们意识不到:熊市的时候,牛市迟早会到;牛市的时候,熊市迟早会到。这既是常识,也是规律。资本市场的很多人都没有悟到这一点。

冬季做多,夏季做空。用好股市的冬、春、夏、秋周期,等到冬季,即熊市,用39体系的策略就可以买到好价格。

在市场陷入极度悲观的至暗时刻,总有人会想起逆向投资大师——约翰·邓普顿(John Templeton),以及他的名言:"牛市生于悲观,长于怀疑,成于乐观,死于狂热。"其实他说的就是股市冬、春、夏、秋的规律。

控制人性,不要怀疑,冬天一定有,一定会来。一生抓住几次大机会,足矣。一致看空有大钱,一致看多有大险。股市的"四季"理论提醒我们,买的时候,要避开夏天,避开热门股。

在巴菲特的前儿媳玛丽·巴菲特与研究巴菲特法则的权威人士戴

维·克拉克合著的《巴菲特教你读财报》一书中，作者写道："一个简单法则就是：当我们看到这些优质公司达到 40 倍甚至更高的市盈率时（这确实偶有发生），就到该卖出的时候了。但是，如果我们在疯狂的牛市卖出了股票，不能马上将这些资金投出去，因为此时市场上所有股票的市盈率都高得惊人。我们能做的，就是稍稍休息一下，把手上的钱投资美国国债，然后静静等待下一个熊市的到来。因为总会有另一只'熊'市在某处等着我们，让我们有机会买到一些廉价的、令人惊叹的、具有持续性竞争优势的公司股票。在不远的将来，你将会成为超级富翁。"

第三节 39 体系的渊源与概要

"反者，道之动；弱者，道之用。天下万物生于有，有生于无。"

——《道德经》

一、何谓 39 体系

（一）39 体系是 86 体系的延展

39 体系，全称"成长价值策略 39 体系"（简称"39 策略体系"，或"39 体系"），是笔者从进入股市后，尝试坐庄、题材、概念，到打涨停板等各种股市炒作技巧之后，转型为深度价值投资，在策略体系上的总结。

39 体系是 86 体系的延展和补充，仍然是纯粹的价值投资体系。

（二）为什么叫 39 体系

不同于 86 体系的"86"没有实质内涵，39 体系的"39"是有实质内涵的。39 体系的"3"，代表了研究企业的 3 个根本变量：一是企业的未来成长性如何；二是企业的过去是否卓越、有无价值；三是企业现在的估值是合理还是低估。

39 体系的"9"，代表了投研的 9 个辅助变量。它们分别是：风险面、基本面、政策面、人性面、主力面、资金面、趋势面、技术面、消息面。

39 体系的这 9 个辅助变量，有没有用处呢？有用，但不是关键。

39 体系，这个名称还有"逆向思维""逆向投资"的内涵，即对于卓越的企业，需要等到股市进入熊市，或者行业出现系统性风险，以低估或最多以合理的价格买入。

自然界有春、夏、秋、冬的规律。冬天最冷的三九天过去,就是春天。故而 39 体系有一句口头禅:"等冬天、待三九(39)。"它是指等待冬天的三九节气之后春天的来临。

(三)货要好,价格也要妙

在 86 体系中我们说,首先要买好的,其次要买得好。

投资者不仅应该了解什么是价值投资,还要知道为何这是一种成功的投资哲学。这一投资方法之所以能够获得成功,非常关键的一点就是市场中证券的价格会周期性地出现错误。事实上,价值投资就是基于有效市场假说经常出错的一种投资方法。

一条被反复提及的投资原则就是,买入那些暂时遇到麻烦的优质公司。那些优秀的、具有特许经营权的公司在股市遇到危机时,提供了诱人的价格。

1. 等到知更鸟报春时,春天已经结束了

巴菲特多次公开宣称:"我买入股票奉行一个简单的信条——在别人贪婪时恐惧,在别人恐惧时贪婪。"2008 年金融危机爆发,股市陷入一片恐慌之中,巴菲特此时写道:"我无法预测股市的短期波动,对于股市未来一个月或一年会涨会跌我一无所知。但是,很有可能,即在市场恢复信心或经济恢复之前,股市将会上涨,而且可能是大涨。因此,如果你要等到知更鸟报春时,那时春天已经结束了。"

2. 邓普顿的"街头溅血是买入的最佳时机"理论

格雷厄姆在《证券分析》第六版中写道:"最终我们又回到了古老的原则,即投资者应该等到商业和市场不景气的时期再购买具有代表性的普通股,因为在其他时期不可能以这样的价格买入。如果不顾时机地买入,将来可能追悔莫及。"

投资是一场人气竞赛,在人气最旺的时候买进是最危险的。那时,一切利好因素和观点都已经被计入价格中,而且再也不会有新的买家出现。

最安全、获利潜力最大的投资,是在没人喜欢的时候买进。假以时日,一旦证券受到欢迎,那么它的价格只可能向一个方向变化——上涨。

金融市场上有句俗话,这句话约翰·邓普顿在其职业生涯中反复提到,即"街头溅血是买入的最佳时机"。这并非说真的出了人命,而是指危机造成恐慌而导致股票大量抛售的情况。

"街头溅血"在39体系中,可以用"等冬天、待三九"来表述。

巴菲特在2011年致股东的信中写道:"就像开枪来打装进一只水桶里的鱼,等到水桶里的水流光以后,里面的鱼就不会再乱扑腾了。"是的,在熊市中,股市的流动性枯竭,就相当于把桶里的水抽干了。

3. 在投资中,要敢于和全天下人"为敌"

天上下钱,要用桶接。有的机会,不是人人都能看到;有的机会,人人都能看到,却只有少数人会"拿水桶"去接,而围观的人,终究只能围观。

历史一次又一次证明,每一次的行业危机都是强势企业发展壮大的好机会,更是买入这些伟大企业股权的大好时机。在投资中,要敢于和全天下人"为敌"。

"等冬天、待三九"意味着我们买的货要好,股价要足够的低。这就是86体系中的"好公司、好价格"。

二、三种"冬天的三九"

冬天,天寒地冻之际,是三九之时。我们把行业系统性的风险,或大熊市,比作冬天最冷的三九严寒。此时正是买入时,因为此时,会出现好价格。

春、夏、秋、冬是自然界的规律。股市的规律也是没有一个冬天不可逾越。

我们经过深度研究以后,选到了好企业,并不是立马就买入,而是要像淘宝购物一样,平日精心选到好宝贝,加入购物车,等待"双十一"打折下手。

价值投资者,需要"便宜买好货",但好货通常不便宜。这就需要我们把深研精选的卓越企业,放入股票池,"等冬天、待三九"。

约翰·邓普顿说:"每次危机看起来都和以前有所不同,但通常它们都有着共同的特点,对于长线投资者而言,一片狼藉的市场正充满生机。"

无论是针对个别上市公司还是整个股票市场,过度的悲观情绪会使投资者无视企业的好坏,而在错误时点卖出未来赚钱的筹码,逃离股市的时候把"脏水和孩子"一起倒掉了。当所有人都开始陷入悲观情绪时,真正的投资者会感到开心,因为他们终于等到了好机会——以折扣价格买入卓越的企业。

悲观情绪是价格走低最常见的原因。价值投资者就是希望在这样的环境里开始买入。这不是因为价值投资是悲观主义者,而是喜欢悲观情绪带来的低估价格。乐观情绪给卓越企业带来的高估价格,是理性买家的真正敌人。

股市"冬天的三九",大致有三种类型。

(一)"冬天的三九"之一:熊市

大熊市有如下特征:投资者情绪降到最低限度,信贷融资处于最低点,人们几乎融不到资,价格跌到最低,潜在收益率升到最高,风险降到最低,最后一批乐观的投资人也举起了"白旗"跟风杀跌卖出。资金如水,估值似船,水多,则船高;水少,则船低。

巴菲特一直认为,熊市是价值投资者的春天,参见图6—2。

图6—2 熊市是价值投资的春天

熊市杀估值,但股票越便宜,人们越不想购买,因为他们在仿效"市场先生"而没有进行独立的思考。

聪明的投资者非但不应该忽视"市场先生";相反,他应该与"市场先生"打交道,但其目的只是为了服务于自己的利益。"市场先生"的任务是向投资者提供价格,而你的任务是决定这些价格对你是否有利。

我们在市场极其困难时千万不要过度担心和悲观,熊市是用来珍惜的,而不是用来哀叹的,但如何珍惜熊市就是价值投资最大的学问。

格雷厄姆在《聪明的投资者》一书中写道:"对10年、20年或30年的投资期而言,'市场先生'每日捉摸不定的波动根本就不重要。无论如何,对想要做长期投资的人来说,股价的不断下跌是好消息,并不是坏消息,因为这使得他们可以花较少的钱,买到更多的股票。股价下跌的时间越长、幅度越大,如果你在它们下跌时不断地买入,那么最终你赚的钱就会更多——如果你能够一直坚持到最后。价值投资者不要害怕熊市,而应该欢迎熊市。即使股市在今后 10 年内不提供每日的价格信息,聪明的投资者也会安心地拥有股票或基金。""智慧型投资者最怕牛市,因为它会使股票变得昂贵;相反,只要你手中持有足以应付日常生活所需的现金,你应该要乐于见到熊市才对,因为它会把股票拉回到便宜的价位。因此,不要沮丧:牛市的结束并不像人们所认为的那样是个坏消息。股价下跌时,反而是一个相对安全、适合理智累积财富的时机。"

(二)"冬天的三九"之二:行业的"黑天鹅"

纳西姆·尼古拉斯·塔勒布说过:"投资就是等待黑天鹅。"

乔治·索罗斯也认为:"越混乱的局面,越是胆大心细的投资者有所表现的时候。"

2013 年,因为"塑化剂风波""中央八项规定",贵州茅台出现了行业的系统性风险。后来的剧情,大家也都知道了,贵州茅台从 2014 年重拾涨势,而重仓茅台的私募基金经理董某获得了巨大的投资收益,在中国资本市场名声大噪。

做价值投资悲观才是你的朋友,乐观是你的敌人,我们要时刻保持平常心。行业系统性风险是 39 体系的真爱,但是我们须备足子弹等待这个"狂欢节",就像先选好商品,耐心等待淘宝"双十一"一样。

当一个行业都陷入亏损的困境,如果这个行业不消亡,那此时就是底部。比如,2013 年禽流感大爆发的养鸡行业,2015 年底的煤炭行业,2018 年底的养猪行业;相反,如果一个行业利润很高,进入的门槛又不高,那就是顶部区域,比如 2010 年的棉花行业,2020 年的养猪行业。

(三)"冬天的三九"之三:熊市叠加"黑天鹅"

熊市+"黑天鹅",也就是市场进入熊市,又叠加了行业的系统性风险,此时也许改变命运的大机会来了,这是老天爷赐予发大财的难得良机。

2008 年,上证指数从上一年的 6 000 多点,跌到 1 600 多点,这是 A 股史上最大的熊市。同年,三鹿集团生产的奶粉导致婴儿患肾结石,随后在其奶粉中发现化工原料三聚氰胺。

中国国家质检总局公布国内乳制品厂家生产的婴幼儿奶粉三聚氰胺检

验报告后,事件迅速恶化,重创中国制造商品信誉,多个国家禁止了中国乳制品进口。直到2011年,中央电视台《每周质量报告》调查发现,仍有七成中国民众不敢买国产奶。

受大熊市及"三聚氰胺"事件的影响,伊利股份股价下跌达到空前绝后的80%。这就是几十年一遇的好价格!

沃伦·巴菲特总结道:"你永远不应该忘记两件事:第一,作为投资者,普遍的恐惧是你的朋友,因为它会带来便宜货。第二,个人的恐惧是你的敌人,因为这是毫无根据的。"

第四节　39体系的三个根本变量

一、第一个根本变量:企业未来的业绩成长性

第一个根本变量,说的是企业的未来。研究企业未来的业绩增长情况,是价值投资者做投研的第一要务。如果用一种动物来代表的话,那么蚕具有代表性。有一种天蚕至生长极限时,体重17~20g,比蚁蚕增加4 000倍。以天蚕代表第一个根本变量,意即企业未来有巨大的成长空间。

股票投资投的是未来。第一个变量是企业未来是否继续卓越,未来5年、10年、20年,主营利润是否能够较快地增长？这也是39体系中最重要的一个变量。

股票投资关键看公司未来的净利润同比增长趋势,需要对公司未来的发展进行正确研判:优先配置"唯一"、没有竞争性质的垄断型公司;以"第一"和"快速增长期"的公司为辅,配置少一些。这些公司都要有强大的竞争力,即"护城河"。

二、第二个根本变量:企业过去有无价值、是否卓越

第二个根本变量,如果用一种动物来代表的话可以是龙,意思是蛟蛇化龙。企业是真刀真枪干出来,成为行业最优秀、最优质的企业,要么唯一,要么第一,在行业里显得月朗星稀,堪称伟大。

我们需要寻找的是过去从枪林弹雨中打拼出来的真正具有竞争优势的

卓越企业。我们不需要那种"花拳绣腿"、外强中干而没有真实竞争力的企业。比亚迪创始人王传福说："市场经济实际上就是过剩经济，过剩才有竞争，竞争才有繁荣，死掉一批，活下来的才是真正有本事的。"第二个根本变量是企业的过去要真正的卓越、优秀。

三、第三个根本变量：现在企业估值是合理还是低估

第三个根本变量，说的是企业的现在。如果用一种动物来代表的话，可以是兔。意思是坐在那里等着，以守株待兔的方式等待价格低估甚至历史性低估时重仓买入。

价值投资最多能接受合理的估值买入股票，决不能在高估值时买入股票。如果股票高估了就耐心地守株待兔，等到低估的那一天。

巴菲特说，我们以大致相同的方式选择有价证券，我们将评估一家企业的整体收购方式。我们希望的公司业务是：(1)我们可以理解的业务；(2)具有良好的长期前景；(3)诚实和有能力的人；(4)具吸引力的价格。

如果我们要提高长期投资的复利收益率，就可以在这三个根本变量上下大功夫。

39体系的核心思想就是有的放矢，遇到真正好机会再出手。如果没有上述三个变量出现就持币耐心寻找和等待真正的好机会。

中国股市的两个特点是高波动性和牛短熊长，困扰投资者的最大问题是投资现金流缺乏。如果善用39体系，这些问题均可迎刃而解。

第五节　39体系的定性表述：王子落难

一、确定性的赢利策略

39体系与86体系一样都是用来选择和研究企业的。如果用一句话总结39体系的投资理念就是"用巴菲特的价格买费雪的股票"，也可以归纳为一句话"便宜买好货"。

如果你已经把本书前面的内容看完并消化了，就应该静下心来理解这句

话;39体系,暗合道妙,只要三个根本变量真正研究到位,把投资周期拉长,就是确定性的赢利策略,就能创造巨大的复利收益。

39体系不能保证每年都赢利,谁也保证不了这一点,因为市场短期存在无效性。投资大师们的过人之处,是长期坚守优秀的策略体系,简单重复地实现长久复利。

完整而具体的39体系研究模板——"成长价值策略39体系"之拓展版,会在后续内容中详细介绍。

二、"王子落难"投资法

(一)"从乞丐到皇帝"

39体系的定性描述就是"王子落难":王子乃"千金"之躯,因遇"冬天的三九"原故,沦落为乞丐,身价仅值"百金",甚至"十金"。此时,可与其深度合伙结缘,待其恢复"千金"之躯的王子身份,更待其当上皇帝,成为"万金"之躯。从理论上看,39体系投的是"从乞丐到皇帝"的这段超级大空间。

战国时期,商人吕不韦是有名的富商,但那个时代,商人没有社会地位。吕不韦遇到了在赵国当人质的秦国异人子楚,子楚在赵国备受欺凌,日子非常难熬,吕不韦认为子楚是"奇货可居",便将全部身家都投资在子楚身上。异人子楚身在异乡,举目无亲,就对吕不韦诉说自己的不幸。吕不韦献策子楚,帮他返回秦国,顺利登上王位,即秦庄襄王,吕不韦以一代贱商的身份逆袭成为一国之丞相。

股道通商道。商圣范蠡乃逆向投资大师,他的"夏则资皮,冬则资缔(chi);旱则资舟,水则资车,以待乏也"与39体系有异曲同工之妙。

《道德经》中"反者道之动,弱者道之用。天下万物生于有,有生于无"就是39体系的哲学指导思想。

"离离原上草,一岁一枯荣,野火烧不尽,春风吹又生。"诗圣杜甫的诗也说明了同样的问题。

(二)投资股票的四种买入时机

"王子落难"说的是股票品质优秀但时人没有发现。A股全市场已经超过5 000多家上市公司,能称得上"王子"的,必须是各个细分领域中综合竞争力最为突出的龙头企业,这样的公司可能只有1%。如果再限定为自己能看懂的企业,那就更少了。

"落难"是指企业遇到了各种危机,导致估值承压,但是因为股价已经大幅度下跌,而且释放了估值风险,提供了买入的安全边际,也就是股价"等冬天,待三九"的最佳时机已经出现。

格雷厄姆在《聪明的投资者》中写道:"无论如何谨慎,每个投资者都免不了犯错误。我们必须坚持'安全性'原则——无论一笔投资看起来多么令人神往,永远都不要支付过高的价格——这样才能使犯错误的几率最小化。""想买进一只乏人问津而价格被低估的股票来赚钱,通常需要长时间的等待和忍耐。"

我们运用39体系,怎么买入股票呢? 一般来说,只有出现以下四种情况才适合买入股票:

第一,大盘处在熊市底部区域;

第二,行业性利空因素或者行业处于发展的低谷期;

第三,公司出现偶发性利空事件;

第四,相对于巨大的发展前景,公司的估值处于合理价位。

除了以上四种情况,其他时候买入股票都属于不理智的游戏。我们不管多么小心,也无法避免犯错误。因此我们只有恪守安全边际,才能控制犯错的严重后果。

第六节　巴菲特和芒格对39体系的"背书"

一、在好企业躺在手术台上时购买

在《穷查理宝典》一书中,查理·芒格也向世人展示了他和巴菲特的投资成功秘诀:"当一些卓越企业出现危机或股市下跌而出现有利可图的交易价格时,应该毫不犹豫地买入它们的股票。"

对于二级市场的成熟投资者而言,大部分人对股市悲观的时候,股市就越快见底。

巴菲特说:"我们最擅长的事情是,当一家大公司暂时陷入困境时,我们当它躺在手术台上的那一刻去收购。投资人并不需要做对很多事情,重要的是要能不犯重大的过错。"

在伯克希尔 1998 年的股东大会上,一位 23 岁的投资者问巴菲特:"投资的秘诀究竟是什么?"

全场寂静无声,把目光投向了主席台。巴菲特慢慢地答道:"别人贪婪时我恐惧,别人恐惧时我贪婪。"年轻人愣了一下,或许内心嘀咕:太抽象了,不具备可操作性啊。

巴菲特似乎看懂了年轻人的困惑,随即补充道:"对于伟大的公司,我们想在其躺在手术台上的时候购买它。"年轻人犹如醍醐灌顶,满意地坐下了。

突然,另一位投资者问道:"要是它没有从手术台上醒过来呢?"会场上哄堂大笑,全场响起了雷鸣般的掌声,大家的目光再次聚焦到巴菲特身上。

巴菲特拧开瓶盖,喝了一口可口可乐,瞅了一眼坐在身边的查理·芒格。但显然,查理·芒格似乎不准备回答这个问题。

盖上瓶盖,巴菲特笑着补充道:"当一个非凡的企业遇到一个一次性的巨大的但可以解决的问题时,一个伟大的投资机会就悄然来临。"

全场掌声雷动,大家为巴菲特的机智所折服。他绕过了这个问题,把重点放在如何选择投资时机上。巴菲特对这三句话经过提炼后总结如下:"以低估或合理的价格,买入优秀的企业,长期持有。"

优秀的公司,一般很好识别。但优秀的公司,一般价格都非常贵。优秀的公司,什么时候会出现低估或合理的价格呢?

在手术台上的时候!当市场得知优秀公司上了手术台,会本能地回避,恐惧开始蔓延,公司股价就可能自由落体。这就是"冬天的三九"!巴菲特常常说的"公司的市值远低于其未来现金流",这种机会什么时候容易出现呢?——"等冬天、待三九"。

二、否极泰来

1995 年巴菲特致股东的信

不过令人惊讶的是,这些曾经轰动一时的重大事件,却从未对本杰明·格雷厄姆的投资哲学造成丝毫的损伤,也从没有让以合理的价格买进优良的企业看起来有任何的不安。

想象一下,若是我们因为这些莫名的恐惧而延迟或改变我们运用资金的态度,将会使我们付出多少代价?

事实上,我们通常都是利用某些历史事件发生,悲观气氛到达顶点时,找到最好的进场机会。恐惧虽然是盲从者的敌人,却是基本面信徒的好朋友。

在往后的 30 年间,一定还会有一连串令人震惊的事件发生,我们不会妄想要去预测它或是从中盈利。如果我们还能够像过去那样找到优良的企业,那么长期而言,外在的意外对我们的影响实属有限。

三、价值投资永恒不变

下文出自 1999 年伯克希尔股东大会下午场第 15 个问答。

股东问:"早些时候,你已经承认现在的投资和商业环境比你刚开始创业时更加困难。如果你现在 30 岁出头,重新开始,在今天的环境下,你会做些什么不同的或相同的事情来复制你的成功?简而言之,巴菲特先生,我怎样才能赚到 300 亿美元?"(股东笑)

巴菲特答:"查理总是说,最重要的是我们在一个有很长坡道的山顶上,尽早推这个小雪球,我们很年轻的时候就开始滚雪球了。

复利的本质就像在滚雪球,关键是要有一个很长的坡。这意味着要么从很年轻的时候开始,要么就是活得足够久。

如果我今天从学校毕业,有 1 万美元可以投资,我会立刻开始。

我会直接开始浏览公司年报,我可能把重点放在规模较小的公司上,因为那将适合用较小的金额开始,而且小公司更有可能在投资领域被忽视。

现在你可以先翻一遍公司,对所有的公司都有个印象,但就像查理之前说的,这不会像 1951 年那样满眼都是好机会,不过这是唯一的方法。

我的意思是,你必须开始买公司,或者公司一小部分,即股票。你必须以有吸引力的价格买它们,你必须买好的公司。

从现在到未来一百年后,在投资方面,这个建议将是一样的,就是这么简单。

你不能指望别人为你做这件事,我的意思是,人们不会告诉你那些美妙的小型投资。这不是投资该有的方式。

1951年1月,当我第一次访问盖可保险后,我去了另一家领先的保险公司,我又去了一家专门投资保险股票的伟大投资公司。

事实上,当时我认为我已经发现了盖可这个奇妙的公司,我想看看这些专业机构是怎么说的,他们说不知道我在说什么,你知道,他们对盖可一点都不感兴趣。

你必须走自己的路,必须学习你所知道的和你所不知道的。在你所知道的领域内你必须非常积极地追求它,当你发现它时就付诸行动。

你不能四处寻找与你意见一致的人,你甚至不能四处瞎嚷嚷,让人们知道你在干什么,你必须自己思考。如果你这样做了,你会发现很多东西。"

查理·芒格说:"是的。对大多数人来说,投资过程中最困难的部分是最初的10万美元。如果你的起点是零,那么对大多数人来说,筹集10万美元是一场漫长的斗争。

而我想说的是,对那些想要相对快速积累10万美元的人,如果他们非常理性、对机会非常渴望并且能够稳定地大幅减少支出,那么就有助于实现目标,我认为这三个因素非常有用。"

第七节　君子可立"危墙"之下

我们一直在寻找特别异常的机会。有时候,在证券市场中,能出现异常的机会。我喜欢开枪打桶里的鱼,而且最好是桶里没水了再开枪。

——沃伦·巴菲特

股票暴跌、市场绝望的时候,就是把"桶里"的水抽干了。水位越低,风险越小,收益越大。人人绝望时,反而风险越小,或无风险,因为暴跌把水抽出去,相当于把估值泡沫挤干净了,就像潮水褪去,沙滩上的金子就露出水面,我们要做的就是捡起来。

一、巧用经济学家的宏观分析

在顶尖投资者们看来,作为一个投资者,没有必要知道阿尔法、贝塔、夏普比率、头肩顶等深奥的词语,也没有必要预测利率和宏观经济走势,投资者要做的是明智地选择一家好公司。

在2000年的股东大会上,巴菲特说:"我并不擅长宏观分析,在过去20年中我过分担心通货膨胀,虽然我的宏观分析错了,幸运的是,它对我的投资没有影响。我宏观分析做的不是很好,即使我做了宏观分析,我也不会在投资中运用它们。我们的投资只关注公司的微观经营,不关注宏观因素。"

投资的核心是研究发掘优质资产内在价值与市场价格之间的差额,然后以较低的价格买有更高价值的东西。

经济学家往往在大谈宏观经济好坏和失业率高低的同时,忽视了当前股市总体估值的高低;他们不太习惯,也不太理解这样的逆向思维——"经济最坏的时刻就是投资最好的时机""股价昂贵就是最大的风险"等投资界的奥妙逻辑;而投资家们有丰富的实践经验,习惯于在经济一片漆黑或一片美妙之时把握股票买进与卖出的机会。

2008年金融危机爆发,很少有经济学家发出抄底的声音,而很多投资家却认为失业率创历史新高正是一项好的反向指标,股价暴跌之后正是投资的春天,因为"股价便宜就是最大的利好""股价估值高低才是投资世界的硬道理"。

经济学家往往会成为价值投资的反向指标,价值投资者很多时候需要反其道而行之。

二、最成功的投资往往诞生于危机时刻

只会选择公司,并不足以带来丰厚的投资回报;要想有丰厚的投资回报,

还需要确定交易时机。巴菲特喜欢在好公司出现丑闻、暂时性的巨额亏损或其他坏消息像暴风雨一样掠过时，买入这家公司的股票。

巴菲特在 1986 年致股东的信中讲出了"在别人贪婪时我恐惧，在别人恐惧时我贪婪"价值投资者信奉的至理名言。因为当大多数人过于贪婪时，市场会明显被高估，此时要怀有一颗恐惧之心，不要轻易买入；当市场过于恐惧而过度打压股价时，会导致很多股票价格被严重低估，别人都恐惧地抛售，价值投资者此时反而要贪婪，并大胆逢低买入。

巴菲特很多的投资，特别是最成功的投资，大多数是在危机时刻实现的。

1973 年投资华盛顿邮报，当时该公司正在打官司，巴菲特买入后被套了三四年。巴菲特在 1976 年对盖可保险投下了巨额赌注，当时这家保险业巨头已经陷入了破产的边缘。格雷厄姆认为没有安全边界，戴维斯清仓，只有巴菲特认为是千载难逢的机会，最后盖可保险在巴菲特的帮助下绝地逢生，盖可保险也成为巴菲特做得最好的投资之一。

1987 年，可口可乐公司推出的"新可乐"遭到惨败，公司股价崩盘后，巴菲特迅速买入了该公司的股票。在美国运通公司遇到危机的时候，巴菲特进场扫货。

中国 A 股的"三聚氰胺"事件后的伊利股份、"塑化剂"事件后的贵州茅台等都提供了一个绝佳的建仓良机。

三、"危墙"投资法

投资的机会来自风险被过度定价。好公司遭遇突发"黑天鹅"时，市场会恐慌性疯狂抛售手中的股票，待股票大幅下跌时，就是价值投资者扣动扳机的好时机。

1963 年，美国运通牵涉到"迪·安杰利色拉油丑闻案"，两天后，又恰遇当时的总统肯尼迪遇刺身亡，纽约证交所随即爆发股灾，美国运通股价从 65 美元暴跌到 35 美元。巴菲特经过周密调查后认为，这一"丑闻"事件不会影响顾客对该品牌的信任，他在市场最为恐慌的时刻以最快的速度大举买入美国运通股票，后面的事可以用两个字表达——大赚！

投资遭遇"黑天鹅"的股票看似容易，实际上并不简单。首先，这家企业正好在自己的能力圈。其次，要有"别人恐惧时我贪婪"的逆向思维，具备危机中看到机会的思维方式。最后，很难预料抄底后还会跌多久，精确的抄底时机是很难把握的，不害怕短期被套，甚至越跌越加仓，但大多数人没有这个勇气。

巴菲特也说，每隔一段时间，总会有一只很正的、飞行速度很慢的"黑天鹅"飞过来，这个时候你就可以出击了。过去60年，每隔5年就有一个重大的机会，那个时候你就可以奋力一击。

当然，最关键的并不是拥有逆向思维，而是判断"黑天鹅"对公司的影响是短期的还是长久的。有的"黑天鹅"对企业不会伤筋动骨；有的"黑天鹅"则可以让一些企业走下坡路，甚至破产。如果没有看懂企业，"黑天鹅"一出现就奋不顾身地抄底，会有全军覆没的危险。

当年巴菲特投资美国运通公司是经过了大量的研究、调查后作出决定的。投资"黑天鹅"出现时的股票的核心是判断事件的出现有没有伤害到企业的核心竞争力，另外要判断市场恐慌性抛售是不是过度反应了。君子如果不立于"危墙"之下，又如何能买到低估的好股票呢？

四、不要为短期亏钱而烦恼

在2000年伯克希尔的股东大会上有股东问："我的名字叫金喜婉，来自加州圣地亚哥。首先，我要感谢你们两位。我的问题也与成长和价值有关。国家的企业中的大多数具有不同程度的周期性。当然，某些业务比其他业务更具有周期性。所以，当你购买一家公司或投资于一只新股票时，你是否曾经——比如，如果一家公司在经济低迷时期出现亏损，就不会购买的。如果它的盈利开始下降，我们就不买了。但如果盈利增长放缓，那么我们就可以考虑看一看并进行投资了。就这个周期因素而言，你们有没有一个具体的临界点？同时，当你购买一家企业股票时，如果以当前的市盈率衡量，是否有一个临界点？如果市盈率大于15~16倍，那么我们就不要买这家公司，不管未来收益率会增长多少。"

巴菲特回答："我直接回答你的问题，我们没有临界值。我们不是用绝对的方式来思考问题的。再说一次，我们试着去思考树林中有多少只鸟，有时候，显示的数字可能是负数。

我们做过的最好的一次收购是在1976年。当时我们购买了盖可保险公司 50% 的股份，当时盖可正在亏损，而且在不久的将来肯定还会亏损很多。

但它们亏损的事实并没有影响到我们买入，我们看到的未来与当时的情况明显不同。

如果一家公司因为某种我们理解的原因正在赔钱，而且我们认为它的未来将会大不相同，那么我们丝毫不会为它现在亏钱而烦恼。同理，如果一家企业在赚钱，我们认为根本就没有市盈率可以作为临界值，你可以买一些赚钱的生意，你可以为此支付非常高的市盈率。

是否购买股票没有一个临界值。我们关注的焦点是，从现在到企业末日的这段时间内，这个生意能带来多少现金？实际情况是，如果你能够估计 20 年左右，那么这个终端结果的精确数值是多少，就不那么重要了。

不过在你的脑海中，你确实想要一笔现金流，能够在 20 年的时间里，以合适的利率贴现，然后与你现在支付的价格相比，这个折现值是有意义的。这就是投资的意义所在。"

同时，芒格也回答道："答案几乎和你所指的完全相反。如果我们能弄明白一门生意，这门生意的前景是美好的，但被可怕的数字所掩盖，同时这些数字会在别人的头脑中造成临界值，那么这门生意对我们来说是非常理想的。"

第八节　投资大师如何"等冬天，待三九"

一、芒格

查理·芒格说："赚大钱不靠买卖，靠等待。"美股 1973—1974 年大崩溃期间，查理·芒格及其合伙人的一半资金化为泡影。他将这段经历称为自己人生中最糟糕的时光。与此同时，手握大量现金的巴菲特在股市崩溃后发现，很多伟大公司的股价变成了"白菜价"。现金充裕的巴菲特可以买到大量被低估的好股票，而芒格却什么都买不了，因为他手上根本没有现金。当股市触底上行后，查理·芒格的回报率也开始恢复。不过，由于这段经历对查理·芒格打击很大，所以他最终关闭了自己的基金。

查理·芒格从这段经历中学到了什么呢？他认识到股价上升、估值抬高时，投资的胜率开始远离投资者；而当股价下跌、估值降低时，胜率则偏向投资者。芒格也认识到，如果他在股市上升的时候满仓，股市一旦崩溃，他将没有资金进行新的投资。

而大多数投资基金都是满仓操作，这是因为现金回报率很低，持有大量现金会严重拉低基金的业绩。

从此之后，查理·芒格做的唯一一件事就是手握一大笔现金，坐等一场危机——"等冬天，待三九"。

查理·芒格主张保留1 000万美元的现金，而伯克希尔·哈撒韦公司则常年保留了几百亿、上千亿美元的现金，以等待合适的良机出现。2024年伯克希尔公司就留有近3 000亿美元现金及国债。持有过多现金余额，在最初往往会遭遇低回报率的困扰，但是一旦寻找到以合理价格出售的卓越企业，就会连续多年获得丰厚的回报。

这是查理·芒格投资方程中的一个要素，但它总是被误读。为什么？因为大多数投资者无法想到这样一种投资策略，即常年坐拥大量现金并等待合适的投资机会。他们更无法想到这是一种能让他们变得超级富有的投资策略。

查理·芒格说："有性格的人才能拿着现金坐在那里什么事也不做。我能有今天，靠的是不去追逐平庸的机会。""当好项目出现时，我们必须能够认出来，因为好项目并不会经常出现。机会只眷顾有准备的人。要把钱集中投在少数几个项目上，耐心等待一记好球，这在我看来是很好的主意。"

二、巴菲特

2008年美国次贷危机爆发。在市场恐惧气氛最浓的时候，即2008年10月17日，巴菲特在《纽约时报》上发表文章，公开宣称："我正在买入美国股票。"在文章中他再次重申他的投资格言："在别人贪婪时恐惧，在别人恐惧时贪婪。"

他在2009年度致股东的信中说，暴跌时要贪婪地用大桶接："如此巨大的机会非常少见。当天上下金子的时候，应该用大桶去接，而不是用小小的茶勺。"巴菲特过去两年接金子的大桶有多大呢？"2008年初，我们拥有443亿美元的现金资产，之后我们还留存了2007年度170亿美元的营业利润。然而，到2009年底，我们的现金资产减少到了306亿美元。"

巴菲特面对暴跌的启示是："暴跌越狠抄底越狠。"但是，我们大多数人的困境是现金没了。

"成功的选股者和股市下跌的关系，就像明尼苏达州的居民和寒冷天气的关系一样。你知道股市大跌总会发生，也为安然度过股市大跌前做好了准备。如果你看好的股票随其他股票一起大跌了，你应该迅速抓住机会趁低更多地买入。"巴菲特如是说，"投资最重要的是理性，但股票投资中，最困难的就是保持理性，尤其是在暴涨和暴跌中保持理性。"

三、利弗莫尔

利弗莫尔是华尔街的投机交易大师，不是价值投资大师。这里引用利弗莫尔的观点，一是因为笔者是从投机交易转型为深度价值投资的，对投机交易的这套东西比较熟悉；二是投机同样需要耐心等到"关键点"，投资需要耐心等到"击球区"。从这一点上而言，无论投资还是投机，都应该耐心地等待，这是有其相通性的。

利弗莫尔说："钱是靠耐心等来的。不论何时，只要耐心等待市场到达预期的'关键点'后出手，我就会从交易中获得利润。"

他还说："不管是在什么时候，我都有耐心等待市场到达我称为'关键点'的那个位置，只有到了这个时候，我才开始进场交易。在我的操作中，只要我是这样的，总能赚到钱。因为我是在一个趋势刚开始的心理时刻开始交易的，我不用担心亏钱。原因很简单，我恰好是在我个人的原则告诉我立刻采取行动的时候果断进场开始跟进的。因此，我要做的就是，坐着不动，静观市场按照它的行情发展。我知道，如果我这样做了，市场本身的表现会在恰当的时机给我发出让我获利平仓的信号。"

四、克服逆市买入的心理压力

巴菲特说，在股票投资的过程中，不注重独立思考的投资者比比皆是。他们经常会受到别人的影响而抢进杀出，缺少自己的主见，显得盲目草率。用巴菲特的话说，这些缺乏独立思考的盲从者，其实就是"傻子和旅鼠"。

逆市买入的时候，心里会感受到真实的压力，甚至痛苦焦虑，此时就需要常识和理性。逆向买入心理有压力时，告诉自己：冬天过去，就是春天，这个规律亘古不变。

有过成功投资经历的人会懂得：选择合适的企业后，不要被短期的股价所迷惑。如果低估值购买到卓越企业的股票，不要希望明天就能获得利润，应该看远一点，3年、5年或10年之后，回头看看，会发现赚钱原来是那么容易。

牛熊之间的切换，体现了"物极必反"的朴素哲学，这也是自然界的规律，在股市，尤其是投机盛行的新兴市场表现得特别明显。

认识"物极必反"在股市中的意义，也有两层意思。第一层意思是，股市有涨就有跌，十分正常。没有只涨不跌的股市，也没有只跌不涨的股市。但涨过头了，必然会跌；跌过头了，必然要涨。"机会是跌出来的""危险是涨出来的"。第二层意思是，"市场先生"喜欢走极端，往往涨起来就涨个够，跌下来也跌个透。涨，你觉得涨高了吧，不，非要涨到你"利令智昏、蠢蠢欲动"去做高位接盘侠；你觉得跌多了吧，不，非要跌到你"麻木绝望、痛不欲生"不可。很多人以为跌多了抄底，却总是抄在半山腰。

第九节 39体系的本质：逆向投资

五洲价投俱乐部有一个从事养猪行业投资的朋友，详述了他经历这么多轮猪周期一直屹立不倒且获利丰厚的原因：他大量去观察身边一些情况，当他看到身边开始大量增加产能的时候，他就开始收缩他的产能；当别人开始退出产能的时候，他开始增加产能；他总是跟行业资本的进入和退出逆向布局。这是他提炼出来的关键要素。

《圣经·马太福音书》中指出，有许多在前的，将要在后；而在后的，将要在前。

《道德经》第四十章："反者道之动，弱者道之用；天下万物生于有，有生于无。"事实上，很多投资大师都是逆向投资的拥趸者。赛思·卡拉曼就认为，价值投资的本质就是逆向投资。格雷厄姆在《证券分析》一书中，引用了古罗马诗人贺拉斯的名句："现在已然衰败者，将来可能重放异彩；现在备受青睐者，将来却会日渐衰败。"最著名的逆向投资大师约翰·邓普顿更是直截了当地指出："人们总是问我，前景最好的地方在哪里，但其实这个问题问错了，应该问前景最悲观的地方在哪里。"

一、39体系重仓买入的理论支持

尽管意识到情绪化在投资中是错误的,但盲从仍然是投资中典型的常见的盲从行为。杰出的投资者会反潮流而动,在关键时刻不人云亦云。但仅仅与众不同是不够的,你必须懂得别人在做什么,懂得他们为何不对,懂得应该做什么,还必须有强大的精神力量反其道而行之(如同耶鲁大学的大卫·史文森所言的持有"令人不舒服的与众不同的仓位"),以及能够坚持备受煎熬的状态,直到最后的胜利来临。这极其艰难,如同一句古老的谚语所言:"过早介入与犯错没有什么区别。"总之,逆向思维和行动是不易的。

塞思·卡拉曼说:"正如格雷厄姆所言,亏钱常常会让人不安。最近的亏钱经历和对未来的担忧所导致的焦虑情绪,会显著地影响我们把握随之而来的投资机会的能力。如果一只被低估的股票现价降了一半,而在经过反复的检验后确定基本面没有变化,我们就应该抓住机会大量买入。如果我们的资产净值随着股票价格下降,想增加仓位恐怕在心理上难以接受。"

股市暴跌的时候,到处弥漫的各种悲观绝望的噪音,像传染病一样,淹没了整个资本市场,对于逆向投资者,会造成心理上的压力,不敢下重手。

霍华德·马克斯说:"重要的不是想到逆向投资,而是做到逆向投资。"

39体系揭示了股市"物极必反、否极泰来"的规律,揭示了股市冬春夏秋的规律。它从定性与定量两个维度,既为我们提供了逆向投资的底层逻辑及实操性,也从心理层面给我们提供了克服人性的恐惧、重仓买入的理论支持。

当然,如果我们能在企业发生危机的时候买入,等企业摆脱危机,也可以获得超额收益,如亚洲金融危机、"三聚氰胺"、白酒"塑化剂"、白酒"三公消费"等事件,只要抓住了资产就能上大台阶,至少是10倍以上的收益。另外,在市场熊市末期,再叠加行业周期底部买入这个行业的优质企业,就可以获得超额收益。总之,"反者道之动,弱者道之用"是对39体系的最好诠释。

二、2008年巴菲特的"神"操作:买入美国

"别人恐惧我贪婪,别人贪婪我恐惧。"这是巴菲特提倡的逆势而动。他说:"年轻的时候,也是一看到股市上涨就非常高兴。后来我读了格雷厄姆的

《聪明的投资者》一书,其中第八章告诉投资者应当如何看待股价波动。原来阻挡我眼光的障碍物马上从我眼前消失,低迷的股价从此成了我最喜欢的朋友。拿起这本书,真是我一生中最幸运的时刻。"

在这里,我们一起来回顾一下第二次世界大战以来最严重的一次金融危机,以及巴菲特的"神"操作。

(一)2008年全球性的金融危机爆发

在2000年初,美国房地产业由于利率下降,导致房价升高,人们对房子的需求也逐渐增加。银行决定开放次级贷款,并且把贷款的债券卖给投资银行,投资银行把债券转手又卖给投资客,把收回来的贷款拆成小份,最大化地规避风险,并且投行和风险评级机构合作,将产品打造成看似无风险的产品来吸引更多的投资客。

一切看起来很顺利,但是不管是投行还是银行都在默认房价呈上升趋势。

因为对贷款的审核极其放松,所有人都在买房,房价不断升高。当房价达到一定高度的时候,人们发现就算贷款也买不起了,再加上此时美联储升高利率,房价开始不断走低。原先买房的人发现自己的房子越来越不值钱了,也就把房子抵押给了银行,最终由购买债券的投资客买单。

由于美国国内出现债务危机,于是开始大量从世界各地回收资金,再加上原先世界各国都购买了房产债券。于是,这次美国的金融危机在短时间内就演变成世界金融危机。

2007年4月,美国第二大次级房贷公司——新世纪金融公司的破产暴露了次级抵押债券的风险;从2007年8月开始,美联储作出反应,向金融体系注入流动性以增加市场信心,美国股市也得以在高位维持。然而,2008年8月,美国房贷两大巨头——房利美和房地美股价暴跌,持有"两房"债券的金融机构大面积亏损。美国财政部和美联储被迫接管"两房",以表明政府应对危机的决心。

2008年美国爆发的金融危机,引发了雷曼兄弟的倒闭,美国股市仅用1年4个月时间下跌55%,也导致了全球50%的市值蒸发。中国A股上证指数从6 124点跌至1 664点,跌幅达73%。

这是自第二次世界大战以来,将全球经济拖入全面持续衰退的最严重的一次金融危机。

(二)买入美国,正当时

在全球的股市崩盘,全世界的投资人陷入极度恐慌的时候,股神巴菲特在想什么与做什么呢?巴菲特2008年为《纽约时报》撰写特稿——买入美国,正当时。

这场危机起始于美国金融领域并迅速扩散至全球。在很短的时间内,最初仅存在于金融领域的问题蔓延到宏观经济的各个领域,危机如今已成井喷之势。

从短期来看,失业率将继续上升、商业活动将继续衰退、一条条新闻将继续让人心里没底。

所以说——买入美国,正当时。我说的是我的个人账户。这场危机爆发之前,我的个人账户没投资任何股票,只持有美国国债(这里说的是我的个人账户,不是我个人持有的伯克希尔·哈撒韦股票,我持有的伯克希尔·哈撒韦股票将全部用于慈善事业)。如果股价还这么便宜,我的个人账户中的股票仓位将很快达到100%。

为什么?我买股票遵循一个简单的规律:众人贪婪,我恐惧;众人恐惧,我贪婪。

显而易见,当前的市场中充斥着恐慌情绪,就连经验丰富的投资者都感到了恐惧的侵袭。

一方面,美国有些公司处于竞争劣势、背负着高杠杆,投资者对此类公司保持警惕无可厚非;另一方面,美国有很多公司经营状况良好、长期前景光明,投资者对这些公司感到恐慌毫无道理。

从短期来看,好公司暂时陷入困难、盈利出现一时的下降完全是正常情况。把眼光拉长到5年、10年、20年以后,大多数美国大公司都将创造新的盈利记录。

有一点,我一定要讲清楚:我无法预测股市的短期波动。1个月以后,1年以后,股市是会涨还是会跌,我根本不知道。我只知道,在情绪翻多或经济好转之前,股市一定早已上涨,甚至是大涨了。

如果你等待知更鸟的到来，你将错过整个春天（If you wait for the robins, spring will be over）。

回顾几段历史：

大萧条时期，1932年7月8日，道指跌到41点，创下历史最低。此后，经济状况继续恶化。等到1933年3月富兰克林·D.罗斯福就任总统，美国经济开始止跌回升，美国股市已上涨30%。

第二次世界大战初期，美国在欧洲和太平洋战事不利，1942年，美国股市触底。等到后来同盟国扭转局势，股市早已大涨。

20世纪80年代初期，当通货膨胀肆虐、破产潮来袭之时，正是买入股票的最佳时机。

总之，坏消息是投资者的好朋友。它帮你创造机会，让你打折买入一份美国的未来。

从长期来看，股市给投资者带来的一定是好消息。20世纪，美国经历了两次世界大战，还在许多其他军事冲突中付出了沉重的代价。美国经历了大萧条，还经历了其他十几次小小的经济衰退和金融危机。美国经历过石油危机、流感疫情，也经历过总统因丑闻而辞职。然而，道指还是从66点上涨到11 497点。

一个世纪，这么大的涨幅，你可能觉得投资者不可能亏钱，但亏钱的投资者确实还不少。

有些投资者很不幸：当他们感到周围的气氛欢欣鼓舞时，他们买；当他们看到新闻头条感到紧张不安时，他们卖。在当下，许多人持有现金等价物，自己觉得很放心，但他们错了。从长期来看，现金实际上不能创造利润，只能贬值，是一种不值得长期持有的资产。为了缓解当前的危机，政府制定的一些政策很可能导致通胀加剧，从而加快现金的真实价值贬损的速度。

在今后十年，股票几乎必然跑赢现金，或许是远远跑赢。目前，有一部分投资者手中紧握现金，他们以为自己有能力在更好的时机到来之后，再把现金投资出去。这些投资者等待好消息带来的鼓励，他们应该听听韦恩·格雷茨基（Wayne Gretzky）的建议："盯着球现在的位置，只能扑空。球将要去哪，我就去哪。"（I skate to where the puck is going to be, not to where it has been.）

我不愿空谈股市。我再次强调,我不知道如何预测股市短期走势。有一家新开业的餐厅,位于一座银行大厦,它打出的广告是"Put your mouth where your money was"（译注:这句广告词来自短语 put your money where your mouth is,意思是"言出必行,用行动证明自己的话,说到做到"）。我愿学这家餐厅。今天,我说要买股票,我也用自己的钱买了股票。

在 2022 年伯克希尔公司股东大会上,巴菲特指出:"2008 年人人都在减持股票时,我们感到乐观。我们在非常时期投入了很大一部分净资产,150 亿～160 亿美元,那时这笔金额对我们来说比此刻大得多。"

投资最重要的是理性。但股票投资中,最困难的事情就是保持理性,尤其是在暴涨和暴跌中保持理性。

第十节　破解"不可能三角"

股票投资中有一个不可能三角,即"护城河"深、估值便宜、市场空间大。简单来讲,就一家公司具竞争优势,便宜或是物美价廉,未来成长空间大。这是一个不可能三角,没法占齐（见图 6-3）,如果三个都齐,除非像 2008 年那样的金融危机重现。

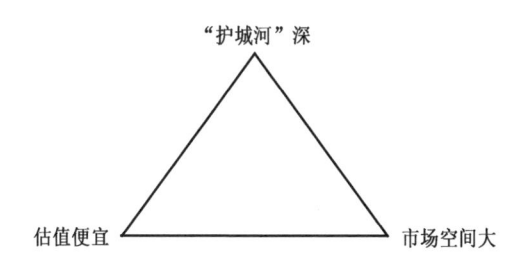

图 6-3　股票投资中的"不可能三角"

在绝大多数情况下,股市中无法找到同时兼具这三个角的股票。
高景气＋好质地,往往估值太高;
高景气＋低估值的标的,往往质地不好;

低估值+好质地,往往未来景气度难以保证。

"不可能三角"真的是永恒悖论?其实,在一些极端的情况发生时,市场难免因为短期的恐慌,选择卖出或被迫抛售优质资产。

首先,大熊市的时候泥沙俱下,即使高成长、高质量的企业也难免受到拖累错杀。

此外,对于行业来说,"黑天鹅"则更为普遍,短期的利空有些时候并不会影响行业长期的基本面。例如,白酒行业在2012年受到党的"八项规定"政策的影响以及"塑化剂超标"事件而导致股价大幅调整,反而会给其中质地优良的企业带来一个好的价格。

短期市场在非理性的作用下,公司"不可能三角"的三个角可能会同时满足。如果善用39策略体系,那么,就能破解"不可能三角"悖论。

第十一节 青蛙"陷阱"

在《格林童话》中有一位英俊的王子,因为得罪了巫婆,所以巫婆把他变成一只青蛙。后来遇到美丽的公主,公主用真诚的吻解开了咒语,青蛙变回王子,与公主结了婚。如果青蛙不是王子,只是一只青蛙,公主嫁给它,那就掉进了青蛙的"陷阱"。

一、比尔·米勒陷入青蛙"陷阱"

比尔·米勒投资了亚马逊,持有亚马逊的股份超过5 000万股,平均成本30多美元,是亚马逊最大的外部投资者,获得巨大的投资收益,从而名声大噪。

但当米勒向传统深度价值投资回归时,他团队里的技术主管兰迪·贝弗莫表示反对。贝弗莫目睹了米勒在投资莱斯利·费伊时,这家公司一路走到了破产的边缘。米勒还对一家名为萨伦特的公司满怀信心,以致跟着这家公司破产了三次,最后才得以脱身。

米勒因为之前的成功,经常在新兴行业和传统行业的投资中来回转换,然而,他的好运没有连连。

2008年金融市场崩盘之际,米勒犯了一个从业以来最严重的错误。他以为，一旦美联储决定注资和救市，大量暴跌的金融股将飙升。于是，他抄底了贝尔斯登、AIG、美林、房地美……但这次转换使他掌管的美盛价值信托基金最终以覆没告终，基金资产从 2006 年最高点的 208 亿美元下降到 2011 年底的 28 亿美元。在重重压力下，2011 年底，米勒辞去了基金经理一职。

过去成功的经验，也许只是还没有碰到大问题罢了。史蒂芬·霍兰在《价值投资策略》中剖析米勒失败的原因时指出，如果购买一只股票只是因为它的价格是某个群体中最诱人的，那么就有可能犯错误。其原因有两个：第一，股票价格有吸引力可能意味着它的未来前景很差；第二，整个群体可能被高估，不值得考虑。米勒的错误是第二个，他在金融危机的初期阶段持有大量的金融股，这些金融股从相对价值（市盈率、市净率等）来看似乎很便宜，但其实整个行业正在走向衰落。

这就是比尔·米勒陷入的青蛙"陷阱"。

二、反向操作有可能与从众心理一样愚蠢

在 1990 年致股东的信中，巴菲特说："股价不振最主要的原因是悲观的情绪，有时是全面性的，有时则仅限于部分产业或者公司。我们期望在这种环境下做生意，不是因为我们天生喜欢悲观，而是如此可以用便宜的价格买进更多的好公司。当然以上所述并不代表不受欢迎或注意的公司就是好的投资标的；反向操作有可能与从众心理一样愚蠢，真正重要的是独立思考，而不是投票表决。"

三、以 39 体系避免青蛙"陷阱"

我们很多时候低估了市场的有效性。在正常情况下，市场很难提供低估买入的机会，你觉得 PE 很低，绝大多数背后都是有原因的。如果你知道 PE 为什么低，就应该去思考未来会不会改善；如果连为什么低都不知道，那么"死相"就会很难看。

许多资本市场上成功人士曾经有踩过坑而掉入过青蛙"陷阱"的经历。如果能吸取别人的经验教训，我们就可能避免踩坑。因为有些坑掉进去，可能就没机会再爬出来了。真正的逆向投资，绝对不是当一家公司爆雷以后股价暴跌、在市场觉得害怕的时候去勇敢地接飞刀。

真正的逆向投资是当公司出现利空,确实已经陷入经营上的低谷,但是经过长期跟踪、持续研究后,发现它的经营层面已经出现边际改善,而且事实上经营已经确实做出了一些改进的效果。这个时候在它的底部,我们就可以展开布局。

第十二节　39体系分析法之演示

本案例演示从九个方面展开分析。

一、风控面研究

《孙子兵法》曰:"先为不可胜,以待敌之可胜。"能力在风险面前不值一提,风险防控永远都是第一重要的。巴菲特说过,巨大的灾难不是可能会来而是一定会来,只是不知道是下一年还是下一个10年出现。

《黑天鹅》一书中认为,"黑天鹅"事件是不可避免的,关键是我们如何去应对,让我们的资产不断增值,活得更好。墨菲定律是指小概率的事,终究一定会发生的。索罗斯说:"投资本身没有风险,失控的投资才有风险。"(解读:失去风控,违犯戒律)

反复研判团队头脑风暴:将各种想到的、想不到的意外风险,全部罗列出来,并逐一讨论。最后,确认一个问题是:如果行业的所有企业全部倒下了,自己选的这家企业,会是最后一家倒下的吗?

二、基本面分析

巴菲特认为,如果不能在一个行业里成为对行业的理解深度前一百名之内的人,你就很难投资成功,或成为产业专家。

(一)基本面分析指标概说

1. 概况:总股本、流通股本、总市值、流通市值、股本结构、解禁数量及时间

　　1.1　营业总收入(近10年及最新数据)

　　1.2　归属净利润(近10年及最新数据)

　　1.3　扣非净利润(近10年及最新数据)

2. 每股净资产

2.1　每股公积金

2.2　每股未分配利润

3. 企业估值分析:滚动PE,动态PE,静态PE,PEG,企业估值倍数

3.1　纵向比较

3.1.1　个股历史估值比较,历史性地估值底部为重仓的基础

3.1.2　个股与国内同类个股的估值比较,估值最低为重仓的基础

3.1.3　个股所在板块的历史估值比较,历史性地估值底部为重仓的基础

3.1.4　个股与所在板块的历史估值对比

3.2　横向比较

3.2.1　个股与国际上同类个股的估值比较,估值最低为重仓的基础

3.2.2　个股与国际上个股所在的同类行业估值比较,历史性地估值底部为重仓的基础

4. 市净率PB

5. 市销率PS(总市值÷主营业务收入或股价÷每股销售额)

注意:(1)此指标可剔除市盈率看起来合理但主营没有核心竞争力,而主要依靠非经常性损益增加利润的企业。(2)销售通常比净利润稳定,市销率又只考虑销售,市销率很适合衡量净利润年与年之间差距大的公司。(3)高市销率意味着市场对公司的盈利能力及成长性有更多期待,低市销率意味着投资者为这家公司每元的销售付出的价格很少。(4)市销率通常只在同行业作比较,通常用来衡量业绩很差的公司,因为它们通常没有市盈率可以参考。

6. 个股本身估值洼地分析,PE、PB、PS、PEG、企业估值倍数,看看哪些与历史股价的走势正相对应

7. 非经常性损益是否异常,对归母净利润的影响程度

8. 每股收益EPS分析,分析10年的增长情况

9. 业绩成长分析(归属净利润同比增长率):连续10年数据

9.1　营业收入增长率分析

9.2　销售毛利率分析

公司的可持续性竞争优势能够创造高毛利率,因为这种竞争优势可以让

企业对其产品或服务进行自由定价,让售价远远高于产品成本。倘若缺乏持续竞争优势,公司只能通过降低产品及服务价格来保持竞争力。如此一来,公司的毛利率以及盈利能力理所当然会下降。

长期盈利的关键指标之一是毛利率。如果40%以上,该公司大多具有某种持续竞争优势;如果40%以下,则处于高度竞争的行业。如果行业平均毛利率低于20%,那么,该行业一定存在着过度竞争。

9.3 净资产收益率分析

巴菲特说过,如果非要我用一个指标进行选股,我会选择ROE。芒格认为,一个公司的长期ROE平均水平基本上等于它的投资回报率。靠高杠杆或高周转做到的高净资产收益率,其竞争环境较为恶劣。

净资产收益率(ROE)=销售净利率×资产周转率×权益乘数,它表示每单位净资产创造多少净利润。优秀公司的净资产收益率一般都在15%以上,并且越高越好。从公式中可以看出,要想提升ROE水平有三种路径:创出利润更高的产品,或者更快的资产周转速度,或者增加经营杠杆。

复利的魔力就藏在ROE里,比如ROE是30%,PB=3,虽然你是溢价3倍买入股票的,但每年利润的留存部分就能在第二年享受30%的高回报,时间长了就滚出了复利。

9.4 经营资本回报率分析

分析公司花了多少钱、投入了多少钱、赚了多少钱。

9.5 销售净利润率分析

9.6 归属母公司股东的净利润同比增长率

9.7 扣非净利润同比增长率

10. 业绩预期分析

10.1 提高公司未来收益分析的途径:增加产品销售,提高售价,开拓新市场,销售新产品,并购;削减成本,重振、关闭、剥离亏损业务;等等。

10.2 企业半年、1年、3年、5年、10年业绩分析

11. 同行业的企业财务对比

12. 预收款项的变动情况,业绩亏损的看有无隐藏利润,利润会藏在预收款项中

预收款大幅上升,就是订单我接了,但是业绩可能在下个季度或者明年

第一季度才释放,这也要关注有些大资金可能会借报表来洗盘。

13. 财务风险分析

财务造假的目的,是虚增净利润,伴随的财务手法有虚增资产以做平账目。所有的财务造假套路,不外乎四种类型:一是虚增的净利润,出现在财务报表的应收账款科目;二是虚增的净利润,出现在货币资金科目;三是虚增的净利润,出现在存货/预付款/其他应收款科目;四是虚增的净利润,出现在固定资产/在建工程科目。

对四种财务造假情况进行分析,查看近10年财务数据有无异常。

13.1 资产负债率,一般不宜超过40%,最好不负债

该比率不大于30%为好。如果它大于50%,那么该企业的投资风险将非常大,因为一旦资金链断裂,负债率过高就意味着破产(银行股不适用)。

13.2 货币资金余额,比短期借款小很多,可能代表公司有短期偿债危机

13.3 偿债能力指标:流动比率=流动资产÷流动负债

流动资产是短期内可以变现的资产,流动负债是短期内需要偿还的负债,两者的关系体现了企业的短期偿债能力。经营状况良好的企业,流动资产应大于流动负债,即流动比率>1。

现金头寸和有息负债反映企业的资金状况,可作为流动比率的补充指标。经营状况良好的企业,现金头寸应大于有息负债。

下面这几条意味着貌似充裕的货币资金,可能存在虚构、冻结,或者早就被大股东占用,只是在报表日前几天回到公司账上,过后又会消失。

13.4 货币资金充裕,却借了很多有息甚至高息负债

13.4.1 长期债务

长期债务主要包括长期借款和应付债券,其融资成本通常高于短期借款。除保险、地产等少数行业,优秀的企业通常没有或只有很少的长期债务(与年度净利润相比)。警惕账面上现金充裕,却有大笔长期债务的企业,就像手头非常宽裕的有钱人不惜血本借高利贷,这种情况很不正常。可能的情况是,企业的实际财务状况根本没有账面上那么好,账上的大笔现金要么是虚增出来的,要么因为某些特殊原因不能被企业所用,但为了维持正常经营,企业不得不花高价从别处借钱。

13.5　定期存款很多,其他货币资金很多,但流动资金严重缺乏

13.6　存款很多,但没买理财,就存在商业上的不合理,可能这个钱是窟窿,也可能实际存在银行,为大股东贷款做担保、质押

13.7　其他货币资金数额巨大,但没有合理解释

13.8　如果企业借款的代价比较高,通常是危险信号

13.9　资产负债表显示自有货币资金挺多,仍然以较高的利率借款

13.10　用利息支出额除以负债总额,计算出借款利率有无异常

13.11　用利息收入额除以银行存款,计算出存款利率有无异常

13.12　经营现金流和净利润分析

13.12.1　现金流量分析,现金流量做假较难

经营活动现金流大于扣非净利润为最优质。净利润是账面上赚到的钱,但这些钱可能以应收账款等形式存在,而没有进入企业的口袋。经营现金流则是企业实实在在拿到手的钱。长期而言,除银行、保险等少数行业,企业的经营现金流要与净利润相匹配。我们需警惕经营现金流与净利润相差过大,尤其净利润表现良好,经营现金流却为负,这种情况出现虚增业绩的可能性较大。

芒格认为,最理想的公司,每年创造的现金高于净利润,能为股东提供大量可自由支配的现金,但这类公司凤毛麟角。

13.12.2　理论上每股经营现金流应大于每股收益

13.12.3　现金流量表"销售商品提供劳务收到的现金"与利润表"主营业务收入"的比例大于90%

这样的企业销售情况良好,回款有保证。而对于一些每股经营现金流低于每股收益的上市公司,如果这一比例没有问题,也不用担心,说明公司现金流正常。

13.12.4　如果经营活动产生的现金流越来越差,就要小心

对于中长线股,至少要有正值,要能稳定增长,与营收的增长率同步;如果大幅低于扣非净利润,则大量的净利润就有可能变成应收账款了。如果现金流少于利润的话就要小心了,要看他的钱花在哪里,所花的钱是否确实对未来的发展有好处。长期现金流少于利润不是一件好事,要仔细看财报。现金流多于利润这往往是由于折旧或预收等原因造成的,但不管什么原因,最

好能弄明白。

13.13 证券交易所近10年的问询函及回复情况分析

13.14 监管部门近10年采取的监管措施或处罚及整改情况分析

13.15 企业近10年分红情况分析，企业上市以来分红统计，并与企业的融资总额比较

分红对股东有很大的好处。在一定程度上，企业可能赚的是真金白银，能够检验公司的盈利能力是否有瑕疵。

13.16 企业通过定增、发债等方式实现的融资，要看企业把钱花到哪里了。是扩张性资本投入，还是维持型资本投入（绞肉机）。

13.17 商业模式优劣、风险之自由现金流分析

不需要大量资本的投入，就能产生长期持久的高毛利、高净利，自然是上好的生意。所谓自由现金流（free cash flows），是指真正剩余的、可自由支配的现金流。通俗地讲，就是企业经营赚回来的钱中，能够全部分给股东，而且不影响企业盈利能力的那部分钱。

如果企业的净利润很多，净利润的增速很高，却依然极度缺钱，需要每年找市场到处筹钱，这就要看企业的商业模式是属于维持型资本投入（绞肉机），还是扩张性资本投入。

14. 其他风险分析

14.1 SWOT 分析

14.2 诉讼情况分析

14.3 担保情况分析

14.4 经常性大手笔收购，看其中有无猫腻，收购也能产生业绩

14.5 商誉减值风险分析

收购完成之后，商誉被计入上市公司资产负债表的非流动资产中。被收购的公司业绩符合预期，上市公司应在一定年限内逐步将商誉摊销，类似固定资产折旧摊销。若被收购公司业绩不及预期，则可能在单一年份将商誉一次性计提减值；若公司商誉远超年度净利润，则可能存在较大的爆雷风险。

研究历史至今的商誉情况，分析企业是靠内生性增长还是外延式的并购，即将大手笔收购的情况也须关注。

14.6 股权质押比例分析

上市公司股东通过质押股权获得贷款。财务状况好的上市公司较少采用这种方式。股权质押比例较高（如超过20%）的企业或多或少存在资金问题,尤其需警惕那些账面上资金充裕,股权质押比例却居高不下的企业容易爆雷。在爆雷前,康美药业和康得新的股权质押比例都高达40%左右。显然,上市公司或进行股权质押的相关股东非常缺钱。事实证明,这两家企业都存在大股东违规占用上市公司巨额资金的问题。

14.7 关联交易占营收、利润的比例,它与风险成正比

14.8 近10年纳税额有无异常情况

衡量一家企业是否有价值的基石,那就是纳税额。"税收数据很难撒谎。"纳税规模,这一被业界所忽略的指标,反而能够折射企业最真实的经营状况。除了从营收、利润等直观的经营数据来评价企业,纳税额更适合用来衡量一家企业对整个社会的贡献价值。

15. 公司客户分析,客户过于集中不好

16. 公司治理结构分析

好企业,销售费用、管理费用和财务费用相对稳定;正常的企业,三项费用与销售收入成正比,且比例会低一些。

16.1 销售费用难操纵,管理费用猫腻多,管理费用中最可以操纵的就是"计提"

16.2 企业在扩张的同时,三项费用没有同步增加,这就是企业挖潜的结果,这样的企业更有价值

17. 企业运营能力分析

17.1 总资产周转率＝营业总收入/[(期初资产总额＋期末资产总额)/2]

17.2 存货周转率＝营业成本/[(期初存货＋期末存货)/2]

如果企业总资产周转率突然上升,而企业的销售收入没什么太大变化,则可能是企业本期报废了大量的固定资产,而不是企业资产利用率提高。

一般来讲,存货周转速度越快,存货的占用水平越低,流动性越强,存货转换为现金、应收账款等的速度越快。提高存货周转率可以提高企业的变现能力,而存货周转速度越慢则变现能力越差。

17.3 应收账款周转率＝营业收入/[(期初应收账款＋期末应收账款)/

2]

一般来说,应收账款周转率越高越好,表明公司收账速度快、平均收账期短、坏账损失少、资产流动快、偿债能力强。与之相对应的,应收账款周转天数则是越短越好。

18. "护城河"宽度与深度

巴菲特说:"我们根据'护城河'加宽的能力,以及不可攻击性作为判断一家伟大企业的主要标准。我们告诉企业的管理层,我们希望企业的"护城河"每年都能不断加宽。"

18.1 定价权、高通胀属性分析

企业要有定价权,要能够对抗通货膨胀;否则,且不说被竞争对手挤压而降低利润率,单是高企的通货膨胀就能不断地稀释企业的内在价值。

18.2 判断公司是否得益于某种持续性竞争优势时,现金流量表所提供的信息非常有帮助

资本开支,是指购买厂房和设备等长期资产(持有时间超过 1 年以上)的现金或现金等价物支出。可以简单地将公司 10 年来的累计资本开支,与该公司同期的累积净利润进行比较,以反映公司的长期发展前景。那些具有持续性竞争优势的公司,其资本开支占净利润的比率非常小。巴菲特认为,如果一家公司将净利润用于资本开支的比例一直保持在 50% 以下,那么可以把它列入具有持续竞争优势公司的候选者名单。如果该比例保持低于 25% 的水平,那么这家公司就很可能具有与之有利的持续性竞争优势。

18.2.1 回购股票

巴菲特发现,一个公司具有持续性竞争优势的特征,是公司曾经回购过自身股票。通过使用公司多余的闲置资金用于回购股票,会减少流通股数量,从而提高每股收益,最终推动公司股票价格上涨。如果一家公司每年都进行股票回购,那么很可能这是一家具有持续性竞争优势的公司,因为只有这样的公司才有充裕的资金从事股票回购。

大股东和管理层知道公司的内情远远超过普通投资人。股票是否真便宜,也可以参考几个标准:(1)上市公司纷纷回购股票,不是装模作样地回购,而是大幅度地回购,穷其资源回购。(2)大股东们纷纷增持股票。同样,不是装模作样地增持,而是大幅度地增持,穷其资源增持。

18.3　分析资本开支与净利润之间的关系

我们可以简单地将公司 10 年来的累计资本开支与同期的累积净利润进行比较。之所以分析 10 年期的数据，是因为只有这样才能真实地反映公司的长期发展前景，以帮助判断公司的最终走向。经验证明，那些具有持续性竞争优势的公司，其资本开支与净利润的比率都非常小。

18.4　应收账款(5 年变坏账)多，则产品竞争力不强，远小于营收增长率为佳，同步属正常

应收账款超过销售收入，基本可判断企业有内账和外账，外账隐匿了销售收入。一般应收账款回收率应大于 70%，即应收账款应小于销售收入的 30%。有的公司把利润放到其他应收账款上。如果这一项大幅增长，就是该做的账没做，故意把报表做亏，那就有配合洗盘的可能。

18.5　应付账款持续高于应收账款，是积极信号

18.6　预收款项分析

产品竞争力强，体现在预收款项上，先交钱、后发货

18.6.1　动态关注并对比历年预收款项有无异常

有的公司会在其中隐藏利润，用以平滑业绩。

18.6.2　动态关注并对比历年其他流动负债有无异常

有的公司会在其中隐藏利润，用以平滑业绩。

18.7　折旧费用分析

巴菲特发现，那些具有持续性竞争优势的公司，相对于那些陷入过度竞争困境的公司而言，其折旧费占毛利润的比例较低。

18.8　利息支出是财务成本，不是运营成本

此项可作为衡量同一行业内公司的竞争优势。通常利息支出越少的公司，其经营状况越好。在任何行业中，那些利息支出占营业利润比例最低的公司，往往是具有竞争优势的。用巴菲特的话来讲，投资于那些具有持续性竞争优势的公司，是确保我们能够获取长期财富的唯一途径。

19. 创新能力、研发费用分析

巴菲特有一个原则：必须花费巨额研发开支的公司，存在竞争优势上的缺陷。这使它们的长期经营存在不确定的风险，意味着它们并不太保险。

19.1　库存及分类

无库存,或低库存,或库存可升值,包括存货周转天数、存货绝对值,但是一般的存货会贬值。

19.2　费用化、资本化

一般如研发人员工资,最好费用化,勿资本化,以免透支未来利润。

20. 竞争对手分析

若公司的"护城河"变窄了,须高度警惕。巴菲特指出:"我阅读我所关注的公司年报,同时也阅读它竞争对手的年报,这些是我最主要的阅读材料。我看待上市公司信息披露(大部分是不公开的)的态度,与看待冰山一样(大部分隐藏在水面以下)。"

巴菲特认为,假如我有一家公司的股票,该行业还有 8 家公司。除非我知道其他 8 家公司的情况,否则我怎么能理解我的公司做得怎么样呢？我想了解公司的市场份额、利润、利润变化趋势等,除非了解整个行业情况,否则我不可能成为一个聪明的投资者。

20.1　竞争对手情况及其核心竞争力分析及描述

21. 主营业务分析与经营构成分析,重点是主营业务占比

21.1　主业聚集情况分析

21.2　海外收入的变化:同比、环比、盈利能力

21.3　全球化战略分析

22. 经营展望分析

22.1　企业是健壮之雏鹰,还是健康的小蝌蚪？能滚成更大的雪球吗

22.2　小公司、大市场,为最佳

22.3　未来的发展

22.4　企业发展阶段之定性描述

企业所处阶段是婴幼儿期、少年期、青年期、壮年期、中年期、老年期、暮年期？

23. 新财富行业排名前 5 的研报

借力研究界"最强大脑"资源,形成"智囊团",分析其逻辑,交叉论证。

23.1　雪球上的观点,可用以交叉印证

23.2　企业历年公告分析(季报参考价值有限)

23.3　机构调研纪要

24. 细分市场龙头

行业危机反而是龙头提高市场占有率的机会。

24.1 主营业务的市占率分析

25. 在单只股票上,如果只是一般了解,没有在信息深度、广度和速度上超过95%的对手,一旦股票下跌,会由于信息的不对称造成严重心理压力,最后亏损出局

25.1 实地调研

查看仓库,库存越少越好,排队等货最好,至少保持与企业的沟通。

25.2 调研管理层、员工、渠道、消费者、上游供应商,尤其竞争对手等

26. 商业模式看得懂吗？是上等的生意模式吗？在自己能力圈内吗

远离与"摩尔定律"密切相关的企业。高频的升级迭代、创新,意味着高频的不确定性和风险。

26.1 产品或服务的垄断性、唯一性,市场需求情况,品牌的深度、广度、影响力

26.2 规避陷阱

索罗斯的反身性,指的是股票价格可能会影响股票价值。也就是说,股票价格下降可能导致股票的价值下降。在一定情况下,这种反身性会形成自我不断加强的反馈,从而导致恶性循环。比如,股票价格下降导致公司无法开展正常的业务,无业务开展又会导致公司股价继续下降,从而形成恶性循环。

27. 股息分红分析

纵观巴菲特几十年来的投资史,会发现他在熊市的表现往往优于牛市。这是因为巴菲特更偏好价值股,这类股的共性就是估值低,现金流好,分红能力强,持续稳定的股息分红成为投资者穿越牛熊的压舱石。

相较成长股只能从股价上涨中获得收益不同,价值股投资即便在熊市中股价同样表现不佳,但它能获得持续稳定的股息分红收入,由此在股价下行过程中多了一层保护。

(二)企业团队研究分析

巴菲特说:"管理层的诚信是关键。"费雪认为管理层非凡的才能是必须的;否则,公司销售额将无法继续增长。段永平认为,诚信是企业的基石。

28. 掌舵人、团队、企业文化分析

价值投资投的本质是合伙做生意,因此,对合伙人需充分了解。投资的核心还是人,只有优秀的管理层才是最长久和持续的"护城河"。

28.1　管理层的企业家精神描述

如有违反"诚信正直"品质的,则一票否决。

28.2　企业文化描述

28.3　企业职务晋升文化描述

费雪认为,常常从内部擢升人员的公司才是真正值得投资的目标。

28.4　尊重并关心员工情况描述(利益共同体营造)

(三)行业分析

"雪道需足够长,积雪需足够厚(年复合增长)。"模糊的正确,远远胜过精准的错误。

29. 行业现在及未来的供需关系

分析确定个股属于朝阳、骄阳、夕阳行业,可借力"智囊团"。

29.1　阅读招股说明书,通常会把行业的逻辑梳理得很清晰,是快速入手一个行业的很好武器

29.2　国际及国内、行业及产品、现在、未来发展趋势、供需关系分析

30.3　产业的冬、春、夏、秋四季周期目前处于哪个阶段

30. 透过现象抓住本质,可以清晰并具体描述本行业的第一性原理

追根溯源,探究行业诞生、发展、变化的历史渊源。分析所投资的企业生意模式、战略、战术、企业文化、核心竞争力,是否符合行业的第一性原理。如果符合,则企业的寿命会比较长久;如果违背了行业第一性原理,则企业会比较短命,绝不可投。

31. 第1个根本变量,未来(短期、中期、长期)成长性如何,现金流折现3年、5年、10年市值估算

32. 第2个根本变量,过去企业有无价值,是否卓越

33. 第3个根本变量,现在企业价值是否充分体现,历史性低估还是合理估值

三、人性面

人性面的要津：逆向投资，人弃我取。

四、政策面（略）

五、主力面

股东人数变化情况及力度、人均持股、筹码集中度分析，其他略。

六、资金面（略）

七、趋势面（略）

八、技术面（略）

九、消息面（略）

第七章

卖与不卖的烦恼

价值投资者买入股票以后什么时候卖出股票？还是永远不卖出？这是一个值得研究分析的问题。

第一节　好生意一直不卖出

巴菲特说,好的企业,我的持有周期是永远。但是,巴菲特又认为真正永远持有的企业,几乎没有。他持股周期最长的华盛顿邮报,持股时间为33年,投资收益127倍,复合收益率约15.7%。而他卖出华盛顿邮报的理由是手机和互联网崛起。

段永平认为,伟大的公司要惜卖！伟大的公司卖掉后大概率很难买回来,而且因为手里拿着现金,很可能会投到没那么好的生意,损失会有可能是双重的。

一、持股守息

价值投资是利用"市场先生"的坏情绪,逢低买入伟大公司的股权并提升对伟大公司的股权占比,然后持股守息。

经营特许经营权的企业,有五个鲜明的特点:一是被人需要;二是不可替代;三是有定价权;四是可以容忍平庸的管理层;五是长期可抗通胀。这样的企业,如果估值不是高估得太离谱,就可以一直持有,不卖出。

二、一只好股票卖出就是"赔钱"

巴菲特说,世界上最好的生意是那些长期的、不需要更大规模的资本投入,却能保持稳定高回报率的公司。

这就是巴菲特为什么大量买入可口可乐公司的股权,却不愿意卖出的原因。

阅读巴菲特致股东的信,会为巴菲特的"慵懒"感到震惊。巴菲特的投资像树獭一样,经常是几年甚至更长的时间一动不动。

在1992年致股东的信中,巴菲特坦言道:"1992年伯克希尔公司的股票投资项目,与上一年相比几乎没什么变动,很多人疑惑,为什么伯克希尔公司的管理层这一年几乎不做什么事情呢?我解释说,目前公司的这些股票都非常好,有很好的业绩表现,并且目前自己对这些股票也非常了解,为什么要卖掉它们呢?如果把它们卖掉,又到哪里去寻找比它们更好的投资项目呢?"

巴菲特说:"每当查理和我为伯克希尔旗下的保险公司买进股票时,我们采取的态度就像我们买下的是一家私人企业一样。我们着重于这家公司的长远经济前景、经营管理层以及我们支付的价格。我们从来没有考虑要在什么时候以何种价格再把这些股份卖出。事实上,只要预期这家公司的内在价值能以我们满意的速率稳定增加,我们愿意无限期地持有这些股份。"

查理·芒格说:"我们偏向于把大量的钱投放在我们不用再另外做决策的地方。如果你因为一样东西的价值被低估而购买了它,那么当它的价格上涨到你预期的水平时,你就必须考虑把它卖掉。那很难。但是,如果你购买几个伟大的企业,那么你就可以安坐下来啦。那是很好的事情。"

在2023年股东大会上,巴菲特在回答提问时说:"两年前,我犯过一些错误,我卖了一些苹果公司的股票。你刚才提到这一点,我觉得当时的这个决定是很愚蠢的。苹果公司不断地回购自己的股票,价值也在上升,它们有很多流通股,我们都不需要做什么,我们的价值就上升了。"

三、一桩伟大的生意永远不卖

在1998年伯克希尔·哈撒韦股东大会互动问答环节时有股东问道:"你用什么标准来卖出股票?我知道你的买入标准,但不确定你是怎么卖的。"

巴菲特回答："最好的办法就是买一只你不想卖掉的股票，这就是我们要做的。当我们收购整个企业时，我们的确是这样想的，我们买下了盖可保险、喜诗糖果、布法罗新闻，我们买这些生意不是为了再卖掉。我们想要买的是，如果我们余生都能拥有它，我们会很开心的生意，我们希望能拥有这样的一笔生意。同样的原则也适用于股票，而且你可以获得股票的额外选择权，在某种情况下，你可以增加持股。如果我们拥有2%的公司，并且我们喜欢它，在股票掉价时，我们可以增加持股至4%或5%，这是一个优势。

有时候，如果我们需要资金买另一家公司的股票，我们会减持一些公司的股票，就像去年那样。但这并不意味着这些公司不好，我们依旧认为它们是很棒的生意，否则我们就不会买它们，我们只是需要钱去买其他东西。

我1951年买的盖可保险的股票，然后1952年卖掉了，在1976年盖可保险遇到经营困难之前，它的价值是我1951年所付价格的100倍甚至更多，但是，如果我那时不卖，我就没有钱做别的事情。

如果你需要钱买你觉得更好的东西，你就卖。如果遇到了一桩伟大的生意，又没有更好的选择，那你真正要做的，就是永远不卖。"

芒格接着说："没错，卖出最理想的原因，当然是你找到更喜欢东西的时候，这难道不是理想的卖出原因吗？"

如果投资者眼里只有增加优质股权数量这一信念的话，头脑里并没有任何卖出的想法，那么股市投资就变得非常的简单了。价值投资者在买入的时候，并没有考虑到什么时候会卖出。只要公司的内在价值能够以满意的速率稳定成长，价值投资者愿意永久性地持股。锚定优质企业，股票市场就是提款机；锚定市场，股票市场就是最大的知识付费平台。

四、持股不卖的企业凤毛鳞角

巴菲特在1997年致股东的信中说道：

> 虽然查理和我本人终其一生追求永恒的持股，但能够真正让我们找到的凤毛鳞角。取得了市场领导地位但并不能保证投资成功，看看过去几年来的通用汽车、IBM与西尔斯这些公司都曾是领导一方的产业霸主，在所属的产业都被赋予其无可取代的优势地位，大而不倒的自然定律似乎牢不可破，但实际结果不然。

在找到真正的真命天子之前，旁边可能还有好几打假冒者。这些公司虽然曾经红极一时，但完全经不起市场竞争的考验。换个角度来看，既然能够被称为永恒的持股，查理和我早就有心理准备，其数量绝对不可能超过50家，或甚至是不到20家。就我们的投资组合来说，除了几家真正够格的公司之外，还有另外几家则是属于极有可能的潜在候选者。

当然，有时你也很有可能以过高的价格买下一家好的公司，这种风险并不是没有。以我个人的看法，像现在的时机买任何股票都有可能承担这样的风险，当然也包含永恒的持股在内。在过热的股市进场买股票的投资人必须要先做好心理准备，那就是对于付出高价买进的优秀企业来说，必须要有更长的一段时间才有办法让他们的价值得以彰显。

有一个问题倒是值得注意，即有一些质地原本不错的公司，由于经营阶层规划的方向产生偏差，将原本良好的本业基础弃之不顾，反而并购一堆平凡普通的公司，当这种状况发生时，其投资人所需承受的煎熬便会加重。这正是几年前发生在可口可乐与吉列身上的惨事（大家可以想象十几年前，可口可乐大举投入养虾事业，而吉列竟热衷于石油探勘）。主业不聚焦是查理和我在思考是否投资一些外表看起来很不错的公司时关心的重点。傲慢或不甘寂寞，使得这些经理人胡思乱想进而导致企业的价值停滞不前，这种情形屡见不鲜。不过，还好这种情况应该不会再在可口可乐与吉列现在与未来储备的管理阶层身上发生。

巴菲特确实说过伟大的公司或伟大（垄断）的生意是不需要卖的，但是，巴菲特真正没有卖过的公司也是极少的。巴菲特说这些话的潜台词是，其实伟大的公司市场往往不会给一个疯狂的价钱，如果你仅是因为有一点点高估就卖出的话，可能失去买回来的机会。在美国，投资收益必须缴纳利得税，不卖不算获利，一卖就可能要缴纳很高的税，不合算。

第二节　该出手时就出手

根据价值投资的第一性原理,股票卖出的本质是:不想再与上市公司合伙做生意了,即撤股。

从股票市场"万有引力定律"(企业内在价值决定股票价格,股票价格围绕企业内在价值上下波动)来说,低估的价格,估值必定会修复;高估的价格,价值必定会回归。因此,价值投资在以下三种情况下卖出:

第一种卖出情况:好企业被市场高估太多。因为资本的"运动性""增值性""逐利性"等特征,所示资本运动的目的是价值增值,是实现利润的最大化,增值性是资本的本质属性。

如果我们与上市公司合伙做生意后,第二年股价就暴涨,而且出现了严重的泡沫,并提前透支了未来几年甚至10年的利润,相当于我们把未来10年该赚的钱都提前赚到了。也就是说,我们投入的本金,未来10年不会再有新的增值利润,我们的本金只能留在这家上市公司里空转,那么怎么办呢?当然是锁定利润,卖出(撤股),再去寻找其他的好生意。

第二种卖出情况:好企业开始进入衰退期。彼得·林奇说:"总有一些事情需要操心。不要理会周末的焦虑和媒体最新的恐慌性言论。卖掉股票是因为公司的基本情况恶化,而不是因为天要塌下来。"

段永平认为,因为买公司是基于好的商业模式或企业文化,所以当觉得这两个方面长期来看出现不可修复的问题时,就要考虑离场了。

巴菲特与芒格都认为,一直不卖出的是极少数的伟大企业,而这种伟大企业廖廖无几,一旦该企业有被取代的势头,那就要出局了。

第三种卖出情况:发现更好的企业,替换旧的投资标的。

一、卖掉不够卓越的公司

(一)嗅到危险,要果断出手

在巴菲特的投资案例中,房地美是绕不开的一个重要标的,持有13年赚到8倍多,而且在次贷危机之前早早地就清仓离开"是非之地"。

巴菲特在1988年、1992年和1996年曾先后重仓买入房地美(Freddie

Mac），其间又买入了房利美（Fannie Mae）。

两家公司都有美国政府的隐性担保，它们可以用低于银行的利率借款，并通过从住房贷款机构购买收益率更高的抵押贷款来赚钱，为贷款提供新的资本。

两家公司赚的是利差的钱，是典型的银行业经营模式。正因为如此，它们吸引了巴菲特、芒格两人的目光。但在2000年，巴菲特敏锐地感受到金融衍生品交易的危险，尤其是房地美管理层的"造假"信号，于是果断卖出了这两家公司的几乎全部持仓。在2002年致股东的信中，巴菲特将衍生性金融商品交易称为"一颗定时炸弹"。

到了2008年，正如巴菲特所预料的，美国房地产市场萧条，由此引发了衍生性金融商品交易的连锁反应，并形成次级贷款危机。房地美和房利美皆陷入巨额亏损，双双被美国政府接管，股票价格跌到1美元以下，从纽交所退市。

（二）卖掉不够卓越的公司

巴菲特的价值投资都是以10年为单位，但真正能让他放心投资10年的股票，用手指头都能数过来。学习和实践价值投资，切忌刻舟求剑、断章取义，价值投资绝不是盲目地死拿。

2003年，巴菲特承认自己泡沫期间没卖股票是"big mistake"（大错）了。他在致股东的信中说："没有在股市泡沫化期间卖出这些持股是个重大的错误。换句话说，如果这些股票的价值现在都已充分反映的话，我想你一定会联想到4年前，当它们的实质价值更低、股价更高时，我在做什么。我也觉得很奇怪。"

2004年，他再度对此做了反思："当人们忘记'二加二等于四'这种最基本的常识时，就该是脱手离场的时候了。"巴菲特说的这个情况是大牛市出现极端的疯狂和估值泡沫的时候。

巴菲特曾说，如果除去最好的十几只股票，我们的投资将一无是处。从表7-1可以看出，巴菲特的投资是一个不断调整、优中选优的过程。卖掉的，是他认为不够卓越的公司；留下的，是可以长期持有的伟大的公司。

表 7—1　　　　　　　　巴菲特投资周期表（截至 2009 年）

公司	开始持有	售出年度	持有周期(年)	行业
华盛顿邮报	1973	至今	36	传媒
吉利	1991	至今	18	生活消费品
美国运通	1994	至今	15	金融服务
可口可乐	1988	至今	21	食品
威尔斯法戈银行	1990	至今	19	金融
首都/美国广播	1984	1996 年与迪斯士合并	25	传媒
盖可保险	1976	1996 年全资收购	13	保险
匹兹堡国民银行	1994	1995	1	金融
甘纳特	1994	1995	1	传媒
美国广播	1978	1980	2	传媒广播
首都传播	1977	1978	1	传媒广播
凯塞铝业化学	1977	1981	4	冶金采矿
骑士报	1977	1979	2	传媒
SAFECO 公司	1978	1982	4	保险
沃尔沃斯	1979	1981	2	零售
阿梅拉克拉-赫斯	1979	1981	2	石油
美国铝业	1980	1982	2	冶金采矿
平克顿	1980	1982	2	运输服务
克里夫兰-克里夫钢铁	1980	1982	2	冶金采矿
底特律全国银行	1980	1981	1	金融
时代镜报	1980	1981	1	传媒
全国学生贷款	1980	1981	1	
阿卡他	1981	1982	1	造纸
CATX	1981	1982	1	机械
克郎佛斯特	1982	1983	1	保险
奥美广告	1977	1984	7	广告

续表

公司	开始持有	售出年度	持有周期(年)	行业
大众媒体	1979	1984	5	传媒
雷诺烟草	1980	1984	4	烟草
联众集团	1977	1985	8	广告
通用食品	1979	1985	6	食品
埃克森	1984	1985	1	石油
西北工业	1984	1985	1	综合
联合出版	1979	1986	7	传媒
时代	1982	1986	4	传媒
比队员特丽斯	1985	1986	1	食品
里尔西格莱尔	1986	1987	1	航空
哈迪哈曼	1979	1987	8	冶金采矿
吉尼斯	1991	1994	3	食品饮料
通用动力	1992	1994	2	航空

二、巴菲特：绝对可以责怪我没有卖掉股票

本杰明·格雷厄姆和戴维·多德在《证券分析》一书中写道："当股价接近最高价值时，价值投资者应该及时全身而退，只有投机者才会持有过高估价的股票。"

在2006年伯克希尔·哈撒韦公司股东大会上，股东问道："我感觉你已经有一段时间没聊过可口可乐了，现在你离开了董事会，能不能聊聊可口可乐？"

巴菲特回答：

可以，但我现在的观点跟我在董事会时没什么不同。

可口可乐是一家出色的公司，今年可口可乐将在全球销售超过210亿箱各种产品，比其他任何商品都多，而且每年还都在增长，更猛的是占世界上人们所消费的液体的份额也在增加。

如果公司今年的销量比去年多4%或5%，而世界人口增加

2%，这意味着更多的人把这种特定的液体灌入他们的喉咙。自1886年以来，这种情况一直在发生。

可口可乐在投资资本上获得了惊人的回报。这是一个拥有50亿美元有形资产的企业，赚的钱也差不多是这个规模。

世界上没有多少大企业能够在有形资产上获得100%的税前利润。这是一项伟大的生意，而且一直是一项伟大的事业。

有趣的是，不管是1997年还是1998年，当时的股票都卖到了每股80美元以上，而当时的每股收益并不像现在这么高，当时的公司利润大概是每股1.5美元。

现在想来，股价在那时候有点荒谬，而且你绝对可以责怪我没有卖掉股票。

我一直认为这是一项伟大的生意，但显然50倍的市盈率，对这只股票来说是一个愚蠢的价格。

我们觉得这是一个非常好的行业，但几年前的价格非常愚蠢。

现在我们仍然喜欢它，在我看来，10年后我们依旧持有它。

在2005年致股东的信中，巴菲特自责道："从我们最早买进这些股票后，随着市盈率的增加，对这些公司的估值增长超过了它们收益的增长。有时这种分歧相当大，在互联网泡沫时期，市值的增长远远超过了业务的增长。在泡沫期间我对令人头晕目眩的价格啧啧称奇，却没有付诸行动。尽管我当时声称我们有些股票的价格超过了价值，却低估了过度估值的程度——在该行动的时候我只是夸夸其谈。"

三、巴菲特的"十年之变"

如图7—1所示，从2012年到2022年的10年时间里，巴菲特前10大持仓只有可口可乐和美国运通还在，但其持仓有坚守、有调整，有吐故纳新地持续增加科技领域和能源领域的比重，让手中的牌一直处于优势地位。

想一想，10年前的巴菲特是80岁（2012年），还能够不断地持续学习，不断地与时俱进。对比10年前后，巴菲特持仓最重要的特征——绝对的集中，前三大重仓股基本占60%的比重。

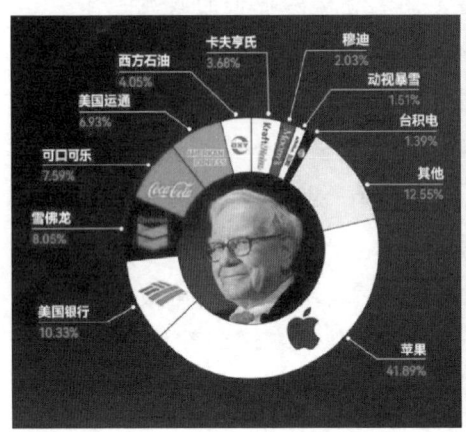

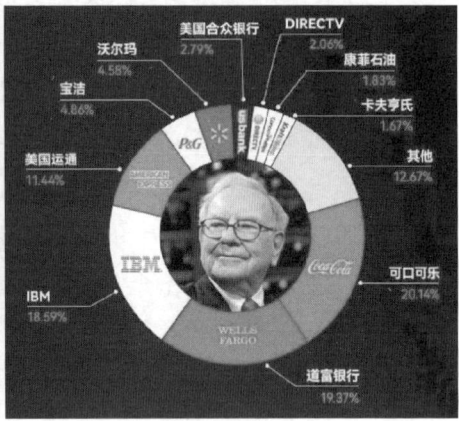

图 7—1　巴菲特的"十年之变"

第八章

价值投资的"三不"原则

　　价值投资者必须坚持的"三不"原则——不借钱,不做空,不懂不投。"三不"原则,其实说的是价值投资的风险管控。

　　段永平曾经问过巴菲特,在投资中不可以做的事情是什么?巴菲特回答说:"不借钱,不做空,最重要的是不要做不懂的东西。"

第一节　不借钱

　　上杠杆就是和魔鬼做交易。价值投资用来投资的资金必须是长线资金,不能在熊市被迫抽走资金。

　　如果你懂投资,不需要用杠杆也能发财;如果你不懂投资,更不能用杠杆,因为杠杆会害了你。

　　所谓的杠杆,就是借钱投资。如果赚了,会成倍的增加收益;如果赔了,赔的是自己的本金,借的钱要连本带息还给人家。

　　2008年2月25日,巴菲特在接受访问时说:"市场最后一定能把错误纠正过来。机会是有的,用不着找到太多的机会,一生能找到10次机会,足够你发达了。只是不能犯大错,一个零都不能有,再大的数乘以零,结果都是零。千万别一夜回到解放前。"

　　2010年巴菲特继续警告说:"我们小学三年级时就学过了,无论之前积累的一连串数字有多大,一旦乘以零,一切都完全归零。有些人在2008年(全球金融危机)又重新接受了一遍这个教训。历史告诉我们,大多数杠杆会产生一切归零的结果,即使运用杠杆的人非常聪明也照样一切归零。"

作为价值投资者,如果上了杠杆,心态会失衡。如果没有杠杆,即使股价跌下来,好企业也会有涨回去的一天。如果上了杠杆,股价一旦下跌幅度过大,就全搭进去了。查理·芒格说:"投资没有百分之百的把握,使用杠杆是危险的。一串奇妙的数学乘以0总是等于0,不要指望能富两次。"

一、巴菲特、芒格组合中消失的第三人

巴菲特和芒格是黄金搭档,联手创造了超级复利机器伯克希尔·哈撒韦公司。但你不知道的是,在20世纪70年代,他们其实是三人组合,有一个不可或缺的第三人——里克·古瑞恩(Rick Guerin),在随后的岁月里"消失"了。里克·古瑞恩消失得很"彻底",以至于知道他名字的人都非常少。

(一)曾经与巴菲特、芒格齐名

里克·古瑞恩1929年出生,曾先后在军队担任密码破译员、飞行员,退伍后进入大学,后又加入IBM。芒格曾公开评价称,里克·古瑞恩是一个非常聪明、幽默的人。他曾参加海军的智力测试,结果拿到了前所未有的高分。

古瑞恩是芒格的好友。芒格的《穷查理宝典》里,时不时会出现"古瑞恩"这个名字。据说,在巴菲特说服芒格放弃律师工作、成立合伙基金后不久,芒格又说服了古瑞恩放弃IBM的工作,入伙巴菲特、芒格的基金。古瑞恩是一个得到巴菲特认可的那种超级投资者。

1984年,巴菲特发表了著名演讲《格雷厄姆-多德镇的超级投资者》,介绍了一批超级投资者,其中就包括里克·古瑞恩。巴菲特的演讲原文如下:

> 这是查理·芒格的一个朋友的记录,他是南加州大学(USC)的数学专业学生,也是一个非商学院出身的人。毕业后,他进入IBM工作,做过一段时间的销售。在我找到查理之后,查理找到了他。他的名字是里克·古瑞恩。从1965年到1983年,与标准普尔指数316%的复合收益相比,里克·古瑞恩的收益是22 200%……

19年收益率222倍。他还发现,蓝筹印花公司、喜诗糖果。古瑞恩第一个发现了蓝筹印花公司的投资机会。他找到芒格商

议,芒格说:"我带你去见我的朋友,他对浮存金很了解。"——那个朋友就是巴菲特。

最终,三个人顺利地控股了蓝筹印花公司,巴菲特是第一大股东,芒格是第二大股东,古瑞恩位居第三。

从此,三个人操作猛如虎,开始了浮存金投资,投资项目包括喜诗糖果、威斯科金融、水牛城晚报。其中,最具代表性的就是喜诗糖果,巴菲特、芒格和古瑞恩三个人一同参与收购谈判,一同面试了新任的喜诗糖果 CEO。

喜诗糖果当时的 CEO 哈金斯回忆称:"虽然蓝筹公司是我们名义上的老板,但真正的老板显然是沃伦、查理和古瑞恩。"

(二)里克·古瑞恩也不例外

古瑞恩在 20 世纪 80 年代淡出了人们的视线,再也没有与巴菲特或芒格合作过。古瑞恩怎么就"凭空消失"了呢?

巴菲特道出了原委,古瑞恩用保证金贷款(margin loans)加高杠杆来撬动他的投资,因为他"急于致富"(in a hurry to get rich)。据巴菲特说,1973—1974 年美国股市崩盘,下跌了 70%,古瑞恩遭受灾难性的损失,遭到了保证金追缴。他为了还钱被迫出售后来价值巨大的股票(给巴菲特)。

这一批被迫卖给巴菲特的股票就是伯克希尔·哈撒韦(BRK),出售价格为 40 美元/股。要知道,截至 2023 年 3 月,BRK 的最高股价为 544 389.26 美元。古瑞恩也永远失去了成为 BRK 第三人的机会,这确实是一个巨大的损失。由于投资理念上的分歧,古瑞恩渐渐失去了巴菲特与芒格的信任。

这个故事非常生动地讲述了杠杆的危害以及耐心的重要性,并有力地反驳了一个广为流传的认知误区——杠杆很危险,但高手除外。其实,杠杆很危险,就古瑞恩这样的高手也不例外。

古瑞恩的长期投资记录结果相当惊人,但他一直默默无闻。他本可以成为传奇人物,但他"急于致富"的心态,使他失去登上投资界"总统山"的机会。

因为使用杠杆武器迫使古瑞恩违反了投资的一条关键原则:在你想卖股票时卖出,而不是你不得不卖时卖出。

我们生活在一个不断提倡即时满足的社会,但要想成为一个伟大的投资者,却需要极大的耐心和很长的时间。正如巴菲特所说:"即便是一个略高于平均水平的投资者,如果花的钱比赚的钱少,在一生中只要你有耐心,就很难不发财。"

投资,首先要追求活下去的恒心而不是杠杆之下的快速暴利。复利是世界第八大奇迹,无数成功的案例表明,投资不怕慢,如果在正确的方向上前进,早晚会富起来。

二、长期资本管理公司的毁灭

(一)高杠杆+"黑天鹅"=毁灭

长期资本管理公司掌门人是被誉为能"点石成金"的华尔街"债券套利之父"约翰·梅里韦瑟,公司成立于1994年。

长期资本管理公司拥有号称"每平方英寸智商密度高于地球上任何其他地方"的梦之队。他们是1997年诺贝尔经济学奖得主罗伯特·莫顿和迈伦·斯科尔沃斯,以及前美国财政部长兼美联储主席戴维·马林斯等16人。其梦幻团队无与伦比。

巴菲特在1998年佛罗里达大学商学院发表演讲时曾感叹,这可不是一帮在男装领域赚了钱而突然转向证券的人。这16个人加起来的金融从业经验可能有350~400年,而且是一直专精于目前所做的工作。在他们工作过的领域,有过辉煌的历史记录,但是最终他们破产了。"可能很难在任何你想象的公司,包括像微软这样的公司中,找到另外16个这样高IQ的一个团队。那真是一个有着难以置信的高智商团队,而且他们所有人在业界有着大量的实践经验。"

"和投资天才一起赚钱"正是长期资本成立之初提出的口号。公司于1994年2月正式成立,募集资金规模为12.5亿美元,是有史以来最大的新对冲基金。在成立10个月后,收益率就高达20%。1995年收益率达到43%,1996年达到41%,最大的单月回撤只有2.9%。

长期资本管理公司的投资策略主要是套利交易。5年之后的1998年夏天,出现了"黑天鹅"的小概率事件——亚洲金融危机暴发。机构纷纷抛售高风险债券,但长期资本管理公司背道而驰:卖掉手中最安全的债券,转而投资那些高风险债券。这些"天才们"认为,随着市场趋向更加有效的运作方式,高风险债券价格将会上扬而趋向低风险债券。

然而,长期资本管理公司的所有设想都被俄罗斯金融风暴摧毁了。1998年8月17日,俄罗斯政府宣布卢布贬值,引发全球金融动荡,新兴市场债券价格暴跌。短短几天,长期资本管理公司的资产净值就减少了50%。

在危机爆发前夜的1997年底,长期资本管理公司的杠杆比率已经高到惊人的地步,他们的套利交易维持在1290亿美元的水平线上,公司流动资产只有47亿美元。

1998年9月,长期资本管理公司的负债率达到100∶1的地步,让有心想出手的救援者望而却步。高杠杆投资叠加"黑天鹅"的小概率事件,最终击垮了长期资本管理公司。在2000年初,所有头寸被解除后,该基金被清算解散。

这正应了股市中流行的一句话:"市场熊市时间大过耐心时间。"

(二)巴菲特的忠告

历史统计数据根本就不会告诉你股票投资的风险。即使经验丰富、人脉广泛、资本雄厚的"投资天才",依然会因为市场的瞬息万变,而败于无力掌控的杠杆。杠杆将投资者置于脆弱的境地,犹如一辆全速奔跑的赛车,在遭遇极小的冰裂或坑洞时都足以产生车毁人亡的结果。

巴菲特在谈及1998年被俄罗斯金融风暴摧毁的长期资本管理公司时说,一生只需要富一次,不要用对你来说重要的东西去冒险。为了得到你原本不需要的东西,总有那么多的"聪明人"前赴后继地干蠢事。

层层冗余正是自然生态系统集中管理风险的显著特征。纳西姆·尼古拉斯·塔勒布在《反脆弱》一书中说,人类有两个肾脏,额外的器官——许多器官还有额外的容量(比如肺、神经系统、动脉机制),然而人类天生不喜欢冗余——人类历来喜欢欠债,这与冗余完全相反。如果不发生意外的话,冗余似乎是一种浪费,但是意外通常会发生。大自然并不追求超高效率,它追求好好地活下去,它的运转法则永远是生存第一,而非效率第一。这与中国的传统文化也是一脉相承的。

投资中最重要的法则是长期地活下去。它需要留有足够的冗余度,杠杆就如那辆全速奔跑的汽车迎面就要碰上了一堵墙,无论怎样踩刹车都无法避免灾难。

我们的投资要保证长期活下去,就应该明智地远离杠杆,不要成为极端罕见事件的牺牲品。投资中要有冗余，永远要为无法预料的小概率事件做好准备。

三、价值投资之父格雷厄姆的至暗时刻

霍华德·马克斯说："纵观人类的经济史，每次危机与挑战都来源于人们对自身能力的过度自信——误以为自己可以在高杠杆下度过艰难时期。"

巴菲特的老师格雷厄姆，在 1926—1956 年，他的套利策略的业绩是年化 20%，但他也是最惨的投资家之一。

1930 年，格雷厄姆和其他人一样，都以为熊市已经过去了，就开始贷款投资股票，但结果事与愿违，股市再度走低。1929—1932 年，他管理的基金净值从 250 万美元变成了 30 万美元，格雷厄姆濒临破产。那是他一生中的至暗时刻。

当 1934 年格雷厄姆的《证券分析》一书问世时，这位年过 40 岁的作者已经整整 5 年没有拿到一分钱的回报了。在格雷厄姆自传中，记述了他 1930 年和一位老人的对话。在去乡村的旅途中，他和一位身体矍铄的老人闲聊中提到股市：

"你有多少资金在股市里？"

"250 万美元。"

"加了多少杠杆？"

"不多，一倍多杠杆，100 多万美元的融资。"

老头急忙说："那你还不赶快坐火车回去，把股票给卖了，把客户钱给还了？"

格雷厄姆听后只是笑了笑，继续他的旅行。这是在他巨亏前夜的对话，但结果是如前所述而濒临破产。

四、巴菲特的忠告

巴菲特是迄今为止人类历史上最成功的金融资本投资大师，且一直保持基业长青。

巴菲特对于风险管控的经验，绝对值得我们后来者认真学习。融资买股票就像吸毒一样会使人上瘾而成为一种习惯，很少有人这样做了以后能重新

回到理性的投资轨道。让我们记住大师的教诲,别被融资蒙蔽了双眼,别再干融资买股票的蠢事了。

巴菲特说,无论基数多大,与零相乘的结果依然是零。在任何投资中,只要存在完全亏损的风险,不论这种风险变为现实的概率有多小,如若无视这种风险继续投资,资金归零的可能性就会不断攀升,迟早有一天,风险会扩展到无限大,再巨大的资金量也可能归零,没有人能够逃得了这一劫。

巴菲特经常说,有一本一般的书却有一个很好的书名——《一生只需要富一次》。其核心观点非常正确,当投资中万一有点闪失的话,特别是当你管理客户的钱时,你不仅损失自己的钱、你朋友的钱,还有你的尊严和名声。

在2020年致股东的信中,巴菲特警告说:"未来股价发生任何变化都有可能。偶尔,市场会出现大的下跌,幅度可能达到50%甚至更大。但是,对于那些不使用借来的钱且能够控制自己情绪的人来说,股票将是更好的长期选择。其他人呢?小心!"

巴菲特说,我们从来不借钱,即使在我只有1万元的时候,我也绝不借钱。用对你重要的东西去冒险,赢得对你并不重要东西,简直无可理喻。

巴菲特告诫股民不要融资。巴菲特说:"如果你够聪明,你不用融资;如果你不够聪明,你就更不该融资。"也就是说,如果你擅长预测涨跌,你没必要融资也能快速挣钱发大财;如果你不擅长预测股市涨跌,你就不该融资买股票。

巴菲特说:"说真的,一个聪明人,如果在看待投资的方式上比较合理,那么他陷入麻烦的唯一方式就是使用杠杆。如果有人能在某种金融灾难最糟糕的时候将你釜底抽薪,你就会破产。查理和我都有朋友,在他们身上发生过类似的事情。但是,如果你没有杠杆,如果股票估值没有那么疯狂,随着时间的推移,证券市场不会对你造成伤害。而我的意思是,没有杠杆的话,你不会受到金融灾难的影响,他们不会将你卷入其中。如果此时你有更多的钱,在这样的时期,你就要大胆买入。"

巴菲特在2022年致股东的信中说:"投资没有百分之百的把握。因此,使用杠杆是危险的。一串奇妙的数字乘以0总是等于0,不要指望能富两次。"

巴菲特把高杠杆经营比作玩俄罗斯轮盘赌游戏,大部分时间相安无事,一旦出险一招毙命。

第二节　不做空

做空,就是投资者卖空某种资产,比如股票、债券、基金,然后在这种资产下跌而不是上涨中获利。

价值投资是要做时间的朋友,实现复利稳健增长,做空违背了这一原则。

巴菲特说,他在1954年(24岁,那时他的投资理念尚未完全成熟)曾经有过一次非常糟糕的做空交易。"我在10年的时间维度里基本不会犯错,但是当时我在10周的时间里错得离谱。而对于做空来说,10周是更关键的时间段:我的钱蒸发了很大一部分。"

一、老虎基金失去虎威

市场难有永远的常胜将军,当然,巴菲特例外。老虎基金是20世纪90年代的王者之一。1980年,朱利安·罗伯逊以800万美元创立老虎基金。到1998年,老虎基金在最辉煌的阶段规模突破200多亿美元,扣除费用后的年化回报率高达31.7%。但是,从1998年下半年开始,随着罗伯逊频频操作失误,加上2000年的互联网泡沫给了老虎基金最后一击,短短两年时间,老虎基金清盘。

(一)"简单"而激进的投资方法

罗伯逊的投资方法可以说是非常"简单":发现世界上最好的200家公司并做多它们;发现世界上最差的200家公司并做空它们。

我们提及价值投资,总会想到巴菲特,但罗伯逊也是价值投资的坚定信徒。

他对于公司好坏的判断是基于公司的基本面,比如他会做空管理层很差的公司,也会做空严重高估的股票,还会做空明明在下行周期中却被市场做多的公司。

罗伯逊的投资风格十分激进。他认为,投资就是猛兽之间的搏斗,老虎基金旗下的6只基金都是以猛兽命名,如狮子、美洲狮、美洲豹等。一旦确信自己的判断正确,他就会果断出手,重仓下注,甚至加杠杆,从他的操作上可以体会到老虎基金的进攻性。

在人员招聘上，罗伯逊也同样秉持这一理念，招募一群带有猛兽特性的"虎仔"。他看好年轻的男性，并且对运动员情有独钟，他喜欢年轻、有好奇心、有竞争力且外向的人才。

(二) 曾经的辉煌

1989年，柏林墙倒塌，朱利安·罗伯逊预计德国股市将进入牛市，老虎基金重仓做多德国股市，结果大赚。

从20世纪90年代开始，老虎基金的罗伯逊与量子基金的索罗斯形影不离，联手扫荡全球市场。

1990年，两人判断日股已经达到泡沫的顶点，一起做空日本股市，大获成功。

1993年，罗伯逊与索罗斯携手狙击英镑，英镑在短短1个月内暴跌20%。

1994年，两人又联手做空墨西哥货币比索与股票。

1997年做空泰国货币泰铢，引发东南亚金融风暴。

罗伯逊与索罗斯两人战无不胜，把全球当做狩猎场，四处扫荡，无往而不胜。

(三) 盛极而衰

从1998年下半年开始，似乎"财运"不佳，投资决策屡屡失败。

1998年，罗伯逊买入俄罗斯国债，结果俄罗斯宣布国债违约，这只"黑天鹅"直接导致其大幅亏损。随即转战日本，做空日元，但日元反攻向上，老虎基金亏了50亿美元。

1999年，美股正处在互联网科技股泡沫之中，疯涨的科技股让罗伯逊看到了机会。罗伯逊认为互联网科技泡沫的破裂是必然的，于是做空互联网股票。

虽然知道泡沫会破裂，但是没有人能预知泡沫何时破裂。精明的罗伯逊采取多空策略，他在看到互联网科技股价格严重泡沫的同时，也看到了航空股被严重低估。他采用了自己惯用的多空策略，一边做空互联网股，一边做多航空股。然而，多头这边，美国航空从80美元跌到25美元。空头这边，朗讯科技和美光科技狂涨不停。

1999年，纳斯达克几乎翻倍，其他基金赚得盆满钵满，老虎基金净值却下跌19%，投资人在老虎基金年会现场质问罗伯逊长达15分钟，罗伯逊泪洒当场。

到2000年,罗伯逊依然坚定做空科技股,但泡沫的破裂似乎看不到头。在股市的狂热之下,不合理的股价被无视,大家都在积极地玩击鼓传花的游戏,所有人都坚信会有更傻的傻子接最后一棒,很多专业的基金经理也利令智昏共同入局。

2000年3月30日,罗伯逊写了给投资人的最后一封信:"我绝对相信,这股狂热迟早会成为过去。以往我们也曾经历过,我仍很有信心并坚定地认为价值投资是最好的投资方式。虽然市场现在不买账,但这次也非价值投资者首次遇到的挫折。"

由于老虎基金的不断亏损,投资人的大量撤资,曾风光无限的老虎基金已经到了发不出工资的程度。罗伯逊也在信中宣布,老虎基金就此清盘。

但是,就在老虎基金清盘1个月后,科技股泡沫破裂,老虎基金倒在了黎明前。

老虎基金为当时的价值投资者唱响了一曲悲歌。在那一段时光里,价值投资备受质疑,泡沫之中的科技股却被赋予无上的荣光,这就如同2024年上半年的美股"七姐妹"。

即便罗伯逊坚定自己的投资理念,但投资者在持续的亏损中早已绝望。老虎基金尽管走向了清盘,但并不能抹去这20年的战绩,罗伯逊在给投资人的最后一封信中写道:"老虎基金成立至今,足有85倍的增长(已扣除一切费用),相当于标准普尔500指数的3倍多,也是摩根士丹利资本国际环球指数的5.5倍。"

2022年8月23日,朱利安·罗伯逊辞世,享年90岁。

二、泡沫可知,破灭难测

从表面上看,做空与价值投资的理念非常吻合,都是利用"价格向价值回归"的规律进行获利:价值投资利用低估的价格向更高的价值回归;做空利用虚高的价格向更低的估值回归。但是,做空从本质上来说,违反了价值投资的基本理念。

做空的最大盈利是100%,而一旦失手,理论上来说,亏损可能接近于无限。当投资者在100元做空一个资产的时候,他需要付出100元的资金成本。

当这种资产价格跌到 0 的时候,他的获利是 100%。但是,如果这种资产的价格上涨到 1 000,投资者的亏损就是 10 倍,潜在的亏损趋近于无穷大。如果做空一个标的失手,投资者会面临巨大的而不是小规模的失败。

巴菲特曾说,他和芒格在过去多年中,曾经看空过大概 100 家公司。假如他们对看空过的公司都进行交易的话,那么他们恐怕早就破产了,尽管他们大多数看对了。"泡沫是人性的一部分,没有人知道一个泡沫什么时候会爆炸,或者涨了多少以后会爆炸。"巴菲特如此描述自己对做空和泡沫的看法。

1996 年,美联储主席格林斯潘认为纳斯达克已经陷入非理性,涨得太高了。但是,5 年之后,也就是到 2001 年,纳斯达克才崩盘。罗伯特·希勒(他是获得 2013 年度诺贝尔经济学奖的经济学家)在 2014 年就认为美国有可能再来一次类似 2008 年那样的大调整,但是,从 2014 年到 2019 年,又涨了 5 年。罗伯特·希勒认为,市场是非理性的。

资本市场的泡沫,往往能不断地放大,而且可能持续很长时间,长到足够让做空它的人破产。对于做空的投资者来说,时间并不是他们的朋友,而是他们的敌人。

对于长期价值投资者来说,时间是他们的朋友。在做出正确的投资决定之后,只要静静地等待投资兑现即可。但是,对于做空的投资者来说,时间拖得越久,对他们越不利。因此,做空的投资者既需要看对长期的价值和价格之间的错配,又需要在短期内有足够好的运气——无疑是非常困难的。

第三节 不懂不投

> 市场就像上帝一样,帮助那些帮助自己的人,但与上帝不一样的地方是,他不会原谅那些不知道自己在做什么的人。投资人必须谨记,你的投资成绩并非以奥运跳水比赛的方式评分,难度高低并不重要,你正确地投资一家简单易懂而竞争力持续的企业所得到的回报,与你辛苦地分析一家变量不断、复杂难懂的企业可以说是不相上下。或者说,在通常情况下,拉长周期看,前者优于后者。
>
> ——巴菲特

巴菲特只选择那些他可以几乎完全确定在10年之内还能保持竞争优势的公司进行投资。但他的好友比尔·盖茨所创办和主管的微软公司，巴菲特因无法判断这家公司的未来前景，觉得超出了自己的能力圈，尽管微软公司发展潜力很大，但巴菲特还是没有投资。他说："我很欣赏盖茨的才华，但我不会用资金来支持他。"

一、什么是"懂"

价值投资者经常会念叨"不懂不投"这条投资原则，那究竟什么是"懂"？

在1997年伯克希尔的股东大会上，巴菲特明确地给出了"懂"的定义。他说："问题的关键是能够识别那些你能理解，并对它们的情况非常肯定的企业。如果你像很多人一样，懂这些企业（英特尔和微软），但查理和我不懂，你就有机会评估它们的价值。如果你觉得它们的价格很合理，有美妙的发展前景，如果你的判断是对的，将获得非常丰厚的回报。当我说懂时，我的意思是，你非常清楚10年之后，公司的情况将是什么样的。我对许多企业的理解，都不足以让我产生这种信心，不过有少数几家企业可以。就像你说的那样，我只需要真正懂几家企业就够了，可能是6家抑或8家。"

二、专注于懂的

1998年，巴菲特在佛罗里达大学商学院演讲时指出："关于失误，有趣的一点是，在投资上至少对我和我的合伙人而言，最大的失误不是做了什么，而是没有做什么。对于我们所知甚多的生意，当机会来到时，我们却犹豫了，而不是去做些什么。我们错过了赚取数以10亿美元计的大钱的好机会。不谈那些我们不懂的生意，只专注于那些我们懂的。我们确实错过了从微软身上赚大钱的机会，但那并没有什么特殊意义，因为我们从一开始就不懂微软的生意。"

查理·芒格也指出："我们能成功，不是因为我们善于解决难题，而是因为我们善于远离难题。我们只是找简单的事做。我们只是寻找那些不用动脑筋也知道能赚钱的机会。正如巴菲特和我经常说的，我们跨不过7英尺高的栏，我们寻找的是那些1英尺高的但对面有丰厚回报的栏。我们成功的诀窍是去做一些简单的事情，而不是去解决难题。"

段永平也说过，不做看不懂的。真正"懂"一家企业并不容易，他认为自己能看懂的公司是非常少的，看懂一家公司不会比读一个本科更容易。所谓看"懂"一家企业，并不是照搬上市公司的观点或者读几份券商的研报，因为这些信息充斥着不负责任的乐观。所谓"懂"企业，是指能正确评估企业，有能力判断一家企业在未来10年之后是否依然具有竞争优势。在被问及为何不投资银行股时，段永平说，对银行股没有恐惧感，但确实看不懂。他说，投资很有趣的地方就是，你能看懂的东西已经能够让你足够忙和得到足够回报了。另外，要想搞懂自己不擅长的东西往往没有那么容易，同样的机会成本（时间）在自己明白的圈子里往往有大得多的回报。

不同的人（专业背景、人生阅历等）能够理解不同的行业。最重要的事情是他知道自己能够理解哪些行业，以及什么时候做出投资决策，而又正好在自己的能力圈内。

巴菲特选择的标的喜欢买消费品，因为这些公司的产品都是在生活中看得见、摸得着的，它们的业务也非常容易理解和计算。就像他一直重仓的可口可乐一样，拥有其部分股权，实际上就拥有了属于自己的"睡后收入"。

三、找到自己能把握的事

2005年，步步高老板段永平遭遇事业发展的危机。同年的大新闻是，他花了62万美元，拍下巴菲特的天价午餐。他带着小弟黄峥，向巴菲特取经。巴菲特拿来纸笔，让段永平写下人生想实现的25个目标，然后，又让他圈出最重要的5个目标。

段永平问，那另外的20个目标呢？是不是等我有空了再去做？

巴菲特摇摇头说："这20个目标，你应该像躲避瘟疫一样避开。记住，永远只做能力圈内的事。"

这句话告诉我们要做自己能力圈内的事情，但其隐含的另一半——如何找到并识别自己的能力圈，是你自己的事情。

在2014年伯克希尔的股东大会上，巴菲特、芒格亲述了如何确定自己的能力圈。

巴菲特说："关键是要有自知之明。这个原则同样适用于商业之外。我们还算比较了解自己的能力圈边界,要实事求是地评估自己的优势和劣势,有些人看起来比其他人好多了,许多CEO根本搞不懂自己的能力圈大小。"

芒格说:"我认为找到自己有把握的事也不难,不到1米6的身高,去打职业篮球联赛没啥前途;95岁的年纪,别想在好莱坞爱情片中扮演浪漫角色;体重350磅,就不要尝试在莫斯科芭蕾舞团领舞;记不住牌,不太可能在国际象棋比赛中成为赢家。能力大小是相对的概念,对于我们大多数人,包括我在内,想要成功,做到这件事就行:找傻子做对手,好在,傻子足够用!"

四、投资中最重要的事情是避免错误

投资中最重要的事情是避免出现重大的错误。这个问题前面已经多次强调了。

(一)做简单的事情

巴菲特在1993年致股东的信中说道:

> 当然每个投资人都会犯错,但只要将自己集中在相对少数、容易了解的投资个案上,一个理性、知性与耐性兼具的投资人,一定能够将投资风险降低在可接受的范围之内。当然有许多产业,查理或我可能都无法判断,到底我们在玩的是宠物玩具,或是芭比娃娃,甚至在花了许多年努力的研究这些产业之后,我们还是无法解决这个问题。
>
> 对于一家随时都必须面临快速变迁技术的公司来说,我们根本就无法对其长期的竞争力作出任何评断。人类在30年前,是否就能预知现在电视制造或计算机产业的演进,当然不能!如果大部分钻研于这方面领域的投资人与企业经理人也没有办法,那么为什么查理和我觉得应该要有预测其他产业快速变迁前景的能力呢?我们宁愿挑些简单一点的,一个人坐的舒舒服服就好了,为什么还要费事去挨稻草里的针呢?

(二)避开那些高难度的决策

在1994年伯克希尔的股东大会上,巴菲特和芒格对此做了精彩的总结。

巴菲特说:"我和查理不喜欢复杂的问题,我们不喜欢那些非常难搞的生意,就像做乘法我更喜欢乘以3的算式,而不是乘以π的,我们更喜欢简单的。"

芒格说："大道至简是个再清楚不过的想法了,但是总有许多人认为可以雇用一些有特点的人,就可以解非常难的难题。这是人类非常危险的一个想法。如果你这么思考问题(简单化),你会犯更少的错误,如果你化繁为简,你就不需要雇用人帮你思考。"

芒格还说："你不需要通过做非凡的事情才能达到非凡的成就,有些人认为跳7尺高栏的人就一定比跳1尺高栏的人更富有。这种逻辑在投资的世界是行不通的。你可以通过做普通的事情实现好的回报,这一点都不复杂。我们今年的税前利润比过去几年高了30亿美元,我们的做法就是大道至简。投资中最重要的事情是避免错误,尤其是大错误。"

五、巴菲特的"懂"与"不懂"

(一)"懂":华盛顿邮报

一般而言,当自己的股票下跌时,有很想卖出的想法时,多数人是买了自己不了解的公司。买自己不懂的东西,是为什么85%的人会在牛市、熊市都亏钱的原因。没有比因为股票涨了很多而追高买入更荒唐的理由了。

我们不要试图轻易去"扩大"自己的能力圈。搞懂一个生意往往是需要很多年的,不要因为看到一两个概念就轻易跳进自己不熟悉的领域。

1973年,巴菲特用1 062万美元买入华盛顿邮报的股票,持有33年,2006年年底增值为12.88亿美元,投资收益率高达127倍。这是他投资收益率最高也是持股期限最长的一只股票。巴菲特投资华盛顿邮报的成功秘诀是什么呢?

巴菲特的祖父曾经在内布拉斯加州的西点市拥有一份周报,并亲任编辑,他的祖母也在报社里帮忙印刷。他父亲在内布拉斯加大学期间编辑过《内布拉斯加日报》。巴菲特自己也曾经干过《林肯日报》的发行。有人说,如果巴菲特没有从事投资活动,他最有可能成为一个记者。

13岁的巴菲特就是邮报的报童,他每天下午按照5条线路,递送500份《华盛顿邮报》的报纸。4年多他就攒了5 000多美元,巴菲特说这是他的第一笔财富。

他非常了解报纸行业。1969年,巴菲特买下他的第一份报纸——《奥马哈太阳报》。他坚持认为报纸首先也是企业，应该以利润为首要考虑，而不仅仅是影响力，拥有《奥马哈太阳报》让他了解了报纸行业的运作特点。

在1973年购买华盛顿邮报股票之前，他已经有4年经营报纸的经验，并认识到了报纸的市场垄断性："报纸是一个奇妙的行业。它是那种趋向一种自然的、有限垄断的少数行业之一。"

"1973年中期，我们以不到企业每股商业价值1/4的价格，买入了我们现在所持有的华盛顿邮报全部股票。其实计算股价与价值比并不需要非同寻常的洞察力……我们的优势更大程度上在于我们的态度：已经从本·格雷厄姆那里学到，投资成功的关键是在一家好公司的市场价格相对于其内在商业价值大打折扣时买入其股票。"巴菲特曾经这样回忆道。

选择自己最了解、最熟悉、竞争力最突出的优秀公司，在股价被严重低估时买入并长期持有。这既是巴菲特从华盛顿邮报赚取127倍的秘诀，也是价值投资学习"巴-芒之道"的核心理念。

（二）"不懂"

只投资自己了解的企业，使得巴菲特回避了市场风险。20世纪90年代开始，巴菲特公开宣称自己对互联网企业看不懂，坚持不懂不碰，拒绝投资与此相关的企业，甚至不愿意持有微软公司的股票。因此，虽然他错过了20世纪末的网络热潮，但也规避了网络股泡沫破裂带给投资人的巨额损失。

（三）永远不要背离价值投资准则

巴菲特曾经以其独特而低调的方式说："读过格雷厄姆著作的人永远不会变穷。"当然，如果在这句前加一个前提条件——"真正懂价值投资并长期知行合一"就更好了。

为什么这样说呢？1969年，《福布斯》杂志刊载了一篇标题为《奥马哈智者如何击败华尔街》的文章，向美国读者介绍了格雷厄姆的明星门徒所创造的投资神话。

这篇文章评论说，许多人不像巴菲特那样坚定不移，据说其中也不乏价值投资者，他们在20世纪60年代的科技股泡沫中，背离了价值投资准则而误入歧途（这种情况很明显与互联网泡沫相似——炙手可热但没有获利的初创公司、疯狂的市盈率，以及最后蒙受巨大损失的投资者）：有很多年轻的基金经理人，在20世纪60年代初期和巴菲特信奉相同的投资理念，但后来在疯狂追逐热门股的过程中忘记了这些理念,导致投资业绩表现一塌糊涂。然而,巴菲特始终坚守自己的投资准则,不会随大流去谈论概念类企业,或是具有话题性的股票。他也不会频繁地进行短线操作,或是买入他一无所知的股票。

六、空仓的魅力

巴菲特认为,行动并不一定会换来回报,只有正确的决策才能。因此,需要等待多久,我们就等待多久。我国A股市场也流行着这样的俗语,"会买的是徒弟,会卖的是师傅,会空仓的是大师"。

在一段巴菲特早期的访谈节目中,巴菲特说:"我不需要是个投资全才,我不知道咖啡豆会涨会跌,一大堆东西我都不知道,可能有些可惜,但我不可能什么都懂啊。在证券投资行业,每天有上千家公司给你选择。你其实不需要做任何选择,没有人强迫你。这里没有棒球里的'三振出局'一说,你打棒球的时候,不挥棒的次数多了,是有'三振出局'的。在证券投资上,他们给你扔过来25美元的美国钢铁、60美元的通用汽车,你不需要急着挥棒。它们可能是好机会,但你如果不懂这行就可以不挥棒。你可以看着几千只球飞过来不挥棒,然后等到一个你真正懂的球飞来了,你就挥棒!我可能两年都不挥棒。"巴菲特不但是价值投资的大师,更是一个会空仓的大师,"前无古人,后无来者"会买也会卖的投资大师。

七、投资策略的能力圈

《道德经》:"知人者智,自知者明。胜人者有力,自胜者强。"

伟大的投资者爱德华·索普说:"投资者应该尝试发现自己的优势,并应用到投资中。"

巴菲特认为,投资者重要的"不是他们知道多少,而是他们如何现实地定义他们不知道的东西"。也就是说,做股票投资,最怕的是以贪念为驱动,想把股市所有的钱都赚到,最终股市所有的钱都赚不到。

在投资的路上很多方法都是可以最终走出来的,最重要的是这种方法要跟你的个性匹配。当然也许一开始是先做加法,尝试过多种方式之后要开始做减法。

通过多种方式的偿试，最后发现自己不适合什么，适合什么，这样才能构建自己的投资体系，实现稳定复利地盈利。这就是形成了自己投资策略的能力圈。

　　真正成功的投资者，他们的交易都是简单地重复，把一种模式做到炉火纯青，一眼望去就知道有没有自己的机会。只做自己认知范围内的投资，不再去追求高难度的交易。长期稳定盈利的人都是在追求低难度的交易，而长期亏损的人总想挑战自己的极限。

　　守住正确方法，守住自己的能力圈，守住最佳的"击球"时刻。

下篇

价值投资：人性与常识

对于普通人来说，股市貌似是逆天改命最触手可及的地方，但也是人性最难以突破超越的地方。

约翰·博格说:："在市场的波动中，最容易遗忘的往往是常识。"

拼多多的创始人黄峥，在参加完巴菲特2006年的饭局后感慨道："这顿饭对我最大的意义，是让我意识到简单和常识的力量。人的思想是很容易被污染的，当你对一件事做判断的时候，你需要了解背景和事实，了解之后你需要的不是睿智，而是面对事实时是否还有勇气用理性、常识来判断。"

价值投资最需要的是理性与常识。

常识才是这个世界上最贵的东西。事出反常必有妖！"一九"铁律，千年不变，人性使然。

第九章

投资收益率：理性与常识

也许有人觉得巴菲特年复合19%的收益率，没有什么了不起的，但是，拉长时间来看，却是证券投资史上的唯一奇迹。

第一节 巴菲特收益率的遐想

1965—2018年巴菲特的投资年化收益率，见表9-1所示：

表9-1　　　　　　　　　　巴菲特历年收益率表

年份	收益率(%)	年份	收益率(%)	年份	收益率(%)
1965	23.80	1983	32.30	2001	−6.20
1966	20.30	1984	13.60	2002	10.00
1967	11.00	1985	48.20	2003	21.00
1968	19.00	1986	26.10	2004	10.50
1969	16.20	1987	19.50	2005	6.40
1970	12.00	1988	20.10	2006	18.40
1971	16.40	1989	44.40	2007	11.00
1972	21.70	1990	7.40	2008	−9.60
1973	4.70	1991	39.60	2009	19.80
1974	5.50	1992	20.30	2010	13.00

续表

年份	收益率(%)	年份	收益率(%)	年份	收益率(%)
1975	21.90	1993	14.30	2011	4.60
1976	59.30	1994	13.90	2012	14.40
1977	31.90	1995	43.10	2013	18.20
1978	24.00	1996	31.80	2014	8.30
1979	35.70	1997	34.10	2015	6.40
1980	19.30	1998	48.30	2016	10.70
1981	31.40	1999	0.50	2017	23.00
1982	40.00	2000	6.50	2018	3.00

资料来源:根据百度百科数据整理。

价值投资者都知道,企业内在价值决定股票价格,拉长周期,企业创造利润的增速,决定了投资其股票的收益。

由于"股票是企业所有权的一部分""买股票就是买企业",投资者能获得15%以上的长期年化收益率也是非常困难的,毕竟企业业绩增长的"天花板"决定了投资者获得回报的上限。看看那些国际一线投资大家,比如说本杰明·格雷厄姆、沃伦·巴菲特、库洛姆·戴维斯、沃尔特·施洛斯,其长期年化收益率大多落在15%～20%的区间。

在2000年致股东的信中,巴菲特写道:"芒格和我都认为,CEO预估公司未来的增长率是相当危险且不当的。他们通常是在分析师和公关部门的要求下才这样做的,但我认为他们应当坚决抗拒。如果一家大公司公开宣称每股盈余可以长期维持15%的年化增长率的话,那肯定会招致很多不必要的麻烦。"

巴菲特曾经举例说,20世纪70—80年代,在盈余最高的200家公司中,能够保持15%增长率的企业少之又少。巴菲特据此断定,在2000年盈余最高的200家公司中,能够在接下来20年里继续保持15%增长率的企业,绝对不会超过10家,即不到5%。也就是说,15%的长期年化增长率是个极高的标准,只是极少数卓越的企业才能满足。

在1989年致股东的信中,巴菲特说:"在有限的世界里,任何高成长的事物终将自我毁灭,若是成长的基础相对较小,则这项定律偶尔会被暂时打破,但是当基础膨胀到一定程度时,好戏就会结束,高成长终有一天会被自己所束缚。"

对企业长期抱有过高的预期,不但会造成毫无根据的盲目乐观,而且有可能导致管理层的腐化。正如巴菲特认为,很多CEO不专注于自己的主业,而是醉心于运用"会计诡计"来美化财务数据。这样的做法,最终只会骗人骗己,也会害人害己。

生活和投资一样,"降低预期"是保持良好心态的关键,也是获得幸福生活的本源。

第二节　1年翻倍者众,3年1倍者寡

行稳才能致远。长期年化收益率能做到15%以上的人,就是财神爷般的存在了。虽然短期内各种高收益率的人满天飞,可拉长时间来看,绝大多数淹没在了历史的长河中。

华尔街有句老话:有猛的交易员,也有老的交易员,但没有又老又猛的交易员。

段永平说:"我当年满仓网易3～4个月就20倍了。我的问题是,我并不知道怎么重复这件事情,不然3～4个月20倍这个速度,世界上的钱很快就被我赚完了。我觉得设定投资目标是件蛮愚蠢的事情。当你有了每年增长多少百分比的目标之后,你早晚会做出很愚蠢的事情。"

投资短期更注重价差收益;长期投资既注重质量、成长,更注重风险管理。

长期投资有一些商业与金融规律可循。短期扰动因素太多,可以总结零散的经验,但难成体系,尤其是环境变化导致了不可持续性与不确定性。

投资是一项长期活动,如果没有办法在长期保持收益,最终就是竹篮打水一场空。从中国投资A股的基金经理来统计,随着任职时间越长,其投资收益率相对沪深300的年化超额收益越会向10%左右回归,参见图9—1。

股票市场,明星很多,但往往像流星一样;寿星很少,其中以价值投资者居多,参见表9—2。

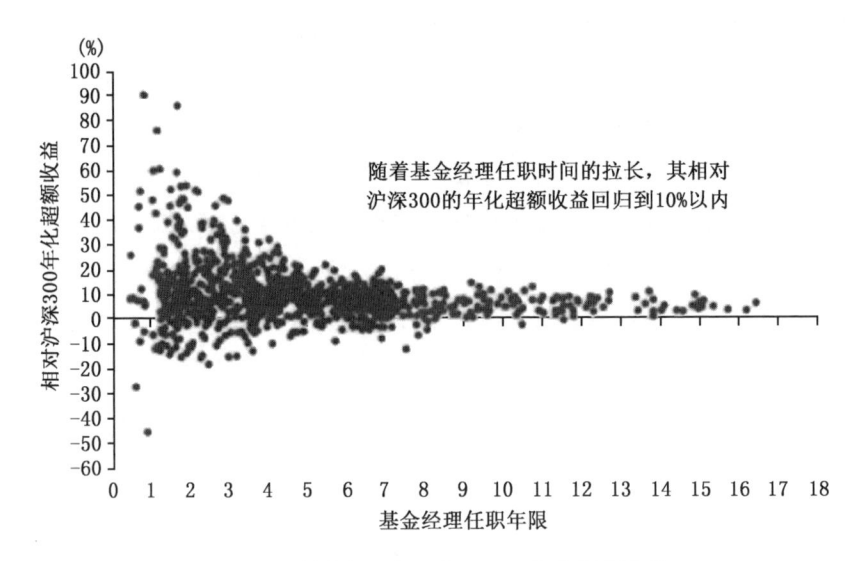

图 9-1 基金经理任职年限 VS. 年化超额收益

表 9-2　　　　　　　　　　　投资大师的长期投资收益率

人物	持续时间（年）	年龄（岁）	年均复合收益率（%）	核心投资理念	投资策略	投资派别
菲利普·费雪	70	96（去世）	21	成长股价值投资策略之父，巴菲特称他为"特别的老师"	价值投资	巴菲特学派
沃伦·巴菲特	58	89	21	以合理价格买入优秀的企业股票并长期持有	价值投资	巴菲特学派
查理·芒格	58	95	21	以合理价格买入优秀的企业股票并长期持有	价值投资	巴菲特学派
卡雷特	55	102（去世）	13	以低价格买入企业股票等待价值回归	价值投资	格雷厄姆学派
戴维斯	48	88	23	以企业基本面为基础进行"戴维斯双击"，保险股为主	价值投资	巴菲特学派
沃尔特·施洛斯	45	95（去世）	15	以低价格买入企业股票等待价值回归	价值投资	格雷厄姆学派

注：统计截止的时间为2019年。

关于投资收益率的问题，巴菲特曾经在2005年开下了10年的赌局，即拿出50万美元，打赌说，主动基金打不败指数基金。巴菲特开的这个赌局，3年内没人应战，直到2008年华尔街的泰勒·西德斯才接受了这个赌局。从

2008年到2017年才9年的时间,泰勒就认输了。为什么认输呢?因为在将近10年的时间,标准普尔500的年化复合收益率是7.1%,而泰勒的FOF主动基金,年化复合收益只有2.2%,差距巨大,无奈之下他只能认输。

巴菲特告诫人们,投资最简单的就是投资指数基金。我们要超越指数,何其难也。我们要有一种敬畏的心态,不要觉得超越指数很简单。

如果能够在股市不断的挫折中,幡然顿悟,"众里寻他千百度,蓦然回首,那人却在灯火阑珊处",还是有机会获得投资成功的。如果继续一意孤行、南辕北辙,那就彻底没得救了。

我们不要总想着快速暴富。逻辑很简单,如果一件事情很赚钱,又没啥门槛,那最后会是什么结局?

任何他人的劝阻都不会让人大彻大悟。真正能让人如梦初醒,能够让人开悟的只有经历吃亏、后悔和受伤之后,俗话说,"不撞南墙不回头"。俗话说得好,能说服一个人的从来不是道理,而是南墙;能点醒一个人的从来不是说教,而是磨难。

巴菲特和芒格都说过,50岁以前人们很难持续从股市赚钱,为什么?因为股市投资是反人性,是需要承受巨大压力的,能做到的人百里难有一。股市是最容易暴露人性缺点的场所,看似时刻充满机会,但稍不慎,机会转眼就变成陷阱。股市投资看起来没什么门槛,懂得低买高卖就可以,其实包罗社会万象,要想做好,需要对社会、人性有深刻的洞察。

段永平说:"和打高尔夫一样,投资以及人生都不能十全十美。很好的球手和一般的球手,大多数时候看不出有多大的区别,唯一的区别是,是否长期保有平常心。不管多好的球手,当失去平常心时,一样会打得很烂。"

第三节　降低收益预期,追求合理回报

从外资投资中国的意愿来看,近5年中外资在中国的资产配置,有四波明显的净流出:第一波是2018年中美贸易战之后。第二波是2021年互联网反垄断后,外资开始意识到中国经济的与众不同,开始改变对中国互联网行业高度乐观的态度。第三波是2022年俄乌战争以后,外资出于地缘政治风险的考虑,全面降低中国资产的配置比例。前三波的流出,更多的是出于风

险偏好的降低，降低配置比例或风险敞口。但总体上，外资仍然看好中国经济长期发展的前景，在这三波流出之后，外资又加大了 A 股市场持续的净流入。第四波是 2023 年 8 月开始的持续净流出，与以往三次有明显的不同，并没有出现明显风险政治事件，主要是基于对中国经济长期增长放缓的担心。

2022 年以前，外资可以弱化估值持续提升 A 股配置，完全是因为中国的持续高增长，但是 2022 年之后外资认为这个时代可能已经结束，也就是中国经济幸福的 40 年结束了，有可能要进入震荡的 20 年。

我们必须清醒地认识到，外资不看估值持续提升 A 股配置的那个时代结束了，打个不恰当的比方，那个靠天生丽质即使性格傲慢也能吸引男生的妙龄女郎长大了。

中国 A 股市场后续的行情会呈现结构化的特征，一部分股票涨，更多的股票不涨甚至下跌。

尤其是在当今世界面临百年未有之大变局之际，国际国内形势复杂多变，价值投资者需要注重确定性，严格防控各种风险，降低收益预期，追求确定性的合理回报。

具体的投资策略，也就是股票赚钱的方法有改变吗？没有！稳健投资的基本原理是不会随着年代的更替而改变的，但这些原理的应用则必须随着金融机制和金融环境的重大变化而作出相应调整。也就是说，我们需要更加、更加、更加严格地坚守 86 体系、39 体系。

如果整体的投资大环境变了，那么，我们在追求 10 倍或 10 倍以上远大空间股票的同时，1 倍或 1 倍以上空间的中短期股票也是不错的选择。俗话说："双鸟在林，不如一鸟在手。"

第十章

价值投资与耐心

巴菲特说:"股市是一台转移财富的机器,那些没有耐心的人会将财富转移给有耐心的人。"很多人在购买基金或股票时,可能以比巴菲特更低的价格买入,但大多数人无法获得赢利,巴菲特却赚取了丰厚的回报。这是因为他拥有足够的耐心。

投资中当你绝望心死的时候,对照自己的策略体系,仔细审视自己的方向对不对,如果确定是对的,那么曙光就在眼前了。

所谓的光辉岁月,并不是后来闪耀的日子,而是无人问津时你对梦想的执念。做投资不可能每天都是高歌猛进、账户大红,坐冷板凳是必修课。股票只有5%的时间上涨,其余95%的时间或横盘震荡或是下跌。

投资最重要的并不是脑力,而是耐力和毅力。无论是一级市场还是二级市场,其本质就是以股东的心态与优秀企业合伙做生意而共同成长。我们要尽可能隔绝外界的噪音,回归本质,坚持做符合逻辑的事。知易行难,贵在坚持,但只要认知到位了,经过时间和事实的检验后,坚持下去是不难的,关键是认知上要通达。

彼得·林奇认为,股票投资成功所必需的个人素质应该包括耐心、自立、常识、心胸开阔、超然、坚持不懈、谦逊、灵活、独立、主动认错,以及能够在市场普遍性恐慌之中不受影响且保持冷静的能力。

第一节　耐心是禅"定"

投资是等待的艺术，即等待买和等待卖。投资就是耐心地等待。耐心，其实就是"戒、定、慧"中的"定"。股市的耐心，分为两种：

第一种是买入前空仓等待，选股和等待买入时机的耐心。"善猎者，必善等待。"在1994年致股东的信中，巴菲特说："尽管如此，我们还是会坚持让我们成功的方法，绝对不会放宽原有的标准，泰德·威廉姆斯（Ted Williams）在《我一生的故事》中写道："我个人的看法是，如果你想成为一名优秀的打击者的话，首先你得先相中一个好球来打，这是教科书里的第一课。如果强迫自己在不中意的球带挥棒，我绝对无法成为打击率34.4%的强打者，而可能变成打击率为25%的普通球员。查理与我都同意这样的看法，所以我们宁愿静静地等待球儿滑进我们喜欢的好球带。"

第二种是买入后持股待涨的耐心。我们要严守卖出戒律，像聪明的小乌龟一样，获取复利。彼得·林奇说："让时间和金钱去工作，你只需坐下来等待结果。""一定要耐心。水越等越不开，股票越急越不涨。""股票投资和减肥一样，决定最终结果的是耐心，而不是头脑。"

买完股票之后我们要做好等的心理准备。"等"是一种回归常识的本源智慧，一旦你着急了，那基本上就是你违背大道的时候。正如巴菲特所说，买入一只股票，指望它第二天就上涨既是非常愚蠢的，也是违背常识的。

巴菲特总结道："一年找到一个好的投资机会，然后一直持有，等待它的潜力充分释放出来。在一个人们每5分钟就来回喊报价的环境里，在一个别人总把各种报告塞到你面前的环境里，很难做到持有不动。华尔街的经纪商靠折腾赚钱，你靠不折腾赚钱。"

"买入时要浪漫，卖出时要现实，在两者之间要睡觉。"这是德国证券界教父安德烈·科斯托拉尼的忠告。

在较短时间内，股票通常由其他因素驱动，比如宏观经济或突发新闻，这使得投资有定价能力的卓越公司在短期看显得乏味。因此，投资这些卓越公司伴随的低风险特征，只能在较长的时期才能被观察到。

第二节　耐心九解

耐心是一种天赋,是股市投资中最为可贵的性格品质之一。耐心在投资中的重要性怎么强调也不过分,因为价值投资 80% 的时间中等待,只有 20% 的机会,参见图 10—1。

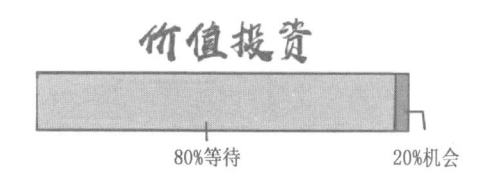

图 10—1　价值投资的耐力

何谓耐心呢？耐心是你账户里有钱放着闲得难受,但如果没有好的标的,你仍能够空仓持币,等待绝佳扣动板机的机会。

耐心是你低估买入一家卓越企业之后,市场还会跌 20%、30%,甚至更多,此时你仍然能够稳坐钓鱼台,不仅心态淡定,反而有钱继续大胆买入。

耐心是你深度研究并重仓买入的股票,一两年不涨,甚至还可能下跌,而相比之下,市场上其他的很多股票早已经飞起来了,你最终仍然坚信自己的选择,并且不受如此种种外来的诱惑。"他强任他强,清风拂山岗；他横由他横,明月照大江。"

耐心是你一旦买入,就已经是这家企业的生意合伙人,市场的每日涨跌,"市场先生"焦躁或抑郁的脾气,甚至明天股市关门了对你也没有什么影响,因为你关注的重点是合伙企业的生意。

耐心是用 80% 的难熬时光,去等待 20% 的时间灿烂光芒。

耐心是当你快坚持不住,乃至于怀疑人生,质疑自己的投资策略和决策之时,仍然能够用自己对价值投资的信仰战胜这些心魔,把自己拉回价值投资的正道上来。

耐心是当别人赚了百分之几十或者 1 倍、2 倍而承受不了这种赚钱之喜乐时,仍然能够在一只股票上赚得 10 倍甚或几十倍之时,泰然处之,因为心中明了自己所持企业的内在价值。

耐心是你悟到了复利的原理,既深知复利的威力,又深知其中的不易,因而能够拒绝快速暴利的诱惑,不为一时"黑云压城"而慌恐,进而在钱生钱的快乐之中怡然自得。

耐心是在看似波澜不惊的年年岁岁中,享受财富不断增长的复利人生。

第三节 股神是"熬"出来的

每一次的市场机会都让我们想这句话:80%的收益可能来自20%的时间。谁也不知道暴涨什么时候会来临,因此我们需要花费80%的时间等待,甚至是忍耐,参见图10—2。

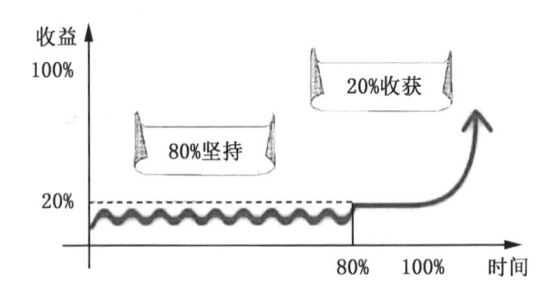

图10—2 价值投资的收益率效应

霍华德·马克斯说:"好光景只会带来坏经验:投资很容易,你已经了解投资的秘密,你不必担心风险。最有价值的投资经验是在困难时期学到的。从这个意义上讲,我'有幸'经历过一些重大事件:阿拉伯石油禁运,经济滞胀,20世纪70年代'漂亮50'崩盘以及'证券之死',1987年的黑色星期一,道琼斯工业指数在一天之内暴跌22.6%,1994年的利率高涨而导致利率敏感型债务证券跳水,新兴市场危机,1998年的俄罗斯债务违约和美国长期资本管理公司的彻底垮台,互联网科技股泡沫的破裂,2007—2008年席卷世界的美国次贷金融危机。"

2004年查理·芒格在谈到"伯克希尔是如何成功的"时说:"一家纺织业的小公司,怎么会取得如此巨大的成功?纺织品只是一个载体,如果沃伦留在纺织行业,他肯定会破产,但他从中'榨'出了一点钱,将其投资于保险业。许多年后,一家市值1 000万美元的企业变成了一家市值1 000亿美元的企业——而且流通股也不多了。这是怎么发生的？如果你把我们15个最好决策排除在外，我们会有一个相当平庸的业绩记录。这靠的不是大量的行动，而是极大的耐心。你坚持自己的原则，当机会来临时，你会全力以赴地抓住它们。我们现在做了更多的交易，但前提是我们做决定的时候相对很少，只有真正值得做的事情出现时，我们才会扣动扳机。"

查理·芒格于2017年的《每日期刊》（*Daily Journal*）年会上说："我们这代做投资比较成功的人，哪一个不是熬出来的，只要坚持下去，甚至用不着脑子多聪明。"

第四节　做时间的朋友

一、延迟满足

价值投资给我们打开了一扇门，原来人生还有另一种可能。在红红绿绿、跌宕起伏的股市里，有那么一小撮人，靠着学习、努力、智慧和耐心，也能慢慢变富。

听过很多道理依然做不好投资，是因为还没有产生定解和信仰。投资本身不复杂，它是长期有确定性、短期没有确定性的行当。之所以变得无比复杂，是因为人们发疯一样寻找短期的确定性"圣杯"。

如果要用一句话总结芒格的投资思想，那就是"不要做蠢事"。芒格说："如果你不觉得一年前的自己是个蠢货，那你现在一定是个蠢货。"

瑞·达利欧说，"痛苦＋反思＝进步"。我们都应从失败中学习，这是进化之路的必然过程。理解投资的秘密就是理解：股票代表的是公司的所有权，找到好公司，等待好价格买入，然后耐心持有到价值回归。

很多人承认价值投资策略有效却并不选择它，背后的真相是：人性不愿意等待。

人的动物性决定了，做一个静静的美男子坐在那里等待是一件反人性的事，这也成了投资中最难的事。正如布莱士·帕斯卡说："人类所有的问题，都源于人类无法独自安静地坐在一个房间里。"

价值投资的本质是延迟满足。精心选企业是一种延迟满足，等待一个好价格是延迟满足,耐心持股也是延迟满足。真正有缘能进入价值投资这片"桃花源"的人,他的生活会全面地发生改变。

价值投资不是 100 米、400 米、800 米、1 500 米的跑步比赛,它更像马拉松。马拉松的秘密是稳步向前,日复一日地训练,跑好脚下的每一步,不需要管别人。就像龟兔赛跑,总有人跑得比你快,你的目标不是赢在起点,只是抵达终点。到达终点时你会发现,只有很少的人能够完成比赛。

如果从一开始你的眼光就能看到终点,那么你就不会着急赶路。巴菲特几十年吃汉堡喝可乐,住小城的 50 年旧房子,开着几十年的老车。许多价值投资者都是这样的生活方式。其本质就是放弃今天的 1 元消费,换取未来的 10 元资产。

价值投资对复利的认知比别人深刻,别人眼里"今天消费的 1 元和明年消费的 1 元没区别",而价值投资者眼里"我今天消费的不是 1 元而是未来的 10 元"。简单生活,避免不必要开支,这是开启复利人生的基础。

很多人都有这样的体验,年初制定的计划不论如何信誓旦旦,总是会在 3 天热度之后不了了之。长此以往,很多人丧失了目标感,似乎对工作、生活也愈发容易感到疲惫。这也是"熵增定律"的现象。

《延迟满足》一书,来源于作者沃尔特·米歇尔持续一生的一场实验。在实验与写作的最后,他顿悟道:人类虽然有着享乐的天性,但我们完全能够通过改变思维方式、调动精神力量来帮助自己掌控生活、实现人生的意义。

"熵增定律"折射了大多数人的生活。天性驱使我们先做那些轻松且愉快的事情,且极其善变,逃避困难、麻烦和责任。往往越是有意义的目标,越伟大的成就,越需要经年迎难而上的坚持和一次又一次的"延迟满足"。

所有的长期主义,其实都是"延迟满足"。在正确的道路上,孤独地坚守长期主义,是人们走向成功唯一的选择。

二、当明星 VS. 做寿星

这句话很多专业投资人都说过,但能够真正理解并重视的并不多,大家都在想着怎么赚快钱,想着怎么跑到年度排名的前面成为明星,很少人会以时间的维度思考自己的业绩要做多久,很少考虑做寿星。

从企业家的角度来讲,自己公司计划经营多久呢?那些以几十年乃至百年的视角来经营一家私募基金公司的投资人,同那些以 3 年、5 年的视角来经营私募基金的人,根本就不在一个层次上。

金融投资这个行业,活得久很重要。巴菲特 58 岁的时候已经拥有 23 亿美元的财富,但还没到世界首富的位置,他真正相对地位的提升是他 60 岁以后。2008 年,78 岁的巴菲特成为年度世界首富。

投资这个行业,短期做得好固然重要,但长期做好是更难、更有意义的事情。巴菲特和别人最大的差异之一,就是做的时间长,他做了 80 年,且做得很成功。

年度收益率比巴菲特高的大有人在,但最后的成就是时间和收益率两者的乘积。爱因斯坦说,世界上最厉害的武器不是原子弹,而是"时间+复利"。

第五节　波士顿的"先知"

耐心,是价值投资"戒、定、慧"三学之"定"学。它必须建立在正确的认知理念基础之上,建立在严守价值投资之"戒"律,即 86 体系及 39 体系基础之上;否则,如果没有"戒"律,会越耐心越遥远。

塞思·卡拉曼(Seth Klarman),或许是不为人知的"著名"价值投资大师。说他不为人知,是因为即使在美国,卡拉曼也不是家喻户晓的投资人物,但他是很多价值投资大师的学习对象。他的著作《安全边际》一书,是不少价值投资者的必读之物。他自 1982 年创立 Baupost 基金公司以来,截至 2022 年底,40 年时间累计净收益达 332 亿美元,常年位居全球对冲基金前 10 名。有媒体称卡拉曼为"波士顿先知",更多的投资人称他为"小巴菲特"。卡拉曼坚守 40 年的投资法则可以归纳为这几个词语:自律、等待、与众不同、安全边际。

关于安全边际,卡拉曼有一句至理名言:"没有什么比让投资者晚上安然入睡更重要的事了。"

华尔街有句名言:"如果你能在股市上熬过 10 年,你一定能持续赚钱;如果你能熬过 20 年,你的经验将极具借鉴价值;而如果你能熬过 30 年,那你肯定是极其富有的人。"

股票市场是经验丰富者赚取财富,富有者获取经验的地方。经验的作用是帮助我们在股票市场上避免犯错,要获得经验离不开时间的积累。只有经验加上时间,才能铸就真正的股市赢家。

第十一章

循道而行：做个好人，投资好生意

股市投机锚定的是市场，它是零和博弈，损人而利己，没有未来。价值投资锚定的是价值，赋能企业，共同做大蛋糕，能与之共生。选择投机或投资，与其说是一种方法的选择，不如说是价值观的映射。价值投资，本质上是价值观的投资，有什么样的价值观，就会投资什么样的企业。

当被问及价值投资是不是一种信仰时，著名美籍华人投资家李录说："我觉得可能是，因为它确实体现了一种价值观——你不愿意去剥削别人，也不愿意玩零和游戏，只愿意在自己挣钱的同时，也对社会有益。"

睿远基金创始人陈光明 2023 年 3 月 18 日说："企业的本质是通过利他而达己。我觉得投资的最大成就是，一方面，为持有人创造长期价值，能为他们的生活、退休等各方面所需提供支持；另一方面，是助力企业发展，即支持一些优秀企业的发展，从而促进经济发展，推动社会进步。"

好的企业可以通过资本市场获得更多资金支持，从而实现更好的发展，为社会提供更多需要的产品和服务；投资者可以分享到这些好企业的长期价值创造，获得长期投资回报；市场的资源配置效率能够进一步提升，将更好地服务实体经济，促进社会经济发展。

第一节　做好投资，先要做个好人

威廉·沃克·阿特金森是吸引定律的发现者，在其《吸引力法则：神奇的个人磁场效应》一书中指出,吸引定律又称"吸引力法则"。其基本原理是:人类的思维活动都会产生某种特定的频率,而这种频率会吸引同样的频率引发共振,从而将我们思维活动中涉及的任何事物吸引到我们的面前。

这个神奇的吸引力法则,用通俗的话来讲就是物以类聚、人以群分。也就是说,同类的东西常聚在一起,志同道合的人相聚成群。通俗一点说,就是你是什么样的人就会吸引到什么样的人,靠近什么样的人你就会慢慢地变成和他一样的人。

"吸引力法则"对价值投资者非常具有启发意义。绝大多数人终其一生追求幸福的努力过程,就是将一手不够好的牌,渐渐换成一手好牌的过程。

正如查理·芒格所说:"生活和生意上的大多数成功来自你知道自己应该避免哪些事情,投资上的成功在于避免犯错,生活上想要过得幸福就应该避免过早死亡、糟糕的婚姻、邪恶之人、性感诱人的异性、染上艾滋病、在路口和车抢道、吸毒,等等。保持长寿的秘诀在于不嫉妒、不抱怨、不过度消费。无论面对什么困难,都保持乐观的心态,交靠谱的人,做本分的事……这些都是简单的道理,也都是些老掉牙的道理,但做到了会一生受益。"

在2023年的股东大会上,巴菲特说:"关于投资建议就是花的钱要比你挣的少,要量入为出;避免身边有毒的人和有毒的活动;要活到老、学到老;要学会感恩。如果你做到这一切,我相信你肯定会成功;如果不做的话,你就需要非常多的运气,但是你不要把自己的人生都放在运气的赌注上。我在这里再加一点,你需要知道别人怎么去误导其他人的,而且你要拒绝这样的诱惑,不要去误导别人。"

这哪里是投资建议?这些明明是做人的常识和道理啊。巴菲特没有讲出来的话是:做好投资,首先要做个好人。

在为《聪明的投资者》作的序言里,巴菲特更是直接写道:"做些好事——帮助别人,成就自己,利人利己。"巴菲特的事业成就,与他本人的德行和格局是匹配的。

当今时代,节奏快,压力大。一不小心就会沾染上消极、焦虑等负能量,这对于做价值投资者非常有害。

投资是修行,需要调整心态。价值投资者做到这三点就够了:要找到好生意入股,找到好的管理团队与其同行,等到好价格买入。要做好价值投资,首先自己要做个充满正能量的人。

不管财富也好，修行也罢，茫茫众生中有着普世惊人的"二八"法则。其主要特征可以概括如图 11—1 所示。

惊人的"二八"法则

20%的人	80%的人
是富人	是穷人
爱争气	爱生气
买时间	卖时间
会坚持	爱放弃
做事业	做事情
记笔记	忘性好
有目标	爱瞎想
重视经验	重视学历
放眼长远	在乎眼前
能把握机会	会错失机会
鼓励和赞美	批评和漫骂
想办法改变自己	想办法改变别人
用脖子以上来挣钱	用脖子以下来赚钱
明天的事情今天做	今天的事情明天做
按成功的经验做事情	按自己的意愿来做
可以重复做简单的事情	不愿意做简单的事情
掌握世上80%的财富	掌握世上20%的财富

图 11—1　普世人生的"二八"法则

第二节　成功和被信任的快乐

美国时间 2022 年 4 月 11 日，91 岁的巴菲特作为一名"90 后"接受了前 CBS 著名主持人查理·罗斯的专访。现摘录如下：

查理·罗斯："什么可以带给你快乐？"

巴菲特："老实说，我正在做的事情让我感到最开心，其中最享受的有以下两点：

第一，取得胜利。我知道随着时间的推移，我将获胜。如果知道这个游戏的正确玩法，那你会觉得这非常简单。我不是在买股票，而是在买非常优秀的美国企业。而我在做这件事情的时候，那是很开心的。

股票下跌时我更高兴，因为我可以用同样多的钱买更多的股票，就好比农民希望农田价格降低，这样就可以买到更多农田。

我的意思是，这很合理。

第二，被人信任。我喜欢和伙伴一起工作，而不是自己一个人，即使一个人工作可能让我赚更多的钱。"

查理·罗斯："不管怎么形容，很多人都会觉得你是天才。"

巴菲特："我只是一个对我所做的事情非常感兴趣的人，还算比较聪明。我花了一生的时间在做这件事，这也多亏我身边的人能激发出我最好的一面。

你不需要成为我这个领域的天才，在这个游戏中，你可能需要120的智商，但170的智商并不一定就比120的做得好，所以做投资并不需要极度聪明的大脑。"

查理·罗斯："那需要什么？"

巴菲特："一个正确的方向。我认为90%的人买股票时的想法并不正确，比如他们希望买入股票后下周就能上涨，但如果下跌，他们就会感觉很糟糕。"

查理·罗斯："那你是怎么想的？"

巴菲特："我会想这家公司在10年或20年后值多少钱，我希望当我买它的时候它是跌的，因为这样我可以以便宜的价格买很多。"

第三节　万变不离其宗

查理·芒格认为，一个人的成功固然值得钦佩，但多数时候成功的模式难以复制，因为每个人面临的处境并不一样，每个人的能力、资源及性格都不一样。别人或许可以依赖某种模式，在某种环境和资源下把握机会，获得成功，但对于其他人而言就不一定适合。花时间研究他人的成功经验的同时，更有意义的是看别人因为做错了什么而错失机会，看别人因为什么而失败。

投资，归根结底是认知世界的能力，是投资者整体智力在投资领域内的投射，而世界和认知世界的智力总是复杂而不断变化着的。万变不离其宗，看似表象千差万别，实则本质并无不同。

《道德经》："为学日益，为道日损。"为学日益，指的是广学博闻；为道日损,就是要善于找到事物发展变化的内在共性,总结规律。万事万物,都有共性,也有其内在的规律。

如果没有规律可循,人类不可能乘坐飞船抵达月球,马斯克准备实施移民火星计划,就更加无从谈起了。

如果没有规律可循,巴菲特也不可能"幸运"半个多世纪,在2008年的《福布斯》财富排行榜上超过比尔·盖茨,成为世界首富。

他人成功的特例,对后学者帮助不大。但是,如果能找到或悟出其成功的规律,对自己的成功就有帮助。

什么是规律?规律就是太阳从东边升起,中午会运行到头顶,下午会从西方落下,然后周而复始,千年不变。

规律,就是农夫春耕、夏长、秋收、冬藏,耽误农时,当年的庄稼会歉收。

规律,就是银河系的日月星辰貌似杂乱无章,实则呈现出一个大型螺旋状的排列组合。

……

规律,是不以个人的意志为转移的。

规律,就是股市里同样有春、夏、秋、冬。

第十二章

中式投资理论

所谓中式投资理论,是指以《金刚经》《道德经》《易经》等中华优秀传统经典的研习与思考,结合自己多年的投资实践,所悟出的对于价值投资具有指导作用的理论观点。

中式投资理论总体上侧重于定性、侧重于道;西式投资理论总体上侧重于定量、侧重于术。中式投资理论以定性为本、定量为辅,道本术辅,更为善妙。

第一节 万法通理

一、道的三个层次

万法通理是指世间各行各业之间,内在的道理、规律都是相通的。它又可以称作中式投资理论之"万法相通"原理。

宇宙万象千变万化、错综复杂。在这错综复杂的现象背后,有一个简单明了的宇宙秩序,也就是变化的原则,《易经》称之为"一阴一阳之谓道"。

什么是道?道是自然的始祖,是宇宙之源。道示于人的理,即是大道之理,大道之理是自然的总规律,也是宇宙的总规律。大道之理包含了规律(法则),理中寓法,法中寓理。道的作用是生成万物,决定万物,道在物中,物在道中。

道有三个层次：不可说，很难说，可以说。它们相对应的是不同层次、根器和境界的人。

处于"不可说""很难说"之"道"的层次的人，被称为圣者。在圣者的眼里，金钱只是一种信息。这样的人，会做股票投资吗？需要的时候就会。南怀瑾先生没有研究过经济金融，他一生中唯一的股票投资是20世纪70年代初期，美国总统尼克松去北京会晤了毛泽东，后来美国国务卿基辛格又一次去北京，当时台湾地区的股票天天下跌。基辛格离开大陆之前的那一天，南怀瑾就借了很多钱，叫学生李淑君去买股票。基辛格离开大陆后不久发表谈话，一切尚无大变化。于是，股票连续大涨3天，南怀瑾大赚了一把。南怀瑾用这笔钱投资了老古出版社，并出版了《静坐修道与长生不老》一书，让更多的人了解到道家文化的精髓。

处于"可以说"之"道"的层次的人，被称为贤者，可以了知"道"的规律、属性、作用、秩序与法则。惟道是从、合道而行，吉祥亨通、事半功倍。而对于价值投资之"道"的修悟，巴菲特、芒格、费雪、段永平等都应该是达到了这个层面的人。

有人说，巴菲特的伟大不在于投资的成功，而在于年轻时便明白了许多道理和规律，并用一生的时间来坚守和践行。

中华文明能延续五千年生生不息是有原因的：中华文化是"道"的化现和演绎。

《礼记·大学》："物有本末，事有始终，知所先后，则近道矣。"意思是，世间万物皆有本末终始，个中蕴藏着内在规律，无论是投资还是人生皆如是。

《道德经》："圣人抱一，为天下式。"这里的"一"就是老子所谓的"道"，圣人持守着"道"来作为天下的准则。

修道、悟道、行道，是人一生的事。每行每业做到顶尖都近乎道，如庖丁解牛。巴菲特、芒格这把年纪了（截至2023年9月），仍然修悟投资之"道"不已。

二、规律总是相通的

（一）"众生一体之心性"就是道

《道德经》第42章："道生一，一生二，二生三，三生万物。"

道是总则,是规律。德是遵循道的规律做事。

佛家认为,一切世间万法,貌似偶然、杂乱无章、没有头绪,实则皆由众生一体之心性显现,皆有其规律,有其必然性。"众生一体之心性"就是道。世间的这些规律,是由众生共同的感业力所显化。由于规律的显现源头一体,形成规律的内在动因不二,因此,各个领域的规律是相通的,现象是关联的。

一切自然的规律、现象,都会相应地在股市中演绎,且会像说话一样映现在股市之中。

华尔街投资大师利弗莫尔说:"华尔街从未有所改变,财富来来去去,股票此起彼落,但华尔街永远没变,因为人性永远都不会改变。"说得再直白具象一些:股市的规律是由人性形成的,人性不会轻易改变,故而股市的规律就会周而复始。

(二)水浊,月隐;水清,月现

在网上看到的一段话非常有道理:"当一个人精通阴阳之道后,他就会明白,人世间的是非恩怨,不过是水中花、镜中月,似真又似假。鲜花盛开最灿烂的时候,却是它即将枯萎的开始。在至阴至寒的午夜时分,正是黎明日出的前奏。他发现大自然的神奇规律,与人生轨迹有着惊人的相通。他开始认真向大自然学习,在自然中求道。当他与大自然紧密融合在一起时,他做事就能信手拈来,易如反掌。"

"为学日益,为道日损。"如果只是为学日益,很难觉悟道之奥妙。当我们看不清楚的时候,怎么办呢?《道德经》第15章:"孰能浊以止,静之徐清。"意思是,怎样才能使浑浊停止而变得清彻?当一杯水沸腾的时候,能看到很多杂质,怎么对待这种情况?其实很简单,让它安静下来,让它沉淀下来,它就会变得清澈。心安则静。水浊,月隐;水清,月现。其实,人心与自然一样,万法相通。

巴菲特很有智慧,早就懂得这一点。他说投资者要保持内心的宁静,因为安静的心才能生慧,才能体悟道妙。

三、岛中雄二与《太阳景气经济学》

马克思主义关于事物普遍联系的观点认为,我们面对的物质世界及其万事万物,是普遍联系的,这种联系是有规律的,是可以认识的。我们要认识世界,就要把世界各方面有机联系起来,并通过不断地实践,来验证这种联系的客观性、科学性,并得出正确的结论。股市是自然界的一分子,因此,价值投资必然要遵守自然的规律和法则。

宇宙有成、住、坏、空,世界经济有康波周期,自然界有春、夏、秋、冬四季周期,人类有生老病死,优秀企业有创(业)、(成)长、(鼎)盛、(衰)亡……规律相通,万法通理。

如果事物的发展变化没有规律可循,人类不可能登陆月球,巴菲特不可能成为世界首富。

岛中雄二在其所著的《太阳景气经济学》一书中写道:神秘的自然现象竟然和我们息息相关的经济生活如此吻合;最大的预言家正是"万物之母"——太阳——这只自然界"看不见的手"影响着经济活动。作者首次将自然科学和社会科学融为一体,秉承科学的精神实证太阳怎样影响经济景气。

四、世间法的规律

银河系星河呈万字形旋转,水的旋涡也是万字形旋转。"棋圣"吴清源每逢对弈,必先读一遍《道德经》。吴清源说,围棋其实是对《易经》的解说,是古人探索和解释宇宙规律和自然法则的一种方式。

小说《红楼梦》之所以具备深远的生命力,也是因其通过文学的方式,演绎了人世间的苦、空、无常,演绎了世间法的规律。世间法的道理,佛家、道家、儒家都已经讲透了。

五、《易经》之理

宇宙原本是混沌的,一片虚无,所有的一切都诞生于天地分开的一刹那。

在中国远古的传说中部族首领伏羲发现,北斗七星的柄指向太阳每天升起的方位时,天气开始逐渐变暖,树木会发出新的枝条,这时也正是部族种植农作物最为适宜的时候。柄指向每天太阳升起最高的位置,就是一年中最暖和的时候。当树上的果实变红,地里的作物开始成熟的时候,北斗七星的柄却指向了太阳每天落下的方位。而当柄指向太阳升起和落下的正中间方位时,树木会完全凋零,花草会枯萎死去,这就是一年中最冷的时候。当柄重新指向太阳升起的方位时,天气会再次转暖,万物重又复苏。这种现象循环往复不停。

传说中，《易经》之理是伏羲发现的。伏羲借助工具——木杆，把木杆插在地上，用它来观察影子长度的变化。伏羲发现在圭表倒影的长度和太阳照射之间存在着一个稳定的规律。他进一步发现，在倒影由长到短或由短到长的变化过程中，天气也在经历由冷到热或由热到冷的转化，这个循环往复不止，永不停息。在影子最长的时候，太阳的热量最弱，伏羲把这个点称为太阴；在影子最短的时候，太阳热量最强，这个点称为太阳。在太阳与太阴之间的彼此消长是有规律可循的，是相互转化的。

伏羲创立的这个系统理论就是太极生两仪，两仪生四象，并由此成为《易经》的基本原理。

传说伏羲结合天文地理以及河图，远取诸物，近取诸峰，进而模仿万物的阴阳数理创造了一个全新的符号化的象数模型——八卦图，参见图12－1。

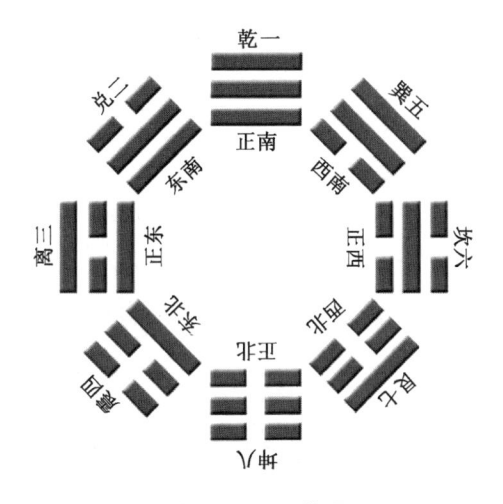

图12－1 八卦图

伏羲画出的八卦确实能概括出天地万物的景象。八卦和64卦包含了世间万物的名与象，伏羲一直求索的天地大道最终显现出清晰的面目。今天看来，这些符号包含的时间与空间概念，以及它所蕴含的对立统一的哲学意味，反映了华夏民族在史前时代的智慧。64卦的确立，奠定了《易经》这部伟大著作的理论核心。

在《易经》几千年的传承和发展过程中，探索始终没有停止。自上古伏羲氏创卦至今,其间不知道经历了多少圣贤总结、归纳、修正,才得到当下的卦爻辞。八卦就是对天地、人与万物的总结和分类。八卦取象于时间、空间与万物。在八卦之后又推演出64卦,更细微地描述了时空流变下的万物现象,从中来传播体悟大道。在发展中,圣人以天人合一的思想对卦爻辞去论证、体会,通过万物之象的启迪,对应人道。故在论述卦爻辞时,将天、地、人与万物包容其中,既有天地之道,又不外乎人道,这才能说明大道的共通性与关联性。总而言之,是圣贤观天之道,以为民用,希望百姓能以易道为生活法则,顺应天道,成就事业,取物喻人,道人合一。

《易经》的源头是"道",是"道"对人类社会的显化和指引。合"道"而行,吉祥亨通;逆"道"而动,事倍功半。《易经》的基本要义有三:简易、变易、不易。

简易,是指大道至简。愈是简易愈有变化功能;愈是复杂的变化,其基本法则愈简单。

不易,是指永恒的自然法则。变易可以概括为四个方面:其一,64卦本身就是从八种自然现象的变化中演绎出来的;其二,自然万物的变化是有规则的;其三,人的意志可以改变事物的变化;其四,64卦本身显示了64种自然静态现象,384爻演化了384种动态的变化,而其中的错卦、综卦,更显示了事物的错综复杂。

价值投资也是如此,须明"道"行事,股市之道即易经之道;易道之理,亦是股道之理。

第二节 道与术:顿悟与渐修

大凡天下学问,万事成败,皆不出道与术这两大范畴。有道无术,其术自生;有术无道,其术必邪。有道有术,可广利天下苍生。

在86体系的"好企业、好团队、好价格"中,好企业、好团队倾向于道,好价格倾向于术。

一、术可以学,道要靠悟

先圣老子,是站在宇宙的角度看问题,而一般人是站在人本主义角度看问题。站在宇宙的角度看,人类是很渺小的,人类的科技再发达,也比不上大自然的规律。人若胜天,天不语;天若胜人,整局空。

大道无为。人类用"术"战胜不了自然,但是,用"道"可以顺应自然规律。

道是方向,术是方法;道是法则,术是谋略。道不隔行,360行其道相通;术有隔行,360行隔行如隔山。道的东西确实难教,必须要修行才能悟道而得。心中无道的人你怎么说也是没用的。合于道的术,是有用的术。投资交易须建筑在投资基础之上。投资领域,定性是道,定量是术。在道的指导下研究术,才不会迷失方向;而通过对术的具体研究分析,道的问题才能得到更为有力的支持。

资本市场有其自身的运行规律,就如同自然界有其规律一样,纯粹用术,即投机交易,难以长久。

86体系、39体系,是定性与定量相结合的投资交易系统。

二、道与术的辩证法

道是智慧,术是聪明。《封神榜》中,姜子牙代表道,申公豹代表术。

道是简单质朴的,术是机巧华丽的;道如流水,术如刀兵;道如舌头,术如牙齿。道,稳定、绵长而持续,术则凌厉而急促。道,任运、本然、外弱内强、永恒,如菩提心、如大海、如全程马拉松、如价值投资。

术,人为、造作、外强内弱、变幻,如王霸心、水库,如百米冲刺赛,如投机交易。

合于道,可以在资本市场长久存活;合于术,可能辉煌一时。若能以道为本、以术为辅,则既可长久存活,又可获取敌国之巨富。

道是时间的朋友,道本术辅,安定徐为。

第三节　道的十一大规律

股市波动,由无数个人的人性构成。神奇的是,股市不仅与道的规律比较相近,而且还能将规律演绎得淋漓尽致。

中国古圣先贤,探究研悟宇宙人生的真谛,揭示了道的十一大规律,或叫十一大自然法则:阴阳根本律、五行生克制化律、天人合一律、中成极反律、因果律、大道自然律、宇宙自控调谐律、质量互变律、蛹动螺旋律、位序规律、利他规律。

道的特性所演绎出来的十一大规律,集古今中外哲学智慧之大成,揭示了宇宙万事万物内在机制与运行变化的规律。

一、阴阳根本律

(一)阴阳根本律简介

中国文化最显著的图腾特征是:太极图。太极图的根本特征是一阴一阳,见图12—2。

图12—2 阴阳之道

阴阳根本律是宇宙万事万物的根本规律。它的内涵是:法于阴阳;阴阳互根;孤阴不生,独阳不长;阳中有阴,阴中有阳;阴极生阳,阳极生阴;阴阳转换;阴阳平衡。

世间所有事物的性质都分为两大类:阴性和阳性。人们把向上的、积极的、看得见的、男性的、面上的这一类全归为阳;相反的另一边归为阴。

(二)阴阳根本律的启发

阴消灭不了阳,阳也消灭不了阴,就像白天与黑夜彼此不能消灭一样,阴阳是互根的。牛市消灭不了熊市,熊市也消灭不了牛市,两者也是互根的。但是,市场投资者的人性反映往往是:黑夜不知昼的白,白昼不知夜的黑,即熊市里看不到牛市会来,牛市里看不到熊市会到。大牛市之后,才会有大熊市;大熊市之后,才会有大牛市。这是阴阳之间的平衡。

在2022年之后,新冠疫情肆虐、俄乌战争爆发、美国连续加息、台海形势动荡……中国资本市场一片狼藉,各种悲观绝望的声音四起。许多投资多年的高手都表示很绝望,看不到未来。但是,笔者从容地不断逢低估买入卓越企业的股权,直至满仓,从而获得了比较理想的投资收益。有许多朋友问我:为什么会如此淡定呢?答案就在"阴阳根本律"中,阴极生阳,阴阳互根,阴到极致了,阳的力量就会孕育、发展、壮大,熊市消灭不了牛市。

就像查理·芒格在2002年的股东大会上所说:"我觉得痛苦是正常的。如果你做长期投资,无论是投资股票还是投资房地产,我可以告诉你,一定既有哀鸿遍野的时候,也有蓬勃兴旺的时候。你要做的就是,无论遇到了好时候,还是遇到了坏时候,都要安然无恙地活下去。正如吉卜林的诗中所说:'它们其实都是幻象。'有白天,也有黑夜,你有什么受不了的吗?没有。有时是黑夜,有时是白天;有时是繁荣,有时是衰退。我始终相信,应该尽到自己最大的努力,坚持到底。"

二、五行生克制化律

(一)五行生克制化律简介

万物由阴阳相交而生,而生成的万物可归纳为五大类属性,即土、金、水、木、火。这五大类属性的事物间存在着相生、相克的关系。其相生的关系是:土生金,金生水,水生木,木生火,火生土;相克的关系是金克木,木克土,土克水,水克火,火克金。五行生克制化律是宇宙万物发展的第二大规律,指明了万物生生不已、运动平衡的理和法,参见图12-3。

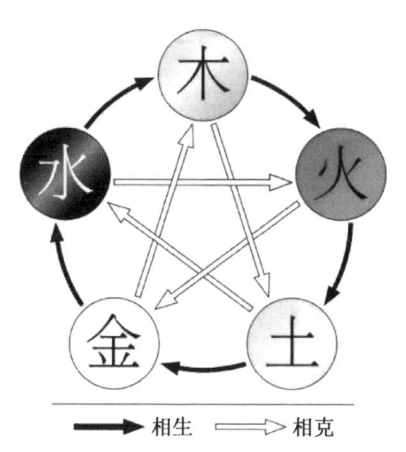

图12-3 五行生克制化律

遵循相生的规律去组合事物,就会出现生生不已的局面;反之,运用相克的规律去组合事物,那么衰败、消亡将随之可见。生中又有克,克中又有生,只要组合搭配时注意了这些,又运用了稳定结构(如三角形结构、五角形结构都是较为稳定的),事物在向前发展时,就会出现平衡的局面;反之,则会出现极为不稳,最终向相反方向发展的结果。

(二)五行生克制化律的启发

在投资过程中,我们必须要有系统的思维。如果我们以国际的视野做投资,那么投资标的所在国家的政治要清明、稳定,经济秩序要井然,经济基础与上层建筑之间要相生相容。如果经济基础与上层建筑之间相克相杀,社会局势动荡不安,投资将可能面临巨大的风险。在一片颠簸的土地上,很难孕育出伟大的企业。

企业团队的领导人,要有宽容的胸襟,一心为公,宽而严正,以有利于事业的发展为第一要务,求贤若渴、唯才是举,要有"分钱"的格局,共同的利益才能组成共同奋斗的团队。

我们用86体系、39体系研究企业时,要看企业的各类产品服务之间,能否相互支撑,能否正向协同促进,不断增强企业的核心竞争力,而最忌互存戒心、相互掣肘、内斗内耗做减法。要对企业家格局、企业文化、组织架构、法人治理等进行充分的考量,分析这家企业内部能否形成合力,有没有战斗力,能否走得长远。

如果遇到过一家上市公司,产品很好,但董事长理念僵化、格局狭小。其产生的"蝴蝶效应"是:组织架构、股权结构明显与时代脱节,从而可能导致企业精英人才外流,留下来的都是一些混薪水的庸才,而且内耗极其严重,大小诸事全靠董事长一个人推动操劳。尽管公司的产品很好,董事长也很想做大,但费了九牛二虎之力,公司的业务也有可能是原地踏步,难以进阶。

考察一个职业基金经理的投资业绩与投资策略体系,首先需要深入了解其投资理念,其次要了解其所处的生态环境,能否支持和包容他的投资理念策略;否则,有可能会以偏概全,而对基金经理做出片面的评价。

如果对于持纯粹价值投资理念的基金经理,动辄以日、周、月、年排名考核,设置清盘止损线,就会束缚其手脚,遏制其才能,就算是巴菲特,也会在这样的体制里面被埋没,甚至被淘汰。

三、天人合一律

(一)天人合一律简介

天,可以说是天道,也可以说是自然。

无论是天,还是人,都会在阴阳根本律的作用下,按照阴阳物质在不同时空点上的结合而产生复性物质。天人是能够感应的,人体本身,也就是一个小宇宙,小天地。站在高维度来看,人类也是自然的一个组成部分。

天人合一律认为,人类诞生之始,就与自然界的运行、变化、发展协调一致,并同宇宙进行着能量与信息的交换。天人合一律是人类社会运行、发展、变化应遵循的规律。

(二)天人合一律的启发

大环境与小气候、整体与局部是辩证统一的关系。"皮之不存,毛将焉附",事物失去了赖以生存的基础,就不能存在。"覆巢之下岂有完卵。"在一个战争频仍的国家,无论怎么努力,都会很艰苦,能否活着见到第二天的太阳都很难说;反之,在一个太平盛世的国家,不用太努力就能过上安稳的生活。所以说,投资要靠国运。

有人说,国内生产总值(GDP)不重要,这种说法是非常片面的。如果把一个国家比作一只股票,年度的 GDP 就是它的业绩表现。如果 GDP 不断增长,国家会越来越富裕强大;反之,如果 GDP 负增长,国家会越来越贫穷弱小。

国家的 GDP 是由大大小小的各种经济组织支撑的。以上市公司为代表,如果 GDP 负增长,上市公司的业绩能好到哪里去呢? 能涨百倍、千倍、万倍以上的股票,无一例外地都诞生在强大的国度。巴菲特说投资就是投国运。

有个著名的"巴菲特指标"是说明国民生产总值(GNP)与股市涨跌的关系。美国股市的市值与衡量国民经济发展状况的国民生产总值(GNP)两者之间的比率处于 70%~80% 区间,这时买进股票就会有不错的收益;如果在这个比例达到 200%,就像 1999 年和 2000 年中的一段时期一样,买进股票就等于在"玩火"。这是巴菲特用以评判股市低估或者高估的重要的宏观经济指标之一。需要提醒的是,中国有许多公司在国外上市,股市市值计算时,需要考虑到这一点。

有人说,股市不是经济的"晴雨表",尤其 A 股,这是看得太短了。拉长时间周期,看年线,一年一根K线,经济基础绝对是经济的"晴雨表"。当然,中、短期货币政策和财政政策会更显著地影响企业股票的估值以及股市的走势。

国民经济不好的国家,股市整体上好不到哪里去,但也会出现极少数牛股,阴中也有阳,但这是小概率事件。

对于政治而言,弱国无外交。对于投资而言,尽量不要投资弱国的企业。每个国家,其民族的擅长优势、禀赋各有差异,体现出来的强势产业不尽相同,尽量投资最强势的。

四、中成极反律

(一)中成极反律简介

由阴阳根本律可知,处于同一共同体内的阴阳,经过调谐后,可以处于平衡状态,阴阳之间是可以转换的,但是这种转换是以地点、时间、条件为转移的。所谓阴阳平衡即是"中成",阴阳转换即是"极反"。

由于阴阳运行的总趋势就是阴阳平衡,于是"中"就成了追求的目标。以中为度才能"成",是谓"中成"。当事物未经调谐,发展至终极时,同样会自然地进行转换,达到平衡态,这就是极反。

(二)中成极反律的启发

这条规律对于投资,尤其是价值投资有极高的应用价值。我们可以结合《道德经》中"反者道之动,弱者道之用""天下皆知美之为美,斯恶已;皆知善之为善,斯不善已……"等名言来理解。

中成,是大多数的常态;极反,是极少数的非常态。中成的常态时间,占比在80%以上;极反的非常态时间,占比少于20%。

指数、个股极端高估、极端低估时的非常态而引发的"价值回归""估值修复"是客观规律,是必然的。合理的估值才是常态。

极反,就是指物极必反。反包含两层意思,盛极而衰和否极泰来,这是自然界和人类社会的一个普遍规律。意思是说,好的事情到了极致就会向坏的方向转化;反之,坏的事情到了极致也会向好的方向转化。

格雷厄姆在《聪明的投资者》中说,没有所谓的好股票或坏股票,只有便宜的股票和昂贵的股票。即便是最好的公司,当它的股价涨得太高时,也会变成"卖出";差的公司,如果它的股价跌得足够低,买了也可能赢利。

阳极生阴,阴极生阳,物极必反。这是宇宙与自然界的规律。

牛极生熊。大牛市就是股市被鼓吹的最猛烈的时刻,身边越来越多从来不碰股票的朋友都开始打听起股票来。如果当平常一直不关心、不了解股票的一群人,也都纷纷拿出钱来买入股票之后,那么后知后觉者入场了,击鼓传花的游戏将会传到最后一棒,后续再没有新的增量资金推高股价了,股灾和熊市这对"姐妹"就该上场表演了。

"熊"极生"牛"。大熊市里,股市不断地无休止下跌,人们开始一边大骂股市,一边割肉。股市兀自继续下跌,就像开启了地狱之门,一直要跌到十八层地狱,似乎永远看不到头。人们逐渐被跌得麻木了,连谩骂的力气都没有了,最后一批割肉的人也都卖掉了股票,再也没有人卖股票了,股市已经被人们彻底厌弃、遗忘,连投资高手都绝望了。这个时候,反转和牛市这对"兄弟"就该表演了。

股市就是这样周而复始、循环往复,并没有太多的新鲜花样。阳极,高估卖;阴极,低估买;中成,合理估值持有。"贵出如粪土,贱取如珠玉。"任何一样东西,只有在没人要的时候价格才会便宜,大家都争着抢着去买的时候,价格一定贵了。

如果某个行业实体企业的回报率太低,就会发生惨烈的出清,劣质企业会被淘汰出局;如果实体企业的回报率过高,就会有资本大量流入而拉低回报,而使整个行业回归到一个正常的回报水平。

五、因果律

(一)因果律简介

因果是佛家认识事物处理问题的重要方法,也是现代哲学辩证法的重要范畴。因果律认为,万事万物都不会孤立地产生,在其产生后也不会成为孤立的事件而无后续影响。

所有的事物,有因必有果,有果必有因,后事之果在于前事之因。此因有此果,此果又为彼事之因,而达于彼事之果,如此循环不已,以至无穷。

(二)因果律的启发

因果律不仅在社会领域广为运用,在人生领域也同样大有用武之地。因果律无时无处不存在,时时处处都在起作用。

投资是认知的变现。认知指导行动,行动产生结果。如果说,认知已经到位,为何自己的钱袋仍然没有变化?这就需要进行自我反思了。

我们可以从因与果的角度来看投资与投机的区别:投机是抱有"偷心",这是因,感的果报是贫穷。价值投资是与上市公司合伙做生意,为社会、为民众提供产品、服务的同时,获取自己应有的利润,利他达己,这样的因,感的果报就是富有。

此外,平时在日常工作生活中,尽量与人为善,多种善因,"但行好事,莫问前程"。

六、大道自然律

(一)大道自然律简介

老子云:"道法自然。"道乃是宇宙万事万物运行、发展、变化的总规律,是不以人的意志为转移的。宇宙间万事万物均受大道自然律支配。

事物受大道自然律支配,在其运行之趋势上不可更改,然而,在小范围内仍然可以加以调整。因此,在不违背客观规律、顺应和掌握客观规律的前提下,对事物进行小范围内的调整,就可以大大造福于人类。

(二)大道自然律的启发

如果说股市有其规律,那就是一家企业的内在价值决定股票价格,股票价格围绕企业内在价值上下波动。遵循股市的规律做投资,就能轻松愉快地赚钱。

七、宇宙自控调谐律

(一)宇宙自控调谐律的简介

万事万物间均有内在联系,均在自我地进行调整,以达到平衡态。客观而言,由于宇宙总在自控调谐,即使不掌握此规律,也可以达到平衡态。然而,换一个角度看,自控调谐并不等于消极等待。若能掌握运行总趋势,有意识地运用规律有意识地对企业运营管理或价值投资标的进行局部调整,必将受益无穷。人体作为宇宙的一部分,作为一个精密复杂的小宇宙,也受自控调谐律的支配,具备人体自控调谐功能。如能真正掌握这一规律,对于人类是大有裨益的。

(二)宇宙自控调谐律的启发

《庄子·秋水》:"物之生也,若骤若驰;无动而不变,无时而不移;何为乎?何不为乎?夫固将自化。"

股市有自己运行的规律,是不以人的意志为转移。股票价格看似上蹿下跳、变幻不定,其实是企业内在价值决定股票价格,股票价格围绕企业内在价值上下波动。个股如此,大盘亦如此。所谓的牛市、熊市均如此,并不以人的意志为转移。

查理·芒格说:"本杰明·格雷厄姆说过:'一天一天短期来看,股票市场是一个投票机,但是从天长日久多年来看,股票是一个称重机。'如果企业不断创造更有价值的东西,那么股票市场上有智慧、有见识的人就会注意到它,并开始买入这家企业的股票。"是金子总会发光的,就像巴菲特所说,关照企业的内在价值,至于股票价格,它会自己照顾好自己。

八、质量互变律

(一)质量互变律的简介

所有事物都有由量变到质变的积累过程。只有量的积累达到一定限度时,质变才会发生。量变是质变的前提,质变是量变的结果。

(二)质量互变律的启发

10 000 小时定律是作家马尔科姆·格拉德威尔在《异类》一书中指出:"人们眼中的天才之所以卓越非凡,并非天资超人一等,而是付出了持续不断的努力。10 000 小时的锤炼是任何人从平凡变成世界级大师的必要条件。"他将此称为"10 000 小时定律"。

20 世纪 90 年代,诺贝尔经济学奖获得者、科学家赫伯特·西蒙就和埃里克森一起建立了"十年法则"。他们指出,要在任何领域成为大师,一般需要约 10 年的艰苦努力。中国的古话"十年磨一剑",其实是同样的道理。

霍华德·马克斯说:"投资理念来自何处?我可以肯定的一件事是,在迈入投资生涯的门槛时,没有谁的投资理念是已完全成形的。投资理念由各种来源的想法长期积累总结而来。不在生活中积累经验教训,就不能形成有效的理念。幸运的是,我的一生中既拥有丰富的经验,也有过巨大的教训。"

在投资方面,如果不是天赋异禀,那就需要用毅力和坚忍,扎扎实实、一步一个脚印地勤奋学习、思考、实践,并不断地迭代进化,从而实现由量变到质变。这是成功的唯一路径。

九、蠕动螺旋律

(一)蠕动螺旋律简介

所谓蠕动,是指事物运行的轨迹呈现蠕动式。事物在阳极时必然要生阴,而至阴极时再生阳,如此循环往复不已。这一事物运行的轨迹就是蠕动曲线。

事物的运动变化是蠕动螺旋式的,想走直线是行不通的。蠕动并非一定是前行的,也有蠕动后退的。至于何时进、何时退,则全然取决于当事人是否理解这一规律,并有意识地自觉地运用这一规律。历史上的功成身退者便是阳极时自觉运用这一规律的例证。

所谓螺旋,是指任何事物的发展都不是简单的离心运动,而是呈螺旋式曲线的。螺旋曲线未必都是上升的,也有螺旋式下降的。当事人如能有意识地运用这一规律,则会促使事物向上升的轨迹运行;否则,不了解这一规律甚至抵触、冲撞它,就会导致螺旋式下降。

(二)蠕动螺旋律的启发

牛市,或者牛股,是波浪式前进、螺旋式上升的;熊市,或者熊股,是波浪式后退、螺旋式下降的。

涨 100 倍的股票,从来都不是直线上涨的,涨涨跌跌是常态,但总体上是向上的,回撤 30%、40%、50%都是正常的;同理,跌 90%的股票,从来都不是直线下跌的,跌跌涨涨是常态,但总体上是向下的,反弹 30%、40%、50%也都是正常的。

决定股票螺旋式上升或螺旋式下降的,是企业的内在价值。

十、位序规律

(一)位序规律简介

这是从阴阳根本律导引出的又一重要规律。宇宙万事万物的运动、变化、发展处于进退有度、上下清楚、层次分明、名位有序时就和谐;阴阳运动失度、上下错位、层次不清、名位紊乱时就动荡、混乱。

人类社会的发展,动荡、混乱、失序是一类状态;稳定、和谐、有序是另一类状态。和谐社会既是充满活力的社会,更是安定有序的社会。五脏平和修心德,万事平和修公德,宇宙平和修道德。

如果是创业初期,可以同吃同住,但是进入正常运作时,从管理的角度上,就应该逐步调整,有些职位就是要高高在上,同其他人保持一定距离才便于工作。守成阶段应该全部划分开来,层次分明,名位有序。

科学家的研究表明,自由基关系到人体60多种疾病,是造成生物磁场混乱的重要原因。如果人体系统充斥着自由基,那健康就会亮起红灯;如果一个组织里面出现"自由基"的人,位序紊乱将给这个组织造成重大损失。

存在差异与区别的事物,其分配、待遇、权力等级及其伦理与制度必须符合宇宙的位序规律,就像打开大地能量整体作用的频道开关一样,使整个自然、社会、生命纳入"道"的作用,从而进入合理、有序的调整之中。

(二)位序规律的启发

如果一棵树最高的枝干被另一根枝干超越,旧的枝干就会停止生长,新枝干会长得越来越高。一个行业中,无论是在顺周期还是在逆周期,头部企业都具有优势,能够不断地提升竞争力,享受高利润率。

任何企业都有生命周期。如果头部企业破而后立,成本高且无法自我革命,被新龙头(生意模式)取代而遭遇市场无情地淘汰的概率就很高,如柯达胶卷、诺基亚手机等。

十一、利他规律

十一大规律中最具不一样特点的应该是"利他规律"。"道",就是圆满的"无我利他"。利他规律,是凌驾、超越其他十大规律之上而无限接近于"道"。

(一)利他规律简介

中华传统文化渊远流长,对利他规律都有所阐述。

《易经》:"积善之家,必有余庆;积不善之家,必有余殃。"

《道德经》:"上善若水。水善利万物而不争,处众人之所恶,故几于道。"

《道德经》:"天长地久,天地所以能长且久者,以其不自生,故能长生。是以圣人后其身而身先,外其身而身存。非以其无私邪?故能成其私。"

《论语·里仁》:"德不孤,必有邻。"

《孟子·梁惠王上篇》:"仁者无敌,王请勿疑。"

《春秋·曾子》:"人为善,福虽未至,祸已远离;人为恶,祸虽未至,福已远离。行善之人,如春园之草,不见其长,日有所增;做恶之人,如磨刀之石,不见其损,日有所亏。"

《世说新语》:"德成智出,业广惟勤,小富靠勤,中富靠智,大富靠德,小胜靠智,大胜靠德。"

(二)利他规律的启发

1."自利利他是人间双赢"

我们的发心能否实现的关键,在于你是选择利他,还是选择自利。简言之,就是一心想着有利他人,结果成就了自己;一心想着有利自己,结果总事与愿违。

用佛家的观点来讲,其中的原理是这样的:一切外境本来就是自心的显现,大家都是一体的。如果你将所谓的自己和众生分开来对待,就会造成自己和自己的分裂,就像癌细胞是由正常细胞转化而来,在破坏正常的细胞的同时,就有可能产生癌变。

将自己和所有人视为一体,我为人人、人人为我,结果大家都会活得越来越好。一个组织也是如此,彼此多一些奉献付出,每个人都会越来越好;反之,彼此都玩弄小算盘,想着自利,结果就是分崩离析。

我们一定要知道自利是有毒的,任何自私自利的想法都应尽量清除;否则,后面的一切都会清零,甚至有可能遭到因果铁律的反噬。

发心技巧,就像一把双刃剑,熄灭贪心的人,能够越用越好;贪心重的人,只会引火自焚。修改发心,并非只是表面、文字上的,而是要修心,修正自心。

无独有偶的是,《道德经》第五十九章云:"治人事天,莫若啬。夫为啬,是以早服;早服谓之重积德;重积德则无不克;无不克则莫知其极;莫知其极,可以有国;有国之母,可以长久;是谓深根固柢,长生久视之道。"

《华严经》说:"一切众生而为树根,诸佛菩萨而为花果,以大悲水饶益众生,则能成就诸佛菩萨智慧花果。是故菩提属于众生,若无众生,一切菩萨终不能成无上正觉。"

正如古人云:"但行好事,莫问前程。"

2. 价值投资赚大钱的底层逻辑

张磊在《价值》中写道:"我一直在思考,价值投资者的最大坚守是什么。得到的答案是:永远坚持做创造价值的事情。价值投资者是求成者,而不是求存者,求成者追求成功,而求存者往往把他人视为威胁。价值投资不是击鼓传花的游戏,不是投资人之间的零和游戏,不应该从同伴手中赚钱,而应通过企业持续不断地创造价值来获取收益,共同把蛋糕做大,是正和游戏。"钱不是赚来的,而是在不断地帮助别人解决问题之后的回报。

你的一生能成就多少人,你就能有多大的收获,你为别人创造多大价值,你就有多大价值!世界上最伟大的商业模式就是——利他!

真正的价值投资者能够赚大钱的底层逻辑是:他们通过投资优秀的公司,用产品或服务满足了社会大众的某种需求,从而间接地为社会创造了价值。

俗话说,于己有利而于人无利者,小商也;于己有利而于人亦有利者,大商也;于人有利,于己无利者,非商也;损人之利以利己之利者,奸商也。

财神本无亲,专寻有福人;福从何处来,具有大善心。

第四节　国学经典中的投资之道

把"道"的运行规律、法则应用于证券投资,就是投资之道。中国历史悠久,5 000年的文明史光辉灿烂,中华优秀传统文化博大精深,我们可以从国学经典中吸取投资的营养。

一、《道德经》

第七十七章:"天之道,其犹张弓欤?高者抑之,下者举之;有余者损之,不足者补之。天之道,损有余而补不足;人之道则不然,损不足以奉有余。孰能有余以奉天下,唯有道者。"

第二十二章:"洼则盈""少则得,多则惑。"

天之道,表现为自然规律。自然的规律,比如地球引力,人类的意志无法改变。"天道"的特点在于减少有余而补给不足,而"人道"则反之。

投资需要遵从天道,而非人道。如果投资的理念、策略体系,符合自然的规则，无疑是正确和能持续长久的。价值投资，一定要低估买、高估卖，合理估值持有。安全边际理念，完全符合自然规律。

第四十章："反者，道之动；弱者，道之用。天下万物生于有，有生于无。"

"否极泰来"的投资思想是合于道的，也暗合了39体系。巴菲特等大师的价值投资方法，与86体系、39体系是完全相通的。

从某种程度上可以说，86体系、39体系囊括了世间一切价值投资方法，万法通理，皆可如是！

第二十五章："有物混成，先天地生，寂兮寥兮，独立而不改，周行而不殆，可以为天地母。吾不知其名，字之曰道，强为之名曰大。"

第二十一章："孔德之容，惟道是从。"

道的运行和规律，独立而不改、周行而不殆，是不以人的意志为转移的。

任何国家宏观政策的制定并执行，也须合于"道"，持经达变，不能背"道"而驰；否则，政权会被"道"修理，乃至被"道"的化身颠覆。老子说："孔德之容，惟道是从。"

价值投资是最合于"道"的投资方式，与宏观经济、政策以"道"贯通。价值投资是"道"赐予人类投资领域的真理，是投资领域的阳光大道，相当于"捡钱模式"，是老天爷赏饭吃，人们却没有注意，或者忽略，或者不相信。资本市场的"惟道是从"，巴菲特做价值投资是杰出代表。

价值投资理论体系诞生至今已有一百多年，其中每一条都是人人都能轻松理解的道理，为什么能做到并做好的人却凤毛麟角呢？李录回答说："因为人性没有改变。因为股票可以随时买卖，可以把它（股票）变成一张可以交换的凭证，就像在赌场里的筹码一样，赌性会被随时发挥出来。我相信还是秉性适合的人来做这个行业会比较好。"

价值投资合于道，接近于道，永远拥有广阔无垠的蓝海，因为人性使然。

第四十二章："道生一，一生二，二生三，三生万物。万物负阴而抱阳，冲气以为和。"万事万物，其体性是道，其体相的运行发展都是以"道"贯通的。

第四十八章："为学日益，为道日损。损之又损，以至于无为。无为而无不为。"世间法的学习是做加法，但要想成为觉悟的、拥有智慧的人，恰好相反，学道是做减法。

找到了事物的本质规律，而不违反规律，依照规律做价值投资，就可以无往而不胜,达到"邓宁—克鲁格效应"的第四阶段——平稳高原。

价值投资的确能够体现"为道日损,损之又损,以至于无为,无为而无不为"的特质。价值投资的本质就是选择卓越企业,以低估或合理估值买入,同时以企业内在价值为锚,低买高卖。

"术"是经验和技巧,比较简单。如果一辈子只停留在"术"的层面学习,就会越学越多,且无法灵活运用。一旦从"术"升华到了"道",再去看"术",就会很简单。这是从高维度看低维度,可以实施降维打击。

要了解事物的本质和规律,不要本末倒置。

第六十六章:"江海之所以能为百谷王者,以其善下之,故能为百谷王。"大道似水,水往低处流,终成大海;价值投资,低估买、高估卖,大道至简。

第五十三章:"大道甚夷,而人好径。"股市里的绝大多数人,追涨杀跌,逆"天之道",苦海无边。合道而行,吉祥亨通;逆道而动,诸事归空;大道至简,人鲜恒守。为什么会这样呢?人性无明愚痴及其所孕育的"贪、嗔、痴"三毒的缘故。

人人皆知起居以时、饮食知量、坚持锻炼有益健康长寿,但很少有人能做得到。在股市里,人鲜有恒守至简之大道。资本市场的"一九"铁律,咎在人性。

第二章:"天下皆知美之为美,斯恶已;皆知善之为善,斯不善已。故有无相生,难易相成,长短相形,高下相倾,音声相和,前后相随。是以圣人处无为之事,行不言之教。万物作焉而不辞,生而不有,为而不恃,功成而弗居。夫唯弗居,是以不去。"《道德经》这一章,对于价值投资很有价值。

从"天下皆知美之为美,斯恶已;皆知善之为善,斯不善已"可以推知:市场一致看多有大风险,一致看空有大钱可捡,大家可以回想一下大牛市和大熊市,是不是如此呢?

从"故有无相生,难易相成,长短相形,高下相倾,音声相和,前后相随"可以推知:做价值投资,要善于反着看,逆向思维,因为股市存在"一九"铁律。

"无为之事"指的是不违反自然规律,而在股市里是指不违反股市的规律。开悟了投资之道的人,合于股市之道而做投资,则可轻松愉快地获得复利收益。

第三十三章:"知人者智,自知者明;胜人者有力,自胜者强。"老子认为,认识他人只是普通的聪明,能够认识自己才算得上真正的高明。孔子也说:"知之为知之,不知为不知,是知也。"每个人的能力圈都是有边界的,坦然承认自己不了解的领域,拥有自知之明,是真正的勇气和智慧。

价值投资"三不原则"中的"不懂不投"看似简单,实则非常难以做到,很多优秀的人在资本市场失败,就是因为没有做到这一点。

二、菩提道修行

菩提道修行与价值投资有相通之处,其都需看破、放下表面现象,而看清、安住真实本质。菩提道,是在全维法界这个层面,看破放下身心世界,看清、依止自己的本来面目,即法身上师(佛性、空性、道)。前者是无常生灭,后者是有常永恒。

价值投资是在股市这个层面,需要看破放下股价的涨跌波动,看清企业基本面的内在价值。前者变幻不定,后者是世间法层面的相对"有常永恒"。

三、《论语》

《论语·颜渊》:"上天有好生之德,人有恻隐之心。"苍天都眷顾任何一个人,不愿看到任何一个人受到伤害;我们任何人做任何事也都要凭天理凭良心,要有悲天悯人之心,而不能落井下石。

真正能化解危机、能帮助人而利他的是什么呢?惟有圣者的言传身教,使人心趋净向善。

人性的暗弊,纵然有其时代的特征,却是价值投资者的福音。频繁的灾难利空意味着更多的暴跌暴涨可能性,从而创造了更多低估买、高估卖的机会。等待市场犯错和大众愚蠢,这将为价值投资者提供巨大的腾挪空间。

四、《易经》

《周易·系辞上》:"一阴一阳之谓道。继之者善也,成之者性也。仁者见之谓之仁,智者见之谓之智,百姓日用而不知,故君子之道鲜矣。"

《易经》表达的核心意思之一,就是阴阳根本规律,其实是"可以说"层次的"道"的规律。

万事万物都是有规律可循的。中国台湾曾仕强老先生说:"宇宙万象千变万化,可以用'错综复杂'来形容。在这错综复杂的现象背后,有一个简单明了的宇宙秩序,也就是变化的原则,称为'一阴一阳之谓道'。"

世间规律是众生的共同惑业力形成的,难以显而易见地改变,"道"在其中。除非人性改变了,除非天地合、昼夜合、男女合、地球引力消失了……

2022年,很多人担心世界末日来了,担心股市要关门了……其实,世间万事万物,法于阴阳、阴阳互根、孤阴不生、独阳不长、阴中有阳、阳中有阴、阳极生阴、阴极生阳、阴阳转化、阴阳平衡。我们,不要担心天会塌下来、世界会毁灭,这些纯属无稽之谈、杞人忧天。

股神巴菲特说:"国家不会消失,经济不会消失,生意不会消失。假以时日,经济都会增长,但最终由谁来享受这些成长,那可就说不定了。"

牛市消灭不了熊市,熊市也消灭不了牛市,两者是互根的。就像地球上的生命类型,有人类,有飞禽走兽,生命会一直存在,不会莫名其妙消失。万事万物都由道所生,万事万物共同的体性,是道。"道"的作用是生成万物,决定万物。道在物中,物在道中。"孔德之容,惟道是从。"人类唯一正确的道路,只能是合道而行。

五、《孙子兵法》

《孙子兵法·军形篇》曰:"昔之善战者,先为不可胜,以待敌之可胜。不可胜在己,可胜在敌。故善战者,能为不可胜,不能使敌之必可胜。故曰:胜可知,而不可为。不可胜者,守也;可胜者,攻也。守则不足,攻则有余。善守者藏于九地之下,善攻者动于九天之上,故能自保而全胜也。"

投资如战场,方法论如兵法,我们要在不确定性中寻找确定性机会。对于风格相对保守的价值投资者来说,没有等到足够理想的投资机会之前,"按兵不动"就是最好的选择。

"以退为进,以守为攻。"价值投资理念中的"不要亏损本金"与《孙子兵法》"先胜后战"的战略思想有异曲同工之妙。

"不可胜在己,可胜在敌。"我们可以使自己不露出破绽,但敌人的破绽需要等待。

投资股票市场,我们无法让市场走向顺从自己,但可以让自己立于不败之地。不预测,保持理性,选到好企业,保持耐心,低估买入,可立于不败之地;等待市场失去理性而露出破绽的时候,就可以轻松取胜。

好企业,随着买入估值的降低,平均回报率的中值就会增加。其实,恪守"戒、定、慧",悟透86体系与39体系,严格按这个投资策略去做,就会产生很好的收益。

六、股道通商:范蠡的投资思想

价值投资的第一性原理是与上市公司合伙做生意。

中国古代商圣范蠡提出:"夏则资皮,冬则资绤,旱则资舟,水则资车,以待乏也。"既然是做生意,我们有必要进一步了解商圣范蠡(自号陶朱公)的著作:《陶朱商经十八法》,其中"三略"指"货略""价略""市略"。

"三略"是聚财的原理。他归纳为三点:"务完物,审贵贱,无息币。"意思是说,货物的品质要完美,要注意价格变化规律,莫要使货币停止流动。

"货略"的核心是务完物。他说:"以物相贸易,而食之货勿留,无敢居贵。"意即一定要保证所经营的货物质量,在采购货物时,对易腐烂的东西,切勿长期存储,贪图卖价高,还要防止以次充好,坑害消费者。

"价略"的核心是审贵贱。价格问题颇为复杂,范蠡主要强调:"论其有余不足则贵贱之。贵上极则反贱,贱下极则反贵。贵出如粪土,贱取如珠玉。"范蠡说的价格原理,就是货物供求关系的有余与不足;物价贵到极点,就一定会下跌;物价贱到极点,就一定会上涨。当价格贵到极点时,一定要把它视同粪土一般及时卖出;当价格贱到极点时,一定要把它视同珠宝一般及时买入。范蠡指出了价格变化中物极必反的规律。两千多年前,陶朱公就已经总结出了做生意和投资的真谛。

"市略"的核心是无息币,指的是资本金营运策略。范蠡的"无息币"就是说货物、资金都要不停地循环、运转,如此"则币欲其行如流水"。币即钱,钱即泉,川流不息,乃至大汇。

综上可知,股票投资的是未来的赢利预期,而不是历史业绩。从长期而言,股价反映的是企业内在的价值成长性。

价值投资的根本要注意四个方面:其一,企业能否持续发展;其二,买的股票是企业的一部分,是与企业合伙做生意;其三,对于企业未来的洞察,要比别人准；其四，估值要低。

价值投资有四大基本哲学原理（四大支柱）：一是股市长期波浪式复利上涨原理；二是价值投资确定性正和、共赢、捡钱原理；三是投资真正优秀卓越的企业，稳赚不赔原理；四是万法相通原理。

第十三章

复利效应

第一节　复利奇迹

"复利"一词，在金融投资领域用得比较普遍，就是把上一次投资所得的本金和利息，作为下一次投资的本金，也就是通常所说的"利滚利"。复利的神奇之处在于，一点点地增加收益，将带来长时间的放大效应。

巴菲特之所以伟大，不在于他成功后拥有数百亿美元的财富，而在于他很小的时候就想明白了许多道理，并用一生的岁月来坚守，比如复利。

在《滚雪球》一书中第一页就有这么一段话："1939年冬天，9岁的沃伦·巴菲特和妹妹伯蒂在户外的院子里玩雪，沃伦用手接着雪花，一开始是一次一捧。接着，他把这些少量的积雪铲到一块，捧起来揉成一个雪球。雪球变大之后，沃伦把它放到地上，让它慢慢地滚动。每推动一次雪球，雪球就会粘上更多的雪。他推着雪球滚过草坪，雪球越来越大。很快，沃伦就把雪球滚到了院子边上。片刻犹豫之后，他继续向前滚动雪球，穿过了附近的街区……从那里开始，沃伦一直朝前行进，目光投向白雪皑皑的整个世界。"

因为悟到了复利规律及其威力，并掌握了获取复利的方法，巴菲特在很年轻还没有积累巨额财富的时候，在一张纸上写下一串"天文"数字，并告诉他的家人："这些数字就是我未来要拥有的财富，虽然我现在没有这么多，但总有一天我会赚到的。"

历数巴菲特最为世人熟知的三句话,一是他 2004 年说的"在别人贪婪时恐惧,在别人恐惧时贪婪"。二是他 1994 年分析自己的投资人生时说的"人生就像滚雪球,最重要的是发现很湿的雪和很长的坡"。三是 2000 年的某一天,他回答贝佐斯的一个疑问"你的投资体系这么简单,为什么你是全世界第二富有的人,别人不做和你一样的事情"? 他回答道:"因为没有人愿意慢慢变富。"这三句话中,后面两句,说的都是复利。

在复利投资中,巴菲特强掉了两个基本原则:第一,不要损失本金,第二记住第一条。复利投资中收益率不要求太高,要求的是确定和持续,做时间的朋友。从高中的时候投资弹子机到登上世界富豪榜,巴菲特始终使用价值投资的方法,让复利发挥作用,推动财富呈几何级数增长。

关于复利,巴菲特列举过一个麦子与国王的例子。在古印度,有一位叫西萨的宰相发明了国际象棋,国王龙颜大悦,就问西萨要什么赏赐。西萨说:"陛下,臣别无所求,只想请您在这张棋盘的第 1 个小格里放 1 粒麦子,在第 2 个小格里放 2 粒,第 3 个小格里放 4 粒,以此类推,每一小格放置的小麦数量都是前一小格小麦数量的 2 倍。请您把摆满棋盘上所有 64 格的麦粒赏赐给您的仆人吧。"国王很痛快地答应了他的要求。后来国王郁闷地发现:就算把全印度甚至全世界的麦粒拿来,也满足不了宰相的要求。

一张足够大的、厚度 0.05 毫米的纸,对折 43 次以后,有多厚? 一层楼房那么高? 100 米高? 1 000 米高? 珠穆朗玛峰 8 848 米高? No! 44 万公里! 你没有看错,超过了地球到月球的距离。

爱因斯坦说,复利是世界第八大奇迹,比原子弹更可怕,是宇宙中最强大的力量。

巴菲特用自己的一生,证明了复利的奇迹,年均 20% 的投资复合增长率,让他登上了世界财富之巅。伯克希尔是一家神奇的公司,在《财富》杂志 500 强公司中,巴菲特曾是 500 强前十名,他是唯一白手起家的人。

第二节 自然界的复利

自然界的复利现象有很多,下面略举几个例子。

一、滴水穿石

位于安徽省宣城市广德县的太极洞内,有一处景观叫"滴水穿石"。教科书中这样描写:"在安徽广德的太极洞内,有一块状如卧兔的石头,石头正中有一个光滑圆润的小洞。这个小洞是怎么形成的呢?原来在这块石头的上方,有水滴接连不断地从岩缝中滴落下来,而且总是滴在一个地方。几百年过去了,几千年、几万年过去了……水滴锲而不舍,日雕月琢,终于滴穿了这块石头,成为今天太极洞内的一大奇观。"

二、荷花定律

在一个荷花池里,第一天荷花开放的很少,第二天开放的数量是第一天的两倍,之后每一天,荷花都会以前一天两倍的数量开放。如果到第 30 天,荷花就开满了整个池塘,那么好多人以为荷花是在第 15 天的时候开了一半,到 30 天的时候刚好开满,其实不是这样的,荷花开一半的时候其实是第 29 天。这就是著名的荷花定律,也叫 30 天定律。

三、竹子定律

竹子定律和荷花定律有相似性,描述的场景是这样的——竹子在前 4 年只能长 3 厘米,这 3 厘米还都是深埋于土下,等到第四年它破土而出,就能以每天 30 厘米的速度疯长,6 周时间就能长到 15 米。

四、非洲草原上的"尖毛草"

"尖毛草"在最初 6 个月的光阴里,几乎是草原上最矮的草,人们甚至无法用肉眼观察到它的生长。但半年过后,经过一场大雨的浇灌,大片的"尖毛草"就像被施了魔法一样,每天都在疯狂地生长。最后,在短短几天内,它就蹿到了两米多高,形成一堵"凭空出现"的墙,整个过程无比震撼。后来经科学家研究发现,原来"尖毛草"早已用了整整 6 个月的时间去扎根土壤。它们不动声色地为自己积蓄力量,只等待一场大雨的降临。而大多数人往往只见证了它疯狂生长的过程,至于它们如何扎根于土壤,却一概不知。

五、金蝉定律

金蝉定律与竹子定律也有些相像,描述的景象主要是:优质的蝉要在暗无天日的泥土下生存 3 年。据说还有一种美国的蝉要生活长达 17 年之久,它们在地下靠汲取树木的汁液为生,养精蓄锐,待到时机成熟,便会慢慢爬上阳光普照的树枝,脱下壳,变成一只真正的知了。这时它们的生命迎来了高光时刻:在夏日刺眼的艳阳中,迎着强光不知疲倦地鸣叫,好像要弥补过去几年的黑暗岁月。

六、鸭子定律

大家有没有见过鸭子凫水时的真实模样?一般情况下,人们只看到鸭子在水面上悠闲安逸地游动。如果潜入水下后你就会发现,原来它的鸭蹼一直都在拼命地划动着,没有一刻停歇。优雅需要底气,华丽需要实力。生活就像水中的鸭子,每一次光鲜亮丽的背后都隐藏着你无法想象的坚持和拼搏。

作家刘同曾经说:"你必须非常努力,才能看起来毫不费力。"

有多少人能像竹子、荷花、金蝉、鸭子、尖毛草一样,在浮躁的环境里,耐得住寂寞?信念往往会被种种欲望干扰绑架,厚积薄发的"工匠精神"是时代的稀缺品。平步青云终是侥幸,厚积薄发方是正道。所谓的成功和奇迹,追根溯源不过都是脚踏实地的勤劳与汗水。

第三节 人生复利

复利效应在人类社会的各个领域,甚至在我们的日常生活和工作之中,俯拾即是。中国改革开放以来经济发展的辉煌成就,也是复利效应的奇迹。

诗仙李白的故里,位于四川省江油市青莲镇。青莲镇有一块长方形的石条,人称"磨针石"。传说李白小时候虽天资聪明,但读书不用功,时常贪玩,今天爬到家门前的桂树上去抓鸟,明天又躲进一个人称"凤凰窠"的山洞里去玩石头。一天邻居武婆婆在溪边洗完衣服后,便在石板上磨她那根铁棒,恰遇李白从此路过,见此情形,李白问武婆婆:"磨它干啥?"武婆婆答:"想磨根针来用。"李白惊奇道:"这样粗的一根铁杵要磨成针,怎么能做到呢?"武婆婆意味深长地说:"只要功夫深,铁杵磨成针。"李白听了这话,深受启发和感动,从而悟出了人生的道理:只有勤奋和恒心,才能换来知识与成功。从此以后,他发奋图强,刻苦攻读,终成才高八斗的诗仙。

"只要功夫深,铁杵磨成针"就是复利效应。中学语文课本里的《卖油翁》《庖丁解牛》也是复利效应的显现。"书读百遍,其义自见",是知识的复利效应。

金庸笔下的中国式阿甘——侠之大者郭靖,天生资质愚钝,但他用心纯粹、勤奋习武、坚持不辍,最终取得了巨大的武学成就,这也是复利效应。

李小龙说:"我不怕会一万种招式的人,却怕一种招式练一万遍的人;千招通不如一招精,你练了一百种功夫,没有深入精通也是个门外汉。"

战国时期苏秦在经历重重打击之后,发奋图强,学而大成,是复利效应。越王勾践"十年卧薪尝胆",终于一雪前耻,也是复利效应。

《人性的弱点》作者戴尔·卡耐基,出生在美国密苏里州的一个小农场,小时候家境非常贫困,经常吃不饱、穿不暖。

少年时期的卡耐基由于营养不良,因此非常瘦小,却长有一对突出的大耳朵。因为长相怪异,所以他经常被班上的男同学恐吓:"总有一天,我要剪掉你那双讨厌的大耳朵。"卡耐基被吓得好长一段时间都不敢睡觉。

卡耐基小时候内心曾充满自卑、挫败感,也饱受同伴的奚落、嘲笑。他具有与生俱来的忧郁性格,下雷雨时,担心会不会被雷打死;年景不好时,担心以后有没有食物充饥;担心没有女孩子愿意嫁给他,还担心死后会不会下地狱。

1904年,16岁的卡耐基进入师范学院学习,他是全校600名学生中最穷的5个学生之一。因为交不起学校的住宿费,所以卡耐基每天只能骑马上学、放学。在学校里,瘦弱、苍白的卡耐基永远穿着一件破旧而不合身的夹克,一副落魄的样子。他没有演说的天赋,却参加了12次演说比赛,屡战屡败。

万万没想到是,他经过长期坚持不懈的自我磨练后,为商业界人士开设了一个公开演讲的培训班,教导人们人际沟通及处理压力的技巧。在二十多年的培训经历中,卡耐基用大量普通人通过努力取得成功的故事,唤起了迷惘者的斗志,并激励他们去取得成功。1936年,卡耐基出版了《如何赢取友谊与影响他人》的著作(中文名《人性的弱点》)。卡耐基在道德、精神和行为方面影响了全世界成千上万的人,他的教学构想开创了成人教育的先河而经久不衰。他的教学方式和原则,被21世纪绝大部分成功培训机构所效仿。事实证明,卡耐基的教学模式是目前世界上改变一个人最富成效的方法。他以超人的智慧、严谨的思维,在道德、精神和行为准则上指导了千千万万的读者,给人安慰,给人鼓舞,使人从中汲取力量,从而改变生活而开创崭新的人生。

卡耐基的著作自问世以来,帮助了全球4亿读者走出迷惘,改变了无数人的命运,其中包括发明之王托马斯·阿尔瓦·爱迪生、相对论鼻祖阿尔伯特·爱因斯坦、印度圣雄莫罕达斯·卡拉姆昌德·甘地、"米老鼠"的父亲华特·迪士尼、建筑业奇迹的创造者里维父子、旅馆业巨子希尔顿、白手起家的台湾塑料大王王永庆、麦当劳的创始人雷·克洛克,等等。

巴菲特在2009年出版的BBC视频中说:"当我在高中和大学时,我很害怕公开演讲。我做不到,我的意思是,我会呕吐。"巴菲特在视频中说:"我其实在办公室(实践中)获得了毕业证,但我没有大学毕业证书,没有研究生毕业证书,可我在那里获得了戴尔·卡耐基文凭,因为那改变了我的生活。"

多年后,卡耐基被誉为美国的成人教育之父。美国《时代周刊》曾报道:除了自由女神,卡耐基精神就是美国的象征。

卡耐基说:"学习要加,骄傲要减,机会要乘,懒惰要除。""这个世界既不是有钱人的世界,也不是有权人的世界,它是有心人的世界。""人不是因为没有信念而失败,而是因为不能把信念化成行动,并且坚持到底。"

卡耐基的价值就是滴水穿石、锲而不舍、聚沙成塔、集腋成裘、日雕月琢、愚公移山、坚持不懈的复利效应。

第四节　实现投资复利

所有取得长期成就的人,也许没有认真思考过复利效应,但都在不同程度潜移默化地应用复利思维和复利效应。要想实现复利效应,需要做到以下几个方面:

第一,发心要正确。佛说,发心如初,成佛有余。传销组织也应用了复利的方法,但用错了地方,损人害己,弄不好还得进监狱。高利贷,也是利滚利,但伤天害理,唯利是图,还可能涉嫌违法犯罪。

第二,复利需要方向正确。如果南辕北辙,背道而驰,生出的不是复利,而是负利。像马丁·路德所说的:"如果你不能飞,那就奔跑;如果不能奔跑,那就行走;如果不能行走,那就爬行。无论你做什么,都要保持前行的方向。"

第三,复利需要方法得当,就像段永平说的那样——"把事情做对"。达到目标的方法,不能有明显的漏洞,就像投资不能损失本金一样,否则无法实现复利。

慢不怕,循规蹈矩,亦步亦趋也无妨,只要能够稳健积累即可。巴菲特年化复利增长20%,成了世界首富;如果我们能够年化复利增长10%,富甲一方不是问题。

方法不一定要多么高明,就算见效缓慢,也没关系,坚持下去,就能生出复利效应。

晚清名将曾国藩创造出"结硬寨、打呆仗"战法,尽管被许多人看不起,但这是他在对阵太平天国起义军屡次失败的过程中,寻找到的制胜之道。这条制胜之道,被称为"拙战"(呆仗),即利用优势兵力,充足的粮草供给,坚固的防御工事,步步为营,一个城池一个城池地打,一个营寨一个营寨地破。不冒进,不急躁,遇到坚固城池,就靠主力围困,城外挖沟,切断一切供给,一月不行一年,一年不行两年,一座城池的粮食再多,只要没有补给,迟早会吃完。士兵战斗力再强,没饭吃也会饿死。敌军越是火急火燎,曾国藩越是稳如泰山。这种近似于傻瓜的打法,却是一种令对手闻风丧胆的策略。"结硬寨、打呆仗"的战法让太平天国陈玉成、李秀成等天才将领,痛苦万分,束手无策。

"不得贪胜"也是围棋十诀中的第一条,意思是越是对胜利存有贪念,越是得不到胜利。"通盘无妙手,善战无奇功,只做半目胜"是围棋高手李昌镐的战法。

段永平认为,"不整天想着出奇,犯错机会会下降,不小心出个奇反而成为可能了。我说的不出奇并不是说结果不出奇,而是说心里不要老想着出奇。如果你老想着本质的东西,总有机会出奇;会打高尔夫的人大概都知道,凡是想打远点儿的时候都是最容易犯错的时候。"

芒格说:"李光耀是最伟大的建国者。不考虑国家大小,李光耀可能是有史以来最杰出的建国者。他接手的是一片疟疾肆虐的沼泽地,没有军队,什么都没有。转眼之间,他就把那里变成了一个繁荣兴盛的国家。他的方法很简单。李光耀有句口头禅:'找到正确的方法,按正确的方法做。'这个道理大家都懂,但没几个人能付诸实践。人们做不到像李光耀那样,不断地摸索什么方法正确、什么方法不正确。李光耀能持之以恒探索,普通人没那个恒心。"

隆基股份成立21年,成长为全球最大的光伏企业。隆基公司总裁李振国反复强调,隆基股份做到今天的规模,不是自己有多大能耐,不是自己有多少本事,而是尽量少犯错,或者说行业里一些企业自己犯的错误比隆基股份多。如何少犯错呢?没有捷径,就是老老实实,按规律办事。李振国说:"其实不只是做企业,很多事情你按平常心去做,不要刻意追求速度,不要老想着弯道超车,不要想着做这做那,不要老是'突发奇想',认认真真坚持下去,你就会做成功。"

最怕方法错误,比如一夜暴富、不劳而获、急于求成、异想天开、一蹴而就、水中捞月、缘木求鱼、刻舟求剑、竹篮打水、进一退三、逆势而为,如此实现的不是复利前进,而是复利倒退。

第四,复利需要专注并了解自己的天赋。当今社会,分工越来越细化,越来越专业化。尤其是中国,各个行业竞争激烈,而只有专注于一个行业,长期坚持深耕细挖,才能产生"利滚利"的复利效应。如果各个行业都懂一点,各个行业都涉猎,可能会成为百无一用的"万金油"。

比尔·盖茨的父亲让盖茨和巴菲特分别写下对自己帮助最大的一个词,两个人不约而同地写下了自己成功的要素——专注。

乔布斯也声称,专注和简单是他的秘诀之一,因为决定放弃做什么与决定去做什么是同样重要的。

复杂的事简单做,简单的事重复做,重复的事做到极致。把一件事情做透,是人生成功的一条捷径。千万不要以为机会遍地都是,人一生真正的机会只有几次。当手上抓住一个机遇时,不要轻易松手,也许完成这一件事,就奠定了一生的价值。人生如投资,重要的不仅仅是决定做什么,而是决定不做什么。不做是为了等待和聚焦要做的事,一旦决定要做,就一定要把它做透。

巴菲特说:"我对投资非常感兴趣,我一生都在做这个事,在这个领域不需要天才。如果我去学物理或者其他什么,我也是平平无奇的,但在我玩的游戏里,也许120的智商就够了,170的智商也不会做得更好,甚至可能更差。""我是一个非常现实的人,我知道自己能够做什么,而且我喜欢我的工作。我也许成为一个职业棒球大联盟的球星非常不错,但这是不现实的。"

在2022年度伯克希尔的股东大会上,巴菲特对于自己的成功,说了关键一条:"找到你真正想做的事情,然后一生从事。""找出你最擅长的事情,然后持之以恒、乐此不疲地去把它做好。"98岁的查理·芒格如是补充说。当然,这也是芒格一贯的生活方式。芒格说:"你得扬长避短,有两件事我们从未做成过。第一件,我们从未在不感兴趣的事上成功过;第二件,我们从未在不擅长的事上成功过。"

最忌胡子眉毛一把抓,漠视自己的长板和短板,盲目而一厢情愿地既要、又要、还要。一个人在世间建功立业,一定要找到自己的天赋,找到自己最优秀的长板亮点,然后用好复利之道,这样就可以事半功倍,容易收获成功的人生。

第五,复利需要耐心和恒心。且听古今中外的智者如何说。

魏征在《谏太宗十思疏》中说道:"有善始者实繁,能克终者盖寡。"

列夫·托尔斯泰在其史诗般的巨著《战争与和平》中提出了深刻的哲理性的观点:"天下勇士中,最为强大者莫过于两个——时间和耐心。"

仔细推敲,不难发现,在历史长河中能够脱颖而出的那些人,并不是因为他们走得足够快,而是因为他们行得足够久。

乔布斯说过:"我相信,成功的企业家与失败的企业家有一半的差距纯粹都在坚持上。"

麦当劳之父雷·克罗克说:"世上没有任何东西可以替代坚持……坚持和毅力是成功的万能药。"

先锋基金创始人约翰·博格:"坚持到底,无论发生什么,都不要轻易放弃。我无数次强调'坚持到底',每一次都是极其认真的。这是我能给大家分享的最重要的投资智慧了。"

《价值》的作者张磊说:"流水不争先,争的是滔滔不绝。短期是否跑在第一,或跑在前面不那么重要,重要的是你是否能够滔滔不绝地一直向前走。这就是价值和长期主义,也是一个人生活方式的人生哲学。不管是找工作,找男朋友或女朋友,都必须秉承长期主义。

芒格说:"我不断发现,那些出人头地的人并不是最聪明的,有时甚至不是最勤奋的,可他们如同学习的机器。他们每晚上床睡觉时已经比当天起床时更聪明了些,这么做是有帮助的。当你给自己设定了长远的目标时,这种做法的帮助就特别大。"

2019年,网易公司创始人丁磊在母校宁波奉化中学新校区迁入仪式上表示,每天晚上,他都会花时间看三本杂志:《自然》《细胞》《科学》,通过它们去了解哪些创新的东西会对未来世界产生影响。他表示,这个世界很多成功的人都是兴趣的驱使。

人与人之间差距最小的是智商,差距最大的是坚持。简单的事情重复做,重复做的事情用心做,用心做的事情坚持做,就是人生(股市)赢家。

第六,复利需要扎实肯干。老子说:"合抱之木,生于毫末;九层之台,起于累土;千里之行,始于足下。"龟兔赛跑的故事人人皆知。有人在现实生活中,反复做龟兔赛跑这个实验,结果赢的还是乌龟,说明寓言没有骗人,兔子输的真不冤。

兔子为什么总是赢不了呢?管理大师彼得·德鲁克总结说:"一个人的有效性,与他的智力、知识或想象力之间几乎没有太大关联。一个有才能的人往往最为无效,因为他们没有认识到——才能本身并不是成果。他们也不知道,一个人的才能,只有通过有条理、有系统的工作,才有可能产生效益。"

人生最怕大事做不了、小事不愿做。有些人对工作中烦琐的小事习惯于不屑一顾,好高骛远、眼高手低乃是大忌。有些人整天不是用心工作,而是怨声载道,这也看不好,那也看不惯,仿佛与社会格格不入。这不仅影响了自己的心情,也影响了别人的情绪。

小事和大事都是相对的,一个连小事都做不好的人,可能很难做成大事;相反,能够把小事做到极致的人,就有了更多的进阶机会,就像周星驰认真地跑了七八年的"龙套",最终成为名扬全球的"星爷"。

不管做什么事情,哪怕再小、再不起眼、再不需要什么技巧与能力,也要恒久地做到位、做扎实。做好一件事、一项工作很容易,难的是每天、每月都把要做的事情做好。一个人真正的进步,其实就是在追求日常工作的完美中逐步实现的。离开日积月累,平步青云根本就无从谈起。

复利的思维和复利的行动,无论对我们做投资还是做其他事情,或许会让我们在起点上不占优势,但持之以恒地朝正确的方向前行,会让我们赢在终点。

第五节 时光不负有心人

每个优秀的人都有一段沉默的时光。那段时光,是付出了很多努力却得不到结果的日子,这段时光叫做扎根。一个人成长最快的时期,其实就是在他人生当中最难熬、最黑暗、最抑郁的那段时光。但是,一旦熬出来了,走出来了,那就再也不是从前那个自己了。任何人的成功都不是偶然,而是平日里含泪忍耐和咬牙坚持换来的必然结果。

"滴水穿石"中的每一滴水,对于"穿石"而言,尽管效果微乎其微,但不能说没有效果。无数个微乎其微的效果叠加,就能产生"穿石"的奇迹。

"高原现象"是指人生走到了一定阶段,似乎再怎么努力都难以突破,在成长曲线上表现为保持一定水平而不上升,或者有所下降。学业、事业甚或投资等方面都会出现"高原现象"。很多人继续努力了却迟迟不见进步,从而产生再怎么努力也没用的错误认识,懈怠甚至放弃之念也就随之产生。

在"高原现象"出现之前,或许是以1厘米、1毫米这样的立竿见影的速度进阶,但"高原现象"出现后,再怎么努力都似乎没有进步。其实,这是错觉,不是没有进步,只是进步的速度变慢了。1厘米、1毫米进步的快度,降到100幺米、10幺米甚至1幺米的微速,这样的进阶速度,连最先进的显微镜都无法窥知,何况心气浮躁、急功近利的人呢?

感觉不到进步≠没有进步!

1幺米的进步,实在太无感了,但也是进步。

"铁杵磨成针"的武婆婆,在石头上磨一次铁杵,根本看不出铁杵有什么变化,对于"磨成针"这个目标来说,进步微乎其微,可能只进步了1幺米。但你不能否认说,1幺米的进步因为太小了,就不是进步吧?!

只要武婆婆持之以恒地磨下去,1幺米、1幺米地累计叠加,足够长的时间周期,"磨成针"这个目标,从科学的角度来说,一定能够实现!

这种现象,如果要给它取个名字,那就叫"幺米原理"吧。我们不要小看

"幺米原理",更不要无视"幺米原理"！世间多少人,因为慢而误以为没有进步,就是因为不懂"幺米原理"。

突破"高原现象"最好的抓手,仍然是以复利的规律和方法去实现。进步缓慢,并不是没有进步,坚持下去,量变就会引起质变,复利效应迟早会显现,曲线就会突破瓶颈,以"高原"为新的起点,继续攀升。

做价值投资也是如此。投资者,尤其是小散户梦想短期发财者太多,像巴菲特一样愿意以复利增长方式慢慢变富的人太少。股市中的绝大多数人终其一生都一无所获,而巴菲特却稳稳地坐上了世界首富的宝座。

巴菲特把复利效应用在伯克希尔·哈撒韦公司的治理上。他说:"如果我们能让我们的客户满意,消除不必要的成本,并且改进我们的产品和服务,我们就能获得力量……尽管就每一天来看,所做的努力不容易被察觉,但是日积月累,其后果是显著的。当我们的长期竞争力随着这些不易被察觉的行动而获得改善时,我们将这一现象称作拓宽'护城河'"。

快节奏的时代,往往缺乏的是愚公移山式的"死磕"精神。做对的事,又能像愚公一样足够努力,就会大幅提升复利的增长率。即使不够勤奋努力,但只要能像"龟兔赛跑"中的乌龟一样坚持下去,复利增长率虽然相对较低,但随着时间的推移,最终的复利收获仍会极其可观。

如果年轻的父母有一定的投资能力,孩子一出生便给孩子建立一个5万元的投资账户,到孩子60岁退休,会是什么结果呢？

5万元本金,年复利增长15%,60年后会是多少呢？2.19亿元！是的,你没看错,就是这个数。

5万元本金,年复利增长14%,60年后会是多少呢？1.30亿元！这个数无疑对于我们绝大部分人来讲,也是个天文数字。

5万元本金,年复利增长13%,60年后会是多少呢？7 650万元。

5万元本金,年复利增长12%,60年后会是多少呢？4 488万元。

5万元本金,年复利增长11%,60年后会是多少呢？2 620万元。

5万元本金,年复利增长10%,60年后会是多少呢？1 522万元。

这就是时间和复利的力量！比勤奋更能决定人生的是复利思维！

星光不问赶路人,时光不负有心人。你吃过的苦,终将会照亮你前行的路。在"花儿绽放"之前,你总要一个人在黑暗中走很远很远的路。电影《喜剧之王》里有段经典对白:"前面漆黑一片,什么也看不到。""也不是,天亮后会很美的。"

第六节　10 000小时定律

10 000小时定律是作家格拉德威尔在《异类》一书中提出的定律。"人们眼中的天才之所以卓越非凡,并非天资超人而高人一等,而是付出了持续不断的努力。10 000小时的锤炼是任何人从平凡变成世界级大师的必要条件。"他将此句话概括为"10 000小时定律"。

要成为某个领域的专家需要10 000小时(1.141 552 5年),按比例计算就是:如果每天工作8个小时,1周工作5天,那么成为一个领域的专家至少需要5年。这就是"10 000小时定律"。

美国作家丹尼尔·科伊尔在《一万小时天才理论》中指出,"10 000小时定律"的核心,就是不管你做什么事情,只要坚持10 000万小时,基本上就可以成为该领域的专家。

英国神经学家Daniel Levitin认为,人类脑部确实需要这么长的时间,去理解和吸收一种知识或者技能,然后才能达到大师级水平。顶尖的运动员、音乐家、棋手,需要花10 000小时,才能让一项技艺至臻完美。

10 000小时是怎么算出来的? 格拉德威尔研究显示,在任何领域取得成功的关键跟天分关系不大,只是练习的问题,需要练习10 000小时——10年内,每周练习20小时,大概每天3小时。每天3小时的练习只是个平均数,在实际练习过程中,花费的时间可能不同。20世纪90年代初,瑞典心理学家安德斯·埃里克森在柏林音乐学院也做过调查,学小提琴的孩子大约从5岁开始练习,起初每个人都是每周练习两三个小时,但从8岁起,那些最优秀的学生练习时间最长,9岁时每周6小时,12岁时8小时,14岁时16小时,直到20岁时每周30多小时,共10 000小时。如果一个人的技能要达到世界水准,那么他(她)的练习时间通常需要超过10 000小时。

"10 000小时定律"在成功者身上很容易得到验证。电脑天才比尔·盖茨13岁时有机会接触到世界上最早的一批电脑终端机,开始学习计算机编程,7年后他创建微软公司时,已经连续练习了7年的程序设计,超过了

10 000 小时。

音乐神童莫扎特,在 6 岁生日之前,他的音乐家父亲已经指导他练习了 3 500 个小时,到他 21 岁写出脍炙人口的第九号协奏曲时,可想而知他已经练习了多少小时。

大画家达·芬奇,当初从师学艺就是从练习画一只只鸡蛋开始的。他日复一日,年复一年,变换着不同角度、不同光线,少说也得练习 10 000 小时,从而打下了扎实的基本功,从最简单、最枯燥的重复中掌握了达到最高深艺术境界的途径,这才有了传世名画《蒙娜丽莎》《最后的晚餐》。

科学家通过大量的调查研究发现,无论是在对作曲家、篮球运动员、小说家、钢琴家、象棋选手还是其他领域顶尖人物的研究中,10 000 小时这个数字反复出现。

第七节　投资大师们的复利观

的确,说起复利,人们会下意识地想到利滚利,想到巴菲特的奇迹,想到高大上的金融投资。一番"神思妙想"之后,也能讲述个七七八八,但又觉得与己关系不大,遥不可及,相距甚远。

其实非也!复利与我们每个人息息相关,且决定着我们的人生是否优秀、成功,决定着我们的生活是否幸福,决定着世界的一切成功人士。

在 2018 年 6 月李录接受《红周刊》采访时说:"对我来说,真正懂一个行业,弄清楚一家公司,通常需要很多年。但这种方法做投资的好处就在于,知识会不断积累,学到的东西通常不会丢掉,新学的东西会在过去所学基础上产生积累和超越,知识会出现复利式的增长。用这种方式做投资时间越长,结果会越好。知识的积累和能力的积累,如果以复利式增长且速度较快,会促成投资复利增长的加速。"复利不但是资金的增长,同样适用知识,如果勤学习,多思考,知识也会出现复利的增长。

关于复利,巴菲特有个著名的比喻:"复利有点像从山上往下滚雪球,开始时雪球很小,但是往下滚的时间足够长,而且雪黏得足够紧,最后雪球会很大。"

巴菲特说的,不仅仅是金融投资领域的复利,而是复利现象,或者说,复利效应。

李录在2020年6月接受《巴伦周刊》采访时说:"我们更进一步发现,不仅仅对于我们所说的这些优秀企业,对于整个全球经济甚至整个人类社会来说,过去200年发生了一个奇怪的现象,那就是经济开始进入一种持续的累进式的增长。"这就是我们所说的复利的力量,价值投资中最重要的力量就是复利的力量。

复利现象不仅仅在经济社会存在,在自然界中复利现象处处可见。从古至今自然界、人类社会一直都存在复利现象。复利现象是规律。把复利现象有意识地应用于人类社会的具体实践,就能产生复利效应。

可口可乐公司的股票100年涨了50万倍,你知道年复合收益率是多少吗?14%!

巴菲特说:"假以时日,复利能给你带来意想不到的东西。""我很擅长用钱创造复利。"

巴菲特在致股东的信中提到了三个有趣的故事:关于哥伦布、蒙娜丽莎的画像,还有曼哈顿的印第安人。

如果西班牙女王伊莎贝拉没有花费3万美元支持哥伦布的航行,而是投资于其他一个年复利收益率仅仅4%的项目,那么到1963年,这笔资金将增长到2万亿美元(到现在相当于7.3万亿美元)。巴菲特打趣说:"如果不考虑发现新大陆所带来的精神价值,那么不得不说,就算是殖民侵占盛行,这件事从整体来看也抵不上一个IBM(国际商业机器公司)。"时间跨度长带来的好处就是,即使用较少的初始资本投资于收益率不高的项目,最后的回报也将非常可观。

1540年,法国国王法兰西斯一世,为那幅画作《蒙娜丽莎》支付了2万美元。巴菲特按照一个较高的收益率和较长的投资周期,就此进行了大胆推算,结果令人感到不可思议。如果那2万美元用于投资在年复利收益率为6%的项目上,那么到1964年,这笔资金会增长到1 000万亿美元,将近当时美国国债的3 000倍。巴菲特的妻子就是一位美术爱好者,曾经还开了一家画廊,巴菲特说过:"我相信这样一算,在家里再说起买进任何算得上投资的画作,基本都没什么好争论的了。"

巴菲特提到的第三个故事是曼哈顿的印第安人。这个故事是被铭刻在聪明交易历史上的,同样是被曼哈顿岛的土著居民记录的历史。在1626年臭名昭著的彼得·米纽伊特同当地土著人交易了他们的岛屿。土著的印第安人收到了 24 美元的净值。同样,米纽伊特得到了 22.3 平方英里,大约等于 621 688 320 平方英尺的岛屿。这是很难准确评估的交易价格,但当我们比较现今的约 125 亿美元的岛屿价格为 20 美元每平方英尺似乎是合理的。对于初学者来说,这可能是一笔相当好的交易。但是,印第安人只要以 6.5% 的回报率就取得最终的胜利。以 6.5% 的复利,24 美元经过 338 年至今变成了 420 亿美元,如果他们能够使收益率提高 0.5 个百分点,那么现在(1965 年)的钱数将达到 2 050 亿美元。

从理论上来说,做任何事情,以复利的思维和方法来做,哪怕进步的速度只有一点点,如果有足够长的时间,都能够做成世界第一。

世出世间,各行各业,发心纯正,方向正确,方法得当,制心一处,脚踏实地,循序渐进,持之以恒,时间为友,滴水穿石,幺米原理,可得复利,如是即为复利之道。

$(1+0.01)^{365} = 37.7834 > 1$;

$(1+0.00)^{365} = 1 = 1$;

$(1-0.01)^{365} = 0.02550 < 1$。

我们结合以上提出的公式,就可以直观地理解复利之道。每个人一生的轨迹,大抵也就是这三个公式的浓缩版吧。

第一个公式代表了曲线上升的人生;第二个公式代表了曲线平行的人生;第三个公式代表了曲线下降的人生。

巴菲特将复利之道用于投资。其实,复利之道可以用于各个领域,各行各业都能产生复利的奇迹,关键要善用复利之道。

> 复利之道,
> 修行之道,
> 成功之道,
> 世界第一投资之道!

——作者题注

参考文献

《孙子兵法》。

《道德经》。

《易经》。

[美]沃伦 E. 巴菲特、劳伦斯·A. 坎宁安:《巴菲特致股东的信》第四版,杨天南译,机械工业出版社 2023 年版。

[美]查理·芒格:《穷查理宝典:查理·芒格智慧箴言录》,中信出版社 2021 年版。

[美]本杰明·格雷厄姆:《聪明的投资者》(原本第 4 版),刘建位审校,人民邮电出版社 2016 年版。

[美]本杰明·格雷厄姆、[美]戴维·多德:《证券分析》(上下册),四川人民出版社 2019 年版。

[美]霍华德·马克斯:《投资中最重要的事》,中信出版社 2018 年版。

[美]霍华德·马克斯:《周期》,中信出版社 2019 年版。

[美]杰夫·贝佐斯,[美]沃尔特·艾萨克森:《长期主义》,中国友谊出版公司 2022 年版。

任俊杰、朱晓芸:《奥马哈之雾:我们是否误解了巴菲特》,机械工业出版社 2010 年版。

李录:《文明 现代化 价值投资与中国》,中信出版社 2018 年版。

孙力科:《投资的本质:段永平讲述投资的底层逻辑》,磨铁文化出品,民主与建设出版社 2023 年版。

周洛华:《市场本质》,上海财经大学出版社 2020 年版。

周洛华:《估值原理》,上海财经大学出版社 2022 年版。

周洛华:《时间游戏》,上海财经大学出版社 2024 年版。